易經解經

李忠胤 著

推薦序

修辭立誠，貞固幹事

易為群經之首，大道之源，為中華文化中最深邃精密的思想體系，自古即備受尊崇。孔子晚年習易甚勤，行住坐臥都攜簡隨身，不斷翻閱以致綴簡的皮繩都斷裂多次。這是因為易經的卦爻有其息息相關的整體性，非得前後參考印證才能知其所以，進而融會貫通。古聖為何創作易經？習易的正確態度為何？《繫辭傳》中說明的很清楚：

「子曰：夫易何為者也？夫易，開物成務，冒天下之道，如斯而已者也。是故聖人以通天下之志，以定天下之業，以斷天下之疑。」易包羅萬象，道盡了宇宙人生之理，研習易經的功效，可廣結志同道合之士，共同奮鬥成就大業，解決各式各樣的艱困疑難。

「夫易，聖人之所以極深而研機也。唯深也，故能通天下之志；唯機也，故能成天下之務；唯神也，故不疾而速，不行而至。」習易要真正經世致用，必須下最深的功夫，以研究萬事萬物隨時變化的機微，從而超時因應而獲致最佳的成果。易經的理氣象數博大精深，善學善用皆為實學，誤學誤用盡成空談。

今日海峽兩岸的易學研究似乎很蓬勃，離經世致用之道卻相當遙遠。民間走江湖的習氣太重，各式術數都冠以易經之名炫眾流行，學界則多作繁瑣考證，與國計民生、社會實況關係不大。易通五經，而今日研易學者多無此識見與本事，道術為天下裂，難期一貫與會同。人文化成、振興華夏的大業，前路仍相當漫長。

忠胤學理工出身，從我習易近廿年，很早即能勤奮精思、發論為文，在台灣的學生中堪稱秀異特出。這回出版《易經解經》一書，洋洋廿萬言，令人欣喜。書中主張依經解經，通經致用，都是習易正路。尤見特色的，是從文字象入手，精析卦爻辭的豐富意涵，期於經義有貫通的理解。不少解義處亦引其他經典文句為證，相互發明，又合了易通五經的歷史事實。

《文言傳》解乾卦九三有云：「君子進德修業，忠信所以進德也，修辭立其誠，所以居業也。」釋卦辭則稱：「貞者，事之幹也⋯貞固足以幹事。」從修辭始，思路通達後以幹事終，易道如此，人生亦如是。讀者善會斯義，於忠胤書當起共鳴，對玄妙易理亦可平易待之。

劉君祖　序於夏曆癸巳年八月初十

自序

能否為亂世找出一條可行的正道？

一陰一陽之謂「道」，天地日月生生變化之理即是道，其事甚明至易！

我是自一九九五年開始，從劉君祖老師學習《易經》，大概以每兩週一次、每次二個半小時的方式，直至近年才因忙於工作而暫停課程。在此期間，除了完成整個《易經》經傳之課程外，同時還包括《四書》、《老子》、《莊子》、《孫子兵法》等其他眾經典的學習。而這樣的機緣，對我這個來自職場且非文科出身的學生來說，著實幫助我對於《易經》，乃至中華傳統文化的全貌，有了比較具體的認識與學習啟發。

過去對於《易經》這本經典雖學之者眾，但咸感其辭義之深奧難讀，一般若無老師的教授講解，僅憑自修並不易窺其堂奧。個人是在認識劉老師之後才開始接觸《易經》，剛開始也是深深困惑於卦爻辭義之難以理解，之後在經過一段時日的學習，才慢慢有些領悟和心得，甚至現在可以將所瞭解彙集成冊。而對於本書之能順利完成，主要當然歸功於劉老師的教導，但其中也包含了許多客觀因素的輔助配合，方能竟其事。

將傳統經典融入人生實務

劉老師上課的方式屬民間私人講學，而在講授《易經》或其他傳統經典時，內容則盡力強調如何化經典義理以成人生實務之利用。學習經典義理最後目的就是要求能「通經致用」，雖然這並非什麼新立論，但是從昔至今註易者雖眾，縱觀其內容說解而真能落實致用者，可說是少之又少。而當一部經典流傳這麼多年，其義理仍幾乎見不到其可「利用厚生」之處，則不禁令人感到懷疑，這經典真正價值到底所在為何？

《易經》之象義難以找到實務之可利用處，是其義理太深奧呢？還是因治學方法一直錯走了道路？經典義理用於進德修業之論述，須找得到其切實可履踐處，否則若只能談虛說玄、空講仁義道德，學之何用？或許就是因為循著學習經典義理必須「求其應用所在」這樣的理路，讓我在理解《易經》卦爻象義時，每每先思索的是—此一爻、此一象實務應用之可能所指，而非侷促在一些舊有註解的框架上打轉。事實上，這種先把一卦卦名當作是論述之主題，再循此主旨去找尋卦爻辭象之可能實務應用連結，從初始模糊，漸漸拼湊成約略輪廓，最後則實在的引領我，順利探索許多看似艱深難懂的卦爻辭象之幽徑。

「依經解經」，以《易經》做為思想總綱領

除了強調研讀《易經》卦爻象義，必須隨時不忘如何「用」之外，劉老師在講解其他如《四書》、《老子》或兵法等經典時，則不離以《易經》做為思想總綱領，然後以一種宏觀，也像是日光的輻射般，利用「依經解經」的治學方式，串聯起眾經典之義理。而諸經典義理彼此間之所以能援引相參、互發其微，實是因為眾華夏經典其學說立論，多源自於法天道自然，故處處皆可見其脈絡相貫通處。舉儒、道二家學說為例，雖稱「二家」，實乃「不貳」，一皆和順天地之道也！

此外，對於一部經典其內容精義的理解，不僅可與其他經典互參以發其要旨，更多時候幾可不假外求，只需從此部經典自身中尋去即能有得。就《易經》而言，雖然僅取一處卦爻辭象而觀，的確很難瞭解什麼是「位不當」或「位正當」？但若願意不厭其煩的理出每一辭象於經中之各相關連處，並加以用心比對與綜觀各處所被賦予之象徵，只要能先領悟其中之一象義，則其他處之意即可如巧解連環般一一順利解得。事實上，整部《易經》各辭象之內容，幾皆可藉由這種「依經解經」的方法而完全得其所蘊含之意。又，本書之所以取名為《易經解經》，主要亦寓意於此！

透過文字象的輔助，掌握卦爻辭意涵

在學《易》的這段期間，個人則有一深刻體會—那就是想要清楚掌握卦爻辭的象徵意涵，透過文字象的輔助實為重要。由於漢文字意象的豐富多藏，能僅以簡單符號象徵，就適切表達出人們的思考邏輯與認知概念，所以許多卦爻辭之精妙象徵含意，即是藉由漢字這種特性而得呈現出來。也因此，在研讀《易經》時，對於卦爻辭中的每一字象皆應好好細思推敲，不但要溯其源頭，以瞭解字象初始創造時所被賦予的意思，同時也應多注意同一字象，於經文中所出現的位置不同，其代表的意思是否也隨之改變，如此才能讓易理象義的學習，獲致事半功倍之效。

舉例來說，若能先明白「事」字成象之因，並知道其象含有「事情」與「律則」這兩種含意，接著也就不難區分出卦爻辭中的「小事」、「大事」、「有事」或「王事」等諸象之差別，以及明白「事」字象於經文中各不同處意思之所指。另外，個人在學《易》的過程則感謝有陳樹藩先生所編著《正中形音義大字典》的輔助參考，此書幫助我快速掌握許多難解卦爻辭中的文字意象，並因此得以免去許多迂迴摸索。

台灣儼然成為習《易》的最佳道場

就個人學《易》經驗還有另一個感觸，或許是因為台灣這種自由開放、「教思無窮」的社會，讓易理象義的學習有了豐富的實務事例可供援引相參，再加上台灣在文化傳承上的特殊機緣，因而累積出深厚的文化底蘊，使得台灣儼然成為習《易》之至佳道場。解釋或理解易理象義時，不可流於憑空想像，須多尋求實務應用之事例的互證，才能對整個卦爻象義形成系統性的認識，尤其這對於如何解得一卦六爻時位之變化應用更有助益。由於六爻之義是在講述一卦之本末常變、近內遠外等事理變化，所以當在探索六位爻辭時，一開始雖尚無法完全掌握其義，但是在先循著一卦卦名所欲探討之主旨，並再找到實務事例之連結，這時只要套進六爻不同時位之對應發展，則各位爻辭所要表達的是什麼意涵，可說是幾已躍然於前。

舉《睽》卦為例，《睽》卦象之旨是在講合睽之義，而其取象之事類，小可指相睽疑二人心中起伏變化之情狀，大則亦能以通黨派，或族群間缺乏信任時的競爭互動。而觀六位爻辭之取象，乍見之，雖猶如「光怪陸離」，但待大致掌握《睽》卦爻象所欲表達之旨後，只要再援引周遭實務事例與之互證，這時對於爻辭之象是在說些什麼，不但能立刻心領神會，且也會讚嘆於爻辭取象之精妙，能完全洞悉人性之機微。

看似令人難解，其實道理卻很簡單

回想當初開始學《易》的時候，總是繞著那些承乘應與、當不當位或錯綜其卦等理路上打轉，認為惟有藉由諸此方法，才能窺得隱藏於《易經》之內的大祕密。而在此同時，心底則又一直深信著整部《易經》一定蘊藏極為「高深的智慧」，所以就一般人智根本難以窺其奧妙。然而，真的是如此嗎？《易經》卦彖辭雖看似令人難解其象，但其實內容所講述之道理卻很簡單，不外是乾健坤順、日月陰陽往來更迭、剛健中正二德和合互濟，如此而已。而且只要先能弄清楚何謂「乾天剛健中正」之義，則對於瞭解各卦卦辭是在講些什麼，可說就已掌握入門之鑰。至於，何謂乾天之義？合元、亨、利、貞諸德之義即是。又，如何經由「元亨利貞」諸象而以窺乾天之德？其實只要觀各卦卦辭中凡出現與「元亨利貞」主要相關連者，再綜合諸卦稱名之義，則何謂乾天之道，庶幾乎思過半矣！

例如，《大有》卦辭稱「元亨」，《大壯》卦辭曰「利貞」，而若觀此二卦卦辭與稱名，就猶如是在講乾天元亨之德是「大有」一切處，以及乾天之動進，剛健結合中正，故其勢「大而壯盛」。此外，卦辭之中同時出現「元亨利貞」之象，除了乾坤之外，計有屯、隨、臨、无妄、革這五卦，而事實上，合這五卦稱名之義，即是乾天之德的呈現。

《易經》之所以稱為「易」經，除了指其內容乃日月生生變化之理外，難道不也同時隱喻其理乃甚明至易？

然而，長久以來，治學《易經》者如此多眾，卻多難以明其道理，是因誤於捨本逐末、捨近而求遠呢？還是其中另有不可窺知的原因在裡面？或許這才是令人更感到費解之處。

萬事萬物變化之理盡在其中

《易》與天地準，故能彌綸天地之道。易卦雖僅六十有四，但若將諸卦象之義引而伸之、觸類而長之，天地間萬事萬物變化之理則盡在其中矣！而觀《易經》義理所示之智慧，讓我們深信於傳統文化的價值，以及其易知簡能之德，除了近可做為個人安身立命引領之方，遠則更能幫助解決今日時代的困境。昔來，《易》道不能興，非其書不能用，實是多囿於其理之尚不能明，而一旦易理之義得解，個人深信孔門學說光大發揚之日將不遠矣！

為文至此，則不禁讓我想到《繫辭傳》裡的一段話：「易之興也，其於中古乎？作易者，其有憂患乎？」《易經》之創作就只能適用於古時而已嗎？還是事實上其德能偕時俱進，可以為當今這個憂患紛擾的世界，指引出一條正而可行的大道？

李忠胤　序於台北大直・二〇一三年七月

目錄

【下經】

上經

第一卦 乾

䷀ 乾下乾上

乾：元亨利貞。

象曰：大哉乾元，萬物資始，乃統天。雲行雨施，品物流形。大明終始，六位時成，時乘六龍以御天。

乾道變化，各正性命，保合太和，乃利貞。首出庶物，萬國咸寧。

象曰：天行健，君子以自強不息。

初九：潛龍，勿用。

象曰：潛龍勿用，陽在下也。

九二：見龍在田，利見大人。

象曰：見龍在田，德施普也。

九三：君子終日乾乾，夕惕若，厲无咎。

象曰：終日乾乾，反復道也。

九四：或躍在淵，无咎。

象曰：或躍在淵，進无咎也。

九五：飛龍在天，利見大人。

象曰：飛龍在天，大人造也。

上九：亢龍有悔。

象曰：亢龍有悔，盈不可久也。

用九：見群龍无首，吉。

象曰：用九，天德不可為首也。

乾：元亨利貞。

元：始也，乃一切生生創造之本源也。「元」是易經卦辭第一象，之所以把乾元置於《易》之首，就猶如開宗明義一般，指出天地日月之道之能日新更革運行，四時春夏秋冬能規律恆久往來，以及各類萬物普受天德利益而成長繁榮於天地之間，實皆由乾天元德生生善長之功所致之。

亨：指乾天元德至大，亨通流行於一切處之意。而乾天元德所亨通流行，於是有晝夜、寒暑更迭之道的生成，以及日照雲雨施益之德充滿於天地之間。

利：指乾天日照雲雨施益之德充滿，源源不絕普施於各類萬物，而萬物則是在天德之利益臨保下獲得成長繁榮。

貞：指乾天中正之道規律恆久運行之意。正因為乾天之道規律有節、中正運行在上，故各類萬物莫不應和貞隨其道而行。

彖曰：大哉乾元，萬物資始，乃統天。雲行雨施，品物流形。大明終始，六位時成，時乘六龍以御天。乾道變化，各正性命，保合太和，乃利貞。首出庶物，萬國咸寧。

彖：「彖」是指〈彖傳〉之意，而《易經》的〈彖傳〉主要是用來解釋卦名與卦辭之義。孔子作《易經》並有傳十篇七種，經分上經下經，而經文則包含卦辭與爻辭二類，傳七種分別為〈彖傳〉、〈大象傳〉、〈小象傳〉、〈說卦傳〉、〈文言傳〉、〈序卦傳〉、〈雜卦傳〉與〈繫辭傳〉。由於古人傳經時又把〈彖傳〉、〈象傳〉和〈繫辭傳〉這三傳各再分成上下兩篇，故易傳就有七種十篇這樣的定義，而這十篇傳亦稱《十翼》。

大哉乾元，萬物資始，乃統天：乾天元德至廣大，亨通流行於一切處，而萬物之能資始屯生，日照雲雨之能施益流行，乃至天地晝夜與四時寒暑之能規律更革運行，實皆由此乾天元德所發揮而得之。

雲行雨施，品物流形：乾天元德所發揮，於是有日照雲雨施益之流行，而生長於天地間的各類萬物，則是在天德之施益下欣欣向榮。

大明終始：乾天之道至大、至中正、至光明，其動進運行正無差妄，故能終則再始、往復循環不已。

六位時成：六位，合晝夜與春夏秋冬四時寒暑，是稱「六時位」。「六位時成」，指乾天運行之道，不管晝夜或四時寒暑，皆不失其剛健中正之德，故每一時刻之動進，皆能成而獲功。

時乘六龍以御天：乾天之道不管晝夜或四時寒暑，每一時位皆不失其剛健中正之德，而君子則是能法乾天剛健不息之龍德，時時惕厲不已，努力進德修業，不敢稍有懈怠，行事時，則懂得進退存亡之機，故終能成就為大人乾天龍德。

乾道變化：指乾天之道剛健中正，其晝夜與四時寒暑之變化更革，規律有節、恆久運行而無差妄。

各正性命：指乾天之道中正規律、信而有徵運行在上，生長於天地間的各類萬物，則皆應和貞隨其道而行。

保合太和：保，臨保意。合，契合意。太，同大也。和，應和意。「保合太和」，天德至廣大，臨保萬物無有不周、無所不盡，萬物知咸感應和中正天道而行，將在天德日照雲雨之利益下獲得成長繁榮。

乃利貞：指中正天道剛健運行在上，其德利益萬物無有窮盡，故得萬物的應和貞隨。

首出庶物，萬國咸寧：首，初也，始也，元始也。庶，眾之意。咸，咸感意。「首出庶物」，乾天元德所發揮，於是有晝夜與四時規律之道之生成，以及萬物在天德日照雲雨施益下獲致成長繁榮，這就像是眾皆由乾元所資始而出一樣。

「萬國咸寧」，觀乾天之道剛健中正運行在上，萬物皆咸感應和之而行，天下並因此呈現出一片欣欣向榮之氣象，於是上位大人懂得法乾天龍德而為，做到正位在上並以其中正光明之德引領萬民，未來天下萬民將在大人的中正帶領下同享安寧太平。

象曰：天行健，君子以自強不息。

象：指〈大象傳〉之意。〈大象傳〉是用來解釋上下兩卦象的應和之德。

天行健，乾卦上乾下乾，有乾之又乾之成象，其德就像乾天之運行，是日復一日、年復一年，永遠行健不已。因此，君子懂得效法乾天行健之德而為，每日進德修業不已，「君子以自強不息」。

初九：潛龍，勿用。

初九：《易經》共有六十四卦，每一卦又各包含六個不同爻位，並以由下而上的排列方式分稱之「初」、「二」、「三」、「四」、「五」、「上」，而爻則有「陽爻」與「陰爻」之區別，若爻的屬性為「陽」就以「九」代之，是陰爻則稱為「六」。因此，所謂的「初九」，就是指陽爻居卦的初始第一位之意。另外，例如初爻若屬陰，是稱「初六」，上爻若為陽爻，則稱「上九」，其他二、三、四、五等不同爻位的陰陽爻，可依此九二、六三、六四或九五類推之。

象曰：這裡的「象」是指〈小象傳〉之意。〈小象傳〉是用來進一步解釋爻辭之義。

潛龍：潛，潛藏在下之意。龍，乾卦爻辭多取龍象，這是用以象徵乾天龍德剛健運行不已之意。「潛龍」，指處乾卦六爻初始之位的初九，雖然有著龍德剛健之質，卻猶如仍潛藏在下，未來必須獲得中正之德的引領，也就是還得再經過一段時日的培養與精進修練，才能讓潛藏之龍德進一步轉化成利用。

勿用：初九雖內含剛健美質，仍須外得中正之德的引領，方能成其利用。倘若，初九不知精進努力，就永遠只能潛藏在下難以上行，終無法成用，爻辭「勿用」之意。

象曰：潛龍勿用，陽在下也。

潛龍勿用，陽在下也：初九之陽剛龍德此際仍潛藏在下，未來還須再經一段時日的精進養成，最後才能上行以成利用，「陽在下也」之意。

九二：見龍在田，利見大人。

見龍在田：見，亦可作「現」解。田，田地也，可耕作之土地。「見龍在田」，指天道剛健運行不息，其德至大利益在下萬物無有窮盡，因此九二君子當法天德作為，每日自強不息，進德修業不已，及至德業蓄積有成，未來將可見用利益於世。

利見大人：「大人」者，順天而應人，其德如天道之中正誠孚，故眾人皆誠孚應和之。「利見大人」，指君子努力進德修業，未來一旦成就為大人龍德，將可見用於世而利眾。

象曰：見龍在田，德施普也。

見龍在田，德施普也：如何見得乾天龍德之功？當天下萬物在日照雲雨施益之下獲得成長繁榮，是即見得龍德普施之功。君子則能法乾天剛健不息之龍德，努力進德修業不已，而君子所下之耕耘功夫越深廣，他日就越能成就大人之德，並且德博普施以濟天下萬民，「見龍在田，德施普也」之意。

九三：君子終日乾乾，夕惕若，厲无咎。

君子終日乾乾：終日，不管白天或夜晚之意。乾乾，乾之又乾，剛健中正運行不已之意。「君子終日乾乾」，指君子做到誠身修己在內，未來才能業成有功於外，這就像是乾天之道因具備中正誠孚之德在內，故能晝夜恆常，剛健往前運行不已。

夕惕若：夕，傍晚。惕，肅敬而專注之意。若，如此、這樣，近有所指。「夕惕若」，指乾天運行之道，因隨時保持著誠孚專注而不偏之德，故能動進規律有節，往復循環不已。

厲无咎：厲，危厲不定之狀。无咎，有善補過之意，亦即能順應時勢之宜而調節，並因此得以免去咎失。「厲无咎」，乾天之運行，雖然晝夜、寒暑將會上下不停更迭震動而似有危厲，但其道因具備中正誠孚之德在內，故仍能循著一條既定之常道往復循環不已，其間無有任何之差忒。同理，君子應時時敬肅其意，做到誠身正已在先，未來才能業修有成隨之於後。

象曰：終日乾乾，反復道也。

終日乾乾，反復道也：乾天運行之道，內因具備中正誠孚之德在先，故能「終日乾乾」——一晝一夜、一寒一暑剛健往復循環不已，「反復道也」之謂。

九四：或躍在淵，无咎。

或躍在淵：或，不定指。「或躍在淵」，指天道之運行，剛健往進不已，不曾稍有一刻停滯懈怠，否則天道規律之序將陷入紊亂，「掉入深淵中」之謂也！而君子之進德修業，當法天道剛健以進之德，每日精進不懈怠，否則不進則退。

无咎：意指天道運行，每一日皆能日新更革進步。

象曰：或躍在淵，進无咎也。

或躍在淵，進无咎也：九四持續日新進步，猶如剛健不止息，躍進向前，故不會退轉而掉落深淵中，「進无咎也」之謂。

九五：飛龍在天，利見大人。

飛龍在天：指乾天龍德中正誠孚、剛健不息、恆久運行在上，其日照雲雨之德，普施利益天下萬物。

利見大人：指處中正之位的九五大人，已成就乾天龍德，將以其中正光明之德，以濟天下萬民，而人民則亦皆樂意應和貞隨於九五，並在其中正帶領下獲得成功。

象曰：飛龍在天，大人造也。

飛龍在天，大人造也：乾天龍德剛健中正，其日照雲雨施益之德至大，利益創造各類萬物無有窮盡，而九五中正大人則是像那乾天龍德般，能利益普濟天下萬民，「大人造也」之意。

上九：亢龍有悔。

亢龍有悔：亢，高而過之，失離其正之意。有悔，指動而不能得正，導致時遲或偏，是生有悔。乾天之道剛健中正，晝夜和寒暑之更迭將會偕時節之宜而盈虛消息，故其動進能夠循著既定之常道周而復始、恆久運行，並不會高亢太過而不回。而處乾卦六爻時位之極的上九，則是能法乾天動而不失中正規律之德，其出處行止將會順隨時位之正，並不會知進不知退，也不會高亢在上而盈滿自恃，否則將「亢龍有悔」也！

象曰：亢龍有悔，盈不可久也。

亢龍有悔，盈不可久也：乾天之道將隨時節之不同而變化更革，其日照雲雨之德則是會適時的施益及下，故其動進能夠復始循環，亦不會盈滿太過而不回。因此，上九之行事若不懂得明審時勢，無視於已時窮而不可作為，仍然執意強為之進，不正而動則將招致災損，「亢龍有悔，盈不可久也」之謂。

用九：見群龍无首，吉。

用九：九，一三五七九為陽數，而「九」乃位立眾陽數之極，故「九」含有剛健而能久之象徵。「用九」，指「九」之用，也就是乾天元德所發揮之用之意。另外，《易經》六十四卦，除乾坤兩卦之外，其他的六十二卦皆只有六位爻辭而已，並不見有「用九」或「用六」。而之所以僅此乾坤之「用九」和「用六」，其實這是在表達合乾天之剛健中正與坤地之順承天，是以成天地日月變化，和萬物生長繁榮之理所在。

見群龍无首：首，初也，始也。无首，也就是「無始」也。而正因為「無始」，故亦將「無終止時」。「見群龍无首」，指乾天之道剛健中正，其動進復始循環、恆久運行無有止盡時，就像是不管晝夜或四時寒暑，每一時位皆現剛健龍德。

吉：指乾天龍德剛健中正、誠孚有信，故萬物皆比附貞隨之而行，並在天德之利益下獲得成長繁榮。

象曰：用九，天德不可為首也。

用九，天德不可為首也：為何是「不可為首」？因為「群龍」俱皆平等，每一時位皆是龍德顯現，故稱「不可為首」。又，乾天之「用九」，元德所發揮將亨通流行於一切處，各類萬物則普受其德澤，這就像天德公平無私以利益萬物，是亦稱「天德不可為首也」！

第二卦 坤

䷁ 坤下坤上

坤：元亨利牝馬之貞，君子有攸往，先迷後得主，利西南得朋，東北喪朋，安貞吉。

象曰：至哉坤元，萬物資生，乃順承天。坤厚載物，德合无疆，含弘光大，品物咸亨。牝馬地類，行地无疆，柔順利貞。君子攸行，先迷失道，後順得常。西南得朋，乃與類行。東北喪朋，乃終有慶。安貞之吉，應地无疆。

象曰：地勢坤，君子以厚德載物。

初六：履霜，堅冰至。

象曰：履霜堅冰，陰始凝也。馴致其道，至堅冰也。

六二：直方大，不習，无不利。

象曰：六二之動，直以方也。不習无不利，地道光也。

六三：含章可貞，或從王事，无成，有終。

象曰：含章可貞，以時發也。或從王事，知光大也。

六四：括囊，无咎，无譽。

象曰：括囊无咎，慎不害也。

六五：黃裳，元吉。

象曰：黃裳元吉，文在中也。

上六：龍戰于野，其血玄黃。

象曰：龍戰于野，其道窮也。

用六：利永貞。

象曰：用六永貞，以大終也。

坤：元亨利牝馬之貞，君子有攸往，先迷後得主，利西南得朋，東北喪朋，安貞吉。

元亨利牝馬之貞：牝，本義為雌，在此象徵陰柔順承。馬，象徵剛健以行。牝馬，象徵既順承又能剛健。「元亨利牝馬之貞」，指乾天元德將亨通流行於天地之間，故每一處、每一物盡皆有先天元德之含存，而坤地雖有「元」德，卻是陰柔不顯，含藏在內，未來必須順承貞隨乾天剛健之道而行，才能讓坤地含藏在內之元德獲得彰顯發揚，並蓄積成博厚廣大，以及頤養萬物無窮。

君子有攸往，先迷後得主：指君子有攸往，若懂得貞循中正，將可動而有得；相反的，動進若偏離中正，將會迷失其道而不知其所之。另外，卦辭「君子有攸往，先迷後得主」之取象，實是在講坤地之道必須順承乾天而行，然後坤地之動才能規律有常；反之，若無中正天道為主引領在先，則坤地之動將迷失其道矣！

利西南得朋，東北喪朋：卦辭「西南」與「東北」二象，因為是對比兩相反方向，所以在此若取「西南」為代表順隨乾天中正之方向，則相對的「東北」方向即指與乾天之道相違行之意。朋，朋合意，指與乾天之道相朋合。喪，喪失意。「利西南得朋」，指坤地若知順承乾天而行，往與乾天之道朋合比附，將可與乾天合德並獲致規律有常之功。「東北喪朋」，指坤地若是違離乾天之道而動，不能與乾天中正之道朋合比行，越動進則越失，終致窮也！

安貞吉：安，安適穩定之意。而之所以得「安」，是因為知偕時變化，能夠順隨時勢之宜而調節，故獲平衡安穩。「安貞吉」，指坤地之動，乃最順承天，正因為坤地知貞隨乾天中正之道而行，懂得偕春夏秋冬四時規律之序以動，故能蓄積成博厚廣大之功，滋長頤養萬物無有窮盡。

象曰：至哉坤元，萬物資生，乃順承天。坤厚載物，德合无疆，含弘光大，品物咸亨。牝馬地類，行地无疆，柔順利貞。君子攸行，先迷失道，後順得常。西南得朋，乃與類行。東北喪朋，乃終有慶。

安貞之吉，應地无疆。

至哉坤元，萬物資生，乃順承天：至，本義作鳥飛從高下至地解。由於鳥飛落地，其動勢靈巧迅速，在落地時，那瞬間其身形與地面能完全契合，不會失之任何一分太過或不及，故在此就取「至」之象，以形容坤地之貞隨乾天而動，猶如完全契合般，其間不容絲毫之差忒。

「至哉坤元」，指坤地雖有元德，卻是含藏在內，未來必須動無差忒，順承乾天之道而行，內藏之元德才能獲得發揚。「萬物資生」，指坤地元德所發揚，將蓄積成深厚廣大之功，以及資生頤養各類萬物無有窮盡。「乃順承天」，指坤地之能成其深厚廣大，和資生萬物無窮之功，乃因坤地知順承乾天。

坤厚載物，德合无疆，含弘光大，品物咸亨：「坤厚載物」，指坤地深厚廣大，能承載各類萬物。「德合无疆」，指坤地因知順承乾天之道而行，故能與乾天合德，並蓄積成如乾天般至廣大之德。「含弘光大」，指坤地含藏在內之元德，將在乾天中正之引領下，獲得發揚和光大，並進而資生繁榮各類萬物。「品物咸亨」，指坤地知咸感貞隨乾天之道以動，故能成就其深厚廣大之功，而生長於坤地上的各類萬物，則是在坤地的頤養滋長與天德施益下獲得亨通成長。

牝馬地類，行地无疆，柔順利貞：「牝馬地類」，「牝馬」是指既陰柔順承，又能剛健以行之象，而坤地雖屬陰質，因能無差忒順承貞隨乾天之道而行，猶如具備剛健以進之德一般，故「牝馬」與「地類」稱「同德」。「行地无疆」，指牝馬之性雖柔順，亦能貞隨上剛健雄馬的步伐，一同奔馳在廣闊無際的大地。「柔順利貞」，指坤地之德雖柔順，因知順承貞隨乾天，故能同乾天之道一般，具備剛健以進之德，終蓄積成深厚廣大。

君子攸行，先迷失道，後順得常：君子之有往行，若不得中正之引領在先，將迷失其道；君子若知順承貞隨於中正之道之後，就可順利行走在正而不偏的常道上。

西南得朋，乃與類行：坤地知順承乾天，與乾天中正之道朋合偕行，則坤地將與乾天同德同類矣，「西南得朋，乃與類行」之意。

東北喪朋，乃終有慶：乃，指詞難直達，故曳其言而轉之以足其意。乾天之德公平普施，其道則規律有節、遞進不已，因此越知及時順承乾天中正之道而行，就越得蓄積天德之利益，「乃終有慶」之意；相反的，若違離中正天道之序而動，亦即不知及時往與乾天中正之道朋合者，就難以獲取到天德之施益，「東北喪朋」之謂。

安貞之吉，應地无疆：坤地乃因知恆順承乾天，故終能成就其深厚廣大，載華嶽而不重，振河海而不洩，承載萬物無窮。觀坤地因順承乾天，終至漸積成博厚，因此，生長於天地間的各類萬物，若也知法坤地之順承天，能夠應和貞隨天道中正規律之序而行，將可在天地之德的無窮頤養下獲得繁榮亨通，「安貞之吉，應地无疆」之意。

象曰：地勢坤，君子以厚德載物。

地勢坤，坤卦上下皆坤地，其象就猶如坤地不斷的疊加蓄積向上般，終成就為博大深厚。君子觀坤地深厚廣大，承載滋長萬物無有窮盡有感，知法坤地之寬宏大度以及積載之德，隨時精進努力以厚實一己之德業，使自己未來具備利益於世之能力，「君子以厚德載物」。

初六：履霜，堅冰至。

履霜，堅冰至：指雖然初始只是陰柔之霜，但是若能貞循中正之道以履進，未來則隨著時節之日進，原本為柔弱不穩定的霜，將會逐漸凝結成堅硬寒冰。

象曰：履霜堅冰，陰始凝也。馴致其道，至堅冰也。

履霜堅冰，陰始凝也：由初始之陰柔霜氣，隨著時日之遞進而逐漸凝結成堅硬的寒冰，「履霜堅冰，陰始凝也」之意。

馴致其道，至堅冰也：馴，本義作「馬順」解，乃馬能順從人意之意。貞循中正之道規律以進，雖然初始時其質是若霜氣般陰柔不定，最後卻能順利凝結成堅固寒冰，「馴致其道，至堅冰也」之意。

六二：直方大，不習，无不利。

直方大：「直」，其實就是「正」也。而「直」之能稱「正」，乃因知順承中正而得之。「方」，方向也，行而有方之意。也就是說，貞隨中正之引領，其行將有方，其動則獲功。「大」，指坤地因知順承乾天，故能直正而行、動進有方，終成就深厚廣大之功。

不習，无不利：習，鳥數飛，幼鳥屢次振羽學飛之意，在此含有不斷反覆摸索練習之意味。无不利，指每經一分正確作為，就越得一分之利之意。「不習，无不利」，指坤地不必再透過摸索和練習，只需順承乾天中正誠孚之道而行，即可動而得乎中正，往進而獲功，終蓄積成博厚廣大，利益頤養萬物無窮。

象曰：六二之動，直以方也。不習无不利，地道光也。

六二之動，直以方也：「六二之動」即是坤地之動。而坤地因知貞隨乾天中正而動，故能行有方、進有得，往前順行不已，「直以方也」之意。

不習无不利，地道光也：光，其德光大之意。坤地因知順承乾天中正之道而行，故能順利蓄積成博厚廣大之功，資生頤養萬物無窮，「地道光也」之謂。

六三：含章可貞，或從王事，无成，有終。

含章可貞：章，章美協調而完整之意。「含章可貞」，指坤地雖有章美之質，卻是含藏在內而不顯，未來若懂得貞隨乾天中正規律之序而行，則內在章美之質將可獲得彰顯，順利發揮出頤養繁榮萬物之功。

或從王事：或，不定指。王，尊或廣大之象徵。從，順承貞隨。事，象徵規律或律則。王事，以象天道至大，中正而規律之意。「或從王事」，乾天之道至大至廣，規律運行在上，在下坤地若懂得貞隨之而行，將可與乾天合德並順利蓄積成宏大之功；反之，坤地若動而不知順隨乾天中正，將迷失其道也。

无成：坤地若動而不得中正之引領在先，則含藏在內的章美之質將無法獲得發揚，故「无成」。

有終：坤地若知順隨於乾天之後而行，則坤地之德將可隨著時間之遞進而漸蓄成「有」，是謂「有終」。

象曰：含章可貞，以時發也。或從王事，知光大也。

含章可貞，以時發也：以，不已。坤地含藏著陰柔美質，未來若能貞隨天道而行，則內在章美之質將隨時間之漸進而獲彰顯發揚，「以時發也」之意。

或從王事，知光大也：乾天之道中正規律運行在上，其德至大至光明，坤地因知順隨乾天而行，故能與乾天合德並發揮生長繁榮萬物宏大之功，「知光大也」之意。

六四：括囊，无咎，无譽。

括囊：指緊密的將囊口束縛住，不留一絲空隙，不讓囊內之物溢滿外露之意。六四爻辭「括囊」之取象，這裡除形容坤地之順承乾天，應做到緊密貞隨，其間無有一絲差忒，同時也在強調坤地須隨時秉持柔順之德，謹戒不可盈滿太過。

无咎，无譽：乾天晝夜、寒暑之更迭，是隨時序的不同而行變化調節，其日照雲雨之德亦會及時施益及下。因此，坤地之順承乾天，當能謹慎做到順隨乾天之動而動，其間並不會有任何之差忒，「无咎」之謂；坤地雖順隨乾天之進而進，卻能戒其盈滿而不過之，「无譽」之謂也！

象曰：括囊无咎，慎不害也。

括囊无咎，慎不害也：坤地做到緊密無差忒的順隨於乾天之後，猶如循著一條既定常道謹慎而進，其間無一時刻動而偏過，「慎不害也」之謂。

六五：黃裳，元吉。

黃裳：黃，地之色，象徵坤地中道順理之意。裳，本義作「下裙」解，乃障蔽下體之衣。古人之衣服，穿在上身的叫「衣」，在下的稱「裳」，衣裳於人體則有著文飾之美。而若再就衣與裳上下位置之相對關係，「衣」就像是乾之在上，「裳」則像坤之在下。

「黃裳」，觀乾天之道中正誠孚、剛健運行在上，坤地知順承之，並因此成就其博厚之德，於是身為上位者的六五，懂得法乾天中正誠孚之德，以及坤地知順承乾天而成博厚之理，做到誠身修己正其位在上，則在下人民將上觀而順隨之，天下並將隨之以正矣！

元吉：指因為循乎中正，進而使得元德之功得以源源不絕創生善長之意，在此亦指六五知法天地之道而行，做到正其位在上，天下人民觀之，將隨之以正，猶如「垂衣裳而天下治」也！

象曰：黃裳元吉，文在中也。

黃裳元吉，文在中也：文，象徵天地陰陽和合而有四時季節，和萬物欣欣向榮之文明氣象。在中，中正在道之意。天道剛健中正，坤地順承之以動，於是有四時季節，以及各類萬物生長繁榮之氣象，而身處中正之位的六五，則是知法坤地之順承乾天，做到誠身正己在上，並以其中正光明之德引領天下萬民，未來整個國家將在六五的中正帶領下，呈現出一片盛治之文明氣象，「文在中也」之意。

上六：龍戰于野，其血玄黃。

龍戰于野：龍，乾天龍德之意。戰，爭戰也，象徵將會有損傷與滅喪之失。野，邑外有郊，郊外謂之「野」，故野有外而遠之意。「龍戰于野」，上六坤卦時位之極，指出坤地之貞隨乾天，雖然不可行之在先，以免迷失其道，但是坤地也不可動而時遲，必須能夠及時跟上乾天剛健動進之勢，倘若坤地剛健不足而動之時遲，越落後則越失，終仍無法蓄積成博厚。

其血玄黃：血，身損傷則有血出，象徵漸見損耗流失之意。玄，天之色。黃，地之色。玄黃，天玄而地黃，言其天地陰陽不能相得和合之意。「其血玄黃」，指坤地若無法及時偕乾天剛健以動，也就是乾天與坤地各行其道，上下不能偕時共進、和合同德，則這時的坤地一旦失卻剛健之德，將漸見其傷損而有失也。

象曰：龍戰于野，其道窮也。

龍戰于野，其道窮也：坤地若無法及時偕乾天剛健以動進，時遲越甚，其道則越見窮，「其道窮也」之意。

用六：利永貞。

用六：六，二四六八十為陰數，而六居位眾陰數之中，故「六」含有陰柔順承而能得中之象徵。「用六」，簡言之，就是指坤地之德、坤六之用。而所謂的「坤地之德」或「坤六之用」，乃「利永貞」是也！

利永貞：指坤地貞隨比附乾天中正之道而行，從始至終皆未失其正，比之越久，其利將越大，終蓄積成博厚廣大。

象曰：用六永貞，以大終也。

用六永貞，以大終也：以，不已。坤地之質雖陰柔，但因知貞隨乾天中正之道而行，而行之既久，終能成就其博厚廣大，以及頤養生長萬物無窮，「以大終也」之謂！

第三卦 屯

䷂

震下坎上　水雷屯

屯：元亨利貞，勿用，有攸往，利建侯。

彖曰：屯，剛柔始交而難生，動乎險中，大亨貞。雷雨之動滿盈，天造草昧，宜建侯而不寧。

象曰：雲雷，屯。君子以經綸。

初九：磐桓，利居貞，利建侯。

象曰：雖磐桓，志行正也。以貴下賤，大得民也。

六二：屯如邅如，乘馬班如，匪寇婚媾，女子貞不字，十年乃字。

象曰：六二之難，乘剛也。十年乃字，反常也。

六三：即鹿无虞，惟入于林中，君子幾不如舍，往吝。

象曰：即鹿无虞，以從禽也。君子舍之，往吝窮也。

六四：乘馬班如，求婚媾，往吉，无不利。

象曰：求而往，明也。

九五：屯其膏，小貞吉，大貞凶。

象曰：屯其膏，施未光也。

上六：乘馬班如，泣血漣如。

象曰：泣血漣如，何可長也？

屯：元亨利貞，勿用，有攸往，利建侯。

元亨利貞：指乾天元德至大，亨通流行於一切處，而元德所流行，於是有四時季節之生成，以及日照雲雨之天德施益，在下各類屯生萬物，則是在中正天道之引領與日照雲雨施益下，順利克服各種險難而成長茁壯。

勿用：指萬物之生長，若得不到中正天道的引領和日照雲雨之施益，將無法茁壯長大。

有攸往：指萬物屯生初始稚幼柔弱，未來必須得到中正天道的引領，才能順利茁壯長大。

利建侯：侯，古代諸侯之意，在此亦寓有「四時氣候」之意。建侯，原是指古時天子所分封布建的諸侯若越廣遠，代表天子掌管所及的領地與勢力範圍也就越大。「利建侯」，指屯生萬物其生長過程，若懂得貞隨中正天道而行，順隨著春夏秋冬四時規律之序而動，就會像是「建侯」有成般，一季季順利成長茁壯。

彖曰：屯，剛柔始交而難生，動乎險中，大亨貞。雷雨之動滿盈，天造草昧，宜建侯而不寧。

屯：象幼芽從泥土中萌生而出，艸木始生之形，故「屯」含有物始生稚弱之意。

剛柔始交而難生：剛柔，天地二道之象徵。「剛柔始交而難生」，指天地二道相交泰，然後有晝夜與四時寒暑之生成與日照雲雨之動，而天地間各類萬物雖然初始屯生稚弱，未來之成長也將遭遇諸多險難，但是若能得到中正天道之引領，以及日照雲雨之施益，就可以順利克服險難而成長茁壯。

動乎險中：水雷屯，屯卦上坎險下雷震，故有「動乎險中」之象。「動乎險中」，指萬物之生長過程，猶如是動於險難之中，然而未來萬物若懂得貞隨中正天道之引領而行，就能順利克服險難而茁壯長大。

大亨貞：彖辭「大亨貞」是以釋卦辭「元亨利貞」。「大」，指乾天元德至大而周遍，充滿於天地一切處。「亨」，指乾天元德亨通流行。「貞」，貞正也，貞隨也，天道中正，萬物皆貞隨之而行之謂。

雷雨之動滿盈：指天地相交泰而元德所流行，於是有春夏秋冬四時之更迭運行，以及天德日照雨雲之施益盈滿於天地之間。另外，屯卦上坎水下雷震，故屯卦亦含有「雷雨之動滿盈」之成象。正因為雷雨之動滿盈，屯生萬物才能在天德充沛之利益下，順利成長茁壯。

天造草昧：指萬物屯生初始雖然稚弱而草昧，未來則會在天德之利益下逐漸增生創造。

宜建侯而不寧：宜，合適，指萬物之生長能契合四時之序而行之意。寧，作安解。萬物屯生初始雖稚弱，但若能應和順隨四時規律之序而行，將在中正天道的引領與日照雲雨之施益下，順利克服生長過程中之各種險難而一季季茁壯長大，「宜建侯而不寧」之意。

象曰：雲雷，屯。君子以經綸。

雲雷，屯。水雷屯，屯卦上坎水下雷震，坎水象雲雨，雷震象雷動，故有「雲雷屯」之成象。「雲雷屯」，雲必須屯積既足，雷雨方可動而下。君子觀雲屯積既足，然後雷雨作而下之象有感，君子以經綸。經，上下連接之垂直縱線，象徵及早做好長遠之布局，使得上下連接貫串。綸，條理井然意，象徵所做的規畫布局，條理井然。君子及早做好規畫和布局，為未來功業建立穩固基礎，「君子以經綸」之意。

初九：磐桓，利居貞，利建侯。

磐桓：磐，不易移動之大石，扎深根基之象徵。桓，本義作「郵亭表」，行旅以留止處，象徵如行旅般一站站漸進向前。「磐桓」，指初九不但努力做到如磐石般深扎根基，同時又能如行旅般一站站次序遞進向前。

利居貞：居，居止深札根之意。貞，貞固之意。「利居貞」，指初九及早做好準備、札深根基，因為一旦有了穩固的基礎，就可成為未來茁壯繁榮的後盾。

利建侯：指初九為未來做好規畫，接著就循著既定計畫，一步步完成布局，終於邁向成功。

象曰：雖磐桓，志行正也。以貴下賤，大得民也。

雖磐桓，志行正也：志，心之所向，象徵未來的目標。行，行動、實踐力。雖然此時的初九仍猶如屯生稚弱般而無法速進，但是若能及早確立目標，並且專注的朝著既定目標，一步步深札根與廣布局，最後就會順利走向成功，「雖磐桓，志行正也」之謂。

以貴下賤，大得民也：小象「以貴下賤，大得民也」之意，是指上位者若能利益在下眾民，讓人民安居樂業，就可獲得人民的支持與跟隨，而人民的樂意支持貞隨，將會是上位者最好的「利建侯」。另外，在上位者將欲有為也，因為能夠得到四方人民的支持貞隨，故其進必獲成功，而這也像是行事時，若建侯布局的準備功夫做得越徹底，當然可以動獲大得。

六二：屯如邅如，乘馬班如，匪寇婚媾，女子貞不字，十年乃字。

屯如邅如：屯如，形容物生初始稚嫩柔弱貌。邅，轉行意，走至一處停留而後再行，行進困難貌。「屯如邅如」，形容物屯生初始稚嫩柔弱，未來的成長道路將會遭遇諸多艱難考驗。

乘馬班如：馬，馬能乘載以助行遠，含有剛健之象徵。班，象刀分二玉形，刀欲剖玉，必順其條理為之。班如，含有次序遞進之意。「乘馬班如」，指中正天道就像是一匹剛健壯馬，而物屯生初始雖柔弱，未來的成長也將遭遇諸多險難，但稚物若懂得順隨四時規律之序而行，將在中正天道的引領和照顧之下，一季季順利茁壯長大，就像是得到健馬騎乘之助般。

匪寇婚媾：匪，別有所指之意。寇，毀人宗廟為寇，暴徒賊人之稱也。婚媾，相交結合之意。「寇」和「婚媾」是不同的兩種對待方式，「寇」必須拒而防之，而「婚媾」則當樂而納之。「匪寇婚媾」，指稚物在其成長過程中，必須知應和契合四時之序而行，不可違離四時之序而動，才能在中正天道的引領下，順利克服各種險難。

女子貞不字，十年乃字：貞，貞居之意。字，人生子曰字，亦有許嫁之意。「女子貞不字，十年乃字」，指女子尚未長大成熟前還不能嫁人，所以這段期間只能貞居在家，未來則是得再等上十年之久的養成過程，直至長大成熟，方得出嫁。而爻辭這樣的取象意義，其實是在形容物屯生初始仍稚幼柔弱，所以短時間內尚無法見其利用，未來還須經過一段長時間正而當的照顧與培養，待真正長大成熟方可成用。

象曰：六二之難，乘剛也。十年乃字，反常也。

六二之難，乘剛也：六二之「難」與彖辭「剛柔始交而難生」之「難」同，皆是在講物屯生初始稚弱，未來的成長過程將會遭遇諸多險難之意。「乘剛」，騎乘剛健之象，含有剛健而能次序以進之意。物屯生初始稚弱，未來若欲克服環境上之重重險難，則須懂得及時順承中正天道之引領而行，隨著季節遞進之序生長向前，「六二之難，乘剛也」之意。

十年乃字，反常也：反，雖稱「反」，實亦含有返之意。這是因為既已知違反規律之常，就不可繼續再往錯誤方向行進，應懂得及時「回返」，亦即既知其「反」，故當及時「回返」。常，規律恆常之意。物從屯生稚弱，未來必須再經過十年、一段完整而漫長的時間等待，最後才有機會長大成利用。然而，對於最後能否成功，「十年」

之時間義，這只是其中的一個前提條件而已，畢竟個體在其成長過程中，若不能做到有計畫、有次第的深札根和廣布局，僅憑時間這一項因素，終究還是無法成利用的，而這也就是為何取象「返常」以釋「十年乃字」之理。

六三：即鹿无虞，惟入于林中，君子幾不如舍，往吝。

即鹿无虞：虞，虞人，其人能明路徑；嚮導意。「既鹿无虞」，獵人追捕野鹿，野鹿逃進林內，此時若沒有識路的虞人嚮導在前，一旦逐鹿入林，不但無法捕獲野鹿，反而先迷失自己於林中。

惟入于林中：惟，本義作「凡思」解，乃就事物本身及其關連各項，作廣泛的、綜合的思考之意。獵人決定追鹿入林，必已對林中環境有相當程度的瞭解和掌握，「惟入于林中」之意。

君子幾不如舍，往吝：舍，同捨。吝，吝少意。君子與其無虞盲進入林，不如當下見機而捨之，因為若不得中正之引領在先，越往進則越得不償失，「君子幾不如舍，往吝」之謂。

象曰：即鹿无虞，以從禽也。君子舍之，往吝窮也。

即鹿無虞，以從禽也：不得識路的虞人引導在前，原本是要追捕野鹿，最後反而變成獵物的附屬，這時就像是禽是「主」，而已卻變為「從」，從禽而往，「以從禽也」。另外，六三爻象之所示，就猶如是在講人生雖設有追求之目標，但是若不能有計畫一步步築基而行，不但無法實現目標與理想，最後反而半途迷失自己而不知其所之。

君子舍之，往吝窮也：不得中正之引導而盲進妄行，越往進則越吝窮，故君子當見機而捨之，「君子舍之，往吝窮也」之謂。

六四：乘馬班如，求婚媾，往吉，无不利。

乘馬班如：指四時規律之道，就像是一匹剛健往進不已的壯馬，能乘載引領萬物，而萬物貞隨之將可動行有功。

求婚媾：指屯生萬物當能主動往與四時之道偕行共進，才能獲得天德之利益和引領。

往吉：指知往比附中正光明之道而行，得吉之理。

无不利：能夠得到中正之引領，同時配合自身之積極努力，於是每往進一步，就越得一分扎根之功，「无不利」之謂。

象曰：求而往，明也。

求而往，明也：「明」，中正則明也。知求中正之引領，然後往，得功也！

九五：屯其膏，小貞吉，大貞凶。

屯其膏：膏，高肉、肉肥，象徵資源厚實之意。屯卦含有物屯生初始之義，而這種「屯生稚幼」之象，實亦可引申指一事業，或乃至一個國家之草創初期。因此，五位爻辭「屯其膏」之取象，就猶如是在講身處中正之位的九五，懂得屯積建侯之道，能夠有計畫且按部就班的厚實其根基。

小貞吉：指不管是一個事業或國家，在其屯生草創之初期，由於根基尚未穩固，一切仍待培養蓄積，這時當懂得屯積之道，能夠一步步穩健而進。

大貞凶：指不可因一時稍有累積，就好大喜功，奢侈浪費，把好不容易屯積起來的一點根基又再毀壞掉。

象曰：屯其膏，施未光也。

屯其膏，施未光也：九五根基尚未屯積厚實，所施用作為絕不可以過度，一切應以蓄養積累為上，「施未光也」之謂。

上六：乘馬班如，泣血漣如。

乘馬班如，泣血漣如：泣血，這是用以象徵因行動力不足，無法做到與時俱進，致使資源或優勢隨著有利時機的消逝而損去。漣如，一點一點連續不斷的滴落消失之象。由於四時規律之道，就像一匹剛健奔馳向前的壯馬，而萬物之生長，若不能及時偕四時遞進之序而行，將無法獲取各季節日照雲雨之施益，這時就猶如任由那天德資源不斷從旁流失般，「乘馬班如，泣血漣如」之意。

象曰：泣血漣如，何可長也？

泣血漣如，何可長也：沒有把握有利時機，及時做好扎根與建侯之工作，而隨著時間的漸流逝，形勢將越趨不利，「何可長也」之謂！

第四卦　蒙

䷃

坎下艮上　山水蒙

蒙：亨，匪我求童蒙，童蒙求我，初筮告，再三瀆，瀆則不告，利貞。

彖曰：蒙，山下有險；險而止，蒙。蒙亨，以亨行時中也。匪我求童蒙，童蒙求我，志應也。初筮告，以剛中也。再三瀆，瀆則不告，瀆蒙也。蒙以養正，聖功也。

象曰：山下出泉，蒙。君子以果行育德。

初六：發蒙，利用刑人，用說桎梏，以往吝。

象曰：利用刑人，以正法也。

九二：包蒙吉，納婦吉，子克家。

象曰：子克家，剛柔接也。

六三：勿用，取女，見金夫，不有躬，无攸利。

象曰：勿用取女，行不順也。

六四：困蒙，吝。

象曰：困蒙之吝，獨遠實也。

六五：童蒙，吉。

象曰：童蒙之吉，順以巽也。

上九：擊蒙，不利為寇，利御寇。

象曰：利用御寇，上下順也。

蒙：亨，匪我求童蒙，童蒙求我，初筮告，再三瀆，瀆則不告，利貞。

亨：指天道四時之運行，一季季亨通流行往前進步不已，其間並不會有任何停滯或延宕。

匪我求童蒙，童蒙求我：指所謂「發蒙」之要，受教者若不願懷著一顆主動學習、誠懇求知的企圖心，施教者即使有好的教育方法、再大的耐心，最後所得到的效果也是極為有限。而發蒙若欲收其功，除了教者方法要正確，受教者更須能夠真心誠意主動學習，所謂「匪我求童蒙」，是「童蒙求我」也！

另外，卦辭「匪我求童蒙，童蒙求我」之於天德取象，這是指天道就像是一位中正引導教育者，在下稚蒙萬物，就像是被啟蒙的受教者一般，天道中正規律運行在上，萬物必須及時主動順隨規律遞進之序而行，才能發其蒙昧順利成長茁壯。

初筮告，再三瀆，瀆則不告：初，初始、早期之意。筮，卜筮也，須誠以為之。瀆，本義作溝解，亦含有水流滿溢之意，可引申指若內已存物，外則難以再復加。當人們對於來事之未知而有求於卜筮之問，其初始懷著至誠之心以為之，因不存既定成見，此時求筮，將最能感通神明，「初筮告」之謂；反之，若心早已有為主之定見，卻又一而再、再而三的卜問同一疑惑，亟欲與既存私心相合而後已，則是「再三瀆，瀆則不告」也！

卦辭「初筮告，再三瀆，瀆則不告」之象，實亦可理通人之啟蒙學習，因為人之受教啟蒙，若能把握住孩提初始時期，趁著質性樸實未染著，將越易發其蒙昧而得收宏效，「初筮告」也；反之，隨著年齡漸長，習氣已深，懷著既定成見則難再虛心受教，不易發蒙矣，「再三瀆，瀆則不告」也！

另外，卦辭「初筮告，再三瀆，瀆則不告」之於天德取象，是在講天道四時之運行，剛健往進不停息，各季節氣象則有不同所屬之天德施益，其中又以春天時期元氣生機最為充滿，因此萬物之生長，若能及時把握住春天生機充滿之際，將最得天德利益，否則若是失了時序而遞延向後，越不利於隨後夏秋冬三季節的成長矣！

利貞：原是指天道規律運行在上，在下萬物知貞隨之而行，將會在天德之中正引領與施益下，順利發其蒙昧而成長茁壯，在此則引申指對於教育發蒙之義，教導者能以身作則做到貞正在先，再配合正確教育方法，則受啟蒙者將會在教者的貞正教導下，逐漸開發出內在智慧。

象曰：蒙，山下有險；險而止，蒙。蒙亨，以亨行時中也。匪我求童蒙，童蒙求我，志應也。初筮告，

以剛中也。再三瀆，瀆則不告，瀆蒙也。蒙以養正，聖功也。

蒙，山下有險；險而止，蒙：山水蒙，蒙卦上山艮下坎險，故有「山下有險」與「險而止」之象。物生初始稚幼蒙昧，對外在環境一無所知，就像是被高山所隔絕封閉般，內則無任何知識經驗，猶如是身在坎陷之中受黑暗所覆蔽。然而，物稚幼雖蒙昧，卻因有一中正天道引領在上，故萬物只要懂得應和之而行，就可在天德的施益下，逐季脫去蒙昧而茁壯長大，彖辭「蒙，山下有險」之意。萬物雖屯生蒙昧，卻能在天道中正之德的引領下順利成長茁壯，同樣的人雖生而懵懂無知，未來則可透過正確教育學習而逐漸開發出內在智慧，不令蒙昧無知一直延續下去，而這種止卻蒙昧之險，進而啟發內在明德之象，就是彖辭「險而止，蒙」所要表達之意。

蒙亨，以亨行時中也：以亨，指自由開放而不閉塞，故能亨通不已。天道以其中正亨通流行之德引領萬物生長，在下稚蒙萬物動無差忒貞隨其道而行，將可隨著四時遞進之序，逐漸脫去稚幼蒙昧而成長茁壯，「蒙亨，以亨行時中也」之意。

匪我求童蒙，童蒙求我，志應也：天道中正運行在上，在下稚蒙萬物皆知主動應和之而行，而童蒙之受教學習，若能本著主動求知、真誠學習之心接受教導者的引領，將可順利發其蒙昧，「志應也」之謂。

初筮告，以剛中也：剛中，剛健中正，亦可引申象徵質性精純樸實、態度誠懇專注之意。「以剛中」，原是指天道四時之運行剛健中正往進不已，萬物之生長若能及時把握住春天元德充滿之最佳時機，將最得天德施益之功，在此則可引申指對於童蒙之學習發展，當能及時把握孩提之初始時期，其質性樸實未染著，同時在學習態度上也較易保持誠懇專注，故將最收學習之宏效。

再三瀆，瀆則不告，瀆蒙也：皿中之水若已滿溢，外則不能復加，同樣的隨著年齡的漸長，習氣也就越見染著，成見既深，就難再虛其心以容納新觀念，故瀆滿則難發其蒙，「瀆蒙也」之謂。

蒙以養正，聖功也：萬物屯生初始雖稚幼蒙昧，未來在中正天道的引領和施益頤養下，將會一季季脫去蒙昧而茁壯長大。人之初亦生而蒙昧，未來若能施予正確教育與培養，將可啟發內在善性與智慧而去其蒙昧，「蒙以養正，聖功也」之謂。

象曰：山下出泉，蒙。君子以果行育德。

山下出泉，蒙。山水蒙，蒙卦上山艮下坎水，故有「山下出泉」之成象。「出下出泉」，山下泉水源源不絕的湧出，而人明德智慧之開發，其實也會像那山下之湧泉一般，若能施予正確啟蒙與善誘，則壓藏在內的無窮明德智慧，將可源源不絕發掘而出。然而，如何才能成功開啟內在無窮明德智慧？「君子以果行育德」是也！中庸有云：「博學之，審問之，慎思之，明辨之，篤行之。有弗學，學之弗能弗措也。有弗問，問之弗知弗措也。有弗思，思之弗得弗措也。有弗辨，辨之弗明弗措也。有弗行，行之弗篤弗措也。人一能之，己百之。人十能之，己千之。果能此道矣，雖愚必明，雖柔必強。」君子之於學習，努力不輟，持之以恆，若人一能之，則己敢百倍其功，及至學而有得，則又能篤行實踐，這就是君子之「果行」也！而君子「果能此道矣」，將可開啟內在無窮之明德智慧而遠離愚昧之蒙，是為君子之「育德」也！

初六：發蒙，利用刑人，用說桎梏，以往吝。

發蒙：初六爻辭稱「發蒙」，強調當能把握年幼可塑性佳之初始時機，及早施予正確啟蒙，將最收快速與有效之功。

利用刑人：刑，取其校正或糾正之意。「利用刑人」，指人之生初始稚幼蒙昧，不懂何為對錯與善惡，因此當能從旁循循善誘之，使其往正而當的方向發展。

用脫桎梏：桎梏，古刑具；在足曰桎，在手曰梏。「用脫桎梏」，意指人之初本具良知良能，只不過這良知良能像是仍被蒙藏在內，未來則是須施予正確教育，方可令其脫去外面這一層桎梏枷鎖，使內在良知良能之明德顯現於外。

以往吝：吝，吝少之意。「以往吝」，指發蒙須及時，趁物稚質樸習氣未染著之初，將最得事半功倍之效，否則若讓時間越遞延往後，發蒙之成效也就會越變差。《禮記‧學記》有云：「發然後禁，則扞格而不勝；時過然後學，則勤苦而難成。」教育啟蒙須及早，否則隨著年紀越增長，一旦習氣或思考模式漸定型，屆時不管是在學習或習氣的矯正改變上，效果皆會大打折扣。

象曰：利用刑人，以正法也。

利用刑人，以正法也：持續不斷從旁給予正確引導協助，當發現其行為有偏差時，也能適時加以教育矯正，「以正法也」之意。

九二：包蒙吉，納婦吉，子克家。

包蒙吉：包，包容之意。「包蒙吉」，指對於啟蒙受教者的蒙昧無知處，應以最大包容心和耐心加以啟迪，同時也能做到因材而施教，知依據受教者質性與稟賦的不同，輔以不同的教育方法。

納婦吉，子克家：男子娶妻，未來將可得到妻子的從旁輔助和照應，「納婦吉」之意。男子娶妻然後生子，兒子長大自立後則能繼續克承其家，「子克家」之意。爻辭「納婦吉，子克家」之取象，其實這是在講對於啟蒙受教者能夠循循善誘之，能懷著愛心和耐心從旁給予引導與協助，讓受教者從初始的學習識事，再進到如何辨別是非，如此一步步逐漸脫去蒙昧，終於走向自立之道。

象曰：子克家，剛柔接也。

子克家，剛柔接也：「剛柔接」之象，原含有晝夜之往來是一日接一日、前後接續不已之意思，在此引申指教育之事乃是一條長遠道路，亦猶如百年大計，因為這一代受教啟蒙，許多年後才會漸漸見到教育之成效，而接著新生下一代，又再繼續傳承另一新的教育啟蒙，如此一個世代比一個世代更加聰明進步。

六三：勿用，取女，見金夫，不有躬，无攸利。

勿用：指六三雖內藏陽剛美質，未來仍須獲得正而當之教育以發其蒙，否則最終還是無法成其材用。

取女：女，在此象徵陰柔習氣。「取女」，指趁著質樸而習氣未染著之前，就及時施予教育，將之導往正軌發展，否則隨著習氣漸深，越到後面就越難以駕馭改變。

見金夫：金夫，象徵陽剛美質、質樸精純之意。「見金夫」，指應及時把握物稚初始可塑性高的這段最佳時期，其質性樸實而不染著，將最易發其蒙昧。

不有躬：躬，一己之身，彎曲的身形，象徵局限於一小隅範圍之意。「不有躬」，指受教者要有主動求知、虛心受教的精神，能夠寬廣的學習而不會自我設限或自以為是。

无攸利：指啟蒙學習當趁早，因為發蒙的時間若越往後推遲，學習能力與可塑性就會越降低，對於發蒙的成效也就越無攸利，所謂「時過而後學，則勤苦而難成」！

象曰：勿用取女，行不順也。

勿用取女，行不順也：行不能順承中正之引領，不但原本的好材質無法獲得啟發而成利用，同時已漸染著的不良習氣也會因得不到矯正而難除去，「行不順也」之意。

六四：困蒙，吝。

困蒙：外在學習環境之不佳與教育資源的貧乏不足，是謂「困蒙」。

吝：外在的學習環境越封閉，教育資源越貧乏，則受教者的學習成效也就會越差，致「吝」之因。

象曰：困蒙之吝，獨遠實也。

困蒙之吝，獨遠實也：「獨學而無友，則孤陋而寡聞」，遠離良好學習環境或是缺少了良師從旁引導，將使受教者一直停滯在封閉蒙昧當中，「獨遠實也」之意。

六五：童蒙，吉。

童蒙：指處中正之位的在上六五，應像能夠虛心受教的「童蒙」般，與下謀事時不會剛愎自用，願意傾聽賢良人才之建言。

吉：指六五知禮賢下士，能廣納各方意見，因此天下人才也將樂意來為其所用，盡力為六五貢獻己能。

象曰：童蒙之吉，順以巽也。

童蒙之吉，順以巽也：順，順承義，乃捨此以就彼正之意。巽，巽入義。身為上位領導者的六五，能禮賢下士，廣納建言，懂得求人以輔，則各方賢才也會樂意來輔佐之和貢獻所能，「順以巽也」之意。

上九：擊蒙，不利為寇，利御寇。

擊蒙：處蒙卦時位之極的上九，就像是一位習氣深染著，內已養成根深柢固思想或習慣者，而這時若欲除去上九之蒙昧，則惟有蒙者願意先打破自己的堅固執著，脫去那既定成見框架，敞開其心向外納取新知觀念，是稱「擊蒙」之意。

不利為寇：寇，暴徒賊人之稱也。而寇賊者，眾人皆拒而防阻之。「不利為寇」，這是在講上九若仍然固執自我，認為自己何蒙之有，對於一些新事新知，皆像是在防阻寇賊般將之排拒在外，則不利發其蒙昧矣！

利御寇：指上九若是能夠將那種抗拒學習新知的排斥心態，轉變成像是在對付自我內在的排斥心一般，即願意主動敞開心胸向外積極學習，觀念只要一轉變，便可順利擊去其蒙昧。

象曰：利用御寇，上下順也。

利用御寇，上下順也：上九內則願意主動打破自我之窠臼成見，外則能積極努力吸納新知，如此有心於學習，就永遠不會太遲，有道是活到老學到老，除非是自我封閉不願學，「上下順也」之意。

第五卦　需

䷄

乾下坎上　水天需

需：有孚，光亨，貞吉，利涉大川。

彖曰：需，須也，險在前也。剛健而不陷，其義不困窮矣。需，有孚，光亨，貞吉，位乎天位，以正中也。利涉大川，往有功也。

象曰：雲上於天，需。君子以飲食宴樂。

初九：需于郊，利用恆，无咎。
象曰：需于郊，不犯難行也。利用恆，无咎，未失常也。

九二：需于沙，小有言，終吉。

象曰：需于沙，衍在中也。雖小有言，以吉終也。

九三：需于泥，致寇至。

象曰：需于泥，災在外也。自我致寇，敬慎不敗也。

六四：需于血，出自穴。

象曰：需于血，順以聽也。

九五：需于酒食，貞吉。

象曰：酒食貞吉，以中正也。

上六：入于穴，有不速之客三人來，敬之終吉。

象曰：不速之客來，敬之終吉。雖不當位，未大失也。

需：有孚，光亨，貞吉，利涉大川。

有孚：孚，孚信之意。「有孚」，指天道之運行，規律有常，信而有徵，故在下各類萬物亦皆誠孚應和其道而行。

光亨：光，在此象徵天德施益之功，猶如光之四照。「光亨」，指天道至大，其日照雲雨之施益亨通流行一切處，而各類萬物則是在天德之頤養利益下，獲得欣欣向榮。

貞吉：指四時春夏秋冬是一條中正規律之大道，在下萬物只要貞隨季節更迭之序而行，就可隨著季節之遞進而逐漸茁壯長大。

利涉大川：指天道四時之更迭規律有常，其日照雲雨施益之德盈滿，在下萬物只要及時順隨四時規律之序以動，就可在天德之施益下，克服各種險難並逐漸茁壯長大，就像是順利涉過大川一般。

彖曰：需，須也，險在前也。剛健而不陷，其義不困窮矣。需，有孚，光亨，貞吉，位乎天位，以正中也。利涉大川，往有功也。

需，須也，險在前也：需，從雨而，本義作「須」解，乃遇雨不進，止而少待，有緩進暫止之意。須，鬚也。由於臉上之鬚是隨著男子年齡的漸長而增添，所以若想得到長鬚，惟有耐心等待，隨時間之遞進而自然蓄養增長。「險在前」，指險阻在前而力尚不足以濟之之意。彖辭取「須也，險在前也」以釋「需」之象，這是在講前行遇有險阻，而衡量當下實力尚不足以濟之，這時除了須耐心等待有利形勢的出現之外；另一方面則是懂得把握這段等待期間，好好蓄養實力，等到前面危厲形勢逐漸轉寰，抑或內在實力已蓄養足夠，彼時就可順利涉過險難。

剛健而不陷，其義不困窮矣：水天需，「需卦」上坎陷下乾健，故有「剛健而不陷」之象。「剛健而不陷，其義不困窮矣」，雖然前有坎險之阻礙一時尚無法越過，但是若能本著剛健不息、精勵進取的態度，持續蓄積一已之實力，則隨著時間之遞進，蓄養不已的實力，終於克服險阻而不再被坎陷所困。

需，有孚，光亨，貞吉，位乎天位，以正中也：天位，最高、最上之位之謂。天道誠孚有信、中正規律，其日照雲雨施益之德盈滿，在下萬物懂得順隨天道四時規律之序而行，將在天德的頤養下逐漸茁壯長大，就像是受天德之「需養」而有成一般。而君子學問之蓄聚以及德業之深造，其實也像那萬物受天道中正引領和需養的過程，君子必須待至進德修業有成，未來才有能力仁濟天下，「位乎天位，以正中也」之謂。

利涉大川，往有功也：萬物順隨四時規律之序而行，將在天德之施益頤養下逐漸茁壯長大，就像是隨著季節之遞進而蓄積其功一般，「往有功也」之謂。

象曰：雲上於天，需。君子以飲食宴樂。

雲上於天，需。水天需，需卦上坎水下乾天，故有「雲上於天」之成象。「雲上於天」，水氣蒸發上天成雲，一旦雲蓄積飽和就會凝結變雨落下。君子觀天上之雲蓄積既密，自然會成雨落下之象有感，瞭解到若外在客觀環境未至成熟，形勢還不到可以作為的時候，此刻惟有以平常心待之，仍然保持著飲食宴樂如常，再由這從容規律的生活中，需養待時逐漸蓄積成實力，「君子以飲食宴樂」之謂也！

初九：需于郊，利用恆，无咎。

需于郊：郊，本作距國百里曰「郊」解，乃城邑外之地。初九前行，將遇有坎險之阻礙，而衡量刻下實力尚不足以濟險難，所以除了應耐心靜待有利形勢可能出現外；另一方面則是懂得趁此期間積極蓄養實力，其過程就像是初九仍須長時間需養準備般，「需于郊」之意。

利用恆：恆，久也，規律以恆也。「利用恆」，指此刻的初九力量有限，未來仍需長期蓄養準備，待實力養成方可前去以涉險川。

无咎：指初九懂得如何從規律作息中逐漸得到需養蓄積，讓原本有限的能力，一日日更往上提升。

象曰：需于郊，不犯難行也。利用恆，无咎，未失常也。

需于郊，不犯難行也：既然刻下之實力尚無法前去以濟險川，這時最恰當的作為就是好好蓄養實力，並耐心等待有利形勢的出現，所謂懂得「不犯難行也」！

利用恆，无咎，未失常也：常，規律、經常之意。初九仍然保持經常作息，卻又能從這規律恆常的作息中，持續需養蓄積一己之實力，「未失常也」之意。

九二：需于沙，小有言，終吉。

需于沙：沙，從水從少，水少則沙見，水旁之地曰「沙」。「需于沙」，指涉險渡河時，應待至水流勢緩，或找尋一水少沙現的淺處，才是順勢渡河的恰當時機。

小有言：原指雙方一開始先是意見不同，在經過一番往來辯論溝通後，慢慢縮小彼此歧見，終於取得共識。在此是用以象徵原本為難以橫越的礙阻，在經一番努力準備，以及耐心等待，危險形勢終漸見趨緩，而能力亦足以穿越渡過。

終吉：指在方向正確，未來隨著時間的逐漸拉長，整個內外形勢將漸趨於吉而有利。

象曰：需于沙，衍在中也。雖小有言，以吉終也。

需于沙，衍在中也：衍，從水從行，本義作水朝宗於海貌解，含有水順流而行之意。待水流平緩不再波濤洶湧，方是順勢渡河的恰當時機，「衍在中也」之意。

雖小有言，以吉終也：於規律有節的作息當中，逐漸蓄養增強實力，同時也耐心靜待有利形勢的到來，一旦能力與機會皆允許作為，終於可以順利越過險川，「以吉終也」之謂。

九三：需于泥，致寇至。

需于泥：泥，河中之泥，取其泥能陷人之象徵。「需于泥」，指渡河時不先明審形勢與度量己力就貿然強行涉險，結果把自己陷入河流之泥淖中，進退不得，隨時有滅頂之險。

致寇至：九三此刻之所以會身陷泥淖之險境中，實乃咎由自取，是自己在還未摸清河中之險，就已急著涉險渡河，因為這就像是主動去招引寇賊來犯一般，故稱之「致寇至」。

象曰：需于泥，災在外也。自我致寇，敬慎不敗也。

需于泥，災在外也：既知河中可能潛藏泥淖之險，就更應懂得小心謹慎去避開它，畢竟此刻只要不主動冒險即之，就並無立即之災險，故小象釋之「災在外也」！

自我致寇，敬慎不敗也：小象這裡的「敬慎不敗」，非指已經讓自己陷入泥淖險境之中，才再想辦法如何「敬慎」以求取「不敗」，它所要表達的其實是一種事前的敬慎意，是指在經過一番仔細觀察與評估後，讓自己先能立基在有利的勢位上，接著再伺機行動。《孫子兵法・形篇》：「昔之善戰者，先為不可勝，以待敵之可勝。不可勝在己，可勝在敵。故善戰者，能為不可勝，不能使敵之必可勝」。「先為不可勝，以待敵之可勝」，先建構成不可勝我之戰略部署，待敵有可乘之機則立刻攻取之。《孫子》此處所云之義，實同於小象之「敬慎不敗」也！

六四：需于血，出自穴。

需于血：血，象徵不知與時俱進積極作為，坐任那良好時機或優勢，隨時間的流逝而漸消失。「需于血」，指九四伺機以待時，不貿然即難行之險，但絕不可變成退縮保守，畢竟不進、不作為只能暫得一時安穩，而在不求積極進取之情況下，相對的，也會讓一些有利機會從旁流逝掉。

出自穴：穴，象徵可做為藏身保護。「出自穴」，指六四躲在洞穴中，雖可以獲得藏身保護而暫時無險，但也不可能長此不出，畢竟六四若消極膽怯不敢進，未來也就永遠無法涉過險川，繼續擁有往更遼闊領域發展的機會。

象曰：需于血，順以聽也。

需于血，順以聽也：聽，任耳接受聲音，然後心有感知。六四除了需養待時以蓄積實力之外，也能敏銳覺察四方形勢變化，一旦發現可作為之機到來，知立刻採取行動，順勢而進，絕不坐待良機從旁閃逝，「順以聽也」之意。

九五：需于酒食，貞吉。

需于酒食：指在上九五做到讓人民能夠安居樂業，就像是人民獲得「酒食」之充足需養般。

貞吉：指人民皆能安居樂業，則整個國家、社會自然就會從規律次序中，獲得充足需養，逐漸走向興盛繁榮。

象曰：酒食貞吉，以中正也。

酒食貞吉，以中正也：當人民皆能獲得充足頤養而安居樂業，則整個國家、社會之力量，自然就會從這穩定的基礎上，逐漸壯大開來，「以中正也」之所象徵。

上六：入于穴，有不速之客三人來，敬之終吉。

入于穴：指上六在經一段時日的蓄養與準備後，已蓄積相當實力，但衡量外在大環境之形勢仍充滿危厲，還不到涉險渡川的恰當時機，因此上六此際最妥當的做法，就是仍然安守於現狀繼續耐心等待。

有不速之客三人來：不速，表難以預估確切到來之時間之意。客人們什麼時候到來並不清楚，而此刻的主人又不好外出，以免客人恰巧來訪，彼此失之交臂，「有不速之客三人來」之意。而爻辭「有不速之客三人來」之取象，其實是在講外在形勢將會如何變化、發展，是難以預料和控制的。所以，這時最恰當的作法就是「以逸待勞」因應之，即先把分內該準備的工作做好，接著就靜待可作為之時機出現。

敬之終吉：敬，自責自律以赴事為敬，在此含有一種事前的審慎考慮，並且積極準備之意。「敬之終吉」，指及早把該準備的工作做好，蓄積成足夠實力，則未來順利渡過險川的勝算也就越高。

象曰：不速之客來，敬之終吉。雖不當位，未大失也。

不速之客來，敬之終吉：不清楚客人會選擇什麼時候到來，所以，此刻主人最適當的因應方式，就是預先備好一切迎賓禮節，接著就耐心等待眾人的來到，「不速之客來，敬之終吉」之謂。《孫子兵法・九變篇》：「故用兵之法，無恃其不來，恃吾有以待也；無恃其不攻，恃吾有所不可攻也。」敵人選擇什麼時候來犯，並非我方所能掌控，因此，這時候最好的策略就是—預先做好一切作戰布署，接著就以逸待勞，靜觀形勢變化。

雖不當位，未大失也：先立穩腳步，蓄積足實力，以營造出最大勝算，「未大失也」之意。

第六卦　訟

☰☵

坎下乾上　天水訟

訟：有孚，窒惕，中吉，終凶，利見大人，不利涉大川。

彖曰：訟，上剛下險；險而健，訟。訟，有孚，窒惕，中吉，剛來而得中也。終凶，訟不可成也。利見大人，尚中正也。不利涉大川，入于淵也。

象曰：天與水違行，訟。君子以作事謀始。

初六：不永所事，小有言，終吉。

象曰：不永所事，訟不可長也。雖有小言，其辯明也。

九二：不克訟，歸而逋，其邑人三百戶，无眚。

象曰：不克訟，歸逋竄也。自下訟上，患至掇也。

六三：食舊德，貞厲，終吉，或從王事，无成。

象曰：食舊德，從上吉也。

九四：不克訟，復即命，渝安貞吉。

象曰：復即命，渝安貞，不失也。

九五：訟元吉。

象曰：訟元吉，以中正也。

上九：或錫之鞶帶，終朝三褫之。

象曰：以訟受服，亦不足敬也。

訟：有孚，窒惕，中吉，終凶，利見大人，不利涉大川。

有孚：指天道中正不偏，誠孚有信，故在下各類萬物莫不順服其道而行。

窒惕：窒，塞止意，以象天道中正不偏，就像是自我約束在既定常道並不旁行。惕，惕含有由散漫變化為肅敬的意味，在此以象天道之運行不會泛流不節。「窒惕」，指天道之運行，雖然晝夜、寒暑往來變動不已，但其道卻仍能常保中正專注而不泛流，就像是遵循著既定規矩，井然有序往前動進般。

中吉：「中」是天道中正之意，而「吉」則是指萬物貞循天道中正規律之序而進，將可源源不絕獲取天德之利益。

終凶：指萬物若不知順隨天道四時規律之序而行，也就是與中正天道相訟、相違，則其生長將會因無法獲得天德之利益而致凶。

利見大人：指因有中正天道規律運行於上，然後各類萬物之生長才有所依循，這就像萬物在天道此一「中正大人」的帶領下，公平競爭，和諧共進，一起繁榮生長於天地之間。

不利涉大川：指天地間若無一條中正規律之道，萬物之生長將無所依循，彼時一切皆將陷入失序紛爭之深淵中。

彖曰：訟，上剛下險；險而健，訟。訟，有孚，窒惕，中吉，剛來而得中也。終凶，訟不可成也。利見大人，尚中正也。不利涉大川，入于淵也。

訟，上剛下險；險而健，訟：天水訟，訟卦上坎險下乾天剛健，故有「上剛下險」之象與「險而健」之德。四時之道規律有節、剛健運行在上，在下各類萬物知貞循此一中正規律之道以生長，將可順利克服環境中之各種險難而繁榮於天地之間，「訟，上剛下險」之意。觀乾天之道中正規律，萬物皆貞循之而行，天地間並因此呈現出次序井然之繁榮氣象有感，一個安定有秩序的社會，人民皆能遵循社會共同之律則，彼此間公平競爭向前，則這樣的社會將會越競爭越得進步，「險而健，訟」之所象徵。

訟，有孚，窒惕，中吉，剛來而得中也：「剛來」，指天道四時之更迭動進，規律有節一季季相繼而來，其間絕無紊亂差忒；「得中」，指天道剛健中正、信而有徵運行在上，各類萬物皆貞隨之而行，並且一起成長繁榮於天地之間。

終凶，訟不可成也：天道四時規律運行在上，萬物知順隨之，將可在天德之利益下獲得成長繁榮；反之，萬物若不能遵循四時規律之序而動，其生長將有凶，「終凶」之謂。一個社會必須要有共同之秩序、規範，生活在一起的眾成員們，才能因安定而共蒙其利；相反的，社會上若是每個人只知顧著一己之利，彼此你爭我奪，整個社會就會變得紊亂、失序，眾人也會因此同受其害，「訟不可成也」之謂。

利見大人，尚中正也：尚，分此以加於彼，增益之象也。天道中正規律運行在上，萬物之生長有所依循，並因此而繁榮於天地間，「尚中正也」之謂。同理，一個和諧有序的社會，眾人遵循共同之次序規範，並在公平基礎下自由競爭，則整個社會自然就會越競爭越得進步繁榮，這也是一種「尚中正」之象也！

不利涉大川，入于淵也：天地若無規律，萬物之生長將無所依從，整個生態就會陷入紊亂、失序的深淵中，「入于淵也」之意。同理，一個社會若失去道德規範，每個人只圖一己私利，彼此間爭奪相訟，最後，整個社會就會陷入紊亂、失序當中，無法再進步。

象曰：天與水違行，訟。君子以作事謀始。

天與水違行，訟。天水訟，訟卦上乾天下坎水，天上水下，故有「天與水違行」之成象。當雨水從天上開始降落，接著天和雨水就會一上一下背道而馳，並隨著時間之遞進而越行越睽遠。君子觀天與水違行之象有感，君子審慎做好事前的規畫與評估，以擬定出正確行事方向，避免一開始就走錯路，因而付出慘重的代價，「君子以作事謀始」。

初六：不永所事，小有言，終吉。

不永所事：永，恆常意。事，可象徵律則、規範。「不永所事」，指人際間之往來互動，若缺乏共同次序規範的維繫，每個人只知圖一己私利，且又亟力於爭訟的情況下，人際關係就會變得疏離，同時整個社會結構也將因此瓦解，無法再恆常運作下去。

小有言：言，溝通談判之象。「小有言」，指雙方若因立場、想法的不同而有爭訟，未來若有意化解彼此歧見，則可透過溝通談判而慢慢縮小其間的認知差距。

終吉：指爭訟雙方若願意相互對話，則隨著持續的溝通，歧見將越見縮小，終至完全消弭爭訟。

象曰：不永所事，訟不可長也。雖小有言，其辯明也。

不永所事，訟不可長也：人與人之間若只會你爭我奪，相互爭訟，最後就是各見損耗，任誰也無法從中得益，所以是「訟不可長也」！

雖有小言，其辯明也：透過溝通談判，逐漸縮小其間認知差距，最後更順利建立出共同遵循的次序規範，「雖小有言，其辯明也」之意。

九二：不克訟，歸而逋，其邑人三百戶，无眚。

不克訟：克，克勝意。相互爭訟的雙方，最後必皆見其損耗，即使得勢者如願勝出，所得到又往往無法償付所失去，因此越執意強於爭訟，就只會越見得不償失而已，「不克訟」之謂。

歸而逋，其邑人三百戶：歸，回返之意。逋，逃竄之意。邑人三百戶，只有三百戶人家的小邑。爻辭「歸而逋，其邑人三百戶」之取象，實同於俗諺所說：「退一步，海闊天空」之意。即與其執意往與他相爭訟，最後造成兩敗俱傷，甚至走到玉石俱焚的地步，何不此刻就容忍放下，先退讓一步，畢竟自己背後其實仍留有很多空間可堪揮灑。

无眚：眚，災禍之稱。「无眚」，指九二瞭解到相訟僵持，只會導致更多損失而已，因此懂得退讓一步，不自取爭訟之災。

象曰：不克訟，歸逋竄也。自下訟上，患至掇也。

不克訟，歸逋竄也：竄，從鼠在穴中，本義作「匿」解，在此實亦含有地下洞穴雖小，仍留有活動自如之空間之意。九二何需必與人爭訟，相訟所欲爭的不過是那麼一丁點，而退一步回頭看，擁有的反而是更大一片天空，「不克訟，歸逋竄也」之謂。

自下訟上，患至掇也：既知若執意爭訟下去，就只會更見損耗而已，因此當明智的及時止其訟，以免自取災眚，否則將「患至掇也」！

六三：食舊德，貞厲，終吉，或從王事，无成。

食舊德：舊德，象徵老舊無創新、封閉有限，不再有增益。「食舊德」，指封閉在一塊小區域內，彼此相互爭食有限資源之意。

貞厲：指不知積極拓展向外，以創造出更多資源的挹注，就只會閉鎖在一小隅之地，相互爭食有限資源，當然將漸見危厲。

終吉：指基於一個中正公平的前提下，各方自由競爭、各自努力以創造更多資源的注入，如此，每個人才能真正獲取滿足。

或從王事，无成：王事，象徵一條中正公平的共同律則之意。无成，指若不能遵循共同律則而行，則「無成」。而爻辭「或從王事，无成」之取象，實即在講眾人共同遵守一條中正公平的競爭規則，然後各自努力、自由競爭，去創造個人所需，並非只會選擇對內爭訟區區僅有，否則，長期缺乏注入新資源，最後就是落得眾人皆空無所得。

象曰：食舊德，從上吉也。

食舊德，從上吉也：不思努力把餅做大，卻是不計代價爭論如何去分配這僅有的一小塊餅，這就是只會「食舊德」；不會對內去爭訟區區僅有，而是敢於克服種種環境限制，更加努力向外以創造出更多的供給，這樣才能真正滿足各自所需求，「從上吉也」之謂。

九四：不克訟，復即命，渝安貞吉。

不克訟：指若執意與外爭訟，就只會日見其損耗而已，故終不得克勝。

復即命：復，往而仍來，回返意。即，接近之意。命，象徵自身所被賦予或設定的責任、目標。「復即命」，指九四非與外爭訟，而是轉而向內求，盡其本分的做好自己所該盡之責。

渝安貞吉：渝，本義作「變」解，在此取其渝變而更得進步之意。「渝安貞吉」，指對內自我要求，先做好所該盡之本分，同時又敢於「與己爭訟」，積極振作不懈怠，使自己能夠持續進步向上。

象曰：復即命，渝安貞，不失也。

復即命，渝安貞，不失也：盡力做好該盡之本分，這是自身所能掌握的，而敢於不斷的「與我相爭訟」，使自己精益求精、更加進步超越，這也是把握在一己之中，故稱「不失也」！

九五：訟元吉。

訟元吉：處中正之位，具備中正之德的九五，有責任、也有能力帶領人民競爭進步向上，而人民則是在九五之中正領導下崢嶸出頭，各行各業因自由競爭而進步，整個社會則猶如百家爭鳴、萬花齊放般，呈現出一片繁榮上昇之氣象，「訟元吉」之謂。

象曰：訟元吉，以中正也。

訟元吉，以中正也：九五中正領導在上，人民則是在自由開放的基礎下努力爭奮向前，而國家社會也在這競爭進步的氣氛中，日漸繁榮興盛，「以中正也」之意。

上九：或錫之鞶帶，終朝三褫之。

或錫之鞶帶，終朝三褫之：錫，同賜。鞶帶，束官服用的革製大帶子。「終朝三褫之」，形容褫奪之快速與頻繁。

上九爻辭「或錫之鞶帶，終朝三褫之」之取象，這是在講若社會上每個人就只會企圖從別人身上去爭訟、奪取，卻不願想辦法靠自己力量去創造增加，則彼此相互爭奪的結果，這時力量大的恃強以爭，或能一時僥倖奪取到最高名利，但旋即一定又會再出現另一個更大、更凶惡的力量，把他現在所爭訟到的褫奪殆盡，如此一來，整個社會就會落入到一種你爭我奪的惡性循環之中。

象曰：以訟受服，亦不足敬也。

以訟受服，亦不足敬也：亦，象人的兩腋，有彼此兩相對稱之象。彼我相互訟奪，這是一種對稱因果循環，因為己去訟人，人亦會來奪己，如此相訟爭奪循環不已，雖或有一時僥倖佔有，但沒多久又會被其他人所訟奪。因此，惟有人人「往內訟求」，也就是各自努力去創造出更多的供給，這樣才是「訟」的正面循環，否則，若只會企圖訟奪他人手中之擁有，則「亦不足敬也」！

第七卦　師

䷆

坎下坤上　地水師

師：貞丈人，吉无咎。

彖曰：師，眾也。貞，正也。能以眾正，可以王矣。剛中而應，行險而順，以此毒天下而民從之，吉又何咎矣。

象曰：地中有水，師。君子以容民畜眾。

初六：師出以律，否臧凶。

象曰：師出以律，失律凶也。

九二：在師中，吉无咎，王三錫命。

象曰：在師中吉，承天寵也。王三錫命，懷萬邦也。

六三：師或輿尸，凶。

象曰：師或輿尸，大无功也。

六四：師左次，无咎。

象曰：左次无咎，未失常也。

六五：田有禽，利執言，无咎；長子帥師，弟子輿尸，貞凶。

象曰：長子帥師，以中行也。弟子輿師，使不當也。

上六：大君有命，開國承家，小人勿用。

象曰：大君有命，以正功也。小人勿用，必亂邦也。

師：貞丈人，吉无咎。

貞丈人：貞，正也。丈人，象徵一位品德、才能與謀略皆為眾人所尊敬，能夠指揮帶領眾人的統帥。「貞丈人」，指天道中正規律、誠孚有信運行在上，能引領在下各類萬物以生長，就像是一位品德高尚、紀律嚴明的「丈人」，能夠指揮統帥師眾。

吉无咎：原是指先建立天道四時中正規律之序，然後有萬物次序井然貞循之而動，這裡是指一個師眾團隊的運作，必須先建立出領導指揮中心，以及有效率的組織架構，然後眾成員才能分層負責，做好所賦予的工作，整個團隊也才能順利發揮出集體力量。

彖曰：師，眾也。貞，正也。能以眾正，可以王矣。剛中而應，行險而順，以此毒天下而民從之，吉又何咎矣。

師，眾也：彖傳釋師為「眾」，這是在講當一群人組成一支師眾團隊後，未來應如何被指揮帶領，並進而變成一支組識、紀律嚴明的戰鬥團隊。

貞，正也：「貞」之象者，正也！也就是因能「貞正」在先，故得「貞隨」於後，這就像是一位英明睿智的領導統帥，部眾們皆衷心聽從其指揮帶領。

能以眾正，可以王矣：天道中正誠孚，萬物莫不貞隨之而行，就像是能「眾正」天下萬物而為萬物之主，故「可以王矣」！同理，一位有為的領導統帥，眾人皆樂意貞隨其指揮，並在其帶領下成為一支有組織、有紀律的戰鬥團隊，「能以眾正，可以王矣」！

剛中而應：指天道因具備剛健中正之德，故在下各類萬物皆應和之而行。

行險而順：地水師，師卦上坤順下坎險，故有「行險而順」之象。「行險而順」，原是指天地間眾萬物之成長雖前行遇有險難，但因知順承中正天道之帶領，故能順利度過險阻，在此亦可指一位有才德的中正丈人，眾人皆樂意順隨其指揮，並在其中正帶領下，順利克服一切險難。

以此毒天下而民從之：毒，損害意。一位有為的領導統帥，人民皆願意信任其中正帶領，因此，未來國家若因有難而需要人民行險，例如像興兵打仗之事，雖然這將造成人民生命財產的損害，但是人民仍然會衷心貞隨順從之，「以此毒天下而民從之」之謂。

吉又何咎矣：中正「丈人」能夠洞燭機先而知險之所在，成功帶領師眾克服險難，順利達成任務，「吉又何咎矣」！

象曰：地中有水，師。君子以容民畜眾。

地中有水，師。地水師，師卦上坤地下坎水，故有「地中有水」之成象。「地中有水」，地面之水逐漸滲入到地中，所以地底下將會蓄聚很多的水。君子觀地中有水之象有感，一位有為的領導統帥，自然會得到無數眾人之來比附，就像那地中能夠不斷聚納從地面滲透進來的水一般，「君子以容民畜眾」。

初六：師出以律，否臧凶。

師出以律：師，眾也。律，紀律、律法之意。「師出以律」，領眾之基礎，其初必得先建立起團隊紀律，因為惟有嚴明的紀律，未來整個團隊才能行動一致，同時團隊的集體力量也才會有效發揮。

否臧凶：否，上下隔閡，不相交通之意。臧，收藏、藏匿之意。「否臧凶」，指一個團隊的運作若是隔閡上下，上者命令不能及下，在下者亦不聽從上之指揮，整個團隊散漫無紀律，成員們各自為政，無視對方存在，豈有不致凶之理。

象曰：師出以律，失律凶也。

師出以律，失律凶也：團隊有紀律，號令能夠下達，眾成員行動整齊一致，團隊整體力量才能充分發揮。相反的，整個團隊散亂無紀律，眾成員之力量如同散沙般無法凝聚，師眾失律必致凶，「失律凶也」之意。

九二：在師中，吉无咎，王三錫命。

在師中：指一支成功而有效率的師眾團隊，必須有一位中正有為的領導指揮，而這位團隊領導者，將會獲得上下之信任與服從，未來更能帶領眾人發揮團隊力量，行師向外。

吉无咎：象徵團隊在擁有領導指揮中心後，接著就是要建立出一套良好而有效的組織運作架構，未來眾成員將依循組織架構所賦予的職責，切實且有紀律的做好應盡之責。

王三錫命：錫，同賜。「王三錫命」，原是指君王賜予軍隊統帥最高權力，讓統帥擁有充分權力指揮部隊，在此是指團隊在建立出領導指揮中心，與組織運作架構之後，接著就是做到讓上下眾成員們能分層負責，且獲得充分信任與授權。

象曰：在師中吉，承天寵也。王三錫命，懷萬邦也。

在師中吉，承天寵也：古時天子會選任一位有能力的將帥來指揮、帶領師眾，而這位將領不但能得到君王的寵信支持，同時也會獲得部眾們的誠服順從，「在師中吉，承天寵也」之意。

王三錫命，懷萬邦也：古代君王派任各地諸侯幫忙治理四方疆域，諸侯們將代表王命，君王對他們如此寵信，賜予他們完全的權力，而諸侯們就如同是王的替身般，可以為王綏懷萬邦也。

六三：師或輿尸，凶。

師或輿尸：輿，象眾手舉車，表眾多參與之意。尸，代主之意；古代親死後，以孝子之兄弟飾親之形像受祭，後代始用畫像而廢尸。「師或輿尸」，指對於師眾之領導，出現多頭馬車之情形。

凶：指一個師眾團隊一旦出現多頭馬車，在令出多門的情況下，就會造成權責混淆不清，而在下部眾也將無所適從，最後整個團隊就會變得四分五裂，無法發揮集體力量，故有凶。

象曰：師或輿尸，大无功也。

師或輿尸，大无功也：一個團隊組織若部眾們各自為政，團隊的集體力量就會因而渙散瓦解，故「大无功也」！

六四：師左次，无咎。

師左次：左，訓為偏、副之意。次，本義不前或不精。「師左次」，指一個眾人團隊在其組成之初，由於成員素質良莠不齊，因此對於團隊的指揮運作，難免會出現步伐無法一致，或是動作技巧不夠熟練的情形。

无咎：指一個團隊可經由嚴格與不間斷的教育訓練，來改善成員們在動作技巧上的不夠純熟，並進而提升團隊之集體力量。

象曰：左次无咎，未失常也。

左次无咎，未失常也：加強團隊平常的教育訓練，並且從訓練當中試著找出團隊指揮運作的缺點所在，再加以檢討改進，未來團隊力量就可日漸往上提升，「未失常也」之意。

六五：田有禽，利執言，无咎；長子帥師，弟子輿尸，貞凶。

田有禽，利執言，无咎：「田有禽」，禽獸入侵田園將損害莊稼。「利執言」，主人這時發出吆喝聲把禽獸趕走。「无咎」，指主人懂得利用最好的方法，以及最少的力氣，就成功把禽獸從田園中驅離，快速達到想要的目的。而爻辭「田有禽，利執言，无咎」之取象，實即在講六五指揮眾人團隊的運作時，只需正確下達命令，行指揮調度即可，不必事必躬親，而如此方法所得到的效果往往還更好且快。

長子帥師，弟子輿尸：在眾多子弟當中，長子僅有一人，而弟子則是其數眾多。六五在領導指揮師眾時，必須懂得「治眾如治寡」和「鬥眾如鬥寡」之理，應多選派有能力且可堪當「長子」的領導幹部，再利用這些幹部去治理其他部眾，而六五只需指揮管理好這些領導幹部，即可有效帶領整個團隊，「長子帥師」之意。六五毋須事必躬親，不應事不分輕重、大小皆經由一己來指揮調度，六五若是讓自己同時直接管理太多的人與事，終將造成整個團隊運作效率不彰，「弟子輿尸」之意。

貞凶：指六五凡事皆欲巨細靡遺的參與，在人少事簡的情況下，或許六五這時還有能力掌控，然而一旦人多事繁，若還緊抓著權力不放，則整個團隊的運作效率，勢必會被六五給延宕。

象曰：長子帥師，以中行也。弟子輿師，使不當也。

長子帥師，以中行也：「以中行」，原是指一陰配一陽、一正配合有一副，如此陰陽、正副相輔相成，而得往前順行不已，在此則以釋六五身為上位領導者，當時時懂得求人以輔，多選替手為自己分勞，這樣才能有效管理師眾，成功帶領一個龐大團隊，令其順暢運作。

弟子輿尸，使不當也：不懂得以簡御繁之理，亦不知應多授權使能，在事無分大小皆必躬親的情況下，猶如一人須分飾多重角色，長此以往，必將導致團隊整體運作效率下降，而這種不知何謂「正確任使之道」，就是「使不當也」之意。

上六：大君有命，開國承家，小人勿用。

大君有命：指一位聰明睿智，又有謀略的領導統帥，懂得如何將一群人組織成一支有紀律、有效率的團隊，並且能明確擘畫出團隊未來之願景，而眾成員們則是在「大君」的有為領導與訓練之下，變成一支堅強的戰鬥團隊。

開國承家：一個國家初始建立之後，未來國力能否強盛，是奠基在人民富足安樂之上，亦即擁有無數個穩固建全的「家」，乃為一國強而有力之倚仗，「開國承家」之意。同理，一個由眾人所組成的團隊，未來整個團隊戰鬥力之強弱，則是會建築在眾成員們的訓練精良，以及紀律嚴明與否上。

小人勿用：小人，在此乃象徵一群沒有經過組織和訓練之人。一支擁有堅強戰鬥力的團隊，一定是築基於整個團隊曾受過長期的嚴格訓練，因為一個團隊若沒有接受嚴格且正確的組織和訓練，縱使人數再多，也是無法發揮大用，「小人勿用」之意。

象曰：大君有命，以正功也。小人勿用，必亂邦也。

大君有命，以正功也：一群人在英明睿智的「大君」帶領下，經過長期嚴格且正確的組織訓練後，將會漸漸轉變成一支具備旺盛戰鬥力的堅強團隊，「大君有命，以正功也」之意。

小人勿用，必亂邦也：一個團隊若組織鬆散、無紀律，成員們則是訓練不足，一旦臨事，必先自亂陣腳，根本無法達成所交付的任務，「小人勿用，必亂邦也」之意。

第八卦 比

䷇ 坤下坎上 水地比

比：吉，原筮元永貞，无咎，不寧方來，後夫凶。

彖曰：比，吉也。比，輔也，下順從也。原筮元永貞，无咎，以剛中也。不寧方來，上下應也。後夫凶，其道窮也。

象曰：地上有水，比。先王以建萬國，親諸侯。

初六：有孚比之，无咎；有孚盈缶，終來有它吉。

象曰：比之初六，有它吉也。

六二：比之自內，貞吉。

象曰：比之自內，不自失也。

六三：比之匪人。

象曰：比之匪人，不亦傷乎！

六四：外比之，貞吉。

象曰：外比於賢，以從上也。

九五：顯比，王用三驅失前禽，邑人不戒，吉。

象曰：顯比之吉，位正中也。舍逆取順，失前禽也。邑人不戒，上使中也。

上六：比之无首，凶。

象曰：比之无首，无所終也。

比：吉，原筮元永貞，无咎，不寧方來，後夫凶。

吉：指知比附中正天道而行，將可獲得天德之施益。

原：本義作「水泉本」解，含有初始本原之意，在此乃象徵萬物比附四時之道以生長，當及時把握春始之際，這是因為若比之越早，所將獲得的天德利益也就越多。

筮：誠孚感通之象，在此指天道誠孚有信運行在上，在下各類萬物則咸感其德，並皆比附貞隨之。

元：乾天元德之意，在此是指萬物知往親比中正天道，將可獲得天德日照雲雨之滋益。

永貞：指天道因具備誠孚有信、復始恆常之德，故各類萬物皆樂意比附貞隨之。

无咎：指四時春夏秋冬氣象不同，萬物懂得比附順隨季節變化之序而行，將可順利獲取各季節之天德施益。

不寧方來：寧，安也。方，方向；並比意，如「比方」。「不寧方來」，指萬物之成長，雖前行遇有險難而不寧，但因有中正天道可朋比貞隨，故其動進將正確有方，終能順利克服險難。

後夫凶：指萬物若不能及時比附四時遞進之序，則失時越遲，越不利於隨後之成長矣！

象曰：比，吉也。比，輔也，下順從也。原筮元永貞，无咎，以剛中也。不寧方來，上下應也。後夫凶，其道窮也。

比，吉也：「吉」之象者，即指知「比附」中正而行，得其吉也！

比，輔也，下順從也：輔，置車兩側以助車得穩固者，輔助之意。所謂「朋比」之義，是指比附的雙方，是建立在相輔相成的關係上，而非附屬依賴，即必先求自立、自比，才再外求朋比之相輔助，「比，輔也」之意。此外，朋比時當懂得求比於賢，知往比附順從那些才德在己之上的善知識，而非小人朋黨群聚為不善，是為「比，下順從也」之意。

原筮元永貞，无咎，以剛中也：「以剛中」，天道剛健中正運行不已之意。正因為天道剛健中正、誠孚有信，故在下各類萬物皆樂意朋比貞隨其道而行。另外，「原筮元永貞，无咎」諸象之意涵，若引申至朋比之義，簡言之，就是指朋友間之朋比，貴在誠孚相交，亦貴多得益友，而除了懂得與各類賢友朋比交遊外，也要能見賢思齊；同時，朋友間之情誼，也是會隨著相交之日久而越見敦篤。

不寧方來，上下應也：天道剛健中正運行在上，在下各類萬物皆應和朋比之，並在其中正引領下，順利克服各種險難，「不寧方來，上下應也」之意。另外，「不寧方來」之象於朋比之義，猶如是在講所朋比結交的益友若越多，他日就越能多得益友相輔，而平時若多得益友之引領，亦更易知往正道上行。

後夫凶，其道窮也：萬物若遠離中正天道，不知比附四時規律之序而行，其生長必致困窮，「其道窮也」之意。另外，「後夫凶」之象於朋比之義，猶如是在講若朋比之益友少而離益友遠，在不得益友相輔幫助的情況下則形單力孤，是故有凶。

象曰：地上有水，比。先王以建萬國，親諸侯。

地上有水，比。水地比，比卦上坎水下坤地，故有「地上有水」之成象。「地上有水」，水漫流於地面，水與地密合無間，就像是彼此相互親比般。先王觀水與土地二者親比密合之象有感，體會到應於平時就做好「建萬國，親諸侯」之工作。「建萬國」，與鄰近各國相互結盟比合，建立良好邦誼，彼此相互合作支援，以使國家力量更得延伸與穩固；「親諸侯」，與在下各地諸侯保持密切親比關係，因為諸侯就像是王的替身，同時諸侯也最貼近人民，因此王若能做到親比諸侯，猶如是與人民保持密切親比關係。

初六：有孚比之，无咎；有孚盈缶，終來有它吉。

有孚比之：有孚，內外孚信相應和之象。之，往也。「有孚比之」，指朋友間的朋比，貴在相交以誠，非基於彼此利益相結合，而若能本著誠孚之心以求，可廣交四方朋友矣！

无咎：指朋友間之朋比相交，可得相輔相成之益。

有孚盈缶：缶，質樸無紋飾的小容器。「有孚盈缶」，指若能本著樸實真誠的態度，而非帶著利益算計之心，往與外朋比相交，則朋友也會以誠孚應之，未來彼此相交之情誼也將日篤彌深。

終來有它吉：它，從虫而長，象冤曲垂尾形，本義作虫解，蛇之意。古人草居時畏蛇，平時相問以「無它」，表示安好、無事故之意。凡卜辭，亦有以無它代表無事之意。有它，指潛藏之危險或困難之意。「終來有它吉」，指現在或過去所朋比相交的朋友若越多，他日或遇困難時，將會因朋友之助而有吉，亦即雖「有它」，因有真誠朋友的相助而獲吉之意。

象曰：比之初六，有它吉也。

比之初六，有它吉也：小象這裡的「它」，含有旁有所指之意。朋友之親比結交，除須相交以誠外，還貴能親比於及早，因為朋比之交若本真誠，將會隨著時日之既久而情誼日深，而又若能多得真誠相交、情誼深厚的朋友，他日來自各方相助的力量也將會越大，「有它吉也」之謂。

六二：比之自內，貞吉。

比之自內：朋友間之朋比相交，雖然可以得到來自彼方的相輔助力，但是這種比附關係絕非依賴，在己則是應先做到自比自立，因為惟有先做到內能自立，然後雙方的朋比才能產生加乘之效果，「比之自內」之謂。

貞吉：指先能貞固一己之實力，也就是先做到自比自立之意。

象曰：比之自內，不自失也。

比之自內，不自失也：先從本身的自立自強做起，畢竟這才是最為真實可靠的親比對象，「不自失也」之謂。

六三：比之匪人。

比之匪人：指不懂得謹慎擇友，而往與那些不值得朋比的損友相交遊。

象曰：比之匪人，不亦傷乎！

比之匪人，不亦傷乎：擇友須謹慎，對於那些屬於「友便辟」、「友善柔」、「友便佞」等類型之損友，當懂得避而遠之，否則若與之朋比，不但無法產生相輔之益，反而還會使雙方一起沈淪、退步，「不亦傷乎」之謂。

六四：外比之，貞吉。

外比之：指應主動而廣泛的向外結交賢能朋友，即懂得往與那些值得自己學習的朋友相交遊之意。

貞吉：指九四做到莊重自持在先，才能獲得別人的敬服，同時別人也才會樂意來與之朋比交遊。

象曰：外比於賢，以從上也。

外比於賢，以從上也：《論語・學而篇》孔子有云：「主忠信，無友不如己者。」與朋友相交遊，能本著忠信誠孚之態度，在「主忠信」而非以私利算計之前提下，應多找那些值得一己學習、其才德在己之上的賢友為對象，並且懂得見賢思齊，而發覺己德有不足或偏差處，當能自省且勿憚改。所謂「主忠信，無友不如己者」，實與六四小象「外比於賢，以從上也」之意同。

九五：顯比，王用三驅失前禽，邑人不戒，吉。

顯比：指處中正之位的九五，其德如中正天道般光明昭顯，人民皆樂意主動來比附之。

王用三驅失前禽：古代天子田獵，三方驅圍，獵者自開放的一面驅而入，禽獸這時若知道往獵者行進的反方向逃走，獵者就會放任牠跑掉，而只射取那些同方向的禽獸，「王用三驅失前禽」之意。另外，爻辭「王用三驅失前禽」之取象，其實是在講中正九五其德昭顯，四方人民皆主動來比附之，樂意同其道而行。

邑人不戒：邑，都城之內之意。「邑人不戒」，指九五不分遠近親疏，能本著誠孚，敞開心胸，接納所有來比附者，而四方人民亦皆樂意比附之。

吉：指來比附之人民，皆能普受九五之德澤。

象曰：顯比之吉，位正中也。舍逆取順，失前禽也。邑人不戒，上使中也。

顯比之吉，位正中也：九五修文德並且做到正位在上，故四方人民皆樂意來比附之，「位正中也」之所象徵。

舍逆取順，失前禽也：不與九五同道者，就任由他自由的離去，願意順同九五之道者，則敞開大門樂受其比附，如此捨逆而取順，是稱「失前禽也」之意。

邑人不戒，上使中也：九五之德如天道之中正誠孚而無私偏，故四方人民皆樂意來比附之，可說是近者悅而遠者來，這就是做到「上使中」之德。

上六：比之无首，凶。

比之无首：首，初也，始也。「比之无首」，指若平時所朋比的盡是一些泛泛之交，當然朋友間的情誼也就很難隨時日之既久而益篤。

凶：指若無誠孚與恆久朋比友誼之建立，在不得友輔的情況下，最後就會落得形單力孤，故有凶。

象曰：比之无首，无所終也。

比之无首，无所終也：既然無初始真誠之朋比交遊，其終也就無法獲得真誠朋友的輔助，「无所終也」之意。

第九卦 小畜

☴
☰

乾下巽上　風天小畜

小畜：亨，密雲不雨，自我西郊。

彖曰：小畜，柔得位而上下應之，曰小畜。健而巽，剛中而志行，乃亨。密雲不雨，尚往也。自我西郊，施未行也。

象曰：風行天上，小畜。君子以懿文德。

初九：復自道，何其咎，吉。

象曰：復自道，其義吉也。

九二：牽復，吉。

象曰：牽復在中，亦不自失也。

九三：輿說輻，夫妻反目。

象曰：夫妻反目，不能正室也。

六四：有孚，血去，惕出，无咎。

象曰：有孚惕出，上合志也。

九五：有孚攣如，富以其鄰。

象曰：有孚攣如，不獨富也。

上九：既雨既處，尚德載，婦貞厲，月幾望，君子征凶。

象曰：既雨既處，德積載也。君子征凶，有所疑也。

小畜：亨，密雲不雨，自我西郊。

亨：指天道之運行亨通流行不已之意。而天道運行之所以能亨通流行不已，乃基於剛健與中正彼此相應合德之故。

密雲不雨：指密雲雖集聚於天，最後卻無法順利凝結成雨落下。而卦辭「密雲不雨」之取象，猶如在講雖然付出許多努力，卻因方法或方向不對，導致最後落得徒勞無功。

自我西郊：西，日落西偏之位。郊，邑之外稱「郊」。西郊，象徵因時遲而落於外而後之意。「自我西郊」，指雲雖集聚且最後也成雨落下，但是卻沒有適時的飄落在實際需求的地方，以致無法真正發揮雨施所應有之效益。而卦辭「自我西郊」之取象，則可引申指雖然可用事的良機已到來，卻因行動力的不足，或事前準備功夫不夠，以致無法及時，或有能力前去抓住機會，而徒讓良機從旁流逝。

彖曰：小畜，柔得位而上下應之，曰小畜。健而巽，剛中而志行，乃亨。密雲不雨，尚往也。自我西郊，施未行也。

小畜，柔得位而上下應之，曰小畜：得位，指剛健中正而動，可往進而有功之意。上下應之，天道中正運行在上，在下萬物應和之而行之意。「柔得位而上下應之」，指天道剛健中正運行在上，在下陰柔萬物，若能及時應和，貞隨四時規律之序而進，將可在天德日照雲雨之施益下，逐漸蓄積而茁壯長大。

「曰小畜」，彖辭這裡所出現的「曰小畜」似與前面的「小畜」相應和，如此取象，主要是在表達「相因相成」之象徵意義。例如，若就剛健與中正二德之間關係，剛健與中正實乃一體兩面，彼此相因相成，二德其實並無法獨立而能成其功。因為，中正若不得剛健之相輔，就會像是空有計畫，卻缺少行動力去實踐。同理，剛健若真具足，則中正之德亦必在其中矣，畢竟中正若不能立，表示動將會有所偏差，最後當然也就無法獲功了！

健而巽，剛中而志行，乃亨：風天小畜，小畜卦上風巽下乾健，故有「健而巽」之象。「健而巽」，指剛健之德巽入中正之意。「剛中」，剛健與中正相輔契合之意；「志行」，心有所志，行能至之，志行合一之謂。天道之運行，剛健動進巽入中正規律，故能亨通流行不已，「乃亨」！

密雲不雨，尚往也：尚，重、加之意。雲雖不斷的集聚，卻因高度或溫濕度等因素的不當，最後並無法順利凝結成雨落下，因為這樣的過程，就像是只側重於剛健往進，卻不思其道是否已偏失中正，故稱之「尚往也」。

自我西郊，施未行也：雲密聚成雨之後，卻未能適時落在實際需求的地方，這就像雖然所採用的方法，或行進的方向正確，卻因剛健行動力偏而有失，導致無法把握住在恰當之時位以成利用，故稱之「施未行也」。

象曰：風行天上，小畜。君子以懿文德。

風行天上，小畜。懿，本義作「專久而美」解，乃專一悠久而美好之稱。風天小畜，小畜卦上風巽下乾天，故有「風行天上」之成象。「風行天上」，風吹流行在天上，寬廣而無所限制。君子觀風吹流行於廣闊天際上有感，君子體認到，需要學習的知識與學問是如此的浩瀚無涯，因此，於學習的態度上，要時時保持著精進努力，而在方法上，則懂得求其正確得法；同時，內則注重德行之修以為基，當行有餘力則外能學文以求多聞博識，使自己的胸襟開闊、志趣高廣，及至學有所成則能利用於世，「君子以懿文德」。

初九：復自道，何其咎，吉。

復自道：復，回返向內之意。自，內在、我身之意。「復自道」，指一條正確蓄聚之進程，必須先能辨其本末，也就是能做到正其本在先，再由近而遠向外蓄積擴展開來。例如，一個人的正確教育學習之道，應先從孝悌等基本的做人道理開始，待人格品德教育穩固了，再擴及到其他技藝方面的學習。

何其咎：何，從人從可，可本義作「肯」解，「何」乃指人問是不是「允可」，未知其所之之意。其，彼、他之意，與「我」相對。咎，咎失之意。「何其咎」，指若在根本處就發生偏差，即起始處就錯走方向，未來則隨著時間的推進，原本的小偏差，就可能逐漸演變成大錯誤。或如一開始內在的人格品德教育就已產生偏差，未來即使外在所學到的知識技藝再多，最後也只會拿這些知識，或技藝來滿足一己之私而已，無法用以利益於社會。

吉：指一開始就做到令根基穩固、方向正確，在內已得中正之前提下，未來只要循著這一條正確道路前進，自然就能有效蓄積其功。

象曰：復自道，其義吉也。

復自道，其義吉也：所謂「其義吉」，是指在方向正確之前提下，接著只要保持規律以進，未來自可一步步蓄聚而有吉。《論語．學而篇》子曰：「君子務本，本立而道生。孝悌也者，其為仁之本與。」孝悌之行，實即人格品德教育之始，先扎深人格品德教育之根，接著可繼續以成仁愛之心，最後更能進而通於利益社會人群之大道。〈學而篇〉此章之義，實可做為小象「復自道，其義吉也」的另一說明。

九二：牽復，吉。

牽復：牽，象以繩挽拉於牛，拉引向外行之意。「牽復」，指當內之本已能正而立，接著就可以繼續行而向外，擴及到其他更寬廣領域的蓄聚。

吉：指內能正其本在先，再剛健行而向外，可順利蓄聚其有也！而這就像是若擁有建全的人格品德，未來隨著所學習蓄聚的知識、技藝越增多，就越能產生正面的影響力而利益於眾。

象曰：牽復在中，亦不自失也。

牽復在中，亦不自失也：內已能正其本在先，猶如擁有中正基礎可資比附，接著繼續剛健推而向外，如此內外皆不失，可順利蓄聚其功矣，「亦不自失也」之意。

九三：輿說輻，夫妻反目。

輿說輻：說，同脫；輻，連接軸與輪之間的輻條。「輿說輻」，指由於車輿行進時是由輪子所帶動，所以，若要輪子順利帶動車輿前進，車輪與車軸就必須堅實連結，然而一旦軸與輪之間失去輻條的銜接，車輿也就無法再繼續轉動、前進。

夫妻反目：夫妻之間的相處，其實也像軸與輪的結合一般，夫妻若相互反目不能和諧共處，就會像那脫了輻的車輿，將無法再繼續往前行進。

象曰：夫妻反目，不能正室也。

夫妻反目，不能正室也：室，屋之內。夫妻同居一室共同生活，兩人應該一內一外各正己責，互相合作，家道才能興旺；反之，夫妻若是反目，彼此各行其是，家庭失和則家道定難興旺，更遑論發展向外，「夫妻反目，不能正室也」之謂。

六四：有孚，血去，惕出，无咎。

有孚：內外孚信相應和之象，在此指所蓄聚、學習進來的，當能有益於德業，或契合於實際世用。

血去：去，離去、避免意。「血去」，指所學取或蓄聚進來的，不管是知識或技藝等，當能契合於時用，應避免將個人有限的時間和精力，徒然浪費在一些無益於利用的事物上。

惕出：惕，由散漫變化為肅敬之意味，在此含有化繁為簡之意。出，由內向外。「惕出」，指世上值得蓄聚、學習的知識學問，或事物是如此的多而浩瀚，而人則不可能以一生有限之年，盡此無窮之知識與事物，因此，在蓄聚的過程，就必須懂得以簡馭繁之理，應先把握在一特定領域上學有專精，而在掌握事理的共律共則後，再以觸類旁通的方式，擴及到其他更寬廣領域的蓄聚和學習。

无咎：指此時所學習的知識或技藝等，在對應到未來實際工作的運用和執行上，當懂得變通與轉化之理，才能順利而有效的將一些理論原則變成實務應用。

象曰：有孚惕出，上合志也。

有孚惕出，上合志也：此刻所蓄聚的、擅長專精的，能夠契合於時勢之實際應用與需求，是稱「上合志也」之意。

九五：有孚攣如，富以其鄰。

有孚攣如：有孚，內外誠孚相應和。攣，相牽係之。「有孚攣如」，指九五以其中正之德，帶領人民行正確蓄聚，九五中正在內，人民則是勤奮努力於外，於是內外一起孚信合作，未來人民將逐漸蓄聚成富。

富以其鄰：鄰，鄰比之意。「富以其鄰」，指九五以其中正富盛之德，先帶領一部分人民蓄聚致富，再逐步將這成功經驗擴展到其他未富的地方，最後讓全國人民皆能走向均富。

象曰：有孚攣如，不獨富也。

有孚攣如，不獨富也：九五以其中正之德帶領和利益人民，使全國人民一步步走向均富，並不會只有少數人獨富而造成貧富不均，「不獨富也」之意。

上九：既雨既處，尚德載，婦貞厲，月幾望，君子征凶。

既雨既處：既，竟也，已也。處，止之意。「既雨既處」，指雲一旦蓄積成雨，就會隨即落下，並不會在天空中多所停留。

尚德載：尚，增益之象。載，積載意。「尚德載」，指應懂得愛惜光陰，及時進德修業，不任意蹉跎寶貴光陰，令德業能夠不斷積載進益，才能在可作為的機會到來時，立刻將之抓住以施展抱負。

婦貞厲，月幾望，君子征凶：望，十五之月圓滿，稱之為「望」。「婦貞厲」，象徵雖然已蓄積有成，卻還像那婦人般貞守不敢出，無法做到如大丈夫般大開大伐，及時乘勢而作，以致坐令那大好機會從旁流逝。「君子征凶」，指可作為的大好機會已經到來，君子卻是因蓄積不足、準備未及，以致沒有能力掌握機會。「月幾望」，指月將圓而未圓時之狀態。而爻辭之所以將「月幾望」置於「婦貞厲」與「君子征凶」兩象之間，其用意是在強調過猶不及，因為德之積載與實際施用，二者之關係當能內外緊密應和，彼此配合得恰到好處，否則不管是蓄積已足，卻還猶豫貞守不敢出，或是雖然機會已到來，卻因準備不足而無能力抓住機會，二者皆屬偏不得正。

象曰：既雨既處，德積載也。君子征凶，有所疑也。

既雨既處，德積載也：君子當及時進德修業，才可在施展抱負的機會到來時，有足夠能力牢牢抓住機會，這就像那雲積既密才會變雨落下，並且適時落在實際需求的地方，然後雨施之德才能真正被發揮，「既雨既處，德積載也」之意。

君子征凶，有所疑也：君子未能及時蓄積有成、做好準備，雖然可施展抱負的機會到來，卻發現能力根本不足以抓住機會，而這種行動力未逮而無法與到來之機會相契合之象，就是「有所疑也」之所象徵。

第十卦 履

☰☱ 兌下乾上 天澤履

履：履虎尾，不咥人，亨。

彖曰：履，柔履剛也。說而應乎乾，是以履虎尾，不咥人，亨。剛中正，履帝位而不疚，光明也。

象曰：上天下澤，履。君子以辨上下，定民志。

初九：素履，往无咎。

象曰：素履之往，獨行願也。

九二：履道坦坦，幽人貞吉。

象曰：幽人貞吉，中不自亂也。

六三：眇能視，跛能履，履虎尾，咥人，凶，武人為于大君。

象曰：眇能視，不足以有明也。跛能履，不足以與行也。咥人之凶，位不當也。武人為于大君，志剛也。

九四：履虎尾，愬愬終吉。

象曰：愬愬終吉，志行也。

九五：夬履，貞厲。

象曰：夬履貞厲，位正當也。

上九：視履考祥，其旋元吉。

象曰：元吉在上，大有慶也。

履：履虎尾，不咥人，亨。

履虎尾，不咥人：咥，咬也。「履虎尾」是指緊緊行走跟隨在老虎後面之意，而由於老虎兇猛會傷人，所以能履於老虎尾巴之後，卻又不會被老虎所咬傷—「不咥人」，這就得靠眼明手快的敏捷反應，其間絕不可錯走一步。另外，卦辭「履虎尾，不咥人」之取象，其實是在形容萬物之成長，雖然前行將有諸多險阻，但萬物若能動無差忒，貞隨天道中正規律之序以履進，就可順利克服險難，猶如不遭虎噬之厲。

亨：指天道是一條剛健中正、亨通流行之大道，而萬物之生長若能順隨這條中正亨通大道以履進，將可不遭險難而獲致亨通。

彖曰：履，柔履剛也。說而應乎乾，是以履虎尾，不咥人，亨。剛中正，履帝位而不疚，光明也。

履，柔履剛也：所謂的「柔履剛」，簡言之，就是指當陰柔「履剛」而進，必須得到中正之引領在先，才能動行而無險，否則將猶如履於虎尾之後般，充滿險厲。

說而應乎乾，是以履虎尾，不咥人，亨：天澤履，履卦上乾天下澤兌，故有「說而應乎乾」之象。說，同悅，兌悅平衡之象。「說而應乎乾」，指乾天之道剛健中正運行在上，在下萬物之生長，若能兌悅順隨四時規律之序以履進，將可履險如夷，不遭險厲而獲亨通。

剛中正，履帝位而不疚，光明也：剛中正，指乾天之道剛健中正之意。帝位，象徵最上主宰之位，亦即指天道中正、高而在上之意。疚，本義作貧病解，有塞止意。「剛中正，履帝位而不疚，光明也」，乾天運行之道，其德剛健中正，故能高而在上、恆久運行無任何之差忒，並且光明照耀以引領萬物生長。

象曰：上天下澤，履。君子以辨上下，定民志。

上天下澤，履。天澤履，履卦上乾天下澤兌，故有「上天下澤」之成象。「上天下澤」，水蒸發上天成雲之後，部分水氣將繼續停留天上成為飄動的雲，另外一些則是凝結變雨，落至地面形成水澤。君子觀水氣蒸發上天，有些水氣變為雲霧，也有水氣是結雨落下成澤有感，雖然源頭之質性相同，但隨後則是各依己志所好，各自選擇不同的歸所，於是君子體會到「以辯上下、定民志」之理。人民來自各個不同的地域階層，民志之趨向各有所好，所需求也各不相同，因此君子在制定新政策之前，必先辨清各個不同民意之趨向，接著才謹慎推行真正能夠符合民志的政策和措施。

初九：素履，往无咎。

素履：素，精白不加裝飾之象。「素履」，指履卦初始之位的初九，猶如正開始朝著既定目標履進向前，由於這時尚無法看清遠方道路是平坦或崎嶇，所以，初九只要秉持著單純而專注的態度，往前履進即是，心中毋須帶著疑懼忐忑而深怕犯錯。

往无咎：指心無旁騖朝著既定目標往前履進即是，至於道路是否崎嶇或難行，皆非心中所罣礙。

象曰：素履之往，獨行願也。

素履之往，獨行願也：心中只單純懷著志向抱負，不帶著其他雜念，專心致志朝著既定目標履進，「獨行願也」之意。

九二：履道坦坦，幽人貞吉。

履道坦坦：坦，從土從旦，「旦」作「明」解，坦本義作「安」解，看清楚故能安。「履道坦坦」，指履進之道必先看清，再小心謹慎的踏出腳步，就像是謀定而後動，故可履進而獲平坦安穩。

幽人貞吉：幽，蔭蔽藏匿而不易明見其處之意。幽人，指與世無爭，幽靜處後以應事之人。貞吉，象徵踏穩當下之腳步之意。「幽人貞吉」，指幽人處後，不會爭先出頭而躁進，惟有確認已先貞固立穩當下這一步，才會繼續往下一步履進。

象曰：幽人貞吉，中不自亂也。

幽人貞吉，中不自亂也：中，中正不偏倚之意。九二謹慎穩健以履進，不會自亂其腳步，欲踏出下一步之前，必已先站穩當下之所立，「中不自亂也」之意。

六三：眇能視，跛能履，履虎尾，咥人，凶，武人為于大君。

眇能視，跛能履，履虎尾，咥人，凶：「眇能視」，眇是瞎了一隻眼，雖仍能視，但所視已不足以有明。「跛能履」，腳跛雖仍能行，但已不再迅速敏捷。「履虎尾，咥人，凶」，六三視不足以有明，行又不能敏捷，以這樣的能力卻還敢去踩踏老虎尾巴，下場當然一定會被老虎所噬咬，故凶。

武人為于大君：大君，象徵一位有智慧謀略的君王之意。「武人為于大君」，指武人雖有勇力，仍須有「大君」的領導配合，也就是在得到一位具備智慧謀略的大君之中正帶領，才能讓剛健勇力之功真正獲得發揮，否則有勇卻無謀，魯莽躁進的結果，反而招致凶險。

象曰：眇能視，不足以有明也。跛能履，不足以與行也。咥人之凶，位不當也。武人為于大君，志剛也。

眇能視，不足以有明也：視若不足以有明，其象乃猶如中正之德偏而不足也。

跛能履，不足以與行也：行若不能敏捷，其象乃猶如剛健之德偏而不足也。

咥人之凶，位不當也：視不足明，行不靈敏，這就像是還沒做好周全準備，或是能力上仍欠缺不足，就急著躁進向前，下場當然凶而有失，此處「位不當也」所象徵之意。

武人為于大君，志剛也：志，心之所向也。剛，象徵剛健行動力之意。小象取「志剛」之象以釋「武人為于大君」，其中「志」置於「剛」之先，這是在表達「武人」應受「大君」之領導指揮，也就是須謀定而後動之意。

九四：履虎尾，愬愬終吉。

履虎尾，愬愬終吉：愬，從朔從心；朔，月之始日，朔心者，乃傾心吐實之意，在此則含有一種心保持如初始之態之意味。愬愬，形容每一次都像是在面對新的不同挑戰般，以一種如臨深淵，如履薄冰的謹慎態度而動。「履虎尾，愬愬終吉」，指既然心底已做好準備決定要往前進了，就應大胆邁步向前即是，不要因畏懼前將有履虎尾之險而不敢進，只不過履進時，必須隨時保持小心警覺「愬愬」以進，才能一步步順利接近目的地。

象曰：愬愬終吉，志行也。

愬愬終吉，志行也：「志行」，心有所志，行能至之之意，在此以釋雖然前行將如遇有猛虎之險，但九四不會因前有險厲而更改其初衷，仍然朝著既定目標大膽剛健履進，而正因為懂得謹慎小心其步伐，故終能履險如夷，順利到達目的地。

九五：夬履，貞厲。

夬履：夬，決去之意。「夬履」，指處中正之位的九五具備中正之德，因此，九五每一步之履進，必動進有得，並順利決去前方一切阻礙。

貞厲：指雖然前有多重困難與阻礙，但在九五中正履進之德的帶領下，困難和阻礙都將會被逐一的夬去。

象曰：夬履貞厲，位正當也。

夬履貞厲，位正當也：九五正位在上，猶如剛健而履中正，其德正大而光明，人民皆兌悅貞隨之，並在九五的中正帶領下，順利決去前方一切否塞阻礙，「位正當也」之意。

上九：視履考祥，其旋元吉。

視履考祥：視履，指除了用眼睛看，還同時配合實際履踐操作，亦即含有眼到、手到之意。考，本作「氣欲舒出，上礙於一」解，有上行難通之意，在此可引申指企思以求突破而上行之意。祥，同詳，周備細密之意。「視履考祥」，指學習時除了用心仔細觀察，還要同時配合實際的履踐操作，在眼到、手到相輔結合之下，才可獲得精益求精、更臻成熟之功。

其旋元吉：旋，本義作「周旋旌旗之指麾也」，即轉動、運轉之稱。元吉，象徵源源不絕獲得啟發與創新之意。「其旋元吉」，指透過不斷的反覆練習和實際履踐，讓自己的技巧和功夫越來越精準純熟，同時，也從中獲得新的啟發與突破。

象曰：元吉在上，大有慶也。

元吉在上，大有慶也：大，周遍無有不及之意。慶，德澤、福祉之意。有慶，可用以象徵天道中正不偏、德澤施益無有內外之分，而萬物只要順著中正之道而行，即可普受其德澤。「大有慶」，原是象徵至大天道復始循環、規律運行在上，在下萬物順隨其道以履進，就可一季季逐漸成長繁榮，在此引申指對於學習之要，在懂得知識和理論之後，未來可繼續透過實際反覆練習與篤行履踐，而得到更深刻的體悟與啟發。

第十一卦　泰

☷☰
乾下坤上　地天泰

泰：小往大來，吉亨。

彖曰：「泰，小往大來，吉亨」，則是天地交而萬物通也，上下交而其志同也。內陽而外陰，內健而外順，內君子而外小人，君子道長，小人道消也。

象曰：天地交泰，后以財成天地之道，輔相天地之宜，以左右民。

初九：拔茅茹以其彙，征吉。

象曰：拔茅征吉，志在外也。

九二：包荒，用馮河，不遐遺，朋亡，得尚于中行。

象曰：包荒，得尚于中行，以光大也。

九三：无平不陂，无往不復，艱貞无咎，勿恤其孚，于食有福。

象曰：无往不復，天地際也。

六四：翩翩不富以其鄰，不戒以孚。

象曰：翩翩不富，皆失實也。不戒以孚，中心願也。

六五：帝乙歸妹，以祉元吉。

象曰：以祉元吉，中以行願也。

上六：城復于隍，勿用師，自邑告命，貞吝。

象曰：城復于隍，其命亂也。

泰：小往大來，吉亨。

小往大來：泰卦辭「小往大來」之取象，這是在講乾天動行在上，坤地順承之而行，猶如天地二道往來相交泰，而在下各類萬物則是因懂得往與天地之道相交泰，故獲致泰通。

吉亨：「吉」，象徵萬物知往與天地規律之道相交泰，將可獲致成長繁榮而有吉；「亨」，象徵天地二道往來相交泰，於是有晝夜與四時寒暑之亨通流行。

象曰：「泰，小往大來，吉亨」，則是天地交而萬物通也，上下交而其志同也。內陽而外陰，內健而外順，內君子而外小人，君子道長，小人道消也。

「泰，小往大來，吉亨」，則是天地交而萬物通也，上下交而其志同也：泰，泰字象水在手中溜去甚利，故有順利流暢之意。天地上下相交泰，於是有晝夜、寒暑往來相推之生成，並伴隨雲行雨施之利益，而生長於天地間的各類萬物，則是在天地交泰之生成利益下獲致泰通，「天地交而萬物通也」；觀天地交泰而萬物獲致繁榮亨通之象有感，上位者與在下人民的關係互動，也應像那天地之相交泰般，上位者瞭解民心之所欲，而人民也能認同支持上者之施政，上下同心同德，彼此相輔相成，「上下交而其志同也」！

內陽而外陰，內健而外順，內君子而外小人，君子道長，小人道消也：地天泰，泰卦上坤順下乾健，乾卦之德象徵陽或剛健，坤卦之德則以象陰或柔順，故泰卦含有「內陽而外陰」、「內健而外順」之象。「內陽而外陰」，陰與陽內外相交泰，則是陰陽相得和合而成互濟之功。「內健而外順」，乾天至健，坤地至順，乾天動而引領在先，坤地順承之而行，天地上下相交泰，乃有晝夜四時與日照雲雨之生成。

「內君子而外小人，君子道長，小人道消也」，君子與小人之道，就猶如美穀嘉蔬與雜草之區隔分別，而當君子之道能夠泰通見用於世，這時的君子將會像那獲得充分滋長的美穀嘉蔬般，小人則像是田地裡的雜草將被拔去棄置，所謂「君子道長，小人道消也」！

象曰：天地交泰，后以財成天地之道，輔相天地之宜，以左右民。

地天泰，泰卦上坤地下乾天，有坤外乾內天地相交泰之成象。后，能以口發令而施之四方之人為后，其本義作「繼君體」，繼君體就是國君。「后」在此除了含有上位國君之意外，同時取其「因有一作為在先，接之有一成果在後」這樣的意思。財成，相資相成之意。左右，彼此相輔、互為佐助之意。「地天交泰」，泰卦上坤地下乾天，坤地有頤養萬物使其生長向上之德，乾天則有日照雲雨施益及下之德，而萬物之所以能生長繁榮，乃因天地相交泰之功所成。

單有乾天日照雲雨之施益，萬物仍不能生，僅靠坤地之頤養，萬物亦無法長，必得天地相交泰，二道彼此相資相成，始成萬物成長繁榮之功，「后以財成天地之道」之意。上位者觀天地二道上下交泰、相輔合德，而萬物則是在天施地生的利益下繁榮生衍有感，體會到必須先利益施於及下，讓人民獲得富庶繁榮，而人民生活一旦富庶，未來自然也將會反過來回饋，成為上位者的堅實後盾，如此上下相輔相成、互為佐助，「輔相天地宜，以左右民」之意。

初九：拔茅茹以其彙，征吉。

拔茅茹以其彙：茅，菅草。茹，本作「食」解，美穀嘉蔬乃可食。彙，彙集意。「拔茅茹以其彙」，指經過一番徹底整地，把雜草與美穀嘉蔬做出區別，接著將地面上的雜草一一拔除，只留下那些美穀嘉蔬，不讓良莠糾結一起，未來美穀嘉蔬將擁有更寬廣的成長空間。

征吉：拔去雜草留下美穀嘉蔬，就像農人於春耕之際整理田中雜蕪，初始時，準備工夫若做得越徹底，待日照雲雨豐沛之時機到來，美穀嘉蔬就可獲得繁榮成長，「征吉」之謂。

象曰：拔茅征吉，志在外也。

拔茅征吉，志在外也：及時做好一切該有的準備工夫，待外面大好機會來臨，就可乘勢而作，與外相交泰而獲致繁榮之功，「拔茅征吉，志在外也」之意。

九二：包荒，用馮河，不遐遺，朋亡，得尚于中行。

包荒：包，包容或包圍之意。「包荒」，指九二積極與外相交泰，對於所交通的對象和範圍，即使是最荒遠疏離的地方，都會將它包納在內。

用馮河：馮，馬行疾狀。「用馮河」，指懷著無比的勇力，敢於冒險交通向外，不畏懼過程中任何的險難，猶如以勇往直前之勢渡過險河。

不遐遺：遐，遠也。「不遐遺」，指所交通的範圍既廣且遠，即使最荒遠之處也不會被遺漏。

朋亡：朋，陰陽、上下朋合互補之意。「朋亡」，指凡能與我相互補益之對象，皆努力往與他朋合交通，並不會遺漏其中任何一個。

得尚于中行：得，行有所得之意。尚，加、增益。中行，內外、陰陽往來相得平衡則能利於行之意。「得尚于中行」，指致力於與四方相交通，並使內外雙方從這往來相交泰的過程中，獲得互補增益。

象曰：包荒得尚于中行，以光大也。

包荒得尚于中行，以光大也：竭其所能的往四方相交通，而當所交通的對象與範圍越廣遠，則未來所獲得的互補效益也就會越宏大，「以光大也」之意。

九三：无平不陂，无往不復，艱貞无咎，勿恤其孚，于食有福。

无平不陂，无往不復：陂，山阜之傾斜部。天地間，有一高必有一低，有一平必應以一陂，平陂、上下乃相對，並不會獨立而存，「无平不陂」之意。同理，有一往亦必應和以一復，不會有往而不復，「无往不復」之意。

艱貞无咎：艱，象土難治，含有艱難之意。无咎，在此象徵互補而得益。「艱貞无咎」，指由於天地間萬事萬物之理，一定是上下、內外或陰陽對應並存，因此，若個體貞守獨立而自外於其他，勢必艱困而難存，必得往來相交通以得互補之益，方可獲其完全。

勿恤其孚：恤，做憂解。勿恤，指一切皆公平對待，因此無一個體需要「恤而有憂」。其，彼、他之意。孚，誠孚。「勿恤其孚」，指九三不會自我設限於一小隅之地，而是能本著誠孚、公平無親疏之別的態度，渙廣行遠的與外相交泰。

于食有福：僅一個體所能擁有是小而有限的，而寬廣的外在世界則是充滿著無窮資源，因此個體當懂得與外相交泰，從向外交通的過程中取得互補之增益，因為這就像是獲取到飲食、需用而受其福益一般，「于食有福」之意。

象曰：无往不復，天地際也。

无往不復，天地際也：際，兩峰相會合處。天地二道雖相距如此遙遠，仍能上下往來相交泰，而正因為天地二道的相交泰，始有晝夜與四時寒暑往來相推之生成，「无往不復，天地際也」之意。

六四：翩翩不富以其鄰，不戒以孚。

翩翩不富以其鄰：翩，羽上下擺動。翩翩，往來交通之頻繁狀。不富，有所欠缺或不足之意。「翩翩不富以其鄰」，指此地某些品項在先天上有所欠缺或不足，卻發現富產於不遠的彼處，而未來鄰比間若能透過往來互補交流，則各方之需用將可因之間的交流互通而獲得滿足。

不戒以孚：指本著誠孚的態度，不再戒懼排斥，敞開心胸，廣泛往與各方相交泰。

象曰：翩翩不富，皆失實也。不戒以孚，中心願也。

翩翩不富，皆失實也：實，充實、滿實之意。為何各方必須往來互補相交通？這是因為任何一方皆必有其先天上的欠缺，不可能樣樣皆豐實富足，「翩翩不富，皆失實也」之意。

不戒以孚，中心願也：願，心中有所期待，而外在形勢環境亦能與心中所願相契合之意。只要願意敞開心胸，不自我設限，往與外相交通，就一定有機會從外界，找到能與一己互補相交泰的對象，「中心願也」之意。

六五：帝乙歸妹，以祉元吉。

帝乙歸妹：帝乙，殷朝帝王名之一，在此以象在上最尊位者。「帝乙歸妹」，原是指皇帝將身邊最寵愛、同時也代表尊貴身分的女兒嫁到民間去，許配與民間賢士，在此是引申身處最上尊位的六五，與民間成功築起一道最佳溝通橋樑。

以祉元吉：以，不已之意。祉，福以止此而不移為貴。元吉，經元德所由，進而源源不絕創造增益之意。帝乙把最疼愛的女兒婚配與民間賢士，而未來民間也將會報予最好的回饋，於是上下緊密往來交泰形同一家人，福祉將由「帝乙歸妹」此一起始點逐漸擴展開來，「以祉元吉」之謂。

象曰：以祉元吉，中以行願也。

以祉元吉，中以行願也：中，是指往來對稱、平衡之象。上位者與在下人民成功建立起一條順暢溝通橋樑，在上者得以充分瞭解人民之所欲，而在下人民亦願意回饋以最大的支持，於是上下雙方將經此往來相交泰而各遂得其所願，「中以行願也」之意。

上六：城復于隍，勿用師，自邑告命，貞吝。

城復于隍：「城」是指城牆，而「隍」是護城河，城與隍皆可做為防守外來侵犯之阻隔。「城復于隍」，城牆倒下把隍給掩平，這是代表城破之象，而一旦城池被攻破，在失了防衛能力的情況下，外面敵人將可長驅直入，在此同時，城中之民也勢必急欲往外逃竄。

勿用師：勿用，指不得中正之引領，則無法成其利用。師，眾也。「勿用師」，指一群人集體行動時若缺少一個中正領導指揮中心，極易陷入紛亂無序的狀態，這時即使成員眾多，也會如同一盤散沙般無法凝聚成用。

自邑告命：告，口之所之為告，在此象徵從缺口逃出，找尋其所之之意。「自邑告命」，指城被攻破，同時也喪失領導指揮中心，此刻城邑中的人民一定會驚慌失措、亂成一團，紛紛向外往四方逃命。

貞吝：雖然上六爻辭的「城復于隍」，亦屬於一種「內外往來相交通」之象，但是這種「內外對流」之情狀，卻見不到任何增益性，反而是雙方越往來，就只會越見其破壞和消亡而已，「貞吝」之謂。

象曰：城復于隍，其命亂也。

城復于隍，其命亂也：城牆被攻破倒下而覆沒了城隍，外面的敵人可以長驅直入，而邑中城民則莫不往外驚慌逃竄，這時內外越往來對流，將越見其紊亂與喪失，「城復于隍，其命亂也」之意。由泰卦上六爻象得知，並非所有的內外相交通，最後皆必走向建設性，倘若交通後，將會造成單向或雙方其內在本質的破壞或流失，則就得被堅決禁制或受到規範。例如，今日國際間之有金融與貿易往來規範的建立即是！

第十二卦　否

䷋

坤下乾上　天地否

否：否之匪人，不利君子貞，大往小來。

象曰：「否之匪人，不利君子貞，大往小來」，則是天地不交而萬物不通也，上下不交而天下無邦也。內陰而外陽，內柔而外剛，內小人而外君子，小人道長，君子道消也。

象曰：天地不交，否。君子以儉德辟難，不可榮以祿。

初六：拔茅茹以其彙，貞吉亨。

象曰：拔茅貞吉，志在君也。

六二：包承，小人吉，大人否亨。

象曰：大人否亨，不亂群也。

六三：包羞。

象曰：包羞，位不當也。

九四：有命，无咎，疇離祉。

象曰：有命无咎，志行也。

九五：休否，大人吉，其亡其亡，繫于苞桑。

象曰：大人之吉，位正當也。

上九：傾否，先否後喜。

象曰：否終則傾，何可長也？

否：否之匪人，不利君子貞，大往小來。

否之匪人：否，隔絕不交通之意。匪人，匪字象含有藏非之意，而「匪人」者，指非該與之交往也。「否之匪人」，指徹底與之劃清界線，雙方互不往來交通，就像君子與小人二道彼此各據一方。

不利君子貞：指當此小人得勢在外，小人到處猖獗橫行，君子之道被否塞、障蔽不能得伸，乃不利於君子貞幹作為之時，但君子仍然選擇堅守君子之道，不與小人妥協交通。

大往小來：「大往小來」若就字面意解釋，可簡單理解為「大的往」而「小的來」，故將漸見其日趨消亡。至於為何會導致「日趨消亡」？這是因為處在否塞不通的大環境下，彼此間不能交通有無，而在無法互補增益的情況下，長此以往，當然就會逐漸分散、消滅了。

另外，否卦辭「大往小來」之取象，主要是用以象徵若坤地不能順承乾天之道，亦即坤地與乾天是否而不交，則萬物在失去四時之序的引領，和天地施益頤養之情況下，將無法再成長繁榮，這時天地間也會變成一片否塞不通的凋蔽景象。又，這種天地若否塞不交則萬物將凋蔽不通之象，也像是小人之得勢在外，此時世道沈淪，邦國無道，賢人君子將會選擇隱避遯去，徹底與小人劃清界線不相交通。

象曰：「否之匪人，不利君子貞，大往小來」，則是天地不交而萬物不通也，上下不交而天下無邦也。內陰而外陽，內柔而外剛，內小人而外君子，小人道長，君子道消也。

「否之匪人，不利君子貞，大往小來」，則是天地不交而萬物不通也，上下不交而天下無邦也：坤地必須順承天，倘若坤地不能順承乾天，天地二道一旦否而不交，將不再有晝夜與寒暑之變化推移，在下萬物亦無法再繁榮亨通，「天地不交而萬物不通也」。觀天地若不交，天地間將變成一片否塞不通的障蔽景象，上位者體會到若是疏離人民，人民也將不再順服於上，而一旦上下否塞互不往來交通，邦將分崩離析矣，「上下不交而天下無邦也」！

內陰而外陽，內柔而外剛，內小人而外君子，小人道長，君子道消也：天地否，否卦上乾下坤，而這種外乾剛內坤柔之象，就猶如是陰與陽、剛與柔各守內外一方，彼此否而不交通，同時也像是小人否塞了君子，導致君子之道一時不能得通。而一旦陰陽無法內外相交泰，剛健與柔順二德不能相得互濟，就會導致剛和柔、陰與陽皆無法成其利用；當小人得勢於外，此時君子之善道力量將難以獲得伸展，「小人道長，君子道消也」！

象曰：天地不交，否。君子以儉德辟難，不可榮以祿。

天地不交，否。天地否，否卦上乾天下坤地，有乾外坤內二道互不交通之否塞象。天地若否而不交，晝夜與四時寒暑將不再變化，而各類萬物一旦失去日照雲雨之頤養，也將無法再成長繁榮，此時天地間就會變成一片沈寂否塞之景象。因此，君子觀天地若不交，則天地間將變得沈寂否塞之理有感，體會到若邦國無道，將像那天理、天則已不復存於世般，這時一定是小人當道、奸邪橫行，然而君子處在這否塞沈淪的世道之中，仍應堅持不與小人同流合污，並懂得以儉德辟難，不可榮以祿。

初六：拔茅茹以其彙，貞吉亨。

拔茅茹以其彙：泰否兩卦初爻皆有「拔茅茹以其彙」之象，雖均指將雜草與美穀嘉蔬徹底的區分，不使良莠糾結混淆，但否卦初六爻象之義所要表達的，是在講君子應徹底與小人劃清界線，因為君子與小人之道不同類，就像美穀、嘉蔬不該與雜草糾葛在一起。

貞吉亨：象徵君子不為外在環境所影響，仍然堅決貞守君子之道，做好一己所該盡之本分，而在其內心則是常保著亨通，並不會羨慕小人一時之得勢而與小人同流。

象曰：拔茅貞吉，志在君也。

拔茅貞吉，志在君也：君子像是拔去雜草般堅決與小人劃清界線，其心中所志則恆為君子之道，絕不向小人之道妥協，「志在君也」之意。

六二：包承，小人吉，大人否亨。

包承：包，包圍意。承，依據、根據之意。「包承」，指君子與小人各行其道，君子謹守在君子之道，決不會外與小人道相妥協。

小人吉：小人得勢之時，世道受小人所否塞障蔽，小人驕矜橫行、恣意妄為，所以就像是小人之有吉也。

大人否亨：指君子猶如涇渭分明般與小人劃清界線，絕不會羨慕小人之得勢在外，以致有求小人而與小人相交通。

象曰：大人否亨，不亂群也。

大人否亨，不亂群也：君子能堅守住君子之道，不會與小人同流合污，徹底與小人劃清界線，所以是「不亂群也」。

六三：包羞。

包羞：「君子固窮，小人窮斯濫矣！」君子不可因環境的困窮而失守君子之道，若君子像小人一樣窮斯濫，所做所為盡是一些令人感覺羞恥不堪之事，就無異與卑鄙小人同流，「包羞」之謂。

象曰：包羞，位不當也。

包羞，位不當也：小人行不由正，為攫取己身利益或遇有不順遂，就會不擇手段而窮斯濫，行徑則盡充斥著卑鄙與不正當，此處「位不當也」之所象徵。

九四：有命，无咎，疇離祉。

有命：命，在此是指天理律則之意。「有命」，指君子與小人之道是兩種不同的行為範疇，彼此間並無交集，而君子之道則是順應天理而為，因此君子只要順道而行自能有得，不憂小人之否塞在外。

无咎：指君子不會憂懼外有小人否塞，仍然信守君子之道而為，未來自然的就會一步步逐漸走出小人否塞之困境而重得泰通。

疇離祉：疇，耕治之田也。離，分離或離麗之意。祉，福以止此而不移為貴。「疇離祉」，象徵君子和小人二道區隔分明，就像是各有所屬之耕耘田地，雖然此刻為小人得勢之時，但是君子之道乃順天而為，因此，所耕種的那一方田地，終究會得到天德之福佑，君子只要堅持耕耘下去，其福址自會像田苗般日益增長。

象曰：有命无咎，志行也。

有命无咎，志行也：君子心中所志恆為君子之道，所行亦不會因小人否塞於外而更改其常，而君子終會有出否而獲得泰通之時，「有命无咎，志行也」之意。

九五：休否，大人吉，其亡其亡，繫于苞桑。

休否：休，息、止也。「休否」，指具備中正之德的九五，不但小人無法否塞蒙蔽之，而且有能力打破那道小人阻隔之藩籬障礙。

大人吉：指九五就像是一位中正大人，順天而應人，行必正當而有得，故小人無法障蔽之。

其亡其亡，繫于苞桑：繫，縛繫，羈絆。苞，叢生狀。桑，木多葉之形。「繫于苞桑」，象徵蒙蔽之深狀。「其亡其亡，繫于苞桑」，指身為上位領導者的九五，須有能力明辨奸邪，不會被小人所否塞蒙蔽，也不可以因一時的無事，就誤認為可以長此以往而安其位，因為若身為上位者不能明辨奸邪而易受小人壅蔽，一旦隔絕與人民的交通，或無知於外界之變化，就會一步步把自己推向危亡之險境。

象曰：大人之吉，位正當也。

大人之吉，位正當也：九五所立之位正，故九五將欲有為也，每一步之進皆能正當而有得，小人無法否塞之，「位正當也」之意。

上九：傾否，先否後喜。

傾否：傾，傾覆、倒塌之意。「傾否」，指雖然小人或有一時之得勢，但天地之道乃往復循環，小人勢力將無法否塞障蔽永久，終究有被傾倒的一日。

先否後喜：喜，外得應和之象，在此象徵終能連通向外之意。雖然眼前是小人勢力當道，但小人只能否塞君子於一時，無法阻隔君子之道永久，君子終究會找到連通於外的缺口，突破小人的否塞而獲泰通，「先否後喜」之意。

象曰：否終則傾，何可長也？

否終則傾，何可長也：「何可長」原指可堪用事的時間不多，機會稍縱即逝，因此必須把握有利形勢，在可作為期限內及時完成任務。在此是以釋雖然小人勢力不能否塞君子永久，但這並非意味著君子不必有任何積極作為，只需坐以待時，就能輕易打破小人之否塞障蔽，事實上，君子仍得隨時把握機會趁勢而作，積極用事無絲毫之懈怠，方能扭轉當前之否境，順利「傾否」而獲泰通。

第十三卦　同人

☰☲

離下乾上　天火同人

同人：同人于野，亨，利涉大川，利君子貞。

彖曰：同人，柔得位得中而應乎乾，曰同人。【同人曰：】同人于野，亨，利涉大川，乾行也。文明以健，中正而應，君子正也。唯君子為能通天下之志。

象曰：天與火，同人。君子以類族辨物。

初九：同人于門，无咎。

象曰：出門同人，又誰咎也！

六二：同人于宗，吝。

象曰：同人于宗，吝道也。

九三：伏戎于莽，升其高陵，三歲不興。

象曰：伏戎于莽，敵剛也。三歲不興，安行也。

九四：乘其墉，弗克攻，吉。

象曰：乘其墉，義弗克也。其吉，則困而反則也。

九五：同人先號咷而後笑，大師克相遇。

象曰：同人之先，以中直也。大師相遇，言相克也。

上九：同人于郊，无悔。

象曰：同人于郊，志未得也。

同人：同人于野，亨，利涉大川，利君子貞。

同人于野：同人，指雙方基於認同對方作為、思想或志趣等，彼此將往來相近相從之意。野，邑外有郊，郊外謂之「野」，遠方之意。「同人于野」，指天德至大、至明、至中正，四方萬物皆認同其道並樂意主動相從相隨。

亨：指乾天之道因具備剛健中正之德，故能亨通流行不已。

利涉大川：指天道中正運行在上，萬物知往與天道同行，將可在其引領和施益之下，順利涉過一切險難。

利君子貞：指君子做到誠身正己在內，自然能夠獲得眾人來與之同人相交遊，在此是以象天道剛健中正、誠孚有信運行在上，在下各類萬物皆應和認同其道而行。

彖曰：同人，柔得位得中而應乎乾，曰同人。【同人曰：】同人于野，亨，利涉大川，乾行也。文明以健，中正而應，君子正也。唯君子為能通天下之志。

同人，柔得位得中而應乎乾，曰同人：得位，指剛健中正而動，將可漸進得位而有功。得中，指有一中正引領在先，知往順隨之，行將可得中而不偏。應乎乾，指乾天之道剛健中正，萬物皆應和認同之。

「柔得位得中而應乎乾」，指天道具備剛健中正之德，故萬物皆應和認同之，而萬物知貞隨乾天中正之道而行，將可往進有功而獲成長繁榮。「曰同人」，彖辭此處的「同人」與「曰同人」，猶如一前一後相呼應，這樣的取象主要是在表達「互為因果」、「一體兩面」之象徵意思。也就是說，所謂的「同人」之義，是君子若能做到貞正在先，自然將會得到他人的認同和樂意來與之朋比交遊，就像那天道因具備剛健中正之德，故有萬物的應和貞隨一般。

【同人曰】：彖辭這裡所出現的「同人曰」之象，不管是從前後文語意之銜接，或是就彖傳所設計的語法結構而觀，皆看不出此象存在的必要，應是昔傳經者或有意、或無意所置入，本無存在之必要，故可刪去。

同人于野，亨，利涉大川，乾行也：「乾行」，指乾天運行之道剛健中正、信而有徵，故萬物皆認同其道並貞隨之而行。

文明以健，中正而應，君子正也。唯君子為能通天下之志：天火同人，同人卦上乾健下離明，故有「文明以健」之象。天道至明、至剛健，中正規律運行在上，萬物皆認同之並樂意應和其道而行，而君子則是能法乾天「文明以健」之德，做到誠身正己在先，外則自然會獲得天下眾人的應和認同，是謂「唯君子為能通天下之志」！

象曰：天與火，同人。君子以類族辨物。

天與火，同人。天火同人，同人卦上乾天下離火，乾道與離火雖是不同二物，然而乾天之道動行在上，火之性亦是動而上，二者猶如同道而行，「天與火，同人」。君子觀天與火二物雖形質不同，仍能動行同向有感，君子除了應積極而寬廣的往與四方人物相交遊，還要懂得從這些同人相交遊的對象當中，更進一步找到彼此志趣相通者，「君子以類族辨物」之謂。

初九：同人于門，无咎。

同人于門：指同人之始，就是自己得先敞開心門，主動走出門外往與四方人物交遊同人，而別人也才有機會與樂意來與我相同人。

无咎：指經由與外同人相交遊的過程中，使自己獲得更寬廣的學習和啟發。

象曰：出門同人，又誰咎也！

出門同人，又誰咎也：走出門外與不同人物相交遊，雖然各方人物之質性多而殊異，但交遊時可擇其善者而從之，其不善者而改之，因此對於每一次的同人交遊，皆可獲得其啟發處，「又誰咎也」之謂！

六二：同人于宗，吝。

同人于宗：宗，同宗源之意。「同人于宗」，指只願意結交一些聲氣相投者，無法以開闊胸襟往與各方不同人物相從交遊。

吝：用一種狹隘的態度擇友，從遊者盡是一些質性相類同的人，乃致吝之因也。

象曰：同人于宗，吝道也。

同人于宗，吝道也：六二用狹隘的心態擇友，僅願意與那少數氣味相投者交通，當然最後所交遊，就會漸走向寡少之「吝道」。畢竟，與他同人相交遊時，在態度上能保持敬慎小心，這樣就不易致過失，而在待人方面，則秉持謙恭有禮的態度，他人也將會以禮相待，如此，可廣與四方相同人，所謂「四海之內皆兄弟也」！

九三：伏戎于莽，升其高陵，三歲不興。

伏戎于莽，升其高陵：「伏戎于莽」，手持兵器埋伏於草叢之中，形容一直躲在暗處，對外時時懷著不信任的戒心。「升其高陵」，站立在高高的山陵上，形容高傲倨上，他人難以親近。九三爻辭「伏戎于莽」與「升其高陵」之取象，這是在講若是時時懷著敵意戒心、自蔽自藏不與人接觸，或是姿態高傲不懂得謙虛以待人，二者均是造成難以與外相從同人的障礙原因。

三歲不興：由於天生質性上的不同，例如有人個性保守內向，有些人則是外向進取，因此對於人與人之間的相從交往，很難期望短時間內就能做到快速融合，雙方總是須經過一段時日的磨合與認識，才能排去隔閡，拉近彼此距離而相互同人，「三歲不興」之意。

象曰：伏戎于莽，敵剛也。三歲不興，安行也。

伏戎于莽，敵剛也：個人自我防衛心強，對外總是深懷敵意戒心，導致他人無法或不願意來與之親近同人，「敵剛也」之意。

三歲不興，安行也：安，經一番調節而後得平衡之意。人際間的互動，初始時，難免會因彼此的陌生而存有戒心，但雙方若願意敞開心胸，以包容的態度去接納對方，於先天質性或文化習慣上等種種差異，則未來在經過一段時間的接觸與瞭解後，就可逐漸排去隔閡障礙，進而同人，「三歲不興，安行也」之意。

九四：乘其墉，弗克攻，吉。

乘其墉，弗克攻：墉，城垣。「乘其墉」，指一腳已伸進到城牆內，另一腳則還跨乘停留在城牆外。「弗克攻」，指還未順利攻克而完全進入到城牆內之意。而爻辭「乘其墉，弗克攻」之取象，這是形容雙方之同人過程中，雖然彼此間已有相當程度的瞭解和認識，但其間則仍然存在著一些隔閡、障礙。

吉：指雙方之同人交遊，雖然很難做到一開始就緊密融合，但初始時則是可以先存異而求同，彼此先就一些志趣相通處交流起。

象曰：乘其墉，義弗克也。其吉，則困而反則也。

乘其墉，義弗克也：乘坐在城墉間，身體無法全部進入到城牆內，這是因為還不能順利攻克對方的警戒和防守，所以是「義弗克也」！

其吉，則困而反則也：其，彼、他之意。則，小象的第一個「則」字是表轉折以起下之意，而第二個「則」字則是表律則，亦即指雙方一起接受遵循的共則。困，滯礙阻隔意。反，同返。由於人際間接觸相處之初，常會因彼此價值觀，或習慣的不同而遇到一些格格不入的地方，這時雙方就不應再盡往那些差別處做計較，而是當多從志趣相通處先交流起，未來再透過往來接觸，漸漸打破彼此心中那一道自我設限的藩籬，「其吉，則困而反則也」之意。

九五：同人先號咷而後笑，大師克相遇。

同人先號咷而後笑：號咷，象徵個人因離散孤獨而發出悲傷哭泣聲。笑，象徵眾人相遇合，同人萃聚因而有笑。「同人先號咷而後笑」，指具備中正之德的九五，讓原本居處於四方的各不同質性人物，願意認同其理念而來與之同人，而未來這一群志同道合的人們，將在九五的帶領下，一起為共同理念而奮鬥。

大師克相遇：大，廣大意。師，眾也。克，克勝意。「大師克相遇」，指原本來自各不同背景的人們，皆因認同九五的中正領導和理念，願意打破彼此先天質性上的隔閡而相互同人，凝聚團結，共同奮鬥而形成一股巨大力量。

象曰：同人之先，以中直也。大師相遇，言相克也。

同人之先，以中直也：直，正也。而「直」之能正，這是因為知順承中正在先，然後得之。分屬不同文化背景和質性的各方人物，願意相遇合而同人，這是因為應和九五中正之德之故，「同人之先，以中直也」之意。

大師相遇，言相克也：各方人物能夠同心同德萃聚成一大師眾，是因為眾人願意克勝內心那道藩籬障礙，敞開心胸向外與他相同人，「大師相遇，言相克也」之意。

上九：同人于郊，无悔。

同人于郊：郊，郊外為野。同人卦辭曰「同人于野」，上九爻辭則稱「同人于郊」，郊在野之內，郊與野一內一外、內外相互呼應。而上九爻辭之所以取「同人于郊」之象，這是在講君子將有志「同人于野」，其根本要義並非向外求，反而應先從正己在內做起，這是因為君子惟有做到修身正己在先，外則獲得他人的認同，未來將欲與四方同人，自然會像水到渠成般容易。

无悔：原是指行事合乎中正而無偏過，故能无悔失，在此引申指君子做到修身正己，猶如行事能無偏過悔失一般。

象曰：同人于郊，志未得也。

同人于郊，志未得也：志是指心之所向，含有求而向外這樣的意味，故所謂的「志未得」之象，這是以釋君子之將欲同人，並非處心積慮向外廣泛結交，而是應先從反身修德、正己在內做起，如此才能真正獲得他人的認同，並樂意主動來與之同人。

第十四卦　大有

䷍

乾下離上　火天大有

大有：元亨。

彖曰：大有，柔得尊位大中而上下應之，曰大有。其德剛健而文明，應乎天而時行，是以元亨。

象曰：火在天上，大有。君子以遏惡揚善，順天休命。

初九：无交害，匪咎，艱則无咎。

象曰：大有初九，无交害也。

九二：大車以載，有攸往，无咎。

象曰：大車以載，積中不敗也。

九三：公用亨于天子，小人弗克。

象曰：公用亨于天子，小人害也。

九四：匪其彭，无咎。

象曰：匪其彭无咎，明辨晢也。

六五：厥孚交如，威如，吉。

象曰：厥孚交如，信以發志也。威如之吉，易而无備也。

上九：自天祐之，吉无不利。

象曰：大有上吉，自天祐也。

大有：元亨。

元亨：大有卦辭元、亨二象，是指乾天元德亨通流行，猶如大有於一切處，而元德所流行，於是有晝夜、寒暑變化之生成，以及萬物亨通繁榮於天地間之功。

象曰：大有，柔得尊位大中而上下應之，曰大有。其德剛健而文明，應乎天而時行，是以元亨。

大有，柔得尊位大中而上下應之，曰大有：尊位，指乾天之道尊而在上。大中，指乾天之德至大至中正。上下應之，乾天之道運行在上，在下萬物皆應和貞隨之。「柔得尊位大中而上下應之」，指乾天之道至大、至中正，尊而在上，元德則亨通流行大有一切處，在下各類萬物皆應和貞隨天道而行並普受其德澤。「曰大有」，此句彖辭裡的「大有」與「曰大有」猶如前後相應，這是在表達「相因相成」、「互為因果」之象徵意思。即天德至大而周遍，就像天德是「大有」一切處般，而當萬物在天德之利益下獲得成長繁榮，並皆應和貞隨其道而行，這時則又像是天道能「大有」天下萬物般。

其德剛健而文明，應乎天而時行，是以元亨：火天大有，大有卦上離明下乾健，故有「剛健而文明」之象。「其德剛健而文明」，指乾天元德所亨通流行，於是有晝夜與寒暑更迭之道之生成，以及日照雲雨施益之德和萬物生長繁榮之文明氣象。「應乎天而時行」，指萬物應和貞隨乾天變化更迭之道而行，將會在天德日照雲雨之施益下獲得亨通繁榮。「是以元亨」，大有卦辭「元亨」之象，除象徵乾天元德將亨通流行於天地一切處，也同時象徵萬物普受乾天元德而獲致繁榮亨通，此皆體現乾天「大有」之德。

象曰：火在天上，大有。君子以遏惡揚善，順天休命。

火在天上，大有。火天大有，大有卦上離火下乾天，故有「火在天上」之成象。「火在天上」，離日高懸天上光明普照，大地萬物無不在其照耀之下。君子觀大地和萬物在離日光明照耀下，無不昭然顯明有感，「君子以遏惡揚善，順天休命。」休，止、息之意。命，先天既定之律則，天理律則之謂。休命，指時時刻刻皆能依止天理而行。人內在良知良能就像那離日能明照一切處般，對於起心動念之善或不善，自性良知無不明白照見，所以對於己行或有惡念之起，必敢於遏止去除之，而己之有善，則能繼續明之、發揚之，「遏惡揚善」之謂；天理天則無所不在，不會因處暗處而有差別，因此君子不但在大庭明處能行順乎天理，即使是身在暗室，也不曾一刻違離天理而為，「順天休命」之謂。

初九：无交害，匪咎，艱則无咎。

无交害：指面對著外界無窮值得學習或納取的人事物，雖然應積極向外交遊和廣納，但初九所選擇的，必須是那些真正能有益於己德身心，而非良莠莫辨，把一些有害而無益的對象也盡收納入。

匪咎：指值得學習與納取的對象雖多，但應懂得擇其優與益者而交，至於那些將會對己德身心有損的，則須被摒棄在外。

艱則无咎：艱，土難治也，象徵將面對長時間困難的考驗，在此含有須努力付出之意。「艱則无咎」，指既然同樣是必須花費時間和精神，就更該懂得審慎汲取、學習那些值得付出的事物，而不要把寶貴時間和精神，白白浪費在對進德修業均毫無助益的對象上。

象曰：大有初九，无交害也。

大有初九，无交害也：雖然廣納是成「大有」之基，但前提是所納取進來的，必須是那些有益無害、正而有用的對象，「无交害也」之意。

九二：大車以載，有攸往，无咎。

大車以載：車大才能多承載！雖然外面存在著無窮盡值得學習和納取的事物，但相對的，自己內在也須具備寬廣之承載能力，畢竟，若是消極不願學或是納取不能得法，即使外在世界是多麼的「大有」，也是枉然！

有攸往：指學習與納取的方法須正確，才能取得事半功倍之效，並順利累積成「大有」。

无咎：指九二所承載納取進來的，當是那些能夠契合實際利用的對象。

象曰：大車以載，積中不敗也。

大車以載，積中不敗也：積，積載。中，中正之意。不敗，指所積載是實際有用的東西，而非一些大而無用的廢物。一輛真正具備多積載的大車，是因為具備寬廣承載能力，同時所積載進來的，也是那些真正具有價值的貨物，最後更配合上快而有效率的行進速度，「積中不敗也」之意。

九三：公用亨于天子，小人弗克。

公用亨于天子：公，象徵諸侯，在此亦含有公允、公眾之意。亨，同享字，有進獻之意。天子，其層次比諸侯更上一階。「公用亨于天子」，指天子將土地與人民分封給諸侯，諸侯在獲得廣大資源與權力之後，有責任盡其心力治理好所屬封地，未來再以此良好政績回報進獻於天子。而爻辭「公用亨于天子」之取象，其實亦意通於「取之社會，用之社會」這句話，這是因為我們現在所擁有的一切，可說是來自社會上無數眾人所給予，因此當個人也有了能力，就應該懂得回饋，貢獻己能，就像諸侯將良好政績進獻給天子一般。

小人弗克：天德無私以利益萬物，其德至大而弗居，故能成就大有之功。小人器小，在擁有權力與資源後，卻只想佔據為一己之私，並不願意分享既有或是擔負相對責任，所以，小人也就弗如天德般能克承其有，「小人弗克」之意。

象曰：公用亨于天子，小人害也。

公用亨于天子，小人害也：「大有」雖求多、求有，但絕不可變成聚斂貪得，然而小人器小，在給予了更大權力、更多的資源後，小人反而變得更為所欲為，並進而造成對外危害，當然，這對小人自身何嘗不也是一種傷害？「小人害也」之謂。

九四：匪其彭，无咎。

匪其彭：彭，盛多貌。雖然廣納多聚是能成「大有」之基，但這並不表示只要求其量眾即是，畢竟質方面的慎選則更形重要，「匪其彭」之謂。

无咎：指天下值得學習與納聚的事物極多，應竭其所能的去蓄聚，然而在這些眾多好選項當中，更要懂得擇其精粹者而取之。

象曰：匪其彭无咎，明辨晢也。

匪其彭无咎，明辨晢也：晢，從日從析，日光普照四射，有分剖而出之意。欲成就為「大有」，首先當然就是要多納聚，然而除了量多之外，還貴得精粹，「明辨晢也」之謂。

六五：厥孚交如，威如，吉。

厥孚交如：厥，其、彼，不定之代稱。「厥孚交如」，指中正六五做到誠孚在中，其德利益人民，無有遠近親疏之別，因此四方人民也將孚信應和之，於是上下誠孚交融，就像是彼此將「備有」對方一般。

威如：威，通畏，乃使人發生悚懼而又敬重之感。「威如」，指六五莊重自持、誠身正己在內，眾人民皆敬服之，所謂「臨之以莊則敬」之意。

吉：指六五「威如」在中，獲得眾臣民敬服於外，故六五不必煩己，眾臣民自能敬任其事。

象曰：厥孚交如，信以發志也。威如之吉，易而无備也。

厥孚交如，信以發志也：信，誠孚有信之意。志，心之所向。「信以發志」，指六五做到誠孚在中，人民皆孚信應和之，因此六五將欲有行也，人民則莫不支持跟隨之，這時就猶如六五將「大有」人民而可發其志一般。

威如之吉，易而无備也：易，指變易不定，亦含有容易之意。備，盛矢器形，有置以待用之意。六五莊重自持在上，在下臣民則敬服應和之，這時六五毋須向外求，再為各種人或事操持預備，然而卻能凡事皆備於我，猶如「大有」天下而無所失一般，「威如之吉，易而無備也」之意。

上九：自天祐之，吉无不利。

自天祐之：自，我自之謂，同「君子以自強不息」的自。上天所祐助的，是那些順應天理而行的人，而能得到他人的幫忙，是因為自己講誠信，因此，行事既能上順於天且下應於人，自可獲得天之祐助和他人的幫助，「自天祐之」之謂。

吉无不利：指行事既能順天又能應人，當然可以獲得來自上天和他人「大有」之益助，如此行之既久，越增益其有，故「吉无不利」！

象曰：大有上吉，自天祐也。

大有上吉，自天祐也：小象這裡的「自」，同「自下訟上」的自，是指起源處。大有上九之所以得到來自上天的祐助而獲吉，乃因順天理而行，「大有上吉，自天祐也」之意。

第十五卦　謙

䷎

艮下坤上　地山謙

謙：亨，君子有終。

彖曰：謙亨，天道下濟而光明，地道卑而上行。天道虧盈而益謙，地道變盈而流謙，鬼神害盈而福謙，人道惡盈而好謙。謙尊而光，卑而不可踰，君子之終也。

象曰：地中有山，謙。君子以裒多益寡，稱物平施。

初六：謙謙君子，用涉大川，吉。

象曰：謙謙君子，卑以自牧也。

六二：鳴謙，貞吉。

象曰：鳴謙貞吉，中心得也。

九三：勞謙，君子有終吉。
象曰：勞謙君子，萬民服也。

六四：无不利，撝謙。
象曰：无不利撝謙，不違則也。

六五：不富以其鄰，利用侵伐，无不利。
象曰：利用侵伐，征不服也。

上六：鳴謙，利用行師，征邑國。
象曰：鳴謙，志未得也。可用行師，征邑國也。

謙：亨，君子有終。

亨：指天道運行隨著季節之遞進，日照雲雨之德將會不斷施益及下，故其道得以亨通流行不已。

君子有終：天道高而在上，其日照雲雨之德則會施益及下，地道雖最處卑下，卻是最得天德之利益，而君子觀天地之道能損其盈滿和知卑下處後，故其德越尊而光明，以及更增益其有，於是君子懂得執此謙下之德而行，行之越久，君子將越獲其有，「君子有終」之謂也！

彖曰：謙亨，天道下濟而光明，地道卑而上行。天道虧盈而益謙，地道變盈而流謙，鬼神害盈而福謙，人道惡盈而好謙。謙尊而光，卑而不可踰，君子之終也。

謙亨，天道下濟而光明，地道卑而上行：天道雖然高而在上，其日照雲雨之德則是會利益下濟各類萬物，故萬物皆樂意貞隨其中正光明之引領而行，「天道下濟而光明」；地道位卑居下，能盡受天德下濟之利益，並頤養生長萬物無窮，「地道卑而上行」。觀天地之道因為具備「謙下」之德，故天地間呈現一片亨通繁榮之氣象，「謙亨」之謂。

天道虧盈而益謙，地道變盈而流謙，鬼神害盈而福謙，人道惡盈而好謙：天道日照雲雨之德，虧盈以利益下濟萬物；地面的水流與風動等變化流行，皆是高而盈滿者將被損去；鬼神者，自然造化薈萃之精也！自然造化所福祐的，是那些知順承自然規律的謙下者；謙者多受益，驕滿者易招損，乃人情好惡所表現。

謙尊而光，卑而不可踰，君子之終也：天道雖尊而在上，日照雲雨則是利益下濟，故其德愈加光明彰顯；地道雖勢處卑下，卻盡得天德下濟之利益，並因此頤養滋長萬物無窮。觀天地人鬼神，無不是惡盈而益謙，故君子知執此謙下之德而行於天下，天下凡遇之則無有不服者。故曰：「謙尊而光，卑而不可踰，君子之終也」！

象曰：地中有山，謙。君子以裒多益寡，稱物平施。

地中有山，謙。地山謙，謙卦上坤地下山艮，山在地之下，故有「地中有山」之成象。「地中有山」，刻下所立之位雖然已是一山之頂端，但此時所站立之相對高度，卻可能仍僅是另一山之腳底而已。君子觀此「地中有山」——一山仍有一山高之象有感，於是體會到「裒多益寡，稱物平施」之理。裒，音同剖，減去之意。「裒多益寡」，君子能裒去盈滿心態，知虛心學習以增益己之寡少孤陋處。「稱物平施」，等待學習的事物仍多，君子不會對所學習的領域劃地自限，也不會在僅學得一技一藝之後，就感到志得意滿，而是能常保謙下的態度，往其他更寬廣的領域繼續精進和請益。

初六：謙謙君子，用涉大川，吉。

謙謙君子：處謙卦眾爻最下之位的初六，猶如謙之又謙，故其德稱「謙謙君子」。

用涉大川：指君子執此謙之又謙的態度以行，表面上雖然看似並無積極或直接之作為，但實際上，謙下之用其內在所發揮出之功卻是至大，猶如直可用以涉過各種不同險難。

吉：雖是居下處後並不爭，其德卻是和順於天地之理，故執此謙下之德以行，得其吉也。

象曰：謙謙君子，卑以自牧也。

謙謙君子，卑以自牧也：牧，養也。謙謙君子，謙卑處下，其德日進，其益日增，猶如自養而有得，「卑以自牧也」！

六二：鳴謙，貞吉。

鳴謙：鳴，發聲也。聲雖無法眼見，卻能聽聞耳受而感其實在。「鳴謙」，形容謙道這種謙下處後默默耕耘付出，或許不易令人見之，但眾人終究還是會感受到其隱於後的實德。

貞吉：指謙下處後默默的耕耘，做好當下分內所該做之事。

象曰：鳴謙貞吉，中心得也。

鳴謙貞吉，中心得也：天道只是規律行其雲雨施益，毋須任何言語，而萬物卻皆能感受天德之實在。因此，執此謙下之德，默默做好當盡之責，自然的就會應和有得於外，就像中正天道將會得到萬物的誠孚應和般，「中心得也」之意。

九三：勞謙，君子有終吉。

勞謙：勞，勤苦任事不已之意。「勞謙」，指雖謙下處後，卻是勤勞任事在人之先。

君子有終吉：君子勤勞任事卻又謙恭自處，有功則歸於他人，君子勞而不伐，有功不居，雖似勞而無得，實則卻是越能累積其有，更得其吉，「君子有終吉」也！

象曰：勞謙君子，萬民服也。

勞謙君子，萬民服也：地道最卑下處後，生養萬物從不居功，而萬物莫不樂意歸附之，因此君子法坤地勞謙之德，勤勞付出，有功而不伐，如此必可獲得眾人的認同，「勞謙君子，萬民服也」之意。

六四：无不利，撝謙。

无不利：指越是高位或有功者，所跟隨而至的榮耀或利益將會越多，因此，這時就更要懂得謙下退讓才是。

撝謙：撝，乃手擗開。「撝謙」，指將功勞向外推，謙讓不攬功之意。

象曰：无不利撝謙，不違則也。

无不利撝謙，不違則也：則，共同律則之意。高位居功者，人嫉者多，其危甚大，豈能不知謙遜退讓？天道虧盈而益謙，地道變盈而流謙，鬼神害盈而福謙，人道惡盈而好謙，不管天地人鬼神一切律則，皆是惡盈而益謙，因此越是位高功大者，越須懂得謙讓之道，這樣才是「不違則也」！

六五：不富以其鄰，利用侵伐，无不利。

不富以其鄰，利用侵伐：不富，指若存有不足、不平或不公等現象，皆可稱之為「不富」。鄰，附近，相比連。天地之道惡盈而益謙，因此，身為中正領導者的六五懂得法天德作為，當社會上充斥奢華糜爛之風氣，或存在一些不公不平的現象，這時的六五就有責任展現其魄力，以裁損去除這些驕奢溢滿之「不謙」現象，將整個社會風氣重新導向謙和公平，「不富以其鄰，利用侵伐」所象徵之意。

无不利：指每當盈滿與不平被裁損去一分，整個全體大局就更往和諧平衡趨近一步之意。

象曰：利用侵伐，征不服也。

利用侵伐，征不服也：當整個社會蘊釀著嚴重貧富不均，或到處充斥不公不義的失衡現象，這時人們的心中就會存有「不服」，在此同時，中正六五就有責任，也有能力採取「征伐」手段，以除去社會上這些「不謙」現象，「征不服也」之謂！

上六：鳴謙，利用行師，征邑國。

鳴謙，利用行師，征邑國：「鳴謙」者，謙下隱於後默默的耕耘，只是克盡己責而不必求人知，卻終能獲得眾人之應和與認同。由於謙道作為能讓眾人因好謙而樂意來與之應和，故謙道其用之大，就猶如可以行師御眾一般，「利用行師」之謂。又，君子執此謙道以往，則邑國之內，遇之無有不服者，這時就像是利用謙道以征克不服般，「征邑國」之謂。

象曰：鳴謙，志未得也。可用行師，征邑國也。

鳴謙，志未得也：「志未得」原是指正己在內，一切向內求之意，在此以釋「鳴謙」，其理是因為謙道作為乃默默克盡己責而不求問達，其德就像是若做到正己向內求，未來自然會外得他人的應和認同。

可用行師，征邑國也：君子執此謙道而往，行之既久，邑國之內莫不敬服之，故謙道作為其效之大，直可用於行師而征邑國矣！《老子》云：「江海所以能為百谷王者，以其善下之，故能為百谷王。是以聖人欲上民，必以言下之；欲先民，必以身後之。是以聖人居上而民不重，居前而民不害。是以天下樂推而不厭。以其不爭，故天下莫能與之爭。」聖人因懂得謙下處後之道，故能在民之上而領導眾人；聖人因為謙下不與人爭，故天下無人能與之相爭。《老子道德經》此章之義，正可與謙卦上六爻象互發其旨。

第十六卦 豫

䷏

坤下震上 雷地豫

豫：利建侯行師。

彖曰：豫，剛應而志行；順以動，豫。豫順以動，故天地如之，而況建侯行師乎？天地以順動，故日月不過，而四時不忒。聖人以順動，則刑罰清而民服。豫之時義大矣哉！

象曰：雷出地奮，豫。先王以作樂崇德，殷薦之上帝，以配祖考。

初六：鳴豫，凶。

象曰：初六鳴豫，志窮凶也。

六二：介于石，不終日，貞吉。

象曰：不終日貞吉，以中正也。

六三：盱豫悔，遲有悔。

象曰：盱豫有悔，位不當也。

九四：由豫，大有得，勿疑，朋盍簪。

象曰：由豫大有得，志大行也。

六五：貞疾，恆不死。

象曰：六五貞疾，乘剛也。恆不死，中未亡也。

上六：冥豫，成有渝，无咎。

象曰：冥豫在上，何可長也？

豫：利建侯行師。

利建侯行師：指天子所分封布建在四方的諸侯，其領域若越廣遠和縝密，未來一旦有任何行師征伐之發動，則取得勝利成功的機會也就會越大。另外，卦辭「利建侯行師」之取象，其實這是在講四時之道，就像是一條已預先擬定的「建侯計畫」，而未來春夏秋冬各季節之更迭，則猶如是「行師」一般，將會一季季規律有節、往前順進不已。

彖曰：豫，剛應而志行；順以動，豫。豫順以動，故天地如之，而況建侯行師乎？天地以順動，故日月不過，而四時不忒。聖人以順動，則刑罰清而民服。豫之時義大矣哉！

豫，剛應而志行；順以動，豫：雷地豫，豫卦上雷震下坤順，坤地順承，雷有震動之象，故卦象含有「順以動」之德。剛應，指剛健應和中正，故能往進順行不已。志行，志行合一之謂。天道之運行乃剛健與中正相應合德，故能循著一條中正常道，剛健往前順進不已，「豫，剛應而志行」之意；觀四時之道具備順進之德有感，行事懂得預先擬好計畫，接著又動無差忒的一步步確實執行，終獲得成功，「順以動，豫」之意。

豫順以動，故天地如之，而況建侯行師乎？天地以順動，故日月不過，而四時不忒：觀天地之道順以動，故日月不過而四時不忒之象有感，行事時，必先有「建侯」之預備，接著又做到「行師」之實踐，亦即先有縝密規畫之布局，又同時結合行動力之實踐，必建其功也！

聖人以順動，則刑罰清而民服：天道中正引領在上，在下各類萬物順隨四時規律之序而動，於是天地間將呈現出一片規律有序、繁榮茂盛之氣象。聖人以和順於天地之道而制禮樂，並以禮樂之道教化人民，人民則在聖人之道的教化與薰陶下，順服於上治而少刑罰。

豫之時義大矣哉：行事知及早展開規畫與布局，而事前預備功夫若做得越縝密周全，未來也就越容易有條不紊的被執行，順利取得成功的機會也會越大，是即為彖辭「豫之時義大矣哉」所要表達之意。

象曰：雷出地奮，豫。先王以作樂崇德，殷薦之上帝，以配祖考。

雷出地奮，豫。雷地豫，豫卦上雷震下坤地，故有「雷出地奮」之成象。「雷出地奮」，雷霆發作在天，大地立刻隨之震動共鳴，是雷出以為基，再配合地奮之大作。「先王以作樂崇德，殷薦之上帝，以配祖考」，先祖訂定禮樂制度、崇尚道德，為後代奠立良好基礎，而身為後代子孫的王，則是遵循先人腳步，繼續發揚光大先祖所建立的深厚基業和德澤，在這一代真正落實禮樂教化與崇德，再將這美好果實盛獻給上帝，這就像雷出在天而地奮隨之一般。

初六：鳴豫，凶。

鳴豫：鳴，發聲也。由於聲音只能由耳朵聽聞，無法眼睛見之，因此爻辭「鳴豫」之取象，這是在講初六不能僅流於言語或理論上的空談，而缺乏實質可見之行動能力。

凶：「豫」之要義，乃先「建侯」—事前縝密的規畫，再配合以「行師」—實際的執行力，在知與行皆至的情況下，才能真正「豫」而有功。倘若，只會紙上談兵，卻缺乏行動力的實現，就猶如以「鳴」作豫，最後當然會落得空無所得，故凶。

象曰：初六鳴豫，志窮凶也。

初六鳴豫，志窮凶也：雖有規畫或想法，但若無行動力的實證配合，一切就僅止於空談而已，所謂「志窮凶也」之意。

六二：介于石，不終日，貞吉。

介于石：指事前準備工夫所做之徹底，計畫之縝密，其扎根之深，就猶如介石般穩固。

不終日：事前的預備已完成，接著進到實際執行階段，而對於工作的執行，則絕不會有任何耽擱、延宕，就像是若短時間內就可以將之完成於早上，就不會再把它拖延至夜晚，「不終日」之謂。

貞吉：指按照所擬定的行事計畫，切切實實做好每一步驟，其間不會有任何的馬虎或耽擱、延宕。

象曰：不終日貞吉，以中正也。

不終日貞吉，以中正也：縝密的做好規畫與布局，接著則按照既定行事計畫切實執行，故能一步步動而獲功，此處「以中正也」之意。

六三：盱豫悔，遲有悔。

盱豫悔：盱，張目而視，象徵前瞻之意。「盱豫悔」，盱豫之所以有悔，這是因為事前規畫不足，缺乏足夠前瞻性，導致隨後進入到執行階段，才發現沒有辦法應付問題而多遇阻礙。

遲有悔：指雖然已備好周全行事計畫，但隨後卻因缺乏行動力，導致無法及時將任務落實完成，猶如失時延遲而生悔。

象曰：盱豫有悔，位不當也。

盱豫有悔，位不當也：不管是「盱豫之悔」—缺乏前瞻性，或「遲之有悔」—執行力不足，兩者最後皆無法真正成事，此處「位不當也」之意。

九四：由豫，大有得，勿疑，朋盍簪。

由豫：由，象田苗始生之任意伸展狀。爻辭「由」之字象，與《孟子．公孫丑篇》：「故由由然與之，偕而不自失焉」的「由」—自得貌，以及《論語．泰伯篇》：「民可使由之，不可使知之」的「由」—人民應讓他們自由發展，而非凡事皆須替他們預做安排或諸多限制，三處的「由」均是同一含意。由於田中禾苗是自由的生長並且株株獨立，然而眾田苗卻能一起循著四時之序的引領，在秋季來臨時同臻成熟。因此，爻辭「由豫」之取象，這是在講一項規畫良好並且擁有高執行效率的預備計畫，將會像那四時季節引領眾田苗成長的過程般，生長中的田苗就像是一條條各自獨立的工作細項，而這些獨立細項則是可以同步執行，所以待設定的期限一到，整個大計畫將可在有效節省時間成本之情況下，確實而及時的被完成。

大有得：大有，眾皆平等且能普受其有，是稱「大有」。「大有得」，指一個好的任務規畫，將會做到高效率同步分工，即能夠將任務分割規畫成多個可被同步執行、運作的小單元。

勿疑：指這些被規畫成可獨立運作的工作單元，各單元間並不會產生相互牽制或干擾，即彼此互不「疑礙」之意。

朋盍簪：盍，同合。簪，連冠于髮之具。「朋盍簪」，原指髮簪可以把一條條彼此平行的細髮，一一綰繫朋合整齊，在此引申形容一個完善且具高執行效率的任務規畫，將會像那髮簪的功能般，能將猶如是一條條平行細髮的小工作單元，條理分明、個別規畫清楚，而這些工作細項不但橫向上可以獨立運作執行，同時在縱向上也能前後節節貫串。

象曰：由豫大有得，志大行也。

由豫大有得，志大行也：每一個被劃分出來的單元個體，皆能獨立運作前進，彼此間互不相妨礙，所以，就像是其志皆得暢通無阻而自由行般，「志大行也」之意。

六五：貞疾，恆不死。

貞疾：貞，貞幹也，貞正也。疾，禍患或疾失之意。「貞疾」，指中正六五知思患於未然，時時無不預思有疾並知及早預備防範之，故能在禍患發生時，因早已有萬全準備而得以免去其疾失。

恆不死：知思患預防，故能在禍患發生時，因已有相對應防備措施而不會造成亡失，並因此而獲得長治久安，「恆不死」之謂。《孟子》曰：「入則無法家拂士，出則無敵國外患者，國恆亡。然後知生於憂患而死於安樂也。」孟子此論之義，正是豫卦六五爻辭之所象徵。

象曰：六五貞疾，乘剛也。恆不死，中未亡也。

六五貞疾，乘剛也：「乘剛」之象含有剛健而能次序以進之意，在此是以釋六五知思患預防，故未來雖遇險難，因早已有預備，故能一步步順利貞正其疾。

恆不死，中未亡也：中，中道平衡之意。天地以順動，故日月不過，四時不忒。天地之動行，順隨著一條既定之常道，中而平衡以動，其間並不會有任何差忒，故能恆久運行不已，是為天地「中未亡」之德。因此，六五知法天地以順動之德，將有下一步之作為，無不預思有疾而預防之，故雖遇疾患，亦能動不亡失而長保其恆久。

上六：冥豫，成有渝，无咎。

冥豫：冥，從旬，從六，月至十六，將由盈轉虧，從明朗而漸趨幽暗，故冥作「幽」解。雖然事前對各種可能的情勢發展已做徹底評估和判斷，並擬妥一套完整的行事計畫，然而等到進入到實際執行階段時，卻發現形勢之變化發展，並未如原先所預期，而這種因外在客觀環境的突然變化，導致當初所預備，最後卻難以契合於實際之執行，就是爻辭「冥豫」之所象徵。

成有渝：成，既定的規畫，乃計已成之意。渝，渝變解。「成有渝」，指雖然計畫已成，但外在形勢之發展乃瞬息萬變，因此臨事時，仍得視當下形勢之實際需求而調整其步伐，不可固執而不知渝變。

无咎：指懂得依據當下形勢變化，及時對行事計畫做出調整、修正，以讓執行能夠真正符合實際需求。

象曰：冥豫在上，何可長也？

冥豫在上，何可長也：當形勢變化已像那由盈轉虧的十六之月般，正逐漸往那幽暗的一邊發展，而原先所擬的行事計畫，至此業已變得滯礙難通，這時若還固執不知渝變，則隨著時間的漸推進，將越不利於行事矣，「何可長也」之謂！

第十七卦 隨

☱☳ 震下兌上 澤雷隨

隨：元亨利貞，无咎。

彖曰：隨，剛來而下柔；動而說，隨。大亨貞，无咎，而天下隨時。隨時之義大矣哉！

象曰：澤中有雷，隨。君子以嚮晦入宴息。

初九：官有渝，貞吉，出門交有功。

象曰：官有渝，從正吉也。出門交有功，不失也。

六二：係小子，失丈夫。

象曰：係小子，弗兼與也。

六三：係丈夫，失小子，隨有求得，利居貞。

象曰：係丈夫，志舍下也。

九四：隨有獲，貞凶，有孚在道，以明，何咎。

象曰：隨有獲，其義凶也。有孚在道，明功也。

九五：孚于嘉，吉。

象曰：孚于嘉吉，位正中也。

上六：拘係之，乃從維之，王用亨于西山。

象曰：拘係之，上窮也。

隨：元亨利貞，无咎。

元亨利貞：指天道至大中正，元德亨通流行一切處，而元德所發揮，於是有四時春夏秋冬，一季跟隨一季之變化流行，在下各類萬物則普受天德利益，並皆貞隨四時規律之序而行。

无咎：指四時春夏秋冬規律更迭在上，在下萬物若懂得順隨季節遞進之序而調整其生長作息，將可在天德之施益下獲得成長繁榮。

彖曰：隨，剛來而下柔；動而說，隨。大亨貞，无咎，而天下隨時。隨時之義大矣哉！

隨，剛來而下柔；動而說，隨：澤雷隨，隨卦上澤兌下震動，故卦象含有「動而說」之德。說，兌悅應和之象。春夏秋冬四時之道，一季跟隨一季規律有節、剛健運行向前，各類陰柔萬物則是在剛健天道的引領下，未來也將隨著季節之遞進而逐漸成長茁壯，「隨，剛來而下柔」之意；觀四時之道以及萬物之生長，將會隨著季節之遞進而行變化調節有感，行事時懂得體察時變，知順隨形勢變化之宜而調節其步伐，故能動而獲功，「動而說，隨」之意。

大亨貞，无咎，而天下隨時：「大亨貞」是以釋「元亨利貞」之象。「大」者，乾天元德至大周遍；「亨」者，元德亨通流行一切處；「貞」者，貞正也。天道四時之運行，將會隨著春夏秋冬時節之不同而調整其寒暑氣象，故其道能終則又始、往復循環不已，而在下各類萬物則是知貞隨四時規律更迭之序而行，故能獲致成長繁榮，「大亨貞，无咎，而天下隨時」之意。

隨時之義大矣哉：既能敏銳的體察時變，又知順隨時勢之宜而調整其所隨，真正做到偕時俱進，是為彖辭稱「隨時之義大矣哉」所要表達之意。

象曰：澤中有雷，隨。君子以嚮晦入宴息。

澤中有雷，隨。澤雷隨，隨卦上澤兌下雷震，故有「澤中有雷」之成象。澤，澤水也。雷，往來震動之象。「澤中有雷」，海水潮起又潮落，潮汐之象也。潮汐之動，當月亮升起時，海水就會隨之漲潮，君子觀潮汐將隨著地轉月引而律動之象有感，白天時努力工作，當日落向晦就隨之休息，懂得法天地自然之律動，不必汲汲營營，也不會惶惶不可終日，「君子以嚮晦入宴息」也！

初九：官有渝，貞吉，出門交有功。

官有渝：官，專主意。渝，作「渝變」解。「官有渝」，指初九目前已擁有一個專主之隨，未來則可繼續以此基礎做為出發，去尋找另一個更大、更好的可隨對象。

貞吉：指先把當下這一個所隨對象專心經營好之意。

出門交有功：指雖然此時已有一個可隨對象在手，卻又懂得主動走出門外，體察外面世界的潮流趨勢，並不會故步自封，把自己侷促在狹隘小圈子內，一直固執守著眼前之所隨。

象曰：官有渝，從正吉也。出門交有功，不失也。

官有渝，從正吉也：雖然眼前已擁有專主之隨，卻又不失權變，知順隨時勢而移轉其所隨，就像是懂得判斷、選擇何者是時位之正而隨之般，「從正吉也」之謂。

出門交有功，不失也：先把握住一個可隨的基礎在手，同時又懂得走出門外，與其他更寬廣的對象相較，再試著從中選出一個最佳之隨，「不失也」之謂。

六二：係小子，失丈夫。

係小子，失丈夫：係，牽繫之意。小子，象徵次要或輕微的對象。丈夫，象徵重要或有作為的對象。「係小子，失丈夫」，指在只能擇一而隨的情況下，這時就應該懂得捨小以就大，選擇其中最重要，或有作為的對象而隨，然而若還捨不得放下此刻手中所係隨的「小子」，將來也就不再有機會去追隨更好的選擇，所以是若「係小子」，將會「失丈夫」也！

象曰：係小子，弗兼與也。

係小子，弗兼與也：在二者僅能擇一而隨的前提下，若是已決定要選擇「係小子」了，這時就得被迫放棄隨「丈夫」的機會，「弗兼與也」之謂。

六三：係丈夫，失小子，隨有求得，利居貞。

係丈夫，失小子：指在經過仔細考量與評估之後，既然已下定決心，要選擇手中這個所係隨，這時就應把眼前這個所隨的對象視為「丈夫」看待，專心把它經營好，六三之「係丈夫」也！另外，既已決定所係隨，就得毅然決然的捨棄其餘，不可再三心兩意，還想再去隨其他，六三「失小子」之謂也！

隨有求得：指六三不該短視近利，也毋須跟隨世俗之價值觀流轉，不要看到另一個有利可圖的對象出現，就又立刻想再往那邊鑽去。

利居貞：指既然這時已經做出決定，就要心有定見、把握當下這個選擇，貞固堅定就在這一處努力深扎根，用心先把當前這個所係隨經營好。

象曰：係丈夫，志舍下也。

係丈夫，志舍下也：「隨」是一種有主見、有判斷力的隨，並不是心無定見隨波逐流，也非短視近利到處鑽營，既然心中已認定當下所係隨是有作為的「丈夫」，就該毅然捨掉其餘，專心在這一個可以掌握的對象好好經營，畢竟十鳥在林，不如一鳥在手，「志舍下也」之謂。

九四：隨有獲，貞凶，有孚在道，以明，何咎。

隨有獲：指此刻手中所握有的這個對象，是隨之將有利益之獲。

貞凶：九四此刻所隨是「有獲」之對象，而在享受既得利益之情況下，九四很自然的就會想緊緊抓住手中之利益不放，卻不做進一步想，或可能不久的將來，這看似可以長久把持的利益，將會隨著時間的移轉而產生動搖。因此，九四若以為能長久貞守把持眼前之既得利益，而不懂得順隨時勢之變化而調整其所隨，就可能從原本的「有獲」，漸轉變成凶而有失，「貞凶」之謂。

有孚在道：指能夠體察時變，掌握形勢變化之宜，做到每一次所隨，皆是該時位最佳之係隨，猶如對於每一步的踏出，皆能選擇走在最正確的道路般。

以明，何咎：「以明」，明辨不已之意。「何咎」，知道咎失所在何處之意。「以明，何咎」，指能夠隨時明辨環境變化之脈動，做到每一步踏出皆是最佳之係隨。

象曰：隨有獲，其義凶也。有孚在道，明功也。

隨有獲，其義凶也：若不懂得順應時勢變化以調整其隨，一旦有利形勢丕變反轉，就可能從原來的「有獲」，轉變成凶而有失，「其義凶也」之謂。

有孚在道，明功也：懂得走出門外體察時變，精準掌握潮流趨勢，為下一步的或進或處做出正確判斷，這樣才是真正做到知隨時之正而明功，「明功也」之謂。

九五：孚于嘉，吉。

孚于嘉：嘉，從壴從加，意為以此美與彼美相累則益增其美。「孚于嘉」，指九五中正在位而德施於民，能夠獲得人民的孚信貞隨，而人民追隨九五，將在其中正帶領下行而有得，這時就像是嘉美不斷的相隨而集聚般。

吉：指具備著中正之德的九五，人民皆樂意貞隨之，猶如能依隨中正而行般。

象曰：孚于嘉吉，位正中也。

孚于嘉吉，位正中也：九五其德中正，故能獲得眾人民的比附追隨，「位正中也」之意。《論語・為政篇》子曰：「為政以德，譬如北辰，居其所而眾星拱之。」九五為政以德，中正在位，人民將像那眾星圍繞著北辰一樣而隨之旋轉，是則人民亦隨之得正矣！〈為政篇〉此章之旨，實通於隨九五爻象所示之意。

上六：拘係之，乃從維之，王用亨于西山。

拘係之，乃從維之：「拘係之」，緊緊將之抓住之意。「乃從維之」，外面還要再罩上一層網，牢牢的將它維繫住。爻辭「拘係之，乃從維之」之取象，其實這是在講來到隨卦時位之極的上六，已不再像其他爻位仍擁有許多自主選擇的機會，眼前所能隨的就只剩下最後一個選項而已，因此當面對最後一個選擇，此刻無論如何，就只能被動的接受與跟隨它，而且這時不只要牢牢把它拘繫住，還要像再外另加一層網圍住般，如此慎重其事，唯恐連最後的一個機會也跑掉。

王用亨于西山：王，尊、大之象。亨，同享。用亨，全心全意的奉獻之意。西山，原是指周朝時的岐山，亦是日落之邊也。而落日若已近西山，則表示時間已快到盡頭之意。「王用亨于西山」，這句爻辭若就典故來解釋，是描述周文王祖父西太王帶領人民避難至岐山之事。當時人民選擇追隨西太王出走到岐山，就人民的立場來看，在選擇接受的前提下，出走到西山這是最後選項，而既然是最後的惟一選擇，當然也就等於是「最好」的選項，所以，這時候就必須好好把握住，不能再讓最後機會從旁流逝，而且未來還得要全心全意在這一個對象上努力耕耘，使之逐漸強化，就像是讓它再度變成另一個新的最好選擇般。

象曰：拘係之，上窮也。

拘係之，上窮也：在同時擁有許多種選擇的時候，當然可先互做比較，再從中擇優而隨之，然而當面對的已是最後的一個選項，相對的，它就會像是變成最大、最好的一個，也因此，這時就得要好好珍惜把握住它，畢竟是已「上窮也」！

第十八卦 蠱

☶☴ 巽下艮上 山風蠱

蠱：元亨，利涉大川，先甲三日，後甲三日。

彖曰：蠱，剛上而柔下；巽而止，蠱。蠱，元亨，而天下治也。利涉大川，往有事也。先甲三日，後甲三日，終則有始，天行也。

象曰：山下有風，蠱。君子以振民育德。

初六：幹父之蠱，有子，考无咎，厲終吉。

象曰：幹父之蠱，意承考也。

九二：幹母之蠱，不可貞。

象曰：幹母之蠱，得中道也。

九三：幹父之蠱，小有悔，无大咎。

象曰：幹父之蠱，終无咎也。

六四：裕父之蠱，往見吝。

象曰：裕父之蠱，往未得也。

六五：幹父之蠱，用譽。

象曰：幹父之蠱，承以德也。

上九：不事王侯，高尚其事。

象曰：不事王侯，志可則也。

蠱：元亨，利涉大川，先甲三日，後甲三日。

元亨：指乾天元德亨通流行，於是有春夏秋冬四時循環之道之生成。正因為天道具備這終始循環、亨通不滯之常德，故能無蠱壞。

利涉大川：指萬物知順隨四時規律循環之序而行，就會在天德之中正帶領與施益下，順利涉過季節寒冬之險難，重新迎接春始元生而更加成長茁壯。

先甲三日，後甲三日：甲，象木初生破土時所戴之種皮。由於種子萌發多在春天元德充滿之季節，故「甲」在此除取其初始起點這樣的意思外，亦可做為春始元生之象徵。三日，若卦辭中的「甲」是代表春始元生之季節象徵，則「三日」在此就可以象徵為夏、秋、冬這三個連續季節。「先甲三日」，指當位處四時季節之「先」的春天已過完，接下來夏秋冬這三季，就會像是逐漸走向暮氣衰頹般，而其過程則猶如是「成蠱」之象。「後甲三日」，指四時季節之運行乃終始循環，所以，當站在春天是夏秋冬這三季節之「後」的立場以觀時，一旦順利走過夏、秋、冬，就會重啟新一年的春始元生，而其過程則猶如是「幹蠱」有成一樣。

象曰：蠱，剛上而柔下；巽而止，蠱。蠱，元亨，而天下治也。利涉大川，往有事也。先甲三日，後甲三日，終則有始，天行也。

蠱，剛上而柔下；巽而止，蠱：蠱，蠱壞之意，指事物因隨著時間的積習日久，慢慢就產生弊病，最後更逐漸走向蠱壞、頹敝。山風蠱，蠱卦上艮止下風巽，故卦象含有「巽而止」之德。「蠱，剛上而柔下」，這裡的「剛柔」可做為寒暑之象徵，而所謂的「剛上而柔下」是指天道四時之運行，季節不斷的新舊更迭，而待一年循環終了，又會展開新一年的復始元春，故其道能恆久運行而不會有蠱壞之時。觀天道四時之運行乃終始循環，舊一年止盡終了，將重啟新一年的復始元春，於是為政在上者，體會到應隨時教育人民以啟迪民智，使人民具備振作創造的新思維而不會因循苟且，社會風氣也才能避免走向蠱壞，「巽而止，蠱」所象徵之意。

蠱，元亨，而天下治也：觀四時之道終始循環而不蠱壞有感，能使民心、民智一直保持著振作創新，人民不會封閉無知，社會風氣也就不會因民心的驕惰而走向蠱壞，「蠱，元亨，天下治也」之謂！

利涉大川，往有事也：事，其字形象手執簡立旂下，吏臣奉使之意，本義作「職」，職本釋為記徵，記徵必循正道，必就實象逐漸積累。因此，「事」之字義可理解為「循正道而就實象逐漸累積之過程」，在此則可再進一步引申訓之為規律、律則之意。萬物之成長雖遇季節寒冬之困難環境，但只要堅定循著天道規律之序的引領而進，就可順利涉過險難，「利涉大川，往有事也」之意。

另外，「往有事」之象於幹蠱之義，猶如是在講幹蠱時，若確信已找到一條正確幹蠱之道，未來就當堅定的循著這條幹蠱道路，一步步勇往向進，不怕之間任何阻礙，終至幹蠱有成，就像萬物只要貞循著規律之序而進，就能順利走過寒冬而重見春始元生般。

先甲三日，後甲三日，終則有始，天行也：天道運行春夏秋冬不斷復始循環，而當暮氣衰頹的冬季終了，又會重現新一年的春始元生，故四時之道不會有任何之蠱壞，「終則有始，天行也」之意。

象曰：山下有風，蠱。君子以振民育德。

山下有風，蠱。山風蠱，蠱卦上山艮下風巽，故有「山下有風」之成象。「山下有風」，風吹流行雖前遇高山之阻礙，並不會因山阻而停滯，仍然爬升續行向上。君子觀山下之風遇到阻礙，仍會繼續往上爬升之象有感，社會在經過長久安逸後，民心將會變得因循怠惰，社會風氣也會慢慢走向隳壞，君子當此之際則是有責整飭蠱壞的社會風氣，振作民心，崇尚道德，「君子以振民育德」。

初六：幹父之蠱，有子，考无咎，厲終吉。

幹父之蠱：幹，解決之意。父，一家之主，在此可引申象徵致蠱之主因，或指被治蠱的主要對象。「幹父之蠱」，指治蠱時，須先找出致蠱之成因，然後根據蠱壞的主因對症下藥，再加以幹蠱。

有子：子，子是由父所繁衍出來的一部分，同時也代表父之承繼。由於蠱壞的形成往往像那沈疴般，已經過一段長時間的累積，因此，也就很難有辦法在短時間內將蠱壞完全解決，未來必須經過一番努力，最後才能幹蠱有成。而爻辭「有子」之取象，這除了隱喻幹蠱若要有成，須經過像是父子上下兩代長時間的不斷努力之外，主要是以象幹蠱過程，不必奢望一開始就能做到整飭全部之蠱，而是應先選定部分的蠱開始幹起，在取得一小部分的幹蠱成效後，再逐步擴及到其他更大範圍的幹蠱。

考无咎：考，攷也，象上有一阻礙，思欲突破之，有考驗或測試之意。「考无咎」，指幹「父」之蠱時，應先從「子」—選定持定範圍的蠱開始治起，再從這小範圍幹蠱過程中，以評估未來治蠱之可能成效，同時，也測試一下阻撓改革的抗拒勢力將會有多大，並據此做為選擇下一步幹蠱方法和方向的修正基礎。

厲終吉：移風易俗並非一朝一夕可致其功，欲治盤根錯節的蠱壞勢力，定易遭遇重重阻礙，所以幹蠱者所將面對的處境難免諸多危厲，也因此幹蠱時得步步小心，不必急著短時間就想取得大成效，而未來則只要堅定正確方向，在每一步皆走對的情況下，蠱壞終會有被整飭之時，「厲終吉」之意。

象曰：幹父之蠱，意承考也。

幹父之蠱，意承考也：意，心中之所想，可象徵指幹蠱的策略或方向。「意承考」，初六此時心中所擬定未來如何展開全面幹蠱的想法或策略，乃根據之前小範圍的幹蠱經驗中測試探索得出的，所以說「意」是承襲「考」而來，而這也像子是由父所承繼而出一般。

九二：幹母之蠱，不可貞。

幹母之蠱：母，母是陰柔之象徵，而父與母則可象微一剛一柔、一主一輔。「幹母之蠱」，指整飭蠱壞常易遭受反改革勢力的極力反撲，因此，所採取的幹蠱手段必須能剛柔並濟，亦即除了能剛健強硬以幹蠱之外，同時也要懂得順勢而為的道理。

不可貞：指幹蠱時若不懂得剛柔並濟、順勢以調節之理，而只會單向的強勢硬幹，則幹蠱之路必將滯礙難行。

象曰：幹母之蠱，得中道也。

幹母之蠱，得中道也：剛中有柔，柔中帶剛，以一種鬆緊、快慢協調平衡的節奏，漸次朝著既定目標邁進，「得中道也」之謂。

九三：幹父之蠱，小有悔，无大咎。

幹父之蠱：蠱卦九三、初六和六五爻辭皆有「幹父之蠱」之象，意指幹蠱時應先找出致蠱的成因，接著再採取正確對治的方法予以幹蠱。

小有悔：小，含有「吝小」之意。「小有悔」，指幹蠱不要因一時的收效太慢，或畏懼必須付出某種程度的犧牲和代價，以致猶豫遲疑不敢進，並因此失去幹蠱之行動機先。

无大咎：大，含有持續坐大之意。「无大咎」，指蠱壞若越慢被整飭，則蠱壞勢力就只會更形蔓延壯大和根深柢固而已，因此九三必須及早且積極展開治蠱，不可再放任蠱壞繼續加深，並進而釀成更大的咎失。

象曰：幹父之蠱，終无咎也。

幹父之蠱，終无咎也：堅持走幹蠱之路，雖然過程中將可能因多遇阻礙而緩慢，但絕不可因此停頓不前，要盡一切力量，做到不再給予蠱壞勢力有繼續坐大的機會，而就在這堅持不輟、努力以幹蠱，其間並不計較過程中一時的緩慢，只要求幹蠱能一次比一次更得進展，直到將所有蠱壞弊害完全革除方肯罷休，「終无咎也」之意。

六四：裕父之蠱，往見吝。

裕父之蠱：裕，增裕之意。「裕父之蠱」，指在經過一段時間的治蠱之後，卻發現蠱壞非但沒有獲得改善，反而讓整個局勢更加混亂，蠱壞更形增裕。

往見吝：幹蠱改革卻越見混亂，這可能起因於所採取的幹蠱手段太過操切躁進，也有可能是外在客觀形勢未臻成熟，讓蠱壞勢力有機會激烈反撲，卻又無法有效壓制。因此，這時的六四就不應再執意往前硬幹，可以先放緩幹蠱步伐，並觀察形勢變化，以待適當時機再行出擊。否則，幹蠱已更見混亂，若還不知適時的調節、修正治蠱方法與路線，執意往前硬幹的結果，成效就只會越見其吝少而已，「往見吝」之謂。

象曰：裕父之蠱，往未得也。

裕父之蠱，往未得也：幹蠱已見更形混亂，這時就要懂得稍放緩腳步，並檢視一下目前的幹蠱方法或時機是否恰當，否則仍不計代價的執意往前進，就只會更見吝而未能有得而已，「往未得也」之謂。

六五：幹父之蠱，用譽。

幹父之蠱，用譽：譽，因有善實在內，故有譽加名美之推展向外。「幹父之蠱，用譽」，指六五的治蠱方法是中正以為德，以崇高的道德修養做為天下人民榜樣，民風將因此漸次轉為良善，終取治蠱之成功。

象曰：幹父之蠱，承以德也。

幹父之蠱，承以德也：六五「用譽」以幹蠱，用中正之德做為人民之榜樣，將蠱壞的社會風氣導往善俗，「承以德也」之意。《論語・顏淵篇》孔子回答季康子之問政云：「子欲善，而民善矣。君子之德風，小人之德草。草上之風，必偃。」六五上位領導者能夠做到中正以為德，則移風易俗自然會像那風行草偃般立收宏效。

上九：不事王侯，高尚其事。

不事王侯：事，上九爻辭出現兩個「事」象，第一個「事」字象是指一段連續的行為過程之意，可作律則、次序解。王，尊、大之意，在此可象徵主體。侯，象徵次要、部分或周圍之意。治蠱需要時間，非一蹴可幾，常得耗費許多氣力和代價，而且往往還須分成許多階段，依次幹蠱而上，才能見到最後成效。然而，事實上，幹蠱之事也可不必一步一步慢慢循級而上，亦能快速做到成功幹蠱，是乃上九爻辭「不事王侯」之所象徵—指出幹蠱可以不必先從外圍的「侯」開始，再漸次進到主體的「王」，這樣一條漫漫改革長路。

高尚其事：高，提升之意。尚，重、增加。事，爻辭所出現的第二個「事」是指「幹蠱之事」，亦即指如何啟廸民心思想和觀念之意。為何上九爻辭稱可以不必經由下到上一步步慢慢以幹蠱？這是因為幹蠱之事，其實就等於是在幹民心之蠱，所以若能設法將民心、民智加以轉化，例如藉由正確的觀念教育，而一旦民心思想獲得提升，則幹蠱一事自然就像水到渠成般立收宏效，「高尚其事」之意。

象曰：不事王侯，志可則也。

不事王侯，志可則也：志，象徵民心思想。則，共則、律則之意。幹蠱不必再經從下到上一步步慢慢的整飭，亦有辦法在短時間內取得成效，這是因為懂得利用教育，來提升民心思想而以治民心之蠱，「志可則也」之意。

第十九卦 臨

䷒

兌下坤上 地澤臨

臨：元亨利貞，至于八月有凶。

彖曰：臨，剛浸而長，說而順，剛中而應，大亨以正，天之道也。至于八月有凶，消不久也。

象曰：澤上有地，臨。君子以教思无窮，容保民无疆。

初九：咸臨，貞吉。

象曰：咸臨貞吉，志行正也。

九二：咸臨，吉无不利。

象曰：咸臨吉无不利，未順命也。

六三：甘臨，无攸利，既憂之，无咎。
象曰：甘臨，位不當也。既憂之，咎不長也。

六四：至臨，无咎。
象曰：至臨无咎，位當也。

六五：知臨，大君之宜，吉。
象曰：大君之宜，行中之謂也。

上六：敦臨，吉无咎。
象曰：敦臨之吉，志在內也。

臨：元亨利貞，至于八月有凶。

元亨利貞：指乾天元德亨通流行、大有一切處，而元德所流行，於是有四時規律變化之道，以及天德日照雲雨之生成，而天地間萬物將會在天德的臨保施益下，隨著季節之遞進而逐漸成長茁壯。

至于八月有凶：至，含有不會失之太過或不及之意。八，二四六八十這五個陰數，六因位居中位而有陰柔得中之象徵，而八則居處六數的次一位，所以「八」所代表就有著陰柔之偏這樣的象徵含意。月，日、月、年而月是居於三者之中位。八月，這是取「八」與「月」二象之合，以引申指陰柔之道本當順承中正，但現在已偏而失中。

「至于八月有凶」，指四時春夏秋冬各有不同所屬之季節施益，各類陰柔萬物若不能及時順隨季節遞進之序而調整其生長作息，則在無法獲得足夠天德頤養之情況下，將不利於隨後新季節之成長，故有凶。

另外，「至于八月有凶」之取象，其實也可用另一種方式來理解其意，是指由於一年有十二個不同月份，而當季節月令來到八月，就表示即將正式進入仲秋時節，這時天德日照雲雨之施益，已不再像春夏時期般充沛盈滿，而是會隨著秋冬的來臨逐漸消減，因此，萬物必須趁著春夏天德臨保照顧充滿之時節，及早蓄養成自立能力，才可順利度過秋冬日漸艱困的生長環境，否則將有凶。

彖曰：臨，剛浸而長，說而順，剛中而應，大亨以正，天之道也。至于八月有凶，消不久也。

臨，剛浸而長：浸，水侵淹至之意。當水流浸潤土地時，若就水的立場以觀，水是逐漸浸長前進，然而若是反向就土地立場來看，這時的土地則像是正一步步遞減向後退。因此，彖辭「剛浸而長」之取象，這是在講天德之臨保萬物，將會像那水之浸潤土地時的過程般，雖然春夏秋冬是一季季遞退逝去，但萬物卻一季比一季更加成熟、茁壯。

說而順：地澤臨，臨卦上坤順下澤兌，故有「悅而順」之象。說，兌悅平衡之意。順，順隨之意。「說而順」，指四時春夏秋冬變化更迭在上，在下萬物則猶如以一種上下兌悅平衡的偕進關係，順隨著季節之盈虛消長而行，並在天德之頤養臨保下順利成長茁壯。

剛中而應：指天道剛健中正，萬物知應和其道而行，將在天德的臨保下獲得成長茁壯。

大亨以正：以正，指春夏秋冬四時之更革，復始循環、正無差妄之意。「大亨以正」，指天道至大亨通，四時季節變化更革正無差妄，而天德日照雲雨之施益盈滿，臨保利益各類萬物無有窮盡。

天之道：乾天之道大亨以正，剛健中正運行在上萬物皆應和之，而萬物若知兌悅順隨四時變化更迭之序而行，將可在天德臨保施益之下，隨著季節之遞進而逐漸成長茁壯。

至于八月有凶，消不久也：四時之更迭變化乃盈虛消長，雖然春夏時節日照雲雨充沛盈滿，但是待到仲秋時節，日照雲雨之施益就會逐漸的變化消滅，「消不久也」之謂！

象曰：澤上有地，臨。君子以教思无窮，容保民无疆。

澤上有地，臨。地澤臨，臨卦上坤地下澤兌，故有「澤上有地」之成象。「澤上有地」，水澤雖然已將土地緊密包圍，但土地仍能自立在水澤之上，並沒有被澤水給全部淹沒。君子觀澤上有地之象有感，體會到為政在上者雖然對人民應做到周全照顧，處處為人民設想，但是並不會因此保護過當，人民仍然保有充分而自由的創造、思考能力，以及寬廣獨立的發揮空間，不會變成一切皆得依賴政府的保護和安排，「君子以教思无窮，容保民无疆」。

初九：咸臨，貞吉。

咸臨：咸，咸感意。「咸臨」，指臨卦初始之位的初九，由於能力尚未足以應事自立，所以須多依靠臨保者之引領照顧，而在此同時，臨保者如何帶領初九前行，則只需扮演從旁輔導的角色即可，並非凡事皆代為操作。

貞吉：指初九依循著臨保者的帶領與安排，專心做好該階段所當做之事之意。

象曰：咸臨貞吉，志行正也。

咸臨貞吉，志行正也：初九此時不管是在心智或行為等方面，還需多得臨保者的從旁協助和引導，而未來只要專心依循臨保者的正確帶領，即可一步步逐漸走向自立，「志行正也」之意。

九二：咸臨，吉无不利。

咸臨：二位的「咸臨」之象，主要是在強調受臨保的九二，當趁此外得臨保照顧的這段期間，積極及早學習自立。

吉无不利：指九二此刻雖有外來的臨保輔助，但自己亦應積極努力，懂得把這些臨保照顧，進一步轉化成自立之助力。

象曰：咸臨吉无不利，未順命也。

咸臨吉无不利，未順命也：雖然天德盈滿大有一切處，能臨保萬物無有窮盡，但同是生長於天地之間，並普受天德利益的各類萬物，有些個體能順利的成長茁壯，有的則無法自立而早凋，之所以有此分別，乃基於物種個體能否做到，恰如其分的咸感天道規律而動，並且善加利用天德所施益，而這種個體能在既定的臨保條件下，充分發揮外來的臨保施益以成自立，並非只是被動的完全受先天環境所左右之象，就是「未順命也」所象徵之意。

六三：甘臨，无攸利，既憂之，无咎。

甘臨：甘，甘是味之中，而人可久受甘味。「甘臨」，形容六三一直受到妥善的臨保照顧，不必面對任何煩惱或憂慮。

无攸利：指六三一直受到良好的臨保照顧，自己毋須直接去面對許多憂患和挑戰，雖然短期內看似可以過得無憂無慮，但由於長期缺乏從困境中學習獨立與成長的機會，所以，六三反而會因臨保太過，無法自立而受害。

既憂之：既，竟也，已也。「既憂之」，指對受臨保者在其稚幼時期給予適當的保護照顧這是必要的，然而在臨保照顧的過程中，也要適時的讓他有機會獨自去面對憂患困境和挑戰。

无咎：指讓受臨保者有機會從犯錯的經驗中，獲得學習成長。

象曰：甘臨，位不當也。既憂之，咎不長也。

甘臨，位不當也：保護太過，受臨保者雖然可以暫得一時無憂慮，但遲遲無法學習自立，未來也就很難有能力獨自去面對，和解決所遭遇到的困境，此處「位不當也」所象徵之意。

既憂之，咎不長也：受臨保者此刻或許會因經驗或能力上的不足，以致無法解決所面對的問題，並因而產生許多的挫折感，然而越是及早讓受臨保者有機會去面對憂患和困境，未來也就會越早培養出獨自解決困難的能力，是乃稱「咎不長也」之理。

六四：至臨，无咎。

至臨：至，取其不會過或不及的一種恰到好處之「至當」意。「至臨」，指施予者能視受臨保者的實際需求，做到恰如其分的提供所需之臨保，而被臨保者也能把握住在這段受臨保照顧之期間，適時的學習成長、自立。

无咎：指能依受臨保者的實際需求，來提供其必要的協助之意。

象曰：至臨无咎，位當也。

至臨无咎，位當也：受臨保者仍在稚弱而無法自立之期間，所給予的臨保照顧就多，當受臨保者已漸漸能夠獨立，也就不再從旁多予協助，而這種上下施與受之間配合得恰到好處之象，就是所謂的「位當也」之意。

六五：知臨，大君之宜，吉。

知臨：知，智也，聰明睿智之意。「知臨」，指中正六五將以其聰明睿智臨保帶領人民，亦即如《中庸》所云「唯天下至聖，為能聰明睿智，足以有臨也」之意思。

大君之宜：大君，大而有為的領導之意。宜，合宜、相稱。「大君之宜」，指一位聰明睿智的上位領導者，對於人民的臨保照顧是大而周遍的，而人民也能在六五的臨保下，適時的走向自立。

吉：指人民在六五的臨保和中正帶領之下，迅速走向自立且具備獨立開創的新思維。

象曰：大君之宜，行中之謂也。

大君之宜，行中之謂也：所謂的「行中」，簡言之，就是指中正帶領而行之意。即六五知法天道以其中正誠孚之德引領萬物，做到反身修己正位在上，未來人民自然會在六五的中正臨保帶領下，逐漸走向自立。

上六：敦臨，吉无咎。

敦臨：敦，厚也。「敦臨」，指當在上的臨保照顧已不再，則在下受臨保者於過去被保護扶植之期間，若自我所累積的力量越厚實，此刻就越有能力自立發展，越有辦法面對各種不同挑戰。

吉无咎：吉，依附中正而行是能得吉之理，在此含有受臨保照顧而得吉之意；无咎，善補過之象，在此含有具備如何解決問題之能力之意。「吉无咎」，指受臨保階段所累積出的自立能力若越厚實，則未來就越有實力去克服所遭遇到的種種險難。

象曰：敦臨之吉，志在內也。

敦臨之吉，志在內也：能及時自立自強，一切轉而向內求，不再依賴外來的臨保和照顧，「志在內也」之意。

第二十卦　觀

䷓

坤下巽上　風地觀

觀：盥而不薦，有孚顒若。

象曰：大觀在上，順而巽，中正以觀天下。觀，盥而不薦，有孚顒若，下觀而化也。觀天之神道，而四時不忒；聖人以神道設教，而天下服矣。

象曰：風行地上，觀。先王以省方觀民設教。

初六：童觀，小人无咎，君子吝。

象曰：初六童觀，小人道也。

六二：闚觀，利女貞。

象曰：闚觀女貞，亦可醜也。

六三：觀我生，進退。

象曰：觀我生進退，未失道也。

六四：觀國之光，利用賓于王。

象曰：觀國之光，尚賓也。

九五：觀我生，君子无咎。

象曰：觀我生，觀民也。

上九：觀其生，君子无咎。

象曰：觀其生，志未平也。

觀：盥而不薦，有孚顒若。

盥而不薦：盥與薦是古代宗廟祭祀的儀式，主祭者祭祀前，先以盆水將手洗淨，接著舀祭酒灑於地面，本一至誠以求神的降臨，這就是「盥」，隨後將手中祭品上供，則稱「薦」。「盥而不薦」，指天道運行就像是「盥而不薦」之禮程般，天道本著至誠無私、專注不雜思之德，只需誠孚有信大觀在上—「盥」；萬物下觀皆順服之而行，並因此獲得成長繁榮，其德就像是天道毋須特別之施用作為，而萬物則皆得繁榮—「不薦」。

有孚顒若：有孚，孚信相應之意。顒，本義作「大頭」解，在此象徵仰德、嚴正貌。若，如此、這樣；近有所指。祭祀時主祭者心存至大之誠，用此虔誠態度以臨祭，將最能感通在旁觀祭者，而這時的觀者也會心誠以應之。因此，卦辭「有孚顒若」之取象，這是取其至誠之德將最能感通觀祭者，以引申形容天道中正誠孚，其德至大最足可觀，在下萬物觀此至誠之道，皆受其感通而貞隨之。

彖曰：大觀在上，順而巽，中正以觀天下。觀，盥而不薦，有孚顒若，下觀而化也。觀天之神道，而四時不忒；聖人以神道設教，而天下服矣。

大觀在上：指天道公正無私、誠孚專一，規律有節、恆久運行在上，其德至大，最足可觀。

順而巽：風地觀，觀卦上風巽下坤順，故卦象含有「順而巽」之德。順，順承、倣效意。巽，巽入之意。天道公正無私、誠孚專一，故能中正以觀天下，而若能效倣天道這種公正不偏、誠孚而專注之德以觀，就會像天德之能巽入一切處般，不但能公正而客觀，且所觀也會既深入又廣遠，「順而巽」之意。

中正以觀天下：指天道至大，中正誠孚在上，能中正以觀天下，而其德亦最足可觀。

觀，盥而不薦，有孚顒若，下觀而化也：天道誠孚專一，其德至大最足可觀，萬物皆應和之，而在下萬物觀此四時規律之道並順隨之而行，將在天德之化育下，一季季更得成長繁榮，「下觀而化也」！

觀天之神道，而四時不忒，聖人以神道設教，而天下服矣：聖人觀天之神道，天道不必言語，只是誠孚有信、動無差忒運行在上，萬物自然的順服其道而行，於是聖人法天德作為設立道德教化，天下萬民觀聖人誠正之教而無不順服，則民風將敦化矣！

象曰：風行地上，觀。先王以省方觀民設教。

風行地上，觀。風地觀，觀卦上風巽下坤地，故有「風行地上」之成象。「風行地上」，風吹流行於地面上，無處不入，無物不受其風化。先王觀風吹流行無所不入、無所不漸受風化之德有感，懂得先深入民間觀察和瞭解各地域之風土民情，隨後又能依據地域民風之不同而施以合宜的教化，「先王以省方觀民設教」。

初六：童觀，小人无咎，君子吝。

童觀：指孩童之觀。而孩童之觀，看法總是膚淺而帶著天真，所觀既不深，也看不遠。

小人无咎：小人，這裡的「小人」是指孩童。孩童由於心智未臻成熟，以及見聞視野不足，所以觀察能力淺薄，但這本來就是一種很自然、正常的現象，同時也是一種必經之過程，未來只要繼續透過不斷的用心學習與觀察，就可逐漸提升其觀察能力，「小人无咎」之謂。

君子吝：「君子」當具備著開闊的胸襟與高遠視野，而爻辭「君子吝」之取象，這是指若為君子就不可讓自己一直侷促在狹隘與短視的環境中，僅擁有如童觀般之眼界而已。

象曰：初六童觀，小人道也。

初六童觀，小人道也：小人之道短視近利，價值觀偏狹，故僅如童觀般之膚淺。

六二：闚觀，利女貞。

闚觀：指從門之縫隙往外視物，象徵觀點偏狹，看法片面不周全之意。

利女貞：古代女人不出遠門，以致眼界不廣、思想受限，在看待或觀察事情時，僅能用一己所接觸領域內之知識來思考，所以常會造成像是「闚觀」一般，想法總是片面而狹隘。「利女貞」，這是取象婦人之「闚觀」，以引申形容由於每個人來自不同成長環境，所熟悉與專精的領域也各有所屬，因此，在觀察事物時，很習慣地用他那所熟悉領域的特定觀點來思考和判斷問題，雖然這將會有易於入手與專業擅場之優點，但是當遇到與自己專業陌生的領域時，就常會顯得捉襟見肘，處處露出窘態。

象曰：闚觀女貞，亦可醜也。

闚觀女貞，亦可醜也：利用個人專業所熟悉的特定思考模式來觀察、理解事物，雖然這將會有領域專精之優勢，但相對的，不管遇到何類問題，若就只會套用這種「窠臼式」思考，長此以往，想法不免會變得狹隘，且容易落入過於固執、主觀而不自知，「闚觀女貞，亦可醜也」之意。

六三：觀我生，進退。

觀我生：生，象草木自地上長出，有長出、產生等意。我生，舉凡與我一己相關或從我所由出，皆是「我生」所象徵之範圍。「觀我生」，指站在我私的立場以觀，也就是舉凡一切利害或得失之考量，皆僅站在我私這一立場來做為衡量判斷的依據。

進退：觀察或衡量事情時，先從自我的立場出發，這樣的思考方式並沒有錯，然而凡事若僅會考慮到我私之利益，而從不去顧及他人的立場和感受，這樣就會落入偏過之觀。因此，觀察或衡量事情，不會僅局限於一己或有利之立場，而是同時做到將主客、內外與得失利害等皆予以評估，即把事情的或進或退等各種可能狀況，皆加以仔細考量，這就是爻辭「進退」所象徵之意。

象曰：觀我生進退，未失道也。

觀我生進退，未失道也：同時把正反、內外，或彼我的立場一併納入考量，幾經評估和比較，最後做出判斷，這才會是正而不偏頗之道，「未失道也」之意。

六四：觀國之光，利用賓于王。

觀國之光：國，全國也，可象徵廣闊而全面之意。光，象徵昭明顯著，可引申為效率彰顯之意。「觀國之光」，指看得既廣又遠，同時也能觀得既明且深，就好像是對全國的每一處皆能無所不觀，而且所觀處更是無所不明、無所不入，亦即具備既廣且深的宏觀格局之意。

利用賓于王：賓，客也，與主相對。王，主也，含有尊而上之意。欲培養具備宏觀與敏銳之觀察力，雖然須經過多看、多學習這樣逐步累積的過程，但畢竟一個人的時間、精力有限，即便是窮一生之力，也不可能走完天下路、覽盡天下群書。因此，對於觀察力的養成，不應僅靠著「堆疊式」的累進功夫，而是可先求在一特定領域上做到一門深入，再從中找出事理變化之共則，並藉由融會貫通，逐步類推到其他更寬廣領域的觀察和學習，終培養成同時具備廣度與深度的觀察能力，是為爻辭「利用賓于王」所象徵之意。

象曰：觀國之光，尚賓也。

觀國之光，尚賓也：天下眾事物之外象變化雖各不相同，但事實上這些眾象變化的背後卻存在著相通的共理共則，因此若能先針對一事或一物做到深入的掌握其事理變化之通則，未來就可依此理則而類推到其他更寬廣領域的認識和學習，「觀國之光，尚賓也」之意。《論語・衛靈公篇》子曰：「賜也，女以予為多學而識之者與？」對曰：「然，非與？」曰：「非也，予一以貫之。」孔子所云：「予一以貫之」，實即「尚賓」之謂也！

九五：觀我生，君子无咎。

觀我生：觀卦九五與六三爻辭皆有「觀我生」之象，「觀我生」是指從我自此一立場以觀之意，雖然此二爻均在講己身之觀，所不同者六三所觀乃我私利己，並不會顧及到他人之立場，其位乃為觀之偏，而「五位」即指九五反身修德之內觀，是隨時檢視一己言行之得正否。

君子无咎：身為在上九五，一言一行無不受天下人民所觀瞻，因此，九五必須時時反躬自省，有錯必改，正其身而行，做到正己以為天下人榜樣，「君子无咎」之謂。

象曰：觀我生，觀民也。

觀我生，觀民也：九五高位而上，一言一行皆受天下人所觀，而在下人民觀之，將起仿效之心，因此觀民風之美惡，豈不等於在觀九五德行之正否？故曰：「觀我生，觀民也」！

上九：觀其生，君子无咎。

觀其生：「其」，彼、他之意，舉凡「我」以外，皆是「其」所代表的範圍。「觀其生」，指完全不從「我生」

的立場而觀，而是一切皆用「其生」——「無我」的立場以觀，亦即能夠去除「我私」之心，用一種無私妄之立場，公平以觀天下之意。

君子无咎：指君子能時時不斷向內觀，反躬自省以去私心，乃君子修身進德之所由也！

象曰：觀其生，志未平也。

觀其生，志未平也：由於人們心中各有所志、各有所私，其欲不相同，故「志」並未均平。而惟天道並無私心，故能「公平」以觀天下，「觀其生，志未平也」之謂。

第二十一卦　噬嗑

☲☳

震下離上　火雷噬嗑

噬嗑：亨，利用獄。

彖曰：頤中有物，曰噬嗑，噬嗑而亨。剛柔分，動而明，雷電合而章，柔得中而上行，雖不當位，利用獄也。

象曰：雷電噬嗑。先王以明罰敕法。

初九：屨校滅趾，无咎。

象曰：屨校滅趾，不行也。

六二：噬膚滅鼻，无咎。

象曰：噬膚滅鼻，乘剛也。

六三：噬腊肉，遇毒，小吝，无咎。

象曰：遇毒，位不當也。

九四：噬乾胏，得金矢，利艱貞，吉。

象曰：利艱貞吉，未光也。

六五：噬乾肉，得黃金，貞厲，无咎。

象曰：貞厲无咎，得當也。

上九：何校滅耳，凶。

象曰：何校滅耳，聰不明也。

噬嗑：亨，利用獄。

亨：指天道運行一晝一夜、一寒一暑，猶如上下不斷咀嚼咬合般，一步步亨通流行向前。

利用獄：指欲將犯罪者順利定罪，其間必須經過一連串猶如噬嗑般之程序，首先是鎖定犯罪對象，接著開始蒐集相關罪證，再經一段審判過程，終於把罪犯收繫入獄。而卦辭「利用獄」之取象，其實是在講天道運行以一晝一夜、一寒一暑不斷交替更迭的方式，猶如噬嗑般遞進向前，過程雖緩慢而無法速行，卻是每一步皆動而有得，故終能順利穿透層層阻礙，到達所設定目的地。

象曰：頤中有物，曰噬嗑，噬嗑而亨。剛柔分，動而明，雷電合而章，柔得中而上行，雖不當位，利用獄也。

頤中有物，曰噬嗑，噬嗑而亨：噬，吞食之意。嗑，用牙齒咬破。所謂「噬嗑」者，乃口中咬含一物，幾經咀嚼磨碎然後將它吞下，「頤中有物，曰噬嗑」。又，天道之運行，以一晝一夜、一寒一暑往來交替更迭的方式，亨通流行向前，其動進過程就像是上下不斷咀嚼頤中之物，再一段段將之吞下般，「噬嗑而亨」之謂。

剛柔分：分，均勻調節意。「剛柔分」，指天道之運行一晝一夜、一寒一暑規律遞進向前，其道之動進不會失之過剛，亦不會失之太柔，猶如剛柔均勻有節以進。

動而明：火雷噬嗑，噬嗑卦上離明下震動，故有「動而明」之象。「動而明」，指天道之運行猶如中正光明引領在先，然後以一晝一夜、一寒一暑的方式，像是噬嗑般一步步動進向前。

雷電合而章：章，從音十，「十」為數之終，樂竟曰「章」，乃奏樂自始至終，音節完整之總稱。噬嗑卦上離火下雷震之象，亦可象徵閃電光明與雷發震動相結合之義，而雷發震動並結合閃電光明之準確照耀，其勢如此壯盛章明，故必能摧折一切阻礙。

柔得中而上行：上行，有日新又新，一次比一次更加成長進步之意。「柔得中而上行」，指陰柔萬物貞隨中正天道而行，將會隨著晝夜、寒暑更迭遞進之序，一日比一日更加成長繁榮。

雖不當位，利用獄也：噬嗑打擊犯罪集團之惡勢力，雖然此刻尚無法將之一舉成擒，但未來則是能採取一步步穩健遞進之策略，例如先進行犯罪事證的蒐集，接著做好圍剿布署，而一旦展開打擊行動，就能立刻瓦解犯罪勢力，並將罪犯收繫入獄，「雖不當位，利用獄也」之意。

象曰：雷電噬嗑。先王以明罰敕法。

雷電噬嗑。火雷噬嗑，噬嗑卦上離火下雷震，故有「雷電噬嗑」之成象。震雷所生處，必同時伴隨著閃電光芒，雷電之勢威猛壯盛，遇之則無不被摧折。先王觀雷霆震動同時伴隨閃電光明之象有感，在對付那些危害社會秩序的歹徒，一旦發現任何犯罪行為，必定立刻採取行動予以霹靂式打擊，並且依據律法施以定罪、懲罰，在一開始就能做到，及時而有效嚇阻犯罪勢力的繼續擴張與為害，「先王以明罰敕法」之謂也！

初九：屨校滅趾，无咎。

屨校滅趾：屨，原意為鞋，在此指腳穿上刑具。校，木製刑具。「屨校滅趾」，指犯人的腳被戴上刑具，厚重的刑具把腳趾磨破，犯人將困難行走。爻辭「屨校滅趾」之取象，若引申至如何對付犯罪勢力之義，是在講當趁著犯罪勢力於萌芽之初始，就能快速而有效的採取必要手段予以制止，不使對方有繼續坐大而形成威脅之機會。

无咎：指趁著於犯過之初始，就及時採取手段施予懲戒，將可以最小代價而獲取最高效益。

象曰：屨校滅趾，不行也。

屨校滅趾，不行也：對付犯罪勢力，能在其萌芽之初始就立刻給予有效懲戒遏阻，不令犯罪勢力有繼續坐大的機會，所以是「不行也」！

六二：噬膚滅鼻，无咎。

噬膚滅鼻：原是指噬咬時，在咬穿表面這一層薄膚之後，還繼續用力的大咬，牙齒咬入之深，連上嘴唇都幾乎快把鼻子給蓋住。在此則引申形容噬嗑以對付犯罪勢力時，雖然已經將外圍勢力消滅，但緊接著還得繼續直搗黃龍，更深入，直到把整個犯罪集團的最核心徹底瓦解為止。

无咎：指不只咬穿表皮，還繼續咬入到更深的內層，所謂「除惡務盡」之意。

象曰：噬膚滅鼻，乘剛也。

噬膚滅鼻，乘剛也：「乘剛」之象，是指一步步剛健次序以進之意，在此以釋六二除惡務盡，否則斬草不除根，春風吹又生，畢竟只要犯罪集團的核心勢力一日不被徹底鏟除，在後患未絕，未來一有機會又將復發成禍害。

六三：噬腊肉，遇毒，小吝，无咎。

噬腊肉，遇毒：腊肉，曬乾的肉。毒，毒害意。腊肉因為陳藏日久而容易霉腐，所以，吃腊肉前要先仔細檢察，以避免在吃下肚後，造成腸胃不適而發生病痛，「噬腊肉，遇毒」之意。

小吝：雖然一開始很順利的就將腊肉咬碎吞下肚，可是接下來卻發覺腸胃漸漸產生不適，後患正慢慢醞酵中，這就像是初期雖順利的噬掉對方，看似已取得勝利，但後來卻發現原先所取得的利益，正隨著時間的推進而逐漸流失掉，「小吝」之意。

无咎：指解決問題時須有長遠眼光，所採取的手段應能同時兼顧到長短期之效益，不可為了要快速解決短期問題，卻犧牲長期之利益，甚至還造成日後難以收拾的代價。

象曰：遇毒，位不當也。

遇毒，位不當也：噬腊肉卻遇毒，其實這就猶如俗諺所說的，利用「鋸箭法」處理箭傷般，只是治標卻沒有真正治去根本，表面上暫時是看不到問題，實際上，問題卻沒有真正被解決，甚至未來還可能蘊釀成更大的禍患，此處「位不當也」所象徵之意。

九四：噬乾胏，得金矢，利艱貞，吉。

噬乾胏：乾胏，帶骨之乾肉。噬咬帶骨的乾肉須謹慎小心，因為若是咬合的力道不夠或方向不對，不但無法將乾胏順利咬斷，還可能反過來傷及牙齒，「噬乾胏」之意。

得金矢：金，剛健、鋼利之象徵。矢，箭矢，取其勁直之象。「得金矢」，噬乾胏時必須以「得金矢」的方式行之，也就是除了要有剛強的勁力之外，還要同時配合正確的角度，用此以噬嗑，才有辦法將乾胏順利咬斷。

利艱貞：艱，土難治，象徵需長時間的艱難以對。「利艱貞」，指要本著堅忍不拔的精神來面對之意。

吉：指想要咬斷乾胏是非常困難的，除了要具備如「金矢」般的利齒外，噬咬時，還得小心謹慎，一寸寸慢慢的咬進，最後才能把這既堅韌且又內藏硬骨的乾胏咬斷。另外，九四爻辭之取象，若引申至與頑強的犯罪勢力噬嗑鬥爭之義，是指除了事前要有精準完備的應對計畫之外，還要懷著艱貞不懈怠，並與之周旋到底的心理準備，最後才能完全制住對方，取得勝利。

象曰：利艱貞吉，未光也。

利艱貞吉，未光也：光，效益彰顯之意。謹慎小心步步為營，要有周全的準備才出手，絕不可為了急功貪利而莽撞躁進，「未光也」之意。

六五：噬乾肉，得黃金，貞厲，无咎。

噬乾肉：乾肉水分少，噬咬時應慢慢的咀嚼，用力快咬反而不當，因為乾肉在幾經咀嚼後，即可容易的被吞下。

得黃金：黃，地之色，象徵中道、順理之意。金，剛健、堅實之象徵。「得黃金」，指處中正之位，具備中正之德的六五，懂得中道而為，即使擁有剛健堅強之實力，也不會倚恃剛強而動，而是能順勢利導以進，讓對手誠心順服。

貞厲：指六五懂得事緩則圓之理，畢竟進逼太急，只會徒然激起對方的極力反抗，最後即使取得勝利，卻已為此付出過多的代價，落得兩敗俱傷，這就像咀嚼乾肉時，不能咬得太快、太急，否則反而會傷及牙齒。

无咎：指願意留予對方改過、順服的迴旋空間，也就是若可以用時間慢慢解決的，就會耐心靜待形勢轉圜，盡可能避免直接正面衝突。

象曰：貞厲无咎，得當也。

貞厲无咎，得當也：六五不會倚恃剛強以噬嗑，知留予對方有主動順服的餘地，如此剛柔並濟才是噬嗑之「得當也」！

上九：何校滅耳，凶。

何校滅耳：何，同荷，象人之擔負物形，故有負載意。「何校滅耳」，形容加戴在犯人身上的枷鎖之高與重，幾乎快要把他的耳朵磨掉。在此是引申犯罪者有過不知悔改，而且還小惡小錯持續不斷的一直累犯，直至積重難返、無法收拾的地步，屆時其罪之深與重，就像是必須佩戴上厚重的刑具予以懲罰一般。

凶：指小過小罪不及時加以懲治，繼續放任其犯錯下去，越見其凶失也！

象曰：何校滅耳，聰不明也。

何校滅耳，聰不明也：耳朵是用以司聽，現在若被厚重枷鎖給「滅耳」，當然也就會「聽不明」了！另外，雖然小象這裡的「聽不明」原是在講罪犯在初始犯錯時，對於他人的勸戒充耳不聞，反而還更變本加厲繼續違法亂紀，待最後大罪上身，已經時遲而難解。但事實上，「聽不明」之象，若引申到噬嗑以對付犯罪勢力這一義時，就好像是反過來在告戒上九，因為不能做到及時而有效的制止犯罪勢力於萌芽初始，一再放任犯罪勢力不斷擴張坐大，最後更演變成必須受對方宰制，之所以會走到如此田地，難道不是上九自己的「聽不明」嗎？

第二十二卦　賁

☶☲ 離下艮上　山火賁

賁：亨，小利有攸往。

彖曰：賁亨，柔來而文剛，故亨。分剛上而文柔，故小利有攸往，天文也。文明以止，人文也。觀乎天文，以察時變。觀乎人文，以化成天下。

象曰：山下有火，賁。君子以明庶政，无敢折獄。

初九：賁其趾，舍車而徒。

象曰：舍車而徒，義弗乘也。

六二：賁其須。

象曰：賁其須，與上興也。

九三：賁如濡如，永貞吉。

象曰：永貞之吉，終莫之陵也。

六四：賁如皤如，白馬翰如，匪寇婚媾。

象曰：六四，當位疑也。匪寇婚媾，終无尤也。

六五：賁于丘園，束帛戔戔，吝，終吉。

象曰：六五之吉，有喜也。

上九：白賁，无咎。

象曰：白賁无咎，上得志也。

賁：亨，小利有攸往。

亨：指四時春夏秋冬季節氣象之更迭變化，往前亨通流行不已。

小利有攸往：小，在此象徵逐漸消滅、褪去。「小利有攸往」，指四時春夏秋冬之更迭運行，舊季節遯退逝去後，會立刻再賁飾以另一新氣象，而天道就在這不斷卸下舊妝、再上新顏的更迭循環中，往前亨通流行不已。

彖曰：賁亨，柔來而文剛，故亨。分剛上而文柔，故小利有攸往，天文也。文明以止，人文也。觀乎天文，以察時變。觀乎人文，以化成天下。

賁亨，柔來而文剛，故亨：賁，賁飾、文飾之意。柔，象徵春夏秋冬所賁飾之季節氣象。剛，剛健運行之德。天道四時剛健運行向前，其間季節氣象將會不斷更迭變化，就像是內剛健而外文飾以氣象萬千，也因此其道得以亨通流行不已，「賁亨，柔來而文剛，故亨」之意。

分剛上而文柔，故小利有攸往，天文也：分，均分調節意，在此含有剛柔相得互濟之意。剛上，剛健上行不已之意。文柔，指若有剛健之實質內涵做為支撐，則外在之陰柔文飾就會更彰顯其美。天道四時之運行，雖然季節氣象將會不斷變化、褪去，但是內在剛健上行之德卻從不改常，而就在這外示以氣象萬千，內則剛健不改常，猶如剛柔合德互濟，天道得以往前亨通流行不已，「分剛上而文柔，故小利有攸往」之意。「天文也」，指四時春夏秋冬各賁飾以不同季節氣象之意。

文明以止，人文也：山火賁，賁卦上艮止下離明，故有「文明以止」之象。天道四時之運行，舊季節止盡褪去，將賁飾以另一新季節氣象，而就在這季節新生又褪去之更迭循環當中，天地間將呈現出一季比一季更加繽紛多采之文明氣象，「文明以止」之意。其實，人類生活與文明發展之進程，也像那四時季節之變化遞進般，舊文明消逝，另一個更新、更燦爛的文明將會繼之再起，「文明以止，人文也」之謂。

觀乎天文，以察時變：觀四時春夏秋冬之季節氣象，雖然會隨著時節之不同而變化更革，但天道內在剛健之質並不改常，於是君子體會到，除了能恆常保持剛健樸實之本色，亦懂得體察時變，能夠順隨外境變化，做到合宜的進退出處。

觀乎人文，以化成天下：觀天道因為具備中正誠孚之德在內，故四時季節雖不斷的更迭變化，各季節之文明氣象卻是一季季更加光彩富麗，於是君子體會到，一個人文化成的進步社會，將會是一個誠孚講信、和睦互助的社會。

象曰：山下有火，賁。君子以明庶政，无敢折獄。

山下有火，賁。山火賁，賁卦上山艮下離火，故有「山下有火」之成象。「山下有火」，山底下一旦開始著火，待不久後，就會繼續往上竄燒。君子觀山下之火將會逐漸往上延燒之象有感，體會到「明庶政，无敢折獄」之理。在上者若先把庶政做好，人民生活能夠富足安樂，自然的，也就不會有盜賊、犯罪發生。否則，庶政做不好，人民生活困窮，盜賊四起，這時候即使再重的嚴刑峻罰，也只能在表面上粉飾太平。畢竟，若沒有內在的實質根基，則外在上再好的賁飾，終究還是難以長久維持。

《大學》子曰：「聽訟，吾猶人也；必也使無訟乎！無情者不得盡其辭，大畏民志：此謂知本。」大學此處所云的「知本」，實即「君子以明庶政，無敢折獄」之謂也！

初九：賁其趾，舍車而徒。

賁其趾：指處賁卦最下之位的初九，就像是趾之居下，而由於腳趾之體積小且又與地面相接觸，因此，於實際需求上，根本無賁飾之需要，此時只需扮演好行走之職即是。

舍車而徒：指足本能自行，何必再有乘車之賁飾。

象曰：舍車而徒，義弗乘也。

舍車而徒，義弗乘也：腳趾所被賦予的職責就是行走，所以，這時只要用那最自然樸實的一面行走於地上即是，並毋須有乘車之倚助，「舍車而徒，義弗乘也」之意。

六二：賁其須。

賁其須：須，鬚也。古代男子多蓄鬚，而男子臉上之鬚將會隨著年齡的增長而加添，年齡越長，所蓄之鬚自然越多。因此，爻辭「賁其須」之取象，這是在講物外表之文飾，當能與內在本質對等匹配，就像男子之蓄鬚，是自然的與其實際年齡相襯般。

象曰：賁其須，與上興也。

賁其須，與上興也：外在文飾須能與內在本質相稱，這樣才會是真實的賁飾之道，就像臉上所賁飾之鬚，是自然隨著年齡的增長而興榮增添般，「賁其須，與上興也」之意。

九三：賁如濡如，永貞吉。

賁如濡如：濡，浸染意。「賁如濡如」，形容九三賁飾得太過，一再增添外表之賁飾，幾乎到了已浸染太過而流溢的地步，然而這時的九三，不但不會因這些外在的賁飾裝扮而獲加分，反而像是身體被濡濕時的感覺一般，變成一種累贅、負擔。

永貞吉：指賁飾之要，在於先貞守住內在陽剛美質之本色，然後陰柔文飾，才能因擁有陽剛美質做為後盾而益顯其美。

象曰：永貞之吉，終莫之陵也。

永貞之吉，終莫之陵也：外在的賁飾僅能暫存於一時，終究會有被剝落的時候，而惟有內在陽剛美質，才能真正長久維持，「終莫之陵也」之謂。

六四：賁如皤如，白馬翰如，匪寇婚媾。

賁如皤如：皤，從白從番，本義作「老人白」解，而老人白鬚白髮固由黑鬚黑髮變化而來。皤如，逐漸轉成白色狀。「賁如皤如」，形容六四現在所擁有的賁飾外徵，一切皆由自然而然中得之，並不假外求，就像老人的白鬚與美髯，是來自於年齡的逐漸增長而得。

白馬翰如：白，質樸之象徵。馬，象徵剛健。翰，羽之彊者曰翰，乃長而勁直之羽毛。翰如，勁直四射狀。「白馬翰如」，形容若真具備實剛健質樸之內涵，就會如有光芒之射出般，自然能吸引眾人的目光。

匪寇婚媾：寇者，毀人宗廟為寇，暴徒賊人之稱。寇與婚媾是兩種不同的對待方式，「寇」必須拒而防之，而婚媾者卻是應樂而迎之。「匪寇婚媾」，原是指不會用一種防衛隱藏之心態對外，而是能以廣開大門般歡喜迎接。在此指六四不必時時戴著賁飾的面具，而是要拋開那虛偽不實的矯揉造作，用那最真誠的一面，敞開心胸去面對所有人。

象曰：六四，當位疑也。匪寇婚媾，終无尤也。

六四，當位疑也：疑，疑而不定之意。外在的賁飾，或能得到一時一地之利用，卻是難以長久延續保留，「當位疑也」之意。

匪寇婚媾，終无尤也：不要時時戴著一張虛偽的面具，只需用那最真實質樸的一面來呈現即是。諺云：「腹有詩書氣自華。」越有一分真實的內涵，自會有一分不凡氣質之顯露，事實上，這也才是最為真實且經得起時間檢驗的「賁飾」，「終无尤也」之意。

六五：賁于丘園，束帛戔戔，吝，終吉。

賁于丘園：丘園，鄉野田園。一個國家之最美盛賁飾，是在於物阜民豐，鄉野田園所呈現出的，是一片片富饒之景象，「賁于丘園」之意。

束帛戔戔：束，繫結。帛，織匹之無紋彩者。戔，微小狀。一國之領導者，令丘園富饒以成為國家之美盛賁飾，但於己卻是自奉儉樸，只用那「束帛戔戔」來賁飾自己。

吝，終吉：六五儉約自持，這對於個人雖然像是吝少而不夠體面，但在另一方面，卻是做到了讓人民獲得富庶安樂，而民富即國富，國家富足也就等於是上位者的最富盛之賁飾，「吝，終吉」之意。

象曰：六五之吉，有喜也。

六五之吉，有喜也：喜，人聽音樂應聲而歌，是為喜之象，可引申象徵應和意。何謂「六五之吉」？當人民富足、田園豐饒，這就是六五得吉之時。而人民因勤勞而富庶，上位者則以儉樸做為榜樣，當國家物阜民豐，其實這就等於是六五的最美賁飾，「六五之吉，有喜也」之意。

上九：白賁，无咎。

白賁：白，質樸無飾之象徵。「白賁」，形容所呈現出的，是最樸實自然的一面，並沒有一點多餘雜染或贅飾。

无咎：指君子隨時都能保持一己自然樸實之本色，故不管處於任何時位，皆能無入而不自得。《中庸》云：「君子素其位而行，不願乎其外。素富貴，行乎富貴；素貧賤，行乎貧賤；素夷狄，行乎夷狄；素患難，行乎患難。君子無入而不自得焉。」君子「素其位而行」，就是以最質樸、真誠的一面呈現。而君子「素富貴，行乎富貴；素貧賤，行乎貧賤；素夷狄，行乎夷狄；素患難，行乎患難」，是為君子之「无咎也」！

象曰：白賁无咎，上得志也。

白賁无咎，上得志也：君子視窮通禍福皆只是表象上一時之賁飾，並不會因所處環境的不同而更改其君子之作為，仍然恆常保持著剛健樸實之本色，故君子能無入而不自得。是謂君子之「上得志也」！

第二十三卦　剝

䷖

坤下艮上　山地剝

剝：不利有攸往。

彖曰：剝，剝也，柔變剛也。不利有攸往，小人長也。順而止之，觀象也。君子尚消息盈虛，天行也。

象曰：山附于地，剝。上以厚下安宅。

初六：剝床以足，蔑貞凶。

象曰：剝床以足，以滅下也。

六二：剝床以辨，蔑貞凶。

象曰：剝床以辨，未有與也。

六三：剝之，无咎。
象曰：剝之无咎，失上下也。
六四：剝床以膚，凶。
象曰：剝床以膚，切近災也。
六五：貫魚以宮人寵，无不利。
象曰：以宮人寵，終无尤也。
上九：碩果不食，君子得輿，小人剝廬。
象曰：君子得輿，民所載也。小人剝廬，終不可用也。

剝：不利有攸往。
不利有攸往：當四時春夏秋冬剛健不息往前遞進，在此同時，各季節氣象則像被剝落般，是一季季逐漸的褪去，其過程就猶如「不利有攸往」！

象曰：剝，剝也，柔變剛也。不利有攸往，小人長也。順而止之，觀象也。君子尚消息盈虛，天行也。
剝，剝也，柔變剛也：變，轉替、置換。剝卦卦名的「剝」義，是指季節氣象被剝落、褪去，「剝，剝也」之謂。雖然四時運行之道將剛健不息遞進向前，但若就季節氣象的變化更迭此一立場而觀，則像是一季季逐漸被剝去般，「柔變剛也」之謂。

不利有攸往，小人長也：小人，含有負向或反道之象徵。觀春夏秋冬各季節氣象，隨著時間之進而逐漸遜退逝去，其過程就猶如小人剝道力量，正不斷的滋長一般，「不利有攸往，小人長也」之意。

順而止之，觀象也：山地剝，剝卦上山艮下坤順，故有「順而止之」之象。仰觀四時天文之象，其道終始循環，雖然春夏秋冬各季節氣象將會一季季被剝去，但只要順此剝道而進，待冬季時節亦已剝盡終止，新的一年又將春生復始再現，「順而止之，觀象也」之意。

君子尚消息盈虛，天行也：觀天道運行，其道盈虛消長、終始循環，雖然四時春夏秋冬將會一季季被剝去，但待至寒冬剝盡終了，將再重啟春生復始。因此，觀此「天行」之象有感，雖然小人一時得勢，君子受剝，但小人終究僅能剝去君子之有形外在，並無法剝去君子之道，因為君子之道將會像那天道復始循環之德般，小人之道則終有無可作用之時，而一旦小人道剝盡止卻，君子之道就會再滋長復生。

象曰：山附于地，剝。上以厚下安宅。

山附于地，剝。山地剝，剝卦上山艮下坤地，故有「山附于地」之成象。「山附于地」，高山因為有穩固的大地做為附托，故能不因風化而剝落崩塌。上位者觀此山附于地之象有感，山之所以能成其高大穩固而不被剝落，這是因為底下有一厚實的大地可做為附托，於是體會到人民實乃邦國之根本，而惟有讓人民安居樂業，國家才能奠定長治久安之穩固基礎，「上以厚下安宅」。

初六：剝床以足，蔑貞凶。

剝床以足：床是由床腳所支撐，而床的毀壞，往往會先從床腳的動搖開始。因此，「剝床以足」之取象，這是藉床腳之先剝損，以引申形容剝道之發生，常是先從基層處開始剝落。

蔑貞凶：蔑，勞目無精，象徵輕視、不重視貌。「蔑貞凶」，指基礎已經開始動搖見剝了，卻還蔑視不管而不知及時予以修補，未來剝道勢力將更繼續蔓延，並進而危害到整體，故見凶。

象曰：剝床以足，以滅下也。

剝床以足，以滅下也：持續受剝的基礎一旦滅盡，在上主體在失去底下基礎支撐的情況下，不久後就會坍塌、圮毀，「以滅下也」之意。

六二：剝床以辨，蔑貞凶。

剝床以辨：辨，辨別、辨識意。「剝床以辨」，指床一旦開始剝損動搖，這時除了要立刻採取修復或補強的措施外，還得盡快辨明什麼是導致剝壞的成因，並將剝之源頭止住。

蔑貞凶：六二的「蔑貞凶」雖亦指不可蔑視剝道力量的持續滋長之意，但六二之位更強調止剝不能只治標而不治本，因為若只會消極的著重在外面的修補，卻不知積極找出剝損的成因，未來則仍將繼續見剝而有凶。

象曰：剝床以辨，未有與也。

剝床以辨，未有與也：與，象以手給予之形，供給意。六二的治剝之要，是在於須先辨明什麼是致剝的成因，然後再從源頭處下手做有效阻絕，不讓剝道勢力有機會獲得繼續滋長的養分，「剝床以辨，未有與也」之意。

六三：剝之，无咎。

剝之：指加速其剝去之意。

无咎：指六三設定停損線，想辦法讓腐壞之部位盡速剝落，以阻絕剝方力量，有機會繼續侵蝕蔓延那些尚未受損的地方。

象曰：剝之无咎，失上下也。

剝之无咎，失上下也：逝者已矣，來者可追！既然腐朽的部分已不可挽回，這時就應懂得把損害控制在只剝到下層為止，不讓它有機會繼續蔓延剝而向上，「剝之无咎，失上下也」之意。

六四：剝床以膚，凶。

剝床以膚：床之功能乃供睡覺休息之用，當人體睡於其上而在下床舖已被剝損壞，接下來就像是會繼續往人體剝進般，將傷及貼近床體的皮膚矣！

凶：當在下基礎已完全被剝去，接著剝道力量就會直接危及在上主體，故有凶。

象曰：剝床以膚，切近災也。

剝床以膚，切近災也：一再放任剝方力量不斷的侵損，直至在下基礎整個被掏空，這時在上主體距離災害，就會像僅隔一膚之薄般那樣危急，故「切近災也」！

六五：貫魚以宮人寵，无不利。

貫魚以宮人寵：貫，次第而進之意。魚，除了取游魚貫串前進之意外，由於「魚」與「愚」同音，故亦寓有愚之含意。宮人寵，指受到愛護與得到尊榮之意。由於古代宮中自民間選女，當一批民間女孩自幼如魚貫般被選入宮在經過一番調教與學習後，逐漸的知曉禮儀，未來將更進而受到帝王的寵愛。因此，爻辭「貫魚以宮人寵」之取象，這是在講當別的爻位思索如何是制剝之道，然而處中正之位的六五，卻懂得利用剝道之義以剝去民愚，人民則是在六五的中正引領與教化下，逐漸剝去愚昧並進而敦化知禮。

无不利：六五懂得利用剝道之義以剝民愚，而每剝去一層民愚，就更啟一層民智，剝之越多，其利就越大，「无不利」之謂。

象曰：以宮人寵，終无尤也。

以宮人寵，終无尤也：剝去愚昧而知禮教，更進而倍受寵愛，如此是剝之越甚，則越見其有利，而這也像是每剝去一分愚昧，就會更減少一分咎尤一般，「終无尤也」之意。

上九：碩果不食，君子得輿，小人剝廬。

碩果不食：碩，本義作「頭大」解，有形大或實質宏大之意，在此象徵實質堅固。果實之果肉雖然會腐爛剝落，但內在果核卻是如此的堅硬，無法被剝去，「碩果不食」之意。

君子得輿：輿，車上載人載物之處，含有行進與承載之意。雖然處剝道小人長之時君子將受剝，但小人就只能剝去君子的有形外在，並無法真正剝去如果核般堅韌的君子之道，因為受剝君子將會像那堅韌果核雖被剝落至地，未來一旦適當時機到來，就會萌芽新生，重啟另一次復始循環，彼時君子之道即可再興，「君子得輿」之謂。

小人剝廬：廬，田間陋屋，春夏來居以便耕作，秋冬即離去而空置不用。「小人剝廬」，指雖然小人一時能剝君子，但君子所損去的，就只是一層猶如毫無價值的茅廬罷了，然而小人一旦剝去君子之有形外在，這時小人剝道力量也會因此而失去其著力點。

象曰：君子得輿，民所載也。小人剝廬，終不可用也。

君子得輿，民所載也：民，指在下基層人民就像那厚實坤地之能承載。一時被剝的君子之道，會像那落到土地上的果核般能再萌芽滋長，所以君子之道並不會真正被小人所剝去，終會獲得人民的支持，「君子得輿，民所載也」之意。

小人剝廬，終不可用也：小人在剝去君子的有形外在後，小人就再也剝無可剝了，所以，這時小人剝道也會像一併被剝去般而不可復用，「小人剝廬，終不可用也」之意。

第二十四卦　復

䷗

坤上震下　地雷復

復：亨，出入无疾，朋來无咎，反復其道，七日來復，利有攸往。

彖曰：復亨，剛反，動而以順行，是以出入无疾，朋來无咎，反復其道，七日來復，天行也。利有攸往，剛長也。復其見天地之心乎？

象曰：雷在地中，復。先王以至日閉關，商旅不行，后不省方。

初九：不遠復，无祇悔，元吉。

象曰：不遠之復，以修身也。

六二：休復，吉。

象曰：休復之吉，以下仁也。

六三：頻復，厲，无咎。

象曰：頻復之厲，義无咎也。

六四：中行獨復。

象曰：中行獨復，以從道也。

六五：敦復，无悔。

象曰：敦復无悔，中以自考也。

上六：迷復，凶，有災眚，用行師，終有大敗，以其國君凶，至于十年不克征。

象曰：迷復之凶，反君道也。

復：亨，出入无疾，朋來无咎，反復其道，七日來復，利有攸往。

亨：指天道之運行出入平衡、復始循環，故能亨通流行不已。

出入无疾：指天道四時之變化更迭一寒一暑，猶如有一出必應之以一入，出入對等平衡，故其道能夠恆常以動而無疾疵。

朋來无咎：指晝夜、寒暑之往來更迭，晝與夜、寒與暑猶如彼此朋合互補，故天道之動進規律有常而無咎失。

反復其道：指天道之動進更迭，出入平衡，朋合往來，故其道能周而復始、往復循環不已。

七日來復：七，一三五七九這五個陽數，五數乃居其中，而由於七是位在中數五的下一位，故七數有「陽」與「已過其半」這兩象徵含意之合。天道之運行，猶如出入、往來對等平衡，白晝過後，必須再經過一段黑夜的等待，才能見到新一日之到來。同理，四時寒暑之循環，春夏過後，亦須等到寒冬剝盡終了，才能再見到復始元春。因此，卦辭「七日來復」之取象，這是在講天道晝夜、寒暑之運行，其動進就猶如陰陽往來推移般，而在這陰陽往復循環的過程中，當陽這一方的週期運行結束，就必須得再耐心等待，陰方的另一半循環週期也結束，屆時才能再次見到「陽始來復」的出現。

利有攸往：指天道晝夜、寒暑之動進更迭，出入平衡，朋合往來，猶如一動應之以一休，故其道能夠復始循環、往前順行不已。

彖曰：復亨，剛反，動而以順行，是以出入无疾，朋來无咎，反復其道，七日來復，天行也。利有攸往，剛長也。復其見天地之心乎？

復亨：指天道之運行，春夏秋冬反覆循環，其道亨通流行不已。

剛反：指天道剛健運行，反覆循環不已。

動而以順行：地雷復，復卦上坤順下雷震，故有「動而以順行」之象。「動而以順行」，天道之動進，寒暑出入相應，晝夜彼此朋合，猶如一動之後將應之以一休，故其道能復始循環、往前順行不已。

是以出入无疾，朋來无咎，反復其道，七日來復，天行也：「天行」者，天道之運行，出入无疾，朋來无咎，故能反覆其道，亨通流行不已。

利有攸往，剛長也：天道之運行，往復循環不已，猶如恆常保持著剛健往進、生生不已之德，「剛長」之意。

復其見天地之心乎：心可見乎？思慮憧憧往來，起伏流轉不定，此即見心之動乎？天地有心乎？天地咸感，然後有晝夜與四時往來變化之生成，而觀日月、寒暑變化推移之象，此即見天地之有心乎？天地若是有「心」，則天地之心其德如何？天地之心，其德誠而專一，其動則規律往來而恆常。然而，天地之心因何常保誠而專一？觀日月相推以及四時之變化，寒冬剝盡終了，春天將會復始再來。正因為天地之道具備這種剝而復始之德，故能動而誠孚有信、恆久運行無差忒。

既然，天地之道因具備此剝而復始之德，使其誠而專一之「心」得而可見，那麼，人之心是否也可經此「由剝而復」之德而得見？其實，人心之本來面目也是澄澈清明、誠而專一，只因為私心嗜欲漸深而日漸塵封，因此人若能體會這種天地之心剝盡復始之理，願意反身修德正己向內求，時時檢視一己之起心動念，剝去那嗜欲塵垢，讓心之元德不斷的復始滋長，則人心之清明可復見矣！

象曰：雷在地中，復。先王以至日閉關，商旅不行，后不省方。

雷在地中，復。地雷復，復卦上雷震下坤地，故有「雷在地中」之成象。雷，有震動運行之象。「雷在地中」，太陽白晝時不停的轉動，到了夜晚時分，就像是進入休息般而沈到地中。先王觀太陽白晝動行、入夜休止之象有感，體會到「以至日閉關，商旅不行，后不省方」之義。至日，太陽落下，夜晚來臨之意。「至日閉關，商旅不行」，商旅白天不停的趕路，到了向晚時分就要停下來休息，隔日才會有充沛體力可以續行；「后不省方」，在上位者不會一再擾動四方之民，讓人民能夠獲得充分休復頤養，未來才會再有使民的機會。

初九：不遠復，无祗悔，元吉。

不遠復：趁著偏過尚不違遠，就及時覺知並立刻復返於正，這種方式的「復」，將會是最速、同時也是最易的復，「不遠復」之意。

无祗悔：祗者，從示從氐，指為敬之至極，有適、至、恰好之意。人之行事能合乎中正而無偏過，則可無悔失，是稱「无悔」。然而，行事時不免有偏過，但是若能及早覺知並且改之，也就是趁著偏過尚微之際就立刻回復於正，這樣結果與行事從頭至尾皆做到正而不偏，二者間距離幾乎是近無差別，「无祗悔」之謂。

元吉：指不違遠就即刻復之，這樣的回復就像是快速獲得新生，同時也像是令元德初機復返滋長般。

象曰：不遠之復，以修身也。

不遠之復，以修身也：過則勿憚改！有過則能速知，既知有過，又能速改，時時念茲在茲，用此以修身，「不遠之復，以修身也」之謂。

六二：休復，吉。

休復：休，休息、休止。「休復」，指因休息而得恢復之意。

吉：天道之運行出入平衡，有一白晝必肭合以一黑夜，就像是在一動之後立刻接之以一休，故其道能夠復始循環、恆久運行不已。因此，若能法天道休復之德以作息，將可維持著復始循環之旺盛生命力，「吉」之謂。

象曰：休復之吉，以下仁也。

休復之吉，以下仁也：仁，果實之仁，種子也。果實從樹上剝落到地下成為種子，經過一段時間的「休止蘊釀」，不久後，就會發芽生根並開啟另一次新生循環，「以下仁也」；在下人民雖時有勞動之操作，亦須給予充分休復頤養，才能讓人民持續保有如生生復始之旺盛動力，「休復之吉」之謂。

六三：頻復，厲，无咎。

頻復：頻，從頁謂頭示人，從涉謂徒行渡水，人臨渡水處思渡而又畏水之深。故頻者，瀕臨之意，在此則含有「接近」和「心存戒懼」這兩種意思。「頻復」，指雖尚未完全恢復，但已快接近復元之意。

厲：原含有不平衡、不穩定之意，在此指雖然已經快接近復元，但若還未完全恢復，這段期間就仍然存在著一定的危厲和風險，就像徒行渡水時般，只要仍在河中，就得隨時保持謹慎戒懼，畢竟若稍有不慎，還是可能落得前功盡棄。

无咎：指只要尚未完全恢復，就表示仍存在著風險和危厲，所以，此刻最重要的就是—必須確保能完全復元，切不可因暫得穩定而掉以輕心。

象曰：頻復之厲，義无咎也。

頻復之厲，義无咎也：既然已經快復元了，就不應為急於一時而妄動，此刻最重要就是—繼續保持目前的穩定狀態，直到真正完全恢復為止，「頻復之厲，義无咎也」之意。

六四：中行獨復。

中行獨復：中行，指一出應之以一入，出入、往來對等平衡以行。獨，從犬從蜀，本義作「犬相得食而鬥」，即犬相得食而鬥，亦有必盡此食而後止意。獨復，指若於實際需求必須要有多久的休止時間，就應做到「盡此休止之時間」，而不要在休息仍有不足，就又開始動行忙碌，否則將難以完全恢復。「中行獨復」，有白天之操作，亦配合有一夜晚之休止，有多長時間的勞動，則亦必獲得足夠對應之休息時間，這樣才能真正走長遠的路；否則，日以繼夜、焚膏繼晷不停的操勞，不知如何是休復之道，勢將力竭於半途而不得遠行。

象曰：中行獨復，以從道也。

中行獨復，以從道也：以，不已。道，一陰一陽之謂「道」。從道而為，才能行之不已，這是因為「復」雖是向內，其功卻能發展向外，「以從道也」之意。

六五：敦復，无悔。

敦復：敦，敦厚篤實之意。六五做到中正在位，在下萬民將順隨之而行並皆得正矣！因為，這種一人正，全國皆復歸得正之功，將會是最上、最厚實之復，故稱之「敦復」。

无悔：六五反身修德，做到正己向內求而使行事能無偏過，是得「无悔」之理。

象曰：敦復无悔，中以自考也。

敦復无悔，中以自考也：自考，指檢視一己是否有過之意。六五反身修德，時時檢視己行，做到正位在上而足為天下人民所觀，「中以自考也」之意。

上六：迷復，凶，有災眚，用行師，終有大敗，以其國君凶，至于十年不克征。

迷復：迷，行止不定，莫知所往之意。「迷復」，有出之往，亦有復之來，出入往來平衡才能恆久以行，然而上六卻是行止無定，不知如何是休復之道，將迷而不復矣！

凶：指理該進到休復頤養之時，卻是迷而不知止，一再征伐損耗，最後當然會一步步走向致凶的道路。

有災眚：眚，災禍之稱。上六雖知勞作之後就必須給予相對的休息之理，卻不願如此為之，反而一再的斲喪損耗，這種不正之動乃是自取其災，「有災眚」之意。

用行師：指不知休復之道，本該到了讓人民休養生息的時候，卻仍然行師征伐不已。

終有大敗：指一再的窮兵黷武、勞民傷財，縱使國家根基深厚，長此以往，下場終將大敗。

以其國君凶：若身為一國之君竟用迷復之道治國，人民得不到休復頤養，導致最後民窮財盡，當然有凶。

至于十年不克征：十年，「十」有完整之數之意，取十年是代表一段長時間往復循環之週期。本該休復之時，卻是不斷的征伐損耗，這就像身體尚未完全復元，旋即又繼續損耗元氣，如此一來，對於本元的斲害將更甚，下次想再恢復，將變得更加困難，猶如即使經過十年這樣長久時間的休養，都可能還復原不了，「至于十年不克征」之意。

象曰：迷復之凶，反君道也。

迷復之凶，反君道也：君，主也，可象徵在上位者，亦可指正確的主道之意。一動應和以一休，勞民之後就應該立刻讓人民得到休養，如此出入有節以行，方是恆久之道，同時也才是君道之正確作為。然而，上六卻採用迷復之道，與君道背道而馳，征伐損耗頻仍，最後惟有走上致凶一途了，「迷復之凶，反君道也」之謂。

第二十五卦　无妄

☰☳

震下乾上　天雷无妄

无妄：元亨利貞，其匪正有眚，不利有攸往。

彖曰：无妄，剛自外來而為主於內，動而健，剛中而應，大亨以正，天之命也。其匪正有眚，不利有攸往，无妄之往，何之矣？天命不佑，行矣哉！

象曰：天下雷行，物與无妄。先王以茂對時育萬物。

初九：无妄，往吉。

象曰：无妄之往，得志也。

六二：不耕獲，不菑畬，則利有攸往。

象曰：不耕獲，未富也。

六三：无妄之災，或繫之牛，行人之得，邑人之災。

象曰：行人得牛，邑人災也。

九四：可貞，无咎。

象曰：可貞无咎，固有之也。

九五：无妄之疾，勿藥有喜。

象曰：无妄之藥，不可試也。

上九：无妄，行有眚，无攸利。

象曰：无妄之行，窮之災也。

无妄：元亨利貞，其匪正有眚，不利有攸往。

元亨利貞：指乾天元德至大、亨通流行於一切處，而元德所流行，於是有四時往復循環、正無差妄規律之道的生成，而生長於天地間的萬物，若也能無差忒貞隨四時之道而行，將可在天德的利益下獲得成長繁榮。

其匪正有眚，不利有攸往：天道之動進剛健中正，故能復始循環、恆久運行而無差妄。然而，天道若是「動而匪正」，無法循著既定常道規律以行，則不利有攸往矣！

彖曰：无妄，剛自外來而為主於內，動而健，剛中而應，大亨以正，天之命也。其匪正有眚，不利有攸往，无妄之往，何之矣？天命不佑，行矣哉！

无妄，剛自外來而為主於內：妄，本義作「亂」解，有不正之行之意。四時之道剛健運行、往復循環無差妄，舊一年逝去，新的一年、新的春夏秋冬將會復始再來，「剛自外來」之意；每當新的一年、新的四季復始再來，則會動無差妄、循著往年所走過之既定常道，就像是每年的季節循環皆能「動而有主」一般，「為主於內」之意。

動而健：天雷无妄，无妄卦上乾健下雷動，故有「動而健」之象。健，象徵剛健、中正二德相輔之意。「動而健」，天道之動進，剛健中正而無差妄，故其道能年復一年、恆久循環不已。

剛中而應：天道剛健中正、規律有節動無差妄運行在上，故得萬物的應和貞隨。

大亨以正：乾天之德至大而周遍，其道則亨通流行、中正無差妄。

天之命：指天道之運行日復一日、年復一年，就像是在一段週期循環終了之後，又將重啟新的週期運行，於是「天之命」得以恆久無止盡。

其匪正有眚，不利有攸往，无妄之往，何之矣？天命不佑，行矣哉：行不能謹而无妄，匪正而動，當然不利有攸往，將往何處去呢？何之矣？雖知天理中正，卻不能執此中正天理而剛健篤行之，是乃猶如知而不能行，當然也就得不到天命之佑助。問題是因為出在不能篤行天理上啊！

象曰：天下雷行，物與无妄。先王以茂對時育萬物。

天下雷行，物與无妄。天雷无妄，无妄卦上乾天下雷震，故有「天下雷行」之成象。「天下雷行，物與无妄」，天地日月與四時之更迭運行，剛健中正無差妄，而在下各類萬物之生長，也將無差妄順隨此一天地規律之道而行，並因此獲得成長繁榮。先王觀天地與萬物皆因正無差妄以動，故有四時文明氣象，以及萬物之成長繁榮有感，對於國家未來的發展，能預先擬訂出一套宏遠且完備的發展計畫，接著又精確無差忒的一步步將之實踐，就像是依循著時序月令以從事生產耕作，並順利取得一連串豐饒成果，「先王以茂對時育萬物」之意也！

初九：无妄，往吉。

无妄：原指不會帶著不正妄念之意，在此是指初九做事之初始，應本著正而无妄的踏實態度，不貪求捷徑，亦不妄圖不切實際之利。

往吉：指能本著正而无妄的態度做事，是往進得吉之理。

象曰：无妄之往，得志也。

无妄之往，得志也：本著正而无妄的態度，穩健踏實朝著目標往進，是遂得其志之根本所在，「无妄之往，得志也」之意。

六二：不耕穫，不菑畬，則利有攸往。

不耕獲，不菑畬，則利有攸往：菑，第一年墾種的田。畬，開墾過二年的田地。不要還沒開始耕種付出，就已妄想未來將會得到多少收穫，「不耕獲」；不要只付出一年的努力，就妄求可以得到三年的收成，「不菑畬」；一分耕耘，一分收穫，不要癡心妄想不勞而獲，而惟有腳踏實地認真耕耘，才能「利有攸往」！

象曰：不耕獲，未富也。

不耕獲，未富也：富，作滿解，齊備豐滿之意。若不先努力耕耘付出，未來也就無法取得豐富的收穫，「不耕獲，未富也」之意。

六三：无妄之災，或繫之牛，行人之得，邑人之災。

无妄之災，或繫之牛，行人之得，邑人之災：邑人沒有把牛謹慎綁牢，只隨便拴於路旁，就因為邑人這樣漫不經心，結果讓牛脫逃了，而且還被路人拾走，邑人丟失了牛，這當然是邑人之災，「或繫之牛，行人之得，邑人之災」之意。至於，為何六三爻辭要取象邑人「漫不經心」，因而導致失牛的「无妄之災」？其實這是在表達雖然「无妄之心」，很像是一種無所為而為之心，但這種只專注做好當前所該做之事，並不計較於任何利害得失的無私妄之態度，它絕不等於「不用心」，更非像是處在一種漫不經心、隨意而為的狀態。真正所謂的「无妄之心」，它絕對是動而有定向的，在行事者心中則是時時不忘既定目標，只不過他並不會患得患失，也不會計較於未來之收穫回報，正因如此，故能行而有得。

象曰：行人得牛，邑人災也。

行人得牛，邑人災也：邑人沒有用心把牛拴緊綁牢，不但讓牛脫逃，而且還被行人給拾走，這種邑人因漫不經心而失牛，實即是「有妄」而致災眚也，「邑人災也」之謂。

九四：可貞，无咎。

可貞：指不會墨守成見，而是先審辨如何才是現狀所需之正，待做出判斷後，接著才貞守之而行。《論語・里仁篇》子曰：「君子之於天下也，無適也，無莫也，義之與比。」九四爻辭「可貞」之所象徵，實與〈里仁篇〉此章之義同。

无咎：指能順應當下客觀形勢之實際需求，做出適切斟酌或調整之意。

象曰：可貞无咎，固有之也。

可貞无咎，固有之也：一事之該做或不該做、宜或不宜，往往會隨著時空立場的差異，而有不同的取捨和判斷，所以行事時，不要一廂情願固守著自以為是的個人主觀認知，而是能隨時審辨心中那一個自認為「正而无妄」的觀點，是否仍足以符合目前形勢之實際需求。因此，在往那心中既定目標前進的過程中，除了能心無旁騖專注於耕耘外，也要隨時審視形勢之變化而調整其作為，這樣才是真正做到「固有其正」，「固有之也」之謂。

九五：无妄之疾，勿藥有喜。

无妄之疾，勿藥有喜：喜，應和意，在此是指「藥」與「疾」二者相應和，亦即有疾才需藥治，若是無疾，則毋須再用藥。由於人體本來就擁有功能完備的免疫系統，所以，只要讓身心經常保持在平衡狀態，免疫系統自然會發揮強大功能，彼時身體也就可以保持健康無疾，毋庸再用藥。因此，爻辭「无妄之疾，勿藥有喜」之取象，這是在講身心若無法保持在平衡狀態，在偏而有妄的情況下，則將致疾；相對的，「无妄之正」將會是最好的藥，所以，只要做到讓身心經常保持正而無偏妄，身體自然就會健康無疾，毋須再用藥。

象曰：无妄之藥，不可試也。

无妄之藥，不可試也：試，施用作為之意。天道只是中正無差妄以動，天下萬物自然會應和中正天道而行，而萬物若亦能動無差妄、順隨中正天道之引領，將可順利獲得成長繁榮。因此，身為上位者的九五，若能法天德作為做到正已無私妄在上，則天下人民自然會隨之以正，而人民皆能循正而行，一國之內自可無疾失矣！《論語・衛靈公篇》子曰：「無為而治者，其舜也與？夫何為哉，恭己正南面而已矣！」九五只需做到恭己正南面在上，即是能治天下之大藥，此即所謂的「无妄之藥」；而九五中正誠孚以為德做藥，人民自然會循正而行並且國可無疾失，這就猶如「無為」而能治天下之疾，「不可試也」之意。

上九：无妄，行有眚，无攸利。

无妄，行有眚：无妄卦上九與初九爻辭皆有「无妄」之取象，初九「无妄」將會「往吉」，上九的「无妄」卻是落得「行有眚」，雖然二者皆能本著「无妄」之相同動機，但所得到的結果卻截然不同，之所以如此，這是因為時位相異之故。初九之位因佔有時間上的優勢，未來前景如何雖不可知，但只要本著「无妄」之心不必患得患失，往既定志向前進即是。相反的，來到時位之極的上九，由於外在時勢環境已到了不可作為的地步，所以，即使此刻上九仍能懷著「无妄」之心而行，但畢竟形勢比人強，上九若還一廂情願，想要去完成不可能被實現的目標，這樣反而變成像是一種「妄想」，下場當然也就會「行有眚」了！

无攸利：不為不可成，不求不可得！當有利客觀形勢已經逝去，這時對於個人心中那所亟欲完成的目標，也就變得越來越遙不可及，「无攸利」之謂。

象曰：无妄之行，窮之災也。

无妄之行，窮之災也：個人主觀上的積極努力，亦須相輔以有利之客觀形勢，如此內外相應才能行而有功；反之，若不願正視時位已到不可作為的現實，仍執意要往前進，這樣的「无妄之行」必招災眚，「窮之災也」之謂。

第二十六卦　大畜

䷙

乾下艮上　山天大畜

大畜：利貞，不家食吉，利涉大川。

彖曰：大畜，剛健篤實輝光，日新其德，剛上而尚賢，能止健，大正也。不家食吉，養賢也。利涉大川，應乎天也。

象曰：天在山中，大畜。君子以多識前言往行，以畜其德。

初九：有厲，利已。

象曰：有厲利已，不犯災也。

九二：輿說輹。

象曰：輿說輹，中无尤也。

九三：良馬逐，利艱貞，日閑輿衛，利有攸往。

象曰：利有攸往，上合志也。

六四：童牛之牿，元吉。

象曰：六四元吉，有喜也。

六五：豶豕之牙，吉。

象曰：六五之吉，有慶也。

上九：何天之衢，亨。

象曰：何天之衢，道大行也。

大畜：利貞，不家食吉，利涉大川。

利貞：指天道循著既定常道剛健運行向前，就像是剛健動進之勢受中正之德所畜止，而在下各類萬物則皆貞隨天道而行，並在天德頤養下獲得成長繁榮，亦猶如受中正天道所畜止般。

不家食吉：家食，指像被豢養在一個狹小空間內。「不家食吉」，指天道之畜止萬物，只是自然的以其中正規律之序引領之，萬物則自由自在成長於廣闊天地之間，並不會像那被豢養的家畜，是被關在狹窄的空間內。

利涉大川：指萬物貞隨中正天道而行，將可在天德之畜止頤養下，順利克服各種險難而成長繁榮。

彖曰：大畜，剛健篤實輝光，日新其德，剛上而尚賢，能止健，大正也。不家食吉，養賢也。利涉大川，應乎天也。

大畜，剛健篤實輝光：篤，從竹，從馬，馬踏實緩行，其足著地甚穩實而有竹竹之音。輝，光芒向四方照耀之意。「剛健篤實輝光」，指天道之運行，剛健動進之勢，獲中正之德所畜止，故能以穩健踏實的步伐循序漸進，並且每一步皆動進有功。

日新其德：天道之運行，循著中正常道往復循環不已，而就在這周而復始的循環當中，猶如不斷精進般而能日新其德。

剛上而尚賢：天道剛健動進之勢受中正之德所畜止，故能剛健上行不已，「剛上」之意；上位者以其中正之德「畜止」天下賢才，而當天下賢才皆獲舉用，則國家社會將會因此而上行進步，「尚賢」之意。

能止健：山天大畜，大畜卦上艮止下乾健，故有「能止健」之象。剛健動進之勢受中正之德所畜止，是謂「能止健」。

大正也：剛健動進之勢已備，此時每增益一分中正的相輔，剛健之勢就可更蓄積成一分可利用之功，「大正也」之謂。

不家食吉，養賢也：天道之畜止萬物，任萬物自由自在成長於廣闊的天地之間；四方有賢才，不應被埋沒於鄉野之間，賢才皆能出來任事，為國家社會服務貢獻所長，「不家食吉，養賢也」之意。

利涉大川，應乎天也：天道中正規律運行在上，在下萬物應和之而行，就像是受中正天道所畜止一樣，「應乎天也」之意。

象曰：天在山中，大畜。君子以多識前言往行，以畜其德。

天在山中，大畜。山天大畜，大畜卦上山艮下乾天，故有「天在山中」之成象。天，象徵廣大而無窮際。山，取其畜止之象。「天在山中」，即使無窮無際如天之廣大，依然有辦法將之畜止收存，這就像人之頭腦雖是一有限形體，卻能記憶與學習無窮事物，而人腦之能豐富多藏，則猶如芥子之納須彌。「君子以多識前言往行，以畜其德」，先聖先哲值得學習的言行與智慧是如此廣大無窮，君子當知努力學習和廣納，以做為進德之資。

初九：有厲，利已。

有厲：有，多而有之意。厲，失衡則將致厲。「有厲」，指擁有的力量雖巨大，但若不能施予正確畜止，就可能因失控而招致危厲。

利已：已，止也。「利已」，指施予正確畜止，則可蓄聚成可利用之功之謂。

象曰：有厲利已，不犯災也。

有厲利已，不犯災也：力量雖巨大，若得不到正確畜止，不但力量無法成利用，反而還會因不受節止而失控成災，「有厲利已，不犯災也」之意。

九二：輿說輹。

輿說輹：說，同脫。輹，車箱底下與輪軸相鉤連的木頭。由於車子行進時「輿」是做為車子的指揮部位，車輪則是負責轉動行進，而若要二部位彼此協調運作，就必須有輹的堅固連結。然而，一旦「輿說輹」—輿與輪軸之間少了輹的堅固連接，則車輪在得不到輿的指揮控制下，整部車子也就無法再快速、順利的前進了。

象曰：輿說輹，中无尤也。

輿說輹，中无尤也：中，在此象徵中正指揮控制之意。尤，象手欲上伸而礙於一，阻礙或偏失之意。剛健動進必須結合中正之畜止方得成用，這就像車輪之動進，必須受到「輿」的中正指揮控制，才能往正確方向行進般，「中无尤也」之意。

九三：良馬逐，利艱貞，日閑輿衛，利有攸往。

良馬逐：指雖是一匹先天材質優秀的良馬，仍須配合後天嚴格的調教訓練，未來才能真正成為一匹馳騁奔逐於大地上的千里良駒。

利艱貞：指欲成為一匹千里良駒，必須先經過一番嚴格訓練，從艱難環境中逐漸磨練出堅強毅力，未來才有能力去面對各種挑戰。

日閑輿衛：閑，門中有木，乃以木拒門，所以防自內逸出及自外闌入者，乃遮止意，在此象徵規矩、規範。輿，車。衛，防衛之意。「日閑輿衛」，指對於這匹良馬的訓練，例如駕車或防衛等種種技能，平時就須讓牠每日不斷反覆練習，直到能夠深深熟悉各項技巧和規範。

利有攸往：已擁有先天優良材質，再加上後天長期嚴格訓練，故能日益精進，「利有攸往」之謂。

象曰：利有攸往，上合志也。

利有攸往，上合志也：先天良材，若再經過一番後天嚴格的培養與訓練，讓內在潛能完全發揮出來，未來一旦踏上遼闊無際的大地，就可以恣意奔馳，充分伸展其志，「利有攸往，上合志也」之謂。

六四：童牛之牿，元吉。

童牛之牿：牿，牛角橫木。「童牛之牿」，原指小牛之角在其成長之初就加上定型橫木，將它導往正確方向，在此引申指行畜止之法，當盡早把握住「童牛」可塑性高的這段時期，將最易收其實效。

元吉：指把握住可塑性高之初始時期，及時施予正確畜止，不但容易塑造，且內在潛能也將更有機會獲得發掘。

象曰：六四元吉，有喜也。

六四元吉，有喜也：喜，應和意。最後之所以能取得成功與豐收，是因為早在初始時期就已構築出穩固且扎實的基礎，「六四元吉，有喜也」之意。

六五：豶豕之牙，吉。

豶豕之牙：豶豕，去勢的豬。野豕若是被去勢，野性既除，則其牙不再傷人且可受豢養，而未來一旦養成，甚至更可進而成為祭祀牲禮。「豶豕之牙」，象徵身為在上中正六五懂得畜止天下賢才，不但能識才與培養人才，且在任使人才時，更能做到如何捨其短而用其長。

吉：指六五能以其中正之德畜止天下賢才，而天下人才亦皆樂意來貞隨六五。

象曰：六五之吉，有慶也。

六五之吉，有慶也：「有慶」之象，原是指天道中正在上，在下各類萬物只要順隨其道而行，就可普受天德利益，在此則以釋六五能夠以其中正之德畜止天下人才，而天下賢才亦樂意貞隨六五，並在其帶領下充分發揮己能。

上九：何天之衢，亨。

何天之衢：何，象人之擔負物形，含有負載意。衢，四通八達的大道。天地寬廣無邊際，就像是四通八達的大衢般，能蓄養負載各類萬物，萬物可以任遨遊於其間，「何天之衢」之意。

亨：指四通八達、亨通流行而無滯礙。

象曰：何天之衢，道大行也。

何天之衢，道大行也：天地之道之畜止萬物，沒有任何時空之限制，其道是如此寬廣大行，萬物皆能自由自在遨遊於其間，「何天之衢，道大行也」之意。《禮記・禮運大同篇》：「大道之行也，天下為公。選賢與能，講信脩睦。故人不獨親其親，不獨子其子，使老有所終，壯有所用，幼有所長，矜寡孤獨廢疾者，皆有所養。男有分，女有歸。貨惡其棄於地也，不必藏於己；力惡其不出於身也，不必為己。是故謀閉而不興，盜竊亂賊而不作，故外戶而不閉，是謂大同。」天下原本就擁有豐富蓄藏，而在所追求的理想大同世界裡，它將是不管人才或物力，皆能盡其利用，各得所發揮。〈禮運大同篇〉此篇之義，就是一種同於天道「畜止」之德的最高境界之呈現。

第二十七卦　頤

☶☳
震下艮上　山雷頤

頤：貞吉，觀頤，自求口實。

彖曰：頤，貞吉，養正則吉。觀頤，觀其所養也。自求口實，觀其自養也。天地養萬物，聖人養賢以及萬民。頤之時大矣哉！

象曰：山下有雷，頤。君子以慎言語，節飲食。

初九：舍爾靈龜，觀我朵頤，凶。

象曰：觀我朵頤，亦不足貴也。

六二：顛頤，拂經于丘頤，征凶。

象曰：六二征凶，行失類也。

六三：拂頤，貞凶，十年勿用，无攸利。

象曰：十年勿用，道大悖也。

六四：顛頤吉，虎視眈眈，其欲逐逐，无咎。

象曰：顛頤之吉，上施光也。

六五：拂經，居貞吉，不可涉大川。

象曰：居貞之吉，順以從上也。

上九：由頤，厲吉，利涉大川。

象曰：由頤厲吉，大有慶也。

頤：貞吉，觀頤，自求口實。

貞吉：指春夏秋冬四時季節其日照雲雨之施益不同，在下萬物必須知順隨季節更迭之次序而動，才能順利獲取到各不同時節之天德頤養。

觀頤：四時季節氣象各不同，例如春夏時節日照雲雨充足，萬物所受之天德頤養豐沛，其成長也就快速，秋冬之頤養施益少，萬物面對嚴峻生長環境，相較之下成長將變得緩慢，而這種因外在客觀環境優劣的差異，以致造就出不一樣的頤養格局，就是卦辭「觀頤」之所象徵。

自求口實：指天德之頤養萬物公平普施，因此，凡個體越努力去適應環境，知積極主動求取己身所需之頤養者，就越有機會順利成長茁壯。

彖曰：頤，貞吉，養正則吉。觀頤，觀其所養也。自求口實，觀其自養也。天地養萬物，聖人養賢以及萬民。頤之時大矣哉！

頤，貞吉，養正則吉：何謂「貞吉」？養正則吉！何謂「養正則吉」？四時氣象各不同，在下萬物知貞隨季節遞進之序而動，將在天德頤養下獲得成長繁榮，其過程就像順隨季節之正，一步步頤養而進般，「養正則吉」也！

觀頤，觀其所養也：觀外在客觀環境優劣之不同，所造就出的頤養格局也將相異，「觀頤，觀其所養也」之意。

自求口實，觀其自養也：雖然頤養出何種格局，客觀環境的差異將佔有相當大的影響力，但相對的，求頤養者是用何種態度來頤養自己也是非常重要，因為若是求頤者不思努力去克服外在環境限制，或是不願意積極自求頤養以自我提升，即使擁有優渥頤養環境，也是枉然，「自求口實，觀其自養也」之意。

天地養萬物，聖人養賢以及萬民：天地之德至大，頤養萬物無有窮盡，而聖人之道乃和順於天地之理，賢能君子則是依循聖人之道以進德修業，未來賢能君子一旦養而有成，將進而博施於民和濟眾。子曰：「夫仁者，己欲立而立人，己欲達而達人。」「己欲立」與「己欲達」就是君子努力進德修業，及至「頤養」有成，可進而貢獻己能以頤養天下眾民，是謂「聖人養賢以及萬民」之意也。

頤之時大矣哉：能把握住當下之機會，善用當前所能取得的資源來養成自己，做到將每一階段的頤養效益發揮到最大，是為「頤之時大矣哉」所要表達之意。

象曰：山下有雷，頤。君子以慎言語，節飲食。

山下有雷，頤。山雷頤，頤卦上山艮下雷震，故有「山下有雷」之成象。山，艮止不動之象。雷，震動之象。「山下有雷」，上止而下動之象也。頤是人之口，當頤口動作時，上顎是保持艮止不動，只有下顎可以行上下咬合，有「山下有雷」之象焉。由於人的嘴巴有著言語和飲食兩項功能，對於言語之動，只出而無入，而口之於飲食，則是入而不出，因此，觀頤口上止下動之德，以及言語之既出，飲食之入將不可再逆轉有感，於是君子體會到當能慎其言語和節其飲食。

初九：舍爾靈龜，觀我朵頤，凶。

舍爾靈龜，觀我朵頤：龜，龜具靈性，其食少，卻能長壽。靈龜，在此是以象人內在之自我靈性。朵，樹木枝葉花實下垂貌，小而集中之朵形。朵頤，形容頤養之小，即只著重在口體之養之意。「舍爾靈龜，觀我朵頤」，指初九一直貪求於口腹之慾的享受，而不願意再進一步求取內在己德靈性之頤養。

凶：初九頤養初始之位，此時先求在口體上獲得飽食，這本是無可厚非，然而一旦口體之養已能飽食不缺，就應繼續進一步求取己德與頤養內在靈性，不可一直停留在享受口腹之慾，否則將成頤養之下，故稱有凶。

象曰：觀我朵頤，亦不足貴也。

觀我朵頤，亦不足貴也：頤養口體雖然重要，但若不能同時讓內在己德靈性也一起獲得頤養提升，則這種僅側重於口腹滿足之養是不足貴的，「亦不足貴也」之謂。

六二：顛頤，拂經于丘頤，征凶。

顛頤：顛，頂端。「顛頤」，指六二此時所採取的頤養順序，並非先從下再漸次向上，而是顛倒其序，一開始就直接跳到最頂端這一層。

拂經于丘頤：拂，拂逆之意。經，上下連接之垂直縱線。丘，小土山，在此象徵較高勢位之意。「拂經于丘頤」，指正常頤養順序，理當先從底層的基本需求開始著手，可是六二卻不如此而為，反而一起始就越級，往那高位處行頤養，拂逆頤養所應有之常經。

征凶：指六二違反頤養所該有之常經，在底層頤養未足、根基仍薄弱的情況下，就急欲進到那高階層的頤養，以致變成如揠苗助長般，不但無法因頤養而獲益，反而還會因吸收不良而造成傷害。

象曰：六二征凶，行失類也。

六二征凶，行失類也：類，彼此朋合同行稱「同類」。不懂得循序漸進，一步步築基頤養而上，猶如不知朋從於正而行，一旦亂了頤養之常經，則雖亦有養，最後卻是養而不成，「六二征凶，行失類也」之意。

六三：拂頤，貞凶，十年勿用，无攸利。

拂頤：指拂逆了正當的頤養之道之意。即雖然經過一番頤養，卻因頤養的內容、方法，或於時效掌握等方面的不足或不當，導致雖亦有養，最後卻是養而不能成用。

貞凶：指所頤養的內容物太狹隘，就像是只挑特定食物來吃，長此以往，將會造成營養不均衡。

十年勿用：指雖經過十年這樣長的時間頤養，卻因養不得其法，導致最後徒勞無功，這就像是盡吃些毫無營養價值的食物，即使吃得再多、頤養得再久，也都無法轉化成有益於身體健康。

无攸利：指欲取得高頤養成效，這除了頤養的內容物要具備足夠營養外，也得同時配合好的吸收能力，因為若是身體的吸收能力已變得薄弱，這時即使供給營養豐富的食物，也難以收到預期之成效。

象曰：十年勿用，道大悖也。

十年勿用，道大悖也：悖，心如草叢生，亂也。一旦悖亂了正確頤養之道，則不管是吃進多少食物，或花費多長時間進行頤養，也都難以收到頤養之實質成效，「十年勿用，道大悖也」之意。

六四：顛頤吉，虎視眈眈，其欲逐逐，无咎。

顛頤吉：顛卦六四與六二爻辭皆取「顛頤」之象，「顛頤」是指一種由上向下的頤養方式，而六四的「顛頤」在此是指先天環境所提供的施益頤養之意。「顛頤吉」，指當先天環境所能供給的頤養資源是有限的前提下，這時對於那些求取頤養的個體而言，凡越積極去適應環境，也就是努力做到「自求口實」者，就越有機會獲取到已身所需的頤養。

虎視眈眈，其欲逐逐：眈，本義作「視近而志遠」解，乃目光正逼近注視而心中且有深遠打算之意。逐，本義作「追」解，乃追而捕捉之意。「虎視眈眈」，形容當老虎發現獵物，在伺機而動這段期間，其眼神所顯露出那種專注凝視的情態。「其欲逐逐」，形容老虎開始奔逐向前撲抓獵物，所展現出那份勢在必得的強烈欲望。爻辭「虎視眈眈，其欲逐逐」之取象，其實這是在講個體應積極、主動向外去求取已身所需的頤養，而其展現出來的態度，則是要像那老虎之將欲攫取獵物時般的專注與強烈。

无咎：指六四不應被動的依賴，或等待客觀環境的有限供給，而是要積極主動去求取其他更多、更豐富的頤養，以彌補先天供給的不足，否則就會像那被豢養的家畜般，終究難以成材。

象曰：顛頤之吉，上施光也。

顛頤之吉，上施光也：光，效益彰顯之意。個體能積極主動去求取自養，而且懂得如何善用先天環境所施予的有限頤養資源，是稱「上施光也」之意。

六五：拂經，居貞吉，不可涉大川。

拂經：這是指拂逆上下應有之常經之意。然而，處中正之位的六五，爻辭為何取象「拂經」？由於一國之富足或是國君之得富，實來自於富民在先而後得之，所謂的「民富則國可富」、「百姓足，君孰與不足。」正是因為這種對於六五的頤養能否獲富，並非直接從高位處求，而是必須先讓在下人民獲得充足頤養始得之，其過程就像是拂逆上下頤養順序之常經，是為六五爻辭稱「拂經」之理。

居貞吉：居，居止深扎根之意。「居貞吉」，指人民能安居樂業，穩定的居處於一地而獲得充足頤養。

不可涉大川：指不勞民、不傷財，不會任意徭役人民，人民不會流離失所、生命財產受到損害之意。

象曰：居貞之吉，順以從上也。

居貞之吉，順以從上也：天道之頤養萬物，只是以其中正規律之序引領在上，萬物自然的生長並獲取到所需之頤養。因此，在上六五知法天德作為，不擾動萬民，讓人民可以從安居樂業中獲得充足之頤養，「居貞之吉，順以從上也」之意。

上九：由頤，厲吉，利涉大川。

由頤：由，象田苗始生之任意伸展狀。最上的頤養之道，莫大於天地之頤養萬物，而天地之養萬物，只是規律行其日照雲雨之施益，然後萬物則是在公平競爭、自由發展的基礎下，各自努力獲取所需的頤養，「由頤」之意。

厲吉：厲，指因生存的競爭而致危厲。吉，指能順應自然環境而有吉之意。「厲吉」，指雖然天地之德至大，擁有無盡資源可供萬物汲取，但萬物在求取己身所需頤養之過程中，面對的生存競爭仍然是激烈的，而惟有那些能努力去適應自然環境者，才越有機會獲取到充足之頤養。

利涉大川：指外在生存競爭雖然激烈，但只要能積極去順應環境，就可以順利獲取到所需頤養並得成長繁榮。

象曰：由頤厲吉，大有慶也。

由頤厲吉，大有慶也：「大有慶」之象原可釋為天地之頤養萬物，只需定出四時之序，公平行其雲雨施益之德，任萬物自由的生長於天地間，而各類萬物則皆能普受天德利益並獲成長繁榮。小象在此是取「大有慶」之象，以引申指一個好的頤養制度之建立，是在於先營建出一個良好且公平的環境，然後眾成員就在這一個公平的機制下，自由的競爭、各自努力去獲取所需的頤養，因為這種經「由頤」方式所造就出的頤養成效，才是最為廣大的。

第二十八卦　大過

䷛

巽下兌上　澤風大過

大過：棟橈，利有攸往，亨。

彖曰：大過，大者過也。棟橈，本末弱也。剛過而中，巽而說行，利有攸往，乃亨。大過之時大矣哉！

象曰：澤滅木，大過。君子以獨立不懼，遯世无悶。

初六：藉用白茅，无咎。

象曰：藉用白茅，柔在下也。

九二：枯楊生稊，老夫得其女妻，无不利。

象曰：老夫女妻，過以相與也。

九三：棟橈，凶。

象曰：棟橈之凶，不可以有輔也。

九四：棟隆，吉，有它吝。

象曰：棟隆之吉，不橈乎下也。

九五：枯楊生華，老婦得士夫，无咎，无譽。

象曰：枯楊生華，何可久也？老婦士夫，亦可醜也。

上六：過涉滅頂，凶，无咎。

象曰：過涉之凶，不可咎也。

大過：棟橈，利有攸往，亨。

棟橈：棟，屋舍正中最高之樑。橈，乃形曲之木。「棟橈」，原指木條中間部位上下彎曲震盪之形，在此以象四時寒暑往來更迭變化之狀。

利有攸往：指寒來則暑往，暑往則寒來，四時之道就在這猶如寒暑不斷上下、往來更迭震盪中，順利往前遞進不已。

亨：指天道四時之更迭變化，行至寒暑之極，就會往寒或暑的一端變去，並不會過而不返，故其道得以常保亨通流行。

象曰：大過，大者過也。棟橈，本末弱也。剛過而中，巽而說行，利有攸往，乃亨。大過之時大矣哉！

大過，大者過也：大，至大天道。過，本義作「度」解，乃經此往彼之意，有踰越、超出之意。何謂「大過」？大者過也。何謂「大者過也」？天道四時之運行，並非動之以直進，而是行寒暑兩極之上下震動擺盪，其外徵就像「過而超出」之形，是稱「大者過也」之意。

棟橈，本末弱也：「棟橈」是指木條彎曲之形，彖傳釋之為「本末弱也」，這是在講當木條中間部位遭受重壓，就會呈現嚴重向下彎曲，這時做為支撐點的本末兩端若太脆弱，就可能會因不堪負荷而發生塌折。

剛過而中：天道四時之運行，寒來則暑往，暑往則寒來，其動進雖有一時寒暑之極，並不會過而不回，而是能從這寒暑往來震盪當中，常保中正平衡、順行不已，「剛過而中」之謂。

巽而說行：澤風大過，大過卦上澤兌下風巽，故有「巽而說行」之象。巽，巽入義，指巽入中正。兌，兌悅義，指兩澤相兌流而致平衡。「巽而說行」，指四時運行之道巽入中正，其間寒與暑將會往來兌悅交流，故其道之動進能常保亨通流行，並不會過而不回以致崩潰於半途。

利有攸往，乃亨：天道之運行，因具備「剛過而中」、「巽而說行」之德，故其道之動進不會因震盪太過而致崩折，而是能常保亨通流行、往前順行不已。

大過之時大矣哉：雖然所面對的是積重太過之顛危形勢，既有的脆弱架構已難以繼續支撐接踵而至的壓力，崩塌已是無可避免，但在此同時，卻也可能是另一個改革契機的出現。因為，既然這已是一個非得改革的大過顛危形勢，這時候正可借力使力乘勢而為，大刀闊斧的去除雜蕪、汰弱留強，重塑另一新的組織架構，以因應外界的挑戰，是即為「大過之時大矣哉」所要表達之意。

象曰：澤滅木，大過。君子以獨立不懼，遯世无悶。

澤滅木，大過。澤風大過，大過卦上澤兌下巽木，故有「澤滅木」之成象。「澤滅木」，樹木雖然需要水分的滋養才能成長，但若是水淹成澤而漫過樹木，讓整株樹木完全沒入到水中，在無法行光合作用與呼吸之情況下，樹木也將難以繼續生存。

因此，當樹木面對著「澤滅木」之惡劣環境，除了要堅強屹立不傾以等待澤水退去之外，同時也要努力繼續生長，向上以突出水面，絕不可受挫倒下而被那澤水給淹沒滅去。君子觀澤水雖已滅木，但樹木卻仍能保持活絡而屹立有感，君子此刻所面對的雖是一個世道艱難、世眾多沈淪的惡劣環境，但心中卻是無所畏懼，仍然堅定信念為所當為，「君子以獨立不懼，遯世無悶」。

初六：藉用白茅，无咎。

藉用白茅：藉，祭祀時所用之席，故有鋪、墊之意。白茅，潔白的茅草。「藉用白茅」，指事先在地面墊上一層白茅，以防止物品萬一掉落時，不致碰損或被弄髒，在此引申指當評估未來之形勢發展，將可能因積重太過而造成崩塌，這時就應懂得預先建立一套防護機制，以防範萬一載體突然崩落，可以把損害降到最低。

无咎：指既然已經知道現有結構，可能潛藏一些風險、缺失，就應懂得多增添保險，或再加防護一層，以彌補其不足處。

象曰：藉用白茅，柔在下也。

藉用白茅，柔在下也：雖然白茅是一種價值低廉之物，但若能適時使用在恰當位置，例如將它墊藉在地面，以保護在上高價值物品不被碰損，則這時原為柔弱的白茅，也可發揮高價值效益，「藉用白茅，柔在下也」之意。

九二：枯楊生稊，老夫得其女妻，无不利。

枯楊生稊，老夫得其女妻：稊，細生枝芽。「枯楊生稊」，枯老的楊樹重獲生機，長出新枝芽。「老夫得其女妻」，年紀大的老夫與年輕的女妻相結合，並順利孕育出新生一代。爻辭「枯楊生稊」與「老夫得其女妻」之取象，其實這是在形容當陽眾而陰寡，陽方勢力遠壓過陰方，導致弱陰難以支撐起眾陽，形成失衡之大過顛危態勢，這時的解決之道，則可透過強化弱陰之數量，設法讓陰方力量獲得滋長提升，將可以濟當前陰陽失衡之態勢。

无不利：當陽方數量遠大過於陰方而造成陰陽失衡，這時每讓陰方力量多增加一分，原本失衡的態勢就可更增添一分穩定，「无不利」之謂。

象曰：老夫女妻，過以相與也。

老夫女妻，過以相與也：爻辭的「老夫」是用來象徵陽方勢力已太過，而這時若能設法強化陰方力量，讓象徵生命力充足的「年輕女妻」濟之，則原本陰陽失衡的顛危態勢就可以漸趨穩定，「老夫女妻，過以相與也」之意。

九三：棟橈，凶。

棟橈，凶：指木條中間部位一旦積重太過而嚴重彎曲向下，這時做為支撐點的頭尾兩端，就會承受很大壓力，隨時有塌折的危險，是故有凶。

象曰：棟橈之凶，不可以有輔也。

棟橈之凶，不可以有輔也：已經岌岌可危的彎曲木條，若還繼續增添其負荷，則木條本末兩端將難以再支撐負荷，「不可以有輔也」之謂。

九四：棟隆，吉，有它吝。

棟隆：隆，土高為隆，作高解。「棟隆」，指原本彎曲向下的木條，因為減輕承載的負荷，得以回彈向上。

吉：指逐漸隆升而回復到中而平衡之狀態。

有它吝：有它，指不可測知或潛在的危險。「有它吝」，指已經積重太過而嚴重彎曲的木條，這時若還不盡快減輕其負載，讓兩端支撐點多留有一些緩衝空間，未來若再遇上突發危險，並因此添進新的負荷，就可能瞬間壓垮這已岌岌可危的木條。

象曰：棟隆之吉，不橈乎下也。

棟隆之吉，不橈乎下也：當木條負荷已到快崩折的臨界點，這時最迅速有效的解決方法，就是減少其負載重量，讓原本為彎曲向下的木條能夠盡快回彈向上，所以是「不橈乎下也」！

九五：枯楊生華，老婦得士夫，无咎，无譽。

枯楊生華：生長中的植物，突然遇到氣候或環境劇烈變化等因素的影響，使得原本正常的生長週期受到改變，所以即使開了花，卻無法順利結果，然而植物一旦開完花，不管最後能否結果，植物這一年的生長週期仍將會隨之告終。因此，爻辭「枯楊生華」之取象，這是在講九五採用中道而順自然的方法，以加速循環淘汰，讓象徵生機已弱而老化的「枯楊」盡速開完花，而一旦讓「枯楊」順利代謝去化，不再繼續佔據空間，就可舒緩現前大過顛危的失衡態勢。

老婦得士夫：「士夫」是年輕男子，「老婦得士夫」意指老婦與士夫相配。由於「老婦」已無法再生育，所以「老婦」配「士夫」，這表示未來將不會再有新生一代。而爻辭「老婦得士夫」之取象，其實這是指在化解大過顛危失衡的過程中，若原先加速循環淘汰的方法，還無法有效舒緩當前之顛危態勢，這時則可同步採用「老婦得士夫」之策略，以抑制住總體數量，不讓它有機會繼續擴充膨脹。

无咎：指在經「枯楊生花」與「老婦得士夫」之「補過」調節，將可有效化解原本大過顛危之失衡態勢。

无譽：譽，指有善實在內，進而有譽加名美推展向外之意。「无譽」，雖然「枯楊生華」與「老婦得士夫」之方法，將可化解大過失衡之態勢，但相對的，也會造成無法注入新生活力的影響，這就像失去振作或創造能力般，故取「无譽」以形容之。

象曰：枯楊生華，何可久也？老婦士夫，亦可醜也。

枯楊生華，何可久也：與其等待枯楊緩慢的凋敝，何不如想辦法加速它代謝以騰出多餘空間，畢竟「枯楊」之生命力已弱，走向凋謝之程，也只是遲早的問題，「何可久也」之謂！

老婦士夫，亦可醜也：醜，狹陋不寬廣之意。「老婦」配「士夫」，雖然其利可解決問題於一時，但長此以往則是會欠缺寬廣之發展性，是稱「亦可醜也」之意。

上六：過涉滅頂，凶，无咎。

過涉滅頂：指涉水渡河時，河水淹沒上來，逐漸蓋過整個頭頂，在此引申形容大過顛危形勢持續惡化，此刻危難已籠罩全局。

凶：指大過顛危形勢已到積重難返的地步，未來勢將走向崩塌一途。

无咎：指既然局勢已走到不堪再造的地步，此時何不乾脆打破舊有，順勢讓它崩解掉，再重塑另一個新的平衡，畢竟這樣所付出代價，還可能比試著去挽回一個難以修復的危局還要值得。

象曰：過涉之凶，不可咎也。

過涉之凶，不可咎也：天地之道有一陰必應和以一陽，陰陽往來平衡，乃自然循環恆久不變之理。因此，現狀或許因一時陽剛太過，導致陰柔不足以濟之而致崩解，然而舊架構雖已毀去，原有陰陽兩元素則並未因此而隨之消失，未來仍會有重塑組合的機會，新的陰陽平衡將再蘊釀，這就是為何局勢已到過涉滅頂的地步，小象仍釋之為「不可咎也」之理。

第二十九卦　坎

䷜

坎下坎上

坎：習坎，有孚，維心亨，行有尚。

彖曰：習坎，重險也。水流而不盈，行險而不失其信，維心亨，乃以剛中也。行有尚，往有功也。天險不可升也，地險山川丘陵也，王公設險以守其國。坎之時用大矣哉！

象曰：水洊至，習坎。君子以常德行，習教事。

初六：習坎，入于坎窞，凶。

象曰：習坎入坎，失道凶也。

九二：坎有險，求小得。

象曰：求小得，未出中也。

六三：來之坎坎，險且枕，入于坎窞，勿用。

象曰：來之坎坎，終无功也。

六四：樽酒，簋貳，用缶，納約自牖，終无咎。

象曰：樽酒簋貳，剛柔際也。

九五：坎不盈，祗既平，无咎。

象曰：坎不盈，中未大也。

上六：係用徽纆，寘于叢棘，三歲不得，凶。

象曰：上六失道，凶三歲也。

坎：習坎，有孚，維心亨，行有尚。

習坎：習，鳥數飛，幼鳥屢次振羽學飛之意。當幼鳥習飛之初出離巢，先是往下落，這時候小鳥若不奮力振羽向上，就會立刻掉落到地面無法再起。「習坎」，指流水行進遇有坎陷，將會持續向前注入，讓坎中之水一寸寸往上升，直至越過坎陷之際後續行。而這種「流水入坎」之象，其實也就像那小鳥習飛時先是會往下落，在經奮力振羽，終於逐漸上升。又，「習坎」之於天德取象，乃指天道之運行，其間晝夜與四時寒暑之起伏變化，將像那流水行進般，雖然前有諸多坎陷，仍然剛健動進向前，並不會被坎險所阻撓。

有孚：指天道四時之運行，規律有常，信而有徵，其進並不會因中途遇有坎險而更改孚信之德。

維心亨：維，維繫之意。維心，指心思雖往來變動不定，卻能將之維繫而專主之意。「維心亨」，指天道之運行，雖然晝夜、寒暑之更迭猶如心思般變動不定，卻仍能循著既定之常道而進，就像是被維繫在一條中正規律的大道上，亨通流行向前。

行有尚：尚，加、重之意。天道之運行，就像那流水行進之德般，雖然其間遇有晝夜、寒暑之上下起伏變化，天道仍然循著既定常道，不捨晝夜，剛健遞進向前，「行有尚」之意。

象曰：習坎，重險也。水流而不盈，行險而不失其信，維心亨，乃以剛中也。行有尚，往有功也。天險不可升也，地險山川丘陵也，王公設險以守其國。坎之時用大矣哉！

習坎，重險也：「重險」是指坎險重重之意，在此除了以釋坎卦上坎下坎，有坎險重出之意外，亦用以象徵天道晝夜、寒暑之變化更迭，就像那流水之行進般，將隨著地勢高低險陷的不同而上下起伏。

水流而不盈：水流前進遇有坎陷，不盈科則不續進，及至注滿坎陷，旋即續行向前，也不會做任何之停留。

行險而不失其信：坎水流行雖遇坎陷，不會被險陷所阻，其恆進向前之德並不改常。

維心亨：天道晝夜、寒暑之動進運行，猶如志有專主般，乃維繫在一條中正常道上，往復循環、亨通流行不已。

乃以剛中也：雖然天道晝夜、寒暑不斷更迭變化，但內在剛健中正之德並不改常，故其道能周而復始、恆久運行不已。

行有尚，往有功也：天道運行循著一條中正常道，剛健不息、不捨晝夜，猶如每剛健往進一步，就更有一步漸進之功，「行有尚，往有功也」之意。

天險不可升也，地險山川丘陵也，王公設險以守其國：「天險不可升」，日月運行在上，即使升起一道高廣屏障欲阻擋其前進，也是無法阻撓其半步。「地險山川丘陵」，水流行進在大地之上，遇到低窪處，將會順勢而流，若前有高山丘陵之險，則是知避開阻撓旁行而過，因此對於水流之治，惟有順勢而利導之。「王公設險以守其國」，人民的思想自由就像那動於天際上的日月，而人民的活動遷移則似那行於地面的水流，所以，對於一國人民的思想或行動自由，是無法藉由圍堵方式將之限制，而惟有知順勢利導之理，方是治民守國之要。

坎之時用大矣哉：坎水流行雖前遇險陷，並不會畏懼逃避而不入，仍然勇往向前不間斷的注入水流，直到盈滿坎陷後續行。因此，觀坎水流行之德有感，行事時雖前遇險阻，不會存著逃避之心，雖然選擇逃避或可僥倖而苟且於一時，但這實無法真正解決問題，前面的坎陷依舊存在，而惟有勇敢直接去面對與承擔險難，才是出離坎險的最好方法。否則，越是逃避、越是拖延解決問題的時機，未來出險所將付出的代價，反而會變得更高。是即為「坎之時用大矣哉」所要表達之意。

象曰：水洊至，習坎。君子以常德行，習教事。

水洊至，習坎。洊，水流淹至之意。坎卦上下皆坎水，就像那水流一波波持續不間斷湧至般，故有「水洊至」之成象。水流行進雖前遇坎陷，仍然一波接著一波不間斷的注入坎陷，直至注滿坎陷後續行。君子觀此水洊至之象有感，行事雖前遇險阻，仍能堅守君子之作為，不會因困境而改變常有之德行；君子學習遇到阻礙一時難以突破進步，則能法「水洊至」一波波續行不輟之德，對於困難處更是加倍努力，透過不斷反覆練習，直至熟稔教事為止。「君子以常德性，習教事」之謂也！

初六：習坎，入于坎窞，凶。

習坎：指處坎卦初始之位的初六，前遇有坎陷之險阻，這時最好的處理方式就是選擇勇敢面對，不可心存逃避，因為惟有先越過眼前這一道坎陷，未來才能有機會續進向前。

入于坎窞：窞，深的坑穴。初六不願意積極去面對當前的坎險，而是心存僥倖企圖逃避另走歧路，結果不但沒有真正避開前面這道坎險，反而還讓自己掉入到另一更深的坎陷之中，「入于坎窞」之意。

凶：初六「習坎」不成反而「入于坎窞」，讓自己掉入更深的坎陷難以出離，是故有凶。

象曰：習坎入坎，失道凶也。

習坎入坎，失道凶也：初六不願坦然面對問題，無法堅守行事所該有之正道，企圖投機取巧以逃避險阻，最後反而掉落到更深的坎陷之中，「失道凶也」之謂。

九二：坎有險，求小得。

坎有險：指前有坎險之阻礙。

求小得：前行遇有險阻，這時惟有一步步努力克服它，未來才有續進向前之機會，這就像那水流行進前遇坎陷，必須一點一滴不間斷把險陷注滿，才能出離坎險後續行，「求小得」之意。

象曰：求小得，未出中也。

求小得，未出中也：只要坎陷尚未注滿，不管其間已流入多少，就仍然還未出離這坎險之中，「未出中也」之謂。

六三：來之坎坎，險且枕，入于坎窞，勿用。

來之坎坎：來，由外向內。之，往也，離此而往之意。「來之坎坎」，指往前有坎，後退亦有坎，不管前進或後退、內或外皆存在著坎險之意。

險且枕：枕，停留、耽擱之意。「險且枕」，指六三因畏懼前方之坎險，不敢積極往面對之，以致於一直停滯在原地無法前進。

入于坎窞：指六三若不敢前去面對坎險之挑戰，就會永遠停留在原地無法進步，而且六三越是逃避，時間耽擱得越久，未來出險所將付出的代價也就會越墊高，就像是越來越深陷到坎險之中一般。

勿用：指六三若不想辦法盡快出離坎陷，就會一直滯留在低下處無法上行，而未來也就無法擁有其他更高遠作為之機會。

象曰：來之坎坎，終无功也。

來之坎坎，終无功也：雖然前行將有坎陷，但若心生畏懼而一直不敢向前，則時間越被耽擱，形勢就只會越變得險困而已，「終无功也」之謂。

六四：樽酒，簋貳，用缶，納約自牖，終无咎。

樽酒，簋貳，用缶，納約自牖：樽，酒器。簋，盛飯竹器；缶，瓦罐。約，簡陋。牖，窗戶。僅是少量的一樽酒和兩簋小飯菜，而且是用那粗陋的瓦罐盛裝，然後這一點點少而簡陋的酒菜，則是經由小窗遞送進來。爻辭「樽酒，簋貳，用缶，納約自牖」之取象，是在形容身處坎陷之中的六四，這時能從外界獲取到的接濟是如此陋與少，且接濟的管道也是非常的狹窄。

終无咎：雖然六四所能獲取到的濟助是如此的簡陋與狹少，但是六四只要保持讓外來的濟助能夠持續不斷注入，同時也能善加利用這少許資源，則不管坎陷有多深，未來終究會有被注滿之時，屆時六四也就可順利出離坎陷了。

象曰：樽酒簋貳，剛柔際也。

樽酒簋貳，剛柔際也：際，交界點之意。雖然坎陷很深，而此時所能注入的也只有「樽酒簋貳」這麼少的資源，但勿以善小而不為，畢竟只要不放棄且能持續保持進步向前，未來一旦越過這條與外界交接的「際線」，就可以成功出離坎陷，「樽酒簋貳，剛柔際也」之意。

九五：坎不盈，祇既平，无咎。

坎不盈：指坎陷之蓄水，一旦蓄聚盈滿就會流溢而出。

祗既平：祗，適；至；恰好之意。坎陷之蓄水，猶如設有一水平臨界線般，一旦蓄水滿過這條基準線，自然就會流洩而出，「祗既平」之意。

无咎：指坎陷將以水平線為基準，行損益調節之意。

象曰：坎不盈，中未大也。

坎不盈，中未大也：中，中道平衡之意。預先劃出一條中道而不過的平衡線，然後就任坎水自由的損益進出，而非採取防堵的方式，企圖把水完全圈圍住不使流出，「中未大也」之意。而處中正之位、具備中正之德的九五，懂得法「坎不盈」之德而為，對於人民的思想與活動遷移，乃至於對整個社會的運作，能夠訂定出一套合乎中道平衡的次序規範，而人民則是在遵守這共同次序規範的前提下，擁有充分思想以及活動的自由，這時整個社會也會在一種有次序不泛流、活潑不僵化的運作節奏中進步向前。

上六：係用徽纆，寘于叢棘，三歲不得，凶。

係用徽纆，寘于叢棘，三歲不得：係，綁住。徽纆，大麻繩。寘，置放。「係用徽纆」，指上六原本的處境只是被麻繩綁住，雖然行動受到限制，但身體尚能保有一些餘裕轉動空間，這是象徵所入坎陷仍淺之意。「寘于叢棘」，被投置到有刺的棘叢中，這時身體幾乎已完全無法移動，因為稍微轉動就會被棘叢刺痛，這是象徵再掉入更深的坎陷之中。「三歲不得」，上六越陷越深，從原本還是一個容易被解決的小坎險，拖延成難以出險的大坎陷，甚至未來即使再給予三年之久的時間，也都無法走出這一個深暗之坎。

凶：上六從原本只是受到小綁，進而演變成四面被圍，最後更陷入到深淵之中難以拔離，坎險越陷越深，故有凶。

象曰：上六失道，凶三歲也。

上六失道，凶三歲也：上六行遇坎陷，卻不能以正確積極的態度去面對問題，反而行走歧道以圖僥倖，結果從一個小坎陷拖延變成大坎險，更導致將來很難再有機會出脫險境，「凶三歲也」之謂！

第三十卦　離

䷝

離下離上

離：利貞，亨，畜牝牛吉。

彖曰：離，麗也。日月麗乎天，百穀草木麗乎土，重明以麗乎正，乃化成天下。柔麗乎中正，故亨，是以畜牝牛吉也。

象曰：明兩作，離。大人以繼明照于四方。

初九：履錯然，敬之无咎。

象曰：履錯之敬，以辟咎也。

六二：黃離，元吉。

象曰：黃離元吉，得中道也。

九三：日昃之離，不鼓缶而歌，則大耋之嗟，凶。

象曰：日昃之離，何可久也？

九四：突如其來如，焚如，死如，棄如。

象曰：突如其來如，无所容也。

六五：出涕沱若，戚嗟若，吉。

象曰：六五之吉，離王公也。

上九：王用出征，有嘉折首，獲匪其醜，无咎。

象曰：王用出征，以正邦也。

離：利貞，亨，畜牝牛吉。

利貞：指乾天之道中正規律，日月附麗其上而得重明相繼，四時春夏秋冬附麗之而得亨通流行，在下各類萬物則皆附麗貞隨其道而行並獲成長繁榮。

亨：指晝夜與四時寒暑之變化更迭，因附麗於中正天道，故能常保亨通流行。

畜牝牛吉：原是指牝牛性溫馴，只要畜養得法每天規律給予餵食，牠就可以一天天茁壯長大，在此以象萬物若能貞隨附麗中正天道而行，就可在天道規律之序的引領，以及天德日照雲雨的施益之下，一日日逐漸茁壯繁榮。

彖曰：離，麗也。日月麗乎天，百穀草木麗乎土，重明以麗乎正，乃化成天下。柔麗乎中正，故亨，是以畜牝牛吉也。

離，麗也。麗，兩相麗附意。離卦含有附麗之象，而所謂的離之「附麗」，除了取其日月附麗運行於天際之上，亦指各類萬物附麗於四時規律之道以生長。

日月麗乎天：日落則月升，月落之後又將日升再起，日月就像是附麗於天際之上，往來更迭交替。

百穀草木麗乎土：百穀草木附麗於土地上，隨著春夏秋冬季節之變化而成長繁榮。

重明以麗乎正：離卦上離下離，故有「日繼重明」之象。日月之道附麗於天，規律往來，重明相繼不已，「重明以麗乎正」。

乃化成天下：觀天道因具備日繼重明之德，故有四時季節之文明氣象，以及百穀草木之茂盛繁榮，於是君子體會到一個人文化成的進步社會，將會是一個更革日新、常保活力創造的社會。

柔麗乎中正，故亨，是以畜牝牛吉也：柔，象徵四時季節氣象或各類陰柔萬物也。日月附麗於中正天道，故有晝夜之更迭以及四時季節之往復循環，而在下萬物則附麗於四時規律之道而行，故獲成長繁榮，「柔麗乎中正，故亨，是以畜牝牛吉也」。

象曰：明兩作，離。大人以繼明照于四方。

明兩作，離。離卦上離下離，猶如離日光明相繼不已，故有「明兩作」之成象。大人觀離日重明相繼不已之象有感，大人之德業如離日之繼明，不但能帶領人民不斷日新創造，其德澤也將像那高而在上的離日，光明照耀利益及於四方，「大人以繼明照于四方」。

初九：履錯然，敬之无咎。

履錯然：履，踐履之意。錯，從金從措，以金銀布施于物外為飾，在此指紛置交錯之意。「履錯然」，指初九所將面對的是一種交錯紛然，有著多重方向可以選擇的處境之意。

敬之无咎：敬，自責自律以赴事為敬。離卦繼明之象有更革日新之義，而處離卦初始之位的初九，在面對交錯紛然、有著多重方向可以選擇的情況下，這時一定要慎選所履進之方向，因為惟有朝著正確而有利的道路行進，未來才能越更革越得創新進步，「敬之无咎」之意。

象曰：履錯之敬，以辟咎也。

履錯之敬，以辟咎也：辟，用法者以法審慎加於罪人，此加於罪人之法即辟，其本義作「法」解，在此含有「避」之意思。處在一個猶如百家爭鳴、萬花齊放的時代，面對著眼前這些變化紛然的多重選項，這時一定得慎選方向，因為若一開始就錯走了道路，未來弊害將會隨著時間之進而逐漸顯現和擴大，「履錯之敬，以辟咎也」之意。

六二：黃離，元吉。

黃離：黃，地之色，象徵坤地中道順理之德。離，取其離日重明繼新之意。「黃離」，象徵變化更革之過程，是以一種循序漸進、中道平衡的方式取得日新進步，而非驟然推至。

元吉：指日益創新進步之意。

象曰：黃離元吉，得中道也。

黃離元吉，得中道也：舊一日逝去了，新的一日繼之再起，新生與逝去相得平衡，卻又能在這規律穩定的節奏中，一日比一日更得創新進步，「黃離元吉，得中道也」之意。

九三：日昃之離，不鼓缶而歌，則大耋之嗟，凶。

日昃之離：昃，日已西偏之意。「日昃之離」，指附麗於天上的太陽已至日薄西山之時刻。

不鼓缶而歌，則大耋之嗟，凶：缶，瓦器，古人有鼓缶以節歌。耋，年八十曰耋。嗟，嘆息聲。有日升就會有日落，也正因為有日落，所以才會有明日的日新繼起。而新舊循環交替本就是自然之規律，因此當舊事物發展到了盡頭，將被捨棄淘汰，這已是不可逆轉，毋須對它感到哀嘆惋惜。是故，值此日昃西下之時刻，反而更應該以樂觀態度看待它，畢竟惟先有日落西下，才會再有新一次日升光輝燦爛。人生又何嘗不如此？年老了、繁華盡頭了，就要樂觀坦然面對之，若明不能見及此理，卻做哀聲嘆息狀，或是還想緊抓滿手捨不得放下，又能留住什麼呢？「不鼓缶而歌，則大耋之嗟，凶」！

象曰：日昃之離，何可久也？

日昃之離，何可久也：既然已到了日薄西山之時刻，距離天地暗下，又何需等待太久呢？「何可久也」？

九四：突如其來如，焚如，死如，棄如。

突如其來如：形容變化更革來得之迅速，就像是眼前所看到的這一切，皆突然從面前躍出一樣。

焚如，死如，棄如：「焚如」，象徵無用如灰燼之物。「死如」，象徵如已死而不堪利用之物。「棄如」，將這些無用之物徹底盡棄。「焚如、死如、棄如」，這是形容能夠做到徹底更革，對於那些無用的舊糟粕將會揚棄殆盡，而更革之後所呈現出的，將會是完全不同的另一番新氣象。

象曰：突如其來如，无所容也。

突如其來如，无所容也：變化更革後所呈現出的氣象，是完全渙然一新，而過去一切無用之物則皆已不復存，故稱之「无所容也」！

六五：出涕沱若，戚嗟若，吉。

出涕沱若，戚嗟若：指因憂愁哀傷而涕泗縱橫，以及因絕望而發出無助之嘆息聲。六五爻辭之所以有「出涕沱若，戚嗟若」之取象，其實這是在講處此新舊更革交替之時期，新秩序尚待建立，但舊規模卻已破壞得幾成廢墟，而面對著眼前百廢待舉，失望悲傷之情不禁湧現，並發出不知從何著手之無助嘆息聲。

吉：指六五猶如是位中正光明領導者，當他人面對眼前的黑暗情境而感到失望和恐懼，然而這時的六五卻已看到了其後之光明，他將有能力帶領眾人順利走出這黑暗和絕望，並開創出新一番文明氣象。

象曰：六五之吉，離王公也。

六五之吉，離王公也：王，在此可釋為如離日「尊而在上」。公，指「公允」、「公眾」之意，也就是同「天下為公」之「公」。當眾人面對著百廢待舉而感到黑暗和絕望，這時的六五則像是中正離日，他高而在上、公而無私，光芒照耀大地，於是眾人皆附麗於六五的光明帶領，而眼前原本一片凋敝之景象，將會再建立起新文明秩序，「六五之吉，離王公也」之意。

上九：王用出征，有嘉折首，獲匪其醜，无咎。

王用出征，有嘉折首，獲匪其醜：嘉，嘉美之意。醜，狹陋不寬廣之意。爻辭這裡若僅就字面意思做解釋，是指君王親自帶兵出征討伐作亂的賊寇，而征伐的最上目標是「有嘉折首，獲匪其醜」—直接翦除為首作亂的賊寇，至於一般協從者，則不傷害不問罪，真正做到以最少代價而獲取最高之利益。另外，爻辭「王用出征，有嘉折首，獲匪其醜」之取象，其實這是在講更革創新雖是為了求新求變，但在變革的過程中，只需篩去那些屬於雜蕪和糟粕的部分即可，不必對現狀一切皆全盤否定，完全不辨優劣一律予以鏟除。

无咎：指更革取新之目的，是要把那些狹陋且缺乏創造發展性的糟粕篩去，讓留下來的精粹部分更能符合時宜。

象曰：王用出征，以正邦也。

王用出征，以正邦也：用兵出征，以正邦為目的，戰鬥殺伐則只是過程中不得已的手段，因此，只要將為首作亂的寇首消滅掉，邦國獲得安定，目的就已達到，絕不可本末倒置反將手段變成目的，進而殃及其他無辜。而上九爻象所示之義，實亦以通文明更革演進之旨，指出了雖然變革的目的是為了追求創新進步，但在這揚棄舊糟粕、開創新時局的過程中，只需把那些屬於「醜惡迂腐」的部分篩去即可，至於好的傳統以及文化精粹部分，則是應被好好保留，畢竟追求更革創新，絕不等同須得否定或切割過去的一切。

下經

第三十一卦 咸

䷞

艮下兌上 澤山咸

咸：亨利貞，取女吉。

彖曰：咸，感也。柔上而剛下，二氣感應以相與，止而說，男下女，是以亨利貞，取女吉也。天地感而萬物化生，聖人感人心而天下和平。觀其所感，而天地萬物之情可見矣！

象曰：山上有澤，咸。君子以虛受人。

初六：咸其拇。

象曰：咸其拇，志在外也。

六二：咸其腓，凶，居吉。

象曰：雖凶居吉，順不害也。

九三：咸其股，執其隨，往吝。

象曰：咸其股，亦不處也。志在隨人，所執下也。

九四：貞吉，悔亡，憧憧往來，朋從爾思。

象曰：貞吉悔亡，未感害也。憧憧往來，未光大也。

九五：咸其脢，无悔。

象曰：咸其脢，志末也。

上六：咸其輔頰舌。

象曰：咸其輔頰舌，滕口說也。

咸：亨利貞，取女吉。

亨利貞：「亨」，天地、日月咸感往來，其道規律有節、亨通流行不已；「利貞」，天道中正規律運行在上，在下各類萬物皆咸感貞隨之。

取女吉：取，抓取、引導之意。女，在此象徵陰柔萬物。吉，貞隨中正而行則有吉。「取女吉」，指天道剛健中正運行在上，其德咸感在下各類萬物，而萬物皆貞隨天道而行，並在其中正引領下獲得成長繁榮。

彖曰：咸，感也。柔上而剛下，二氣感應以相與，止而說，男下女，是以亨利貞，取女吉也。天地感而萬物化生，聖人感人心而天下和平。觀其所感，而天地萬物之情可見矣！

咸，感也：咸卦有咸感義，而所謂咸卦之「咸感」象，乃指天地二道上下相咸感，而有晝夜與四時寒暑之生成，以及各類萬物皆咸感日月之道而行。

柔上而剛下，二氣感應以相與：剛柔，天地、晝夜之象徵。二氣，指寒暑氣象之變化推移也。相與，指一出應一入，一往則有一來，出入、往來相推相與而成變化。「柔上而剛下，二氣感應以相與」，日往則月來，月往則日來，日月咸感相推而有晝夜之生成；寒來則暑往，暑往則寒來，寒暑二氣相咸感而有四時春夏秋冬之生成。

止而說：澤山咸，咸卦上艮止下兌悅，故有「止而說」之象。止，艮止義。說，兌悅交流。「止而說」，指天地、日月之動，艮止於中正常道上，而在下各類萬物則皆兌悅咸感其規律之道而行。

男下女：男，象徵剛健中正天道。下，動詞解，咸感引導意。女，象徵坤地之道或各類陰柔萬物。「男下女」，指中正天道咸感引領在下各類萬物。

是以亨利貞，取女吉也：天地、日月之道咸感以相與，而有晝夜與四時往來之生成，以及在下萬物咸感規律之序而行並獲成長繁榮。

天地感而萬物化生：天地二道相咸感，而有晝夜、寒暑與雲行雨施之生成，在下萬物則是咸感四時規律之序而動，並在天德利益下繁榮於天地之間。

聖人感人心而天下和平：天道中正誠孚在上，萬物皆咸感其德而貞隨之，而聖人之道乃和順天地之理，故聖人將以其中正誠孚之德，咸感天下人民，天下因此而獲致和諧安寧矣！

觀其所感，而天地萬物之情可見矣：日往則月來，月往則日來，日月相推而明生焉。寒往則暑來，暑往則寒來，寒暑相推而歲成焉。觀日月之德光輝燦爛照耀在天，春夏秋冬四時季節變化萬千，此即見得天地、日月咸感之情！同理，觀各類萬物欣欣向榮於天地之間，是亦見得萬物咸感天地之道而行之情矣！

象曰：山上有澤，咸。君子以虛受人。

山上有澤，咸。澤山咸，咸卦上澤兌下山艮，澤在山上，故有「山上有澤」之成象。山上之澤，虛靜空靈，雲飄風動無不感知。君子觀山上之澤，虛靜空靈能咸感一切而有感，君子毋意、毋必、毋固、毋我，君子懂得以虛受人，不會固執己見，能靜聽與接納他人想法。

初六：咸其拇。

咸其拇：拇，手、腳最重要的第一個大指頭。腳拇趾位居足下之最前端，當腳行走向前時，拇趾部位會最先到達。「咸其拇」，這是取足動則拇將先至之象，以引申形容初六能夠洞察機先，對於外境的變化推移，在第一時間就敏銳的咸感覺察。

象曰：咸其拇，志在外也。

咸其拇，志在外也：初六隨時蓄勢待發，一旦覺察外在大環境已起變化，立刻捷足先登抓住新機會，佔得行事之初機，「志在外也」之謂。

六二：咸其腓，凶，居吉。

咸其腓：腓，小腿肌。由於腳的行走須經小腿肌牽引帶動，所以腓肌若越發達，表示腿力就越強健，而一旦小腿肌被拉傷，這時腿肌在僵硬而無法放鬆的情況下，整條腿就會變得遲鈍而難以敏捷。因此，爻辭「咸其腓」之取象，這是形容六二必須隨時保持自然放鬆之安止態，才能精準而敏銳咸感外境之變化。

凶：指腓肌若被拉傷，這時緊張而僵硬的腓肌，將難以再靈敏反應大腦的傳導指揮，也因此，整條腿就會失去其敏捷行動力，有凶之理。

居吉：指六二若保持在安靜自然的居止態，將最能敏銳咸感。

象曰：雖凶居吉，順不害也。

雖凶居吉，順不害也：雖然隨時保持警覺，並且對外境之變化能迅速做出反應，是一種生物生存的本能，但這並不表示非得時時處在一種警戒狀態，稍有風吹草動就惶恐如那驚弓之鳥。其實，若欲保持敏銳之咸感，它反而須處在一種從容不迫、任運自然的狀態，也就是越能保持沈著冷靜，覺知感應才會越靈敏，「順不害也」之意。

九三：咸其股，執其隨，往吝。

咸其股：股，大腿股、腰股之意。由於腰股是位處身體中間部位，所以人不管是行走或擺動上身，腰股部位都會被牽連帶動。因此，爻辭「咸其股」之取象，這是形容九三缺乏自制能力，很容易就會被外境變化所左右牽動。

執其隨：指不管是腳下行走或上身擺動，腰股部位皆會受到牽隨帶動，這就像所執是在他隨，而非我。

往吝：指九三缺乏自主判斷力，完全受外境所左右，只會隨波逐流，當然行事也就難有所獲。

象曰：咸其股，亦不處也。志在隨人，所執下也。

咸其股，亦不處也：亦，對稱意。處，止也。腰股部位下接腿足而上連身體，所以，不管是腿足擺動或是伸展上身，腰股無不受到牽隨，「咸其股，亦不處也」之意。

志在隨人，所執下也：九三心無主見，總是被外在環境所牽引支配，凡事人云亦云，「志在隨人，所執下也」。

九四：貞吉，悔亡，憧憧往來，朋從爾思。

貞吉，悔亡：「貞吉」，象徵能夠保持一種靜而專注的態度，全心全意做好當下所應做之事。「悔亡」，象徵敏銳覺察外境之變化，並且能順應形勢之宜而迅速做出反應，就像是做到即知即行般，故其悔得以消亡。

憧憧往來，朋從爾思：憧，意不定貌。朋，指內外兩相朋合之意。「憧憧往來」，形容人之心思很難保持靜而專注，總是變動而難定，念頭起起伏伏就像是往來不停流轉。「朋從爾思」，形容人之心思很容易隨著外境而流轉，每當周遭一有變化，這時心內就會立刻生起一連串念頭與之朋合應和。

象曰：貞吉悔亡，未感害也。憧憧往來，未光大也。

貞吉悔亡，未感害也：九四於內，時時保持寧靜而專注，能清楚的覲得我內之起心動念；於外，則能靈敏覺察外境之變化，並且做到應物順勢而有合宜之出處。如此內外協調中節、任運自然，是謂「未感害也」。憧憧往來，未光大也：「未光大」之象含有一種「集中而向內」之意味，在此可將之引申為「貞而專一」之意。人之心思雖然變動不定，猶如不斷的往來流轉，但其實心也是可以收攝專注於一意，保持在一種安靜而專一的狀態，這就是為何取象「未光大」以釋「憧憧往來」之理。

九五：咸其脢，无悔。

咸其脢：脢，背肌也。因為背肌是位於心之背後，所以「脢」，在此就含有背其私心之象徵意思。「咸其脢」，指背其私心而感，即九五身為在上中正領導者，當能背其私心，行事皆以公利為思考之出發。

无悔：原是指能反身修德，做到正己在內而使行事得無偏過，在此則是以象九五中正誠孚以為德，如天道之無私心，所行皆是順天理而合中正，故其德能咸感天下萬民。

象曰：咸其脢，志末也。

咸其脢，志末也：「志末」，指一切以大公之志為己志，並無個人之私志。而既然是以公為志，這就表示能背其私心，捨去一己之好惡而無私感。

上六：咸其輔頰舌。

咸其輔頰舌：輔，在此是指口旁肌肉，與牙車相連。頰，臉頰。言者心之苗！人之發聲說話，先是有感在心，再經口舌發聲出而為言，所以輔、頰、舌只是說話時所將牽動的三個部位，至於它們對言語的內容，其實是毫無所感的。因此，爻辭「咸其輔頰舌」之取象，這是形容上六在表面上雖仍留有行為能力，但是當他面對外在環境之種種變化，其實已麻木無知得像是沒有靈魂的軀殼般，只是渾渾噩噩的活著。

象曰：咸其輔頰舌，滕口說也。

咸其輔頰舌，滕口說也：輔、頰、舌只是說話時所被牽動的部位，而對於言語的內容則是毫無所感，故小象釋之為「滕口說也」！

第三十二卦　恆

䷟

巽下震上　雷風恆

恆：亨，无咎，利貞，利有攸往。

象曰：恆，久也。剛上而柔下，雷風相與，巽而動，剛柔皆應，恆。恆，亨，无咎，利貞，久於其道也。天地之道，恆久而不已也。利有攸往，終則有始也。日月得天而能久照，四時變化而能久成，聖人久於其道而天下化成。觀其所恆，而天地萬物之情可見矣！

象曰：雷風，恆。君子以立不易方。

初六：浚恆，貞凶，无攸利。

象曰：浚恆之凶，始求深也。

九二：悔亡。

象曰：九二悔亡，能久中也。

九三：不恆其德，或承之羞，貞吝。

象曰：不恆其德，无所容也。

九四：田无禽。

象曰：久非其位，安得禽也？

六五：恆其德貞，婦人吉，夫子凶。

象曰：婦人貞吉，從一而終也。夫子制義，從婦凶也。

上六：振恆，凶。

象曰：振恆在上，大无功也。

恆：亨，无咎，利貞，利有攸往。

亨：指晝夜、寒暑更迭運行之道，出入、往來平衡，故能恆久亨通流行。

无咎：指晝夜、寒暑之往來推移，是應四時之不同而調節，故能恆久運行不已。

利貞：指晝夜、寒暑之動進，將循著一條既定之中正常道，周而復始、往來無差忒恆久運行不已。

利有攸往：指天道之運行終則再始，冬季剝盡後，春天又會復始再來，故能恆久運行不已。

彖曰：恆，久也。剛上而柔下，雷風相與，巽而動，剛柔皆應，恆。恆，亨、无咎、利貞，久於其道也。天地之道，恆久而不已也。利有攸往，終則有始也。日月得天而能久照，四時變化而能久成，聖人久於其道而天下化成。觀其所恆，而天地萬物之情可見矣！

恆，久也：恆卦有恆久義，而所謂的恆卦之「久」，乃指天道之運行，往來平衡、復始循環，故能循著一條既定之常道恆久運行不已。

剛上而柔下：剛柔，天地、晝夜之象徵也。「剛上而柔下」，天道之運行，日往則月來，月往則日來，日月往來相推而成晝夜變化之道；寒來則暑往，暑往則寒來，寒暑往來相與而成四時往復循環之道。

雷風相與：雷風恆，恆卦上雷動下風巽，故有「雷風相與」之象。雷與風二物，乃最具變動不定之德。「雷風相與」，指晝夜之長短與寒暑冷熱之變化，雖像那雷風般變動不定，然而有一晝之往必應有一夜之來，有一暑亦必應有一寒，晝夜、寒暑出入往來相與平衡，故其道能恆久不已。

巽而動：恆卦上雷下巽，亦含有「巽而動」之象。「巽而動」，指天道之運行，猶如動而巽入中正，故能恆久動進不已。

剛柔皆應：天道晝夜、寒暑之更迭，一剛一柔、出入往來對等平衡，故能恆久其道。

恆，亨，无咎，利貞，久於其道也：天道之運行，因為具備「亨」、「利貞」、「无咎」等諸德，故能久於其道。

天地之道，恆久而不已也：天地運行之道，剛健中正，出入平衡，復始循環，故能恆久而不已。

利有攸往，終則有始也：天道四時之運行，終則再始，往復循環，故能利有攸往，恆久其道。

日月得天而能久照，四時變化而能久成，聖人久於其道而天下化成：天地之道，因為具備中正誠孚之德，故日月往來相推而久照於天，四時春夏秋冬往復循環而成變化，在下萬物則是順隨四時恆久之道而動，並在天德之施益下成長繁榮。天地之所以久於其道，乃因中正誠孚之德恆不改常，而聖人之道乃恆順於天地之理，聖人中正誠孚在道，萬民觀而順從之，天下化成矣！

觀其所恆，而天地萬物之情可見矣：《中庸》云：「博厚，所以載物也。高明，所以覆物也。悠久，所以成物也。」觀天地之道，因為具備恆久之德，所以能成就其博厚、高明，以及萬物成長繁榮之功，是即見得天地萬物恆久之情矣！

象曰：雷風，恆。君子以立不易方。

雷風，恆。雷風恆，恆卦上雷震下風巽，故有「雷風恆」之成象。雷與風二物原最為變動不定，然而何以取象「雷風為恆」？其理乃因雷、風雖最為變化無常之二物，但在這看似變動無恆的表象之下，其實內在卻恆存著一種不易的物理規律。而這一個所謂「恆常不改易」之物理規律，是指天地間之種種變化流動，皆導因於上下勢位之高低不同，勢位高者將會逐漸往那低勢位流行，直至致平衡而變動方得暫止。因此，君子觀雷風變動不定的表象背後，仍保持著一種恆常不易之德有感，君子雖居處萬丈紅塵當中，依然恆守著君子之常道，卓然而立，並不會隨著流俗而移易，「君子以立不易方」。

初六：浚恆，貞凶，无攸利。

浚恆：浚，治之使深以利水之流動之意。「浚恆」，指一開始就挖得很深，並打算從此一勞永逸，之後就可以源源不絕的恆久獲取到出水之利益。

貞凶：指初六妄圖只一次的付出，就能擁有恆久之利益，卻不做進一步想，其實外在環境是不斷在變化，初六若無法做到與時俱進，雖然此刻看似可以守著些既得利益，可是一旦形勢環境反轉向下，原有優勢就可能漸流失，甚至轉而成凶。

无攸利：指初六冀望可以一直維持現狀而守住既得利益，並不更有進一步積極作為，未來則隨著時間的逐漸推進，眼前既有之優勢，就只會越見其流逝而已。

象曰：浚恆之凶，始求深也。

浚恆之凶，始求深也：初六於初始時期就做到「浚深其井」，其實這並沒有錯，但是初六若誤認為可以從此一勞永逸，毋須再有其他積極作為，這種妄求永久守住既有利益的「始求深」想法，才是「浚恆之凶」的原因。

九二：悔亡。

悔亡：所謂「恆」之要義，並非指恆久保持不變易，而是知順隨形勢變化之宜而調節，故能中而不偏行於常道之上，也因此其悔得以消亡。

象曰：九二悔亡，能久中也。

九二悔亡，能久中也：九二懂得順勢而為、偕時俱進，因此不管處任何時位，其進退行止皆能合於中道，亦即「能久中也」！

九三：不恆其德，或承之羞，貞吝。

不恆其德：德，循正而為之意。在做事態度上，總是朝秦暮楚而無恆心，或雖能行事有恆，卻是方法錯誤，此二者皆可稱「不恆其德」。

或承之羞：或，不定指。承，依據、根據之意。之羞，往羞的方向行進。態度上的無恆心，或是做事方法不對，以致無法將上一階段所獲取的成果，連續而有效的累積到後面，這就像是前階段所做的，與下一階段所為的，是各自獨立而無法相繼相承般，結果當然就會變成「或承之羞」了。

貞吝：指貞幹的態度或方法既已不對，當然也就越貞幹越見其吝而少得。

象曰：不恆其德，无所容也。

不恆其德，无所容也：九三隨興而為，想到什麼就做什麼，朝秦暮楚，今日所做，明日又已不復再，完全「無所容」於過往的一切；九三行事的方法不對，故其所作為之功，將「無所存容」也！

九四：田无禽。

田无禽：田中既已無禽，即使守之再久，也是無法獵獲禽鳥，只會徒然浪費光陰而已。九四爻辭「田无禽」之取象，其實這是在講個人主觀態度上雖能恆以行事，但是，若眼前所處之地已猶如死水一灘，這時即使有意恆守之，最後也是無法恆以取功。

象曰：久非其位，安得禽也？

久非其位，安得禽也：有恆守常，絕非同於守株待兔之固守義，若眼前所站立已是一塊貧瘠的土地，這時即使擁有好的種子和耕作技巧，將來也難望會有好收成。因此，九四惟有敢於突破現狀，積極向外去找尋另一塊更肥沃的土地，才會有好的發展，否則「久非其位，安得禽也」！

六五：恆其德貞，婦人吉，夫子凶。

恆其德貞：貞，貞正也，貞幹也。而「貞正」者，指能恆守於正之意；「貞幹」者，可指行事知順隨時勢之正，故能恆常獲得振作創新之意。「恆其德貞」，指處中正之位的六五能夠「恆其德」—既能做到「守常」，還同時具備著「振作創新」之德。

婦人吉：象徵安守於現狀之正，亦即只能守成之意。

夫子凶：指夫子當懷有開創之志，能與時勢潮流偕行俱進，做到積極振作創造，不會只消極守成而耽於安逸，否則必被時代進步的潮流給淘汰。

象曰：婦人貞吉，從一而終也。夫子制義，從婦凶也。

婦人貞吉，從一而終也：婦人柔順守常，故「從一而終」。

夫子制義，從婦凶也：六五之中正恆德義，是指除了靜能守成之外，還須在恆常之中見到活潑躍動之創新積極義，不可只是單調的恆久，從始至終並無差異，「夫子制義，從婦凶也」之謂。

上六：振恆，凶。

振恆：振，有震動、變化之意。天地間之一切有為法，於每一剎那間無不在變化、遷移，待時日既久，將會由原本的成、住而逐漸走向壞、空，而惟有能從這事物不斷震動、變化之外徵下，同時賦予其持續振新創造義，才能讓事物相續不絕發展下去，「振恆」之意。

凶：指一切有為法皆只是一時因緣和合所造作，並無法恆久永不改變，終有走向毀壞之時。

象曰：振恆在上，大无功也。

振恆在上，大无功也：有緣起亦必會有緣滅，有為法之「成、住、壞、空」，乃自然之律則。因此，若無法在這「震動變化」下，同時保持著生生之振新創造，待時日既久，顯現在眼前的一切有為法，終會走向頹敗毀壞，乃至渙散滅盡，「振恆在上，大无功也」之謂。

第三十三卦　遯

䷠ 艮下乾上　天山遯

遯：亨，小利貞。

象曰：遯亨，遯而亨也。剛當位而應，與時行也。小利貞，浸而長也。遯之時義大矣哉！

象曰：天下有山，遯。君子以遠小人，不惡而嚴。

初六：遯尾厲，勿用，有攸往。

象曰：遯尾之厲，不往何災也。

六二：執之用黃牛之革，莫之勝說。

象曰：執用黃牛，固志也。

九三：係遯，有疾厲，畜臣妾吉。

象曰：係遯之厲，有疾憊也。畜臣妾吉，不可大事也。

九四：好遯，君子吉，小人否。

象曰：君子好遯，小人否也。

九五：嘉遯，貞吉。

象曰：嘉遯貞吉，以正志也。

上九：肥遯，无不利。

象曰：肥遯无不利，无所疑也。

遯：亨，小利貞。

亨：指天道四時之運行，舊季節適時的遯退逝去，新季節則是會繼之而起，於是四時之道就在這新舊季節不斷的交替更迭當中，往前亨通流行不已。

小利貞：指春夏秋冬四時之運行，舊季節遯退逝去，新的一季將會接替繼起，生長於天地間的各類萬物，則是會隨著四時更迭遞進之序，一季季更加成長茁壯。

象曰：遯亨，遯而亨也。剛當位而應，與時行也。小利貞，浸而長也。遯之時義大矣哉！

遯亨，遯而亨也：遯卦有亨象，而「遯」之所以能亨，這是因為舊季節遯退逝去了，新季節會立刻接替繼起，於是四時之道得以不斷更迭循環、亨通流行向前。

剛當位而應，與時行也：天道剛健中正運行在上，在下萬物必須及時應和季節規律更迭之序而行，才能一季季逐漸成長茁壯，「剛當位而應，與時行也」之意。

小利貞，浸而長：彖辭「浸而長」之象，原是形容水之浸潤土地，雖然從水的立場而觀，水是一步步浸侵向前，但這時若另就土地的立場以觀，土地則正一步步往後遯退。因此，彖辭取「浸而長」以釋「小利貞」，這是藉因有土地此之遯退，故同時有水彼之浸長前進之象，以形容隨著四時季節的逐漸遯退逝去，在下萬物則是會一季比一季更加成長茁壯。

遯之時義大矣哉：時勢潮流正不斷更革進步向前，既然已到該新舊交替的時刻，就當懂得體察時變，毅然及時遯退毫不留戀，畢竟若沒有舊一階段的退去，豈有新生開創繼起之機會，是為「遯之時義大矣哉」所要表達之意。

象曰：天下有山，遯。君子以遠小人，不惡而嚴。

天下有山，遯。天山遯，遯卦上乾天下山艮，故有「天下有山」之成象。「天下有山」，山不管有多高，永遠是在天之下，不可能高上過天。君子之道就猶如天之高，小人雖有一時之得勢高傲，終究凌越不過，如同天般高的君子之道，因此君子不欲和小人直接衝突，而又能與小人保持距離、嚴格劃清界線，「君子以遠小人，不惡而嚴」。

初六：遯尾厲，勿用，有攸往。

遯尾厲：居遯卦初始之位的初六，猶如是個位低職微的初出者，無德亦無功，所以，就初六此刻的身分或重要性而言，其實已與遯退者幾無差異。既然並不具備遯退的條件或必要，初六這時最好的選擇，就是仍舊安分守己留在現前的位置上，其他任何不審時勢的躁動之舉，反而可能使自己身陷危厲當中，「遯尾厲」之謂。

勿用：指這時的初六不但能力未足，也毋須擔負什麼責任，可說是無特別之重要性。

有攸往：原是指欲有攸往，須先有一明確目標，否則將不知其所之，在此是指初六這時本就沒有遯退的必要，事實上，即使心存遯去之想，憑其條件也不知能遯往那裡去。

象曰：遯尾之厲，不往何災也。

遯尾之厲，不往何災也：初六雖位居遯之始，但在遯退的排行次序上卻是敬陪末座，不但不具備遯去的資格，同時也不知能遯往何處，所以最好還是選擇留在原地，畢竟自己是位處「遯之尾」，這時只要不妄動，就不會招致災厲，「遯尾之厲，不往何災也」之謂。

六二：執之用黃牛之革，莫之勝說。

執之用黃牛之革，莫之勝說：執，捕捉之意。黃，地之色，象徵中道順理而為。牛，順服、任勞之象徵。革，皮革。說，同脫。「執之用黃牛之革，莫之勝說」，指用堅韌的黃牛皮革繩將六二緊緊縛住，不讓六二逃脫。爻辭「執之用黃牛之革，莫之勝說」之取象，這是指六二之遯退義，是用一種順理而為、自我要求的態度，先實實在在把目前分內之工作做好，而在責任未盡之前，絕不會輕易離開此刻位置而有求遯之想。

象曰：執用黃牛，固志也。

執用黃牛，固志也：六二是被「黃牛之革」所繫縛，乃強調這是一種來自於內在的自我要求，並非受外力所強加執縛，也就是只要當前的任務還未完成，六二就不會輕易離開自己的崗位求遯去，「固志也」之謂。

九三：係遯，有疾厲，畜臣妾吉。

係遯：指九三內心雖很想立刻就能遯而離去，卻受到各種外在環境因素所牽絆無法脫身。

有疾厲：九三心中想要快速遯去，現實處境卻無法允許立即脫身，因此，九三這時內心的感受就猶如疾病纏身般，雖然希望趕快甩脫掉身上病痛，卻非旦夕可及，「有疾厲」之意。

畜臣妾吉：臣妾，取其象徵次、後與順從之意。既然眼前的情勢並不允許遯退脫身，所以九三這時最適當的處理方式，就是以妥協順從的態度耐心等待，而一旦遯退時機成熟，即可如願脫身離去，「畜臣妾吉」之意。

象曰：係遯之厲，有疾憊也。畜臣妾吉，不可大事也。

係遯之厲，有疾憊也：九三心裡雖想離去，卻被形勢環境所牽絆住不得脫身，所以，這時就像是疾病纏身般，感到非常疾憊，「有疾憊也」之謂。

畜臣妾吉，不可大事也：心雖急欲遯去，但衡量此刻情勢與一己力量，仍不足以得遯，因此，只能先委曲求全耐心等待機會。九三這時的處境，其實就像那若欲擺脫病痛，最重要就是必須要有足夠的靜養時間，倘使不明審情勢，而有其他躁進之舉，不但於疾無益，反而會更加重其害，「不可大事也」之謂。

九四：好遯，君子吉，小人否。

好遯：指九四已經完成現階段任務，而再衡量此刻內外主客觀情勢，亦已無其他牽絆之事，所以，這時的九四不管是選擇繼續留佇或遯退離去，其實完全存乎個人一念之間而已。

君子吉，小人否：既然任務已完成，該盡之責也已盡，而衡量內外情勢亦允許離開，君子這時當懂得功遂身退之理，毅然選擇遯退離去才是，「君子吉」也；雖然任務已經完成，卻因捨不下眼前所擁有的成果，一再眷戀而不願離去，不懂得適時做到好遯，「小人否」之謂。

象曰：君子好遯，小人否也。

君子好遯，小人否也：既然已事遂功成，正是君子毅然選擇遯退的最好時機，「君子好遯」；小人仍舊眷戀著眼前短暫絢爛，不懂得適時掌握住該遯之機，無奈現實情勢已難再允許有大作為了，「小人否也」之謂。

九五：嘉遯，貞吉。

嘉遯：這是在講惟有當天下人民皆得安居樂業、永享太平之時，方是九五之「遯退」。

貞吉：指九五貞守於中正之位，只要在此位置一天，就會做好該位置所該盡之責，絕不會有任何懈怠。

象曰：嘉遯貞吉，以正志也。

嘉遯貞吉，以正志也：九五心中所繫惟天下人民，能夠做到先天下之憂而憂，後天下之樂而樂，而惟有人民皆得安居樂業，方是九五身遯享樂之時，「嘉遯貞吉，以正志也」之意。

上九：肥遯，无不利。

肥遯：肥，原是指增添出來的肉，在此引申象徵將隨著時間而日益累積之意。「肥遯」，指凡天地間一切因緣和合之有為法，皆有其終盡時而無法長存不朽，未來則隨著時間的逐漸推進，時間每增添一分，有形事物就會更走向遯退逝去。

无不利：指雖然一切有為法將生滅遷流而不常住，但是若能敞開心胸去面對此一不得逃脫的自然律則，就可以遯得越灑脫，亦即若越多應之以一分自在，就越多得一分餘裕之利之意。

象曰：肥遯无不利，无所疑也。

肥遯无不利，无所疑也：既然慢慢走向那遯退逝去，已成不可逆轉的現實，這時若能以一種任運自然的態度樂觀面對之，心中越無所罣疑而瀟灑以遯，就越無不利，「肥遯无不利，无所疑也」之意。

第三十四卦　大壯

䷡

乾下震上　雷天大壯

大壯：利貞。

彖曰：大壯，大者壯也。剛以動，故壯。大壯利貞，大者正也。正大而天地之情可見矣！

象曰：雷在天上，大壯。君子以非禮弗履。

初九：壯于趾，征凶，有孚。

象曰：壯于趾，其孚窮也。

九二：貞吉。

象曰：九二貞吉，以中也。

九三：小人用壯，君子用罔，貞厲，羝羊觸藩，羸其角。

象曰：小人用壯，君子罔也。

九四：貞吉，悔亡，藩決不羸，壯于大輿之輹。

象曰：藩決不羸，尚往也。

六五：喪羊于易，无悔。

象曰：喪羊于易，位不當也。

上六：羝羊觸藩，不能退，不能遂，无攸利，艱則吉。

象曰：不能退，不能遂，不祥也。艱則吉，咎不長也。

大壯：利貞。

利貞：指天道之動進運行，剛健貞循中正，其勢如此大而壯盛，馳騁天下莫之能禦。

象曰：大壯，大者壯也。剛以動，故壯。大壯利貞，大者正也。正大而天地之情可見矣！

大壯，大者壯也：何謂卦名「大壯」之意？大者壯也。何謂「大者壯也」？「大」是由「壯」得，也就是須先「積壯」，然後方能成其「大」。又，如何做到「積壯」？剛健貞循中正以動進，於是剛健壯盛之勢得以不斷蓄積。

剛以動，故壯：雷天大壯，大壯卦上乾健下雷動，故有「剛以動」之象。「剛以動」，指在中正之德的引領之下，剛健之勢得以順利往前動進不已，其勢莫之能禦，故壯！

大壯利貞，大者正也：中正之德已備，然後每增益一分之「剛健動進」，就更有一分「壯」之蓄積，終成其大，「大者正也」之謂。

正大而天地之情可見矣：什麼是天地之情？「正大」乃天地之情也！《中庸》云：「辟如天地之無不持載，無不覆幬。辟如四時之錯行，如日月之代明。萬物並育而不相害，道並行而不相悖。小德川流，大德敦化。此天地之所以為大也。」觀天地日月與四時之道，因為正無差妄剛健以動，故能成就其天地至大覆載之德，以及四時季節之更迭和各類萬物茁壯繁榮之功，是即見得天地正大之情也！

象曰：雷在天上，大壯。君子以非禮弗履。

雷在天上，大壯。雷天大壯，大壯卦上雷震下乾天，故有「雷在天上」之成象。「雷在天上」，當迅雷震動在天，形成的雷電若越大，其壯盛聲勢所能撼動的範圍也就越高遠。君子觀雷在天上激起壯大聲勢之象有感，君子依禮循正而行，越正則越能昂首闊步行於四方。反之，非禮而履則猶如行不能得正，行不得正則氣餒，難以行遠矣！子曰：「恭而無禮則勞，慎而無禮則葸，勇而無禮則亂，直而無禮則絞。」恭、慎、勇、直若不得禮之正的配合，則皆將無法成其正大之德。是故，「君子以非禮弗履」也！

初九：壯于趾，征凶，有孚。

壯于趾：形容居大壯初始之位的初九實力尚淺，所壯只不過如腳趾般大而已，亦可說是並無足以言壯。

征凶：指此時的初九能力仍弱而不足，未來若想成壯大，就須懂得好好蓄養，不可不自量力自以為壯，而有一些不必要的征伐損耗之舉。

有孚：指雖然此時初九所壯僅如那腳趾般大，但也毋須為此失去信心，乃至感到自慚形穢，而是仍能堅定信心大胆朝著既定目標前進，本著大無畏的精神剛健向前，未來才有機會成就壯大之功。

象曰：壯于趾，其孚窮也。

壯于趾，其孚窮也：此刻的初九所壯僅及一小趾般大，當然沒有恃壯而為的條件，但也不必因此缺乏信心，把自己局限在一小隅之地不敢往前踏出，而是仍然敢於大步向前朝著既定目標邁進，才不會一直停留在只能壯于趾而已，「壯于趾，其孚窮也」之謂。

九二：貞吉。

貞吉：指穩健的踏出每一步之意。

象曰：九二貞吉，以中也。

九二貞吉，以中也：以，不已。中，在此是指時中之意。穩健的踏出每一步，做好每一階段所該做之事，而累積這每一步、每一階段的「正而有功」，就可蓄積以成壯大，「以中也」之意。

九三：小人用壯，君子用罔，貞厲，羝羊觸藩，羸其角。

小人用壯：指小人器小易盈，偶有累積，就會恃壯而恣意浪費損耗。

君子用罔：罔，覆蔽以捕捉鳥獸不使逃避，引申猶如將「壯」覆蔽在內不使逃逸，保住其壯之意。「君子用罔」，指君子之作為不同於小人，君子懂得養護既有之壯，不會任意的損耗。

貞厲：指懂得善加養護既有之壯實，不會恣意的損耗，否則氣力又會再消耗於無謂的橫衝直撞當中。

羝羊觸藩，羸其角：羝羊，公羊。羸，疲弱。由於公羊常易恃壯亂觸撞，一遇有藩籬之阻礙，往往不懂得繞道而行，總會用牠那角直接衝撞藩籬，直到氣衰力竭羸其角方止。而爻辭「羝羊觸藩，羸其角」之取象，其實這是在講即使擁有強壯厚實之氣力，但若不知節止而恣意損耗揮霍，很快的就會像那強弩之末般力竭摔落。

象曰：小人用壯，君子罔也。

小人用壯，君子罔也：罔，小象這裡的罔字，是作「弗為」解。小人恃壯，會恣意把氣力耗損在無謂的衝撞之中，而君子則是懂得善加養護其壯實，不會讓好不容易的一點積累，又再退轉回去，「小人用壯，君子罔也」之謂。

九四：貞吉，悔亡，藩決不羸，壯于大輿之輹。

貞吉，悔亡：指在還未察明前方情勢之前，知暫時按兵不動，先養精蓄銳以待出擊，等形勢已底定，且經判斷可以挺進向前，就會一鼓作氣趁勢追擊。

藩決不贏：指力量足以順利決開藩籬而不會贏損其角之意。

壯于大輿之輹：輹，車子下面與軸相鉤連的木頭。車子行進時，其中的輿是做為指揮部位，輪是負責轉動行進，而若要輿與輪彼此協調運作，就得靠輹的有效連結。「壯于大輿之輹」，指雖然已有剛強的輪子，以及正確的車輿指揮系統，亦得同時配合堅強壯實的車輹連結，才能讓車輿朝著正確方向快速前進，在此引申指剛健之勢與中正指揮彼此緊密結合，即在智慧與勇力兩相結合的情況下，就可發揮其壯盛之勢，順利決開前方一切阻礙。

象曰：藩決不贏，尚往也。

藩決不贏，尚往也：既然衡量實力已足以決開藩籬而不會贏其角，這時就應一鼓作氣，趁著壯盛之勢大胆往前挺進，「尚往也」！

六五：喪羊于易，无悔。

喪羊于易：易，變易，也就是變動不止之意。由於公羊質性剛烈，容易恃壯亂衝撞，因此其壯盛氣力，常常就損喪耗盡在這缺乏正確目標的盲目衝撞之下，「喪羊于易」之意。

无悔：原是指行事合乎中正能無偏過，故得無悔失，在此以象雖然天下蘊藏著充沛人才和物力，卻因得不到善用以致被糟蹋浪費，而身處中正之位的六五，則是有能力、同時也有責任盡天下人才與物力之利用，讓人才和物力皆能順利成就其大壯之功。

象曰：喪羊于易，位不當也。

喪羊于易，位不當也：天下原藏有無盡人才與物力，卻因不得正確利用，以致無法真正發揮其功，「位不當也」之意。

上六：羝羊觸藩，不能退，不能遂，无攸利，艱則吉。

羝羊觸藩，不能退，不能遂：遂，原是指供地下通行之道路，在此做通達、完成解。羝羊用角去觸撞藩籬，結果羊角被藩籬勾繞住無法解脫開來，這時羝羊無法後退，而想要前進撞開藩籬也是不可得，「羝羊觸藩，不能退，不能遂」之意。

无攸利：指在進退皆不可得的情況下，若一直這樣僵持下去，羝羊氣力將會隨著時間之進，一點一滴損耗流逝。

艱則吉：羊角勾繞在藩籬上，不能退，也不能遂，這時候羊與藩籬就像是勢均力敵的兩方，雖然雙方僵持的力道皆會隨著持續對抗而漸減弱，但是這種比強度、比耐力的消耗戰，誰會是勝出者？答案就是能堅持到最後一刻的那方，「艱則吉」之謂。

象曰：不能退，不能遂，不祥也。艱則吉，咎不長也。

不能退，不能遂，不祥也：祥，同詳。羝羊觸藩進退不得，不知下一步該怎麼走，故謂「不祥也」！

艱則吉，咎不長也：只要願意奮戰不懈，堅持到最後一刻，事實上對手的抵抗力量也會在雙方對峙過程中同時被消耗掉，因此眼前的困境將不再像初始時那般難以撼動，形勢將可能逐漸好轉，所以是「咎不長也」！而觀大壯卦上六爻象，可說是點出了何謂「大壯」之真實要義，因為一位真正稱大壯之實的勇者，並非取決於體型或蠻力上的壯大，而是那種擁有著堅忍不拔的毅力，敢於奮戰到底，不到最後一刻絕不輕言放棄的人。

第三十五卦　晉

䷢

坤下離上　火地晉

晉：康侯用錫馬蕃庶，晝日三接。

彖曰：晉，進也。明出地上，順而麗乎大明，柔進而上行，是以康侯用錫馬蕃庶，晝日三接也。

象曰：明出地上，晉。君子以自昭明德。

初六：晉如摧如，貞吉，罔孚，裕无咎。

象曰：晉如摧如，獨行正也。裕无咎，未受命也。

六二：晉如愁如，貞吉，受茲介福，于其王母。

象曰：受茲介福，以中正也。

六三：眾允，悔亡。
象曰：眾允之，志上行也。
九四：晉如鼫鼠，貞厲。
象曰：鼫鼠貞厲，位不當也。
六五：悔亡，失得勿恤，往吉，无不利。
象曰：失得勿恤，往有慶也。
上九：晉其角，維用伐邑，厲吉，无咎，貞吝。
象曰：維用伐邑，道未光也。

晉：康侯用錫馬蕃庶，晝日三接。

康侯用錫馬蕃庶：康，豐足強健之象徵。侯，諸侯。錫，同賜。蕃庶，繁衍成眾多之意。「康侯用錫馬蕃庶」，原指康侯利用從天子那所賞賜下來的馬，未來將更進一步繁殖出更多、更強健的馬群，在此用以象徵日晉光明之德對於萬物的施予，就像是天子對康侯的豐厚賞賜般，而離日中正在上發出光與熱，萬物在其中正引領與光熱之施予下，未來將會持續的繁衍增生。

晝日三接：此象若僅就字面意思做解釋，是指康侯所受的恩寵，一日之內就有「三接」之多。另外，卦辭的「晝日三接」，因其中的「晝日」是指日出地上之意，而「三接」的接音同「階」，所以稱「晝日三接」者，實亦意同於「晝日三階」。又，何謂「晝日三階」？其意有二：一指太陽從初昇開始，再漸進到光芒四射，最後更晉升至日正當中、光明照耀整個大地萬物，其過程就像是包含三種不同的晉升階段；二是指累積每一日的日昇繼起，可進而成月，再重複這每一個月，則可成為一年，而這種從日到月、再進到年，其過程就像是「三階」一般。

象曰：晉，進也。明出地上，順而麗乎大明，柔進而上行，是以康侯用錫馬蕃庶，晝日三接也。

晉，進也：晉，日進不已之意。而離日之上升和日晉，是持續不斷的日新進步，並且將會由日晉漸積成月，再進至成年。

明出地上：晉卦上離日下坤地，猶如日出地上，「明出地上」之象也。

順而麗乎大明：火地晉，晉卦上離明下坤順，故有「順而麗乎大明」之象。麗，附麗並比而進之意。「順而麗乎大明」，順隨著日出東昇，大地從初始微白，漸晉到整片大地以及萬物皆在離日光明照耀之下。

柔進而上行：上行，日新進步、上行不已之意。「柔進而上行」，指離日光明照耀在上並且日新進步，在下萬物則是隨著離日光明的引領，未來也會逐日、逐月、逐年，更加繁榮茁壯。

是以康侯用錫馬蕃庶，晝日三接也：離日日晉之德，從初始東升，漸晉到光明照耀整片大地，亦從逐日漸進到月，再進步到年，猶如持續日新進步上行一般。

象曰：明出地上，晉。君子以自昭明德。

明出地上，晉。火地晉，晉卦上離日下坤地，故有「明出地上」之成象。「明出地上」，離日從東昇初始，光明越趨昭亮，最後光明氣象更進而普照大地一切處。君子觀此日晉光明之象有感，君子誠其心、正其意，努力修身進德，不斷發揚內在明德，讓自性明德如那東昇旭日般越加昭亮光明，「君子以自昭明德」。

初六：晉如摧如，貞吉，罔孚，裕无咎。

晉如摧如：摧，折毀、破壞之意。「晉如摧如」，指處晉卦初始之位的初六，其質就像那晨曦之際、太陽未露時之朦朧微明，這時猶如只要稍受外力摧折，這僅有的一點微弱光明就可能立刻消失無蹤；相對的，若能謹慎保護好這一點微明，使其持續上晉發亮，未來也將會像那東升旭日般大放光明。

貞吉：指必先立穩當下腳步，扎深根基，未來才有實力再更上一層樓，繼續更往光明處上晉。

罔孚：罔，如網之覆蔽。孚，象徵誠孚小心如孵育般呵護。「罔孚」，指對於這初始微明，應小心翼翼、無微不至的加以照顧，不讓它受到外力的摧折而熄滅。

裕无咎：裕，增裕之意。「裕无咎」，指除了要善加保護這微弱之明外，還要在這一點既有基礎上，繼續更增裕之、強化之。

象曰：晉如摧如，獨行正也。裕无咎，未受命也。

晉如摧如，獨行正也：既然方向已確定，接著就直進不已即是，讓光明持續更發光發熱，不會令它冷卻暗淡於半途之中，「晉如摧如，獨行正也」之謂。

裕无咎，未受命也：命，在此象徵先天的本質或條件。初六不必計較於此刻手中所擁有是多或寡，未來最重要的就是能夠在既有基礎下，繼續再把量與質加以繁衍和提升，而非僅能做到維持現狀而已，「未受命也」之意。

六二：晉如愁如，貞吉，受茲介福，于其王母。

晉如愁如：愁如，蕭索枯萎不能振作之狀。「晉如愁如」，指若想要順利取得蕃庶增生，就先得擁有旺盛的繁殖能力，也因此內在體質絕不可以枯索不振。

貞吉：指強化內在根基，使擁有健康強固的體質之意。

受茲介福：介，穩固而直立；福，神祇降吉祥以助人。介福，指若在下業基豐足，則福將可推而及於上之意。《詩經‧小雅》〈谷風‧信南山〉：「是烝是享，苾苾芬芬，祀事孔明。先祖是皇，報以介福，萬壽無疆。」惟有先田事修而衣食豐足，然後才會有祭祀禮樂備而和平興；和平興，然後人君有福祿壽考之盛。所以，人君能享有安寧壽考之福，實乃奠基於人民豐足於下。《詩經》此篇的「介福」與晉六二爻辭的「介福」，二者意思相同。「受茲介福」，指要能先建構出一個良好而穩固的基礎環境，未來才有辦法提供一個理想蕃庶溫床之意。

于其王母：王，象徵尊或廣大。母，生育繁殖之象徵。「于其王母」，指母體強健或豐足，自然就會擁有生生不息、持續向外繁衍擴張之能力。

象曰：受茲介福，以中正也。

受茲介福，以中正也：「以中正」，原是指先定出一中心主軸，接著再漸次往外圍擴展之意，在此指當基礎豐足肥沃了，未來就可以源源不絕提供滋長的養分，而這也像是若有健康的母體，其旺盛生命力就能持續生殖繁衍。

六三：眾允，悔亡。

眾允：眾，眾多之意。允，象人點首之形，以寓允許之意，在此含有允當、合適之意。「眾允」，指雖然繁衍的目的是要讓族群的數量獲得上晉增加，然而這些蕃庶出來的下一代，必須能夠齊頭並進，也就是素質要能彼此相當，不會參差不齊。

悔亡：原指能與時俱進，在此引申指所蕃庶而出的，會是一代比一代更進步，並且擁有更強的環境適應能力。

象曰：眾允之，志上行也。

眾允之，志上行也：隨著日晉繁衍，不管是縱向的內在之質方面，或是横向的外在之量上，內與外、質與量皆能做到同步俱進，「眾允之，志上行也」之意。

九四：晉如鼫鼠，貞厲。

晉如鼫鼠：鼫鼠乃技多卻皆不精之鼠，能飛不能過屋，能緣不能窮木，能游不能渡谷，能穴不能掩身，能走不能先人。因此，爻辭「晉如鼫鼠」之取象，這是形容雖然在量方面已獲得晉升，但是於質上卻仍有不精，即量與質並無法同步俱進之意。

貞厲：指一直側重於量方面的成長，卻忽視質也得同步俱進，因此，表面上雖看到量的蓄庶增加，但是質卻反而變得日趨下降。

象曰：鼫鼠貞厲，位不當也。

鼫鼠貞厲，位不當也：量多還得要同時做到質精，否則表面上雖已成功讓量增加，卻因實質內涵不能與之俱進，以致最後整體力量並未隨著量增而獲得晉升，在外榮內虛的情況下，根本無法真正立穩腳步、展現實力，此處「位不當也」所象徵之意。

六五：悔亡，失得勿恤，往吉，无不利。

悔亡：指處中正之位的六五，其德就像那離日中正光明，行事有眼光、有計畫，能預先為人民擘劃出未來之正確發展方向。

失得勿恤：勿恤，原是指公平對待而沒有任何人需要恤而有憂之意，在此指能公平無私對待每一位人民。「失得勿恤」，指六五如離日般中正光明在上，能夠公平且無有遠近親疏之別的照顧在下所有人民。

往吉，无不利：指六五如離日般中正在上，在下人民則是知往貞隨中正六五，並且勤奮努力上晉，於是上下一起協力合作進步上行。

象曰：失得勿恤，往有慶也。

失得勿恤，往有慶也：六五如離日中正光明在上，四方人民無論遠近親疏，皆樂意往貞隨之，並普受其德澤照耀，「失得勿恤，往有慶也」之謂。

上九：晉其角，維用伐邑，厲吉，无咎，貞吝。

晉其角：角，前寬尾銳之形。「晉其角」，指當族群持續繁衍增生，這時由於生存空間與頤養資源的受限制，所以，族群接下來的發展將會變得漸趨不利，就像是進入到角裡面般，越行進越形狹窄。

維用伐邑：維，用網子罩限住。伐邑，向內邑擊討，整頓之意。「維用伐邑」，指當族群數量不斷繁衍增生，此時邑內有形空間和資源在無法同步擴增的情況下，族群個體就會相互競逐這些有限的資源和空間。

厲吉：「厲」，指族群數量若過度蕃庶，而在資源空間無法對等提升之情況下，眾個體將會因生存的競爭而有厲；「吉」，指眾個體在面對著生存的相互競爭，此時越能適應環境者，就越易取得生存進化。

无咎：指當有形的資源和空間無法擴充增加，而族群數量卻又不停繁衍增生，這時就得想辦法努力提升資源和空間的利用效率，以應付族群數量增生後的需求。

貞吝：指若毫無節制的放任族群數量繁衍增生，一旦資源和空間無法再滿足眾個體的生存需求，則族群的生存發展就會慢慢走向困境。

象曰：維用伐邑，道未光也。

維用伐邑，道未光也：「道」，正確的行進之道之意；「未光」，在此除指資源的利用效率未被充分發揮之意外，亦含有其道將未得順遂之意。族群的蕃衍增生，必須能與外在生存環境維持平衡，倘若供給族群生存的空間或資源，無法被充分利用或提升，而族群數量卻又不停的增生，則未來整個族群之生存道路，就會面臨極嚴峻的考驗，所謂「其道將未光也」！

第三十六卦　明夷

䷣

離下坤上　地火明夷

明夷：利艱貞。

彖曰：明入地中，明夷。內文明而外柔順，以蒙大難，文王以之。利艱貞，晦其明也。內難而能正其志，箕子以之。

象曰：明入地中，明夷。君子以蒞眾，用晦而明。

初九：明夷于飛，垂其翼，君子于行，三日不食，有攸往，主人有言。

象曰：君子于行，義不食也。

六二：明夷，夷于左股，用拯馬壯，吉。

象曰：六二之吉，順以則也。

九三：明夷于南狩，得其大首，不可疾貞。

象曰：南狩之志，乃大得也。

六四：入于左腹，獲明夷之心，于出門庭。

象曰：入于左腹，獲心意也。

六五：箕子之明夷，利貞。

象曰：箕子之貞，明不可息也。

上六：不明晦，初登于天，後入于地。

象曰：初登于天，照四國也。後入于地，失則也。

明夷：利艱貞。

利艱貞：艱，土難治，象徵艱辛與困難，在此指將面對長期的艱難考驗之意。貞，貞正；貞固，堅持到底之意。「利艱貞」，指當夜晚來臨，離日將沈入到地中，此時天地間會被黑暗所完全籠罩，而在光明被遮的這段黑暗期，事實上，離日仍然會在黑暗的背後行健不息的向前趕路，因為這就像是以艱貞的精神一步步慢慢走出明夷暗境，終再度迎向光明。

象曰：明入地中，明夷。內文明而外柔順，以蒙大難，文王以之。利艱貞，晦其明也。內難而能正其志，箕子以之。

明入地中，明夷：夷，象矢上有繳，射也，含有毀傷意。明夷卦上坤地下離明，有「明入地中」之象。「明入地中」，其實就是指日之西落，同時也像是離日光明被射落而毀傷，「明夷」之謂。

內文明而外柔順，以蒙大難，文王以之：地火明夷，明夷卦上坤順下離明，故卦象含有「內文明而外柔順」之德。「內文明而外柔順」，指處明夷暗境之時，內心仍常保光明積極而不絕望，期待光明再現之志永不熄；外則示之以柔順低姿態，用那堅韌不拔、逆來順受的堅強意志力面對明夷苦難，並以此艱貞不放棄的精神努力走出明夷暗境。「以蒙大難，文王以之」，指昔時周文王身處殷紂王明夷黑暗之時期，蒙受明夷大難，就是利用這種「內文明而外柔順」的態度，亦即用那堅毅忍耐且永不放棄的精神，一步步慢慢走出明夷黑暗。

利艱貞，晦其明也：晦，由明轉晦暗之意。「晦其明」，指當明夷黑暗已經降臨，這時即使身懷光明之質，仍得主動晦藏一己之明，隱藏其身形，選擇與黑暗一起相融入，以避明夷之迫害。

內難而能正其志，箕子以之：處明夷之時期，黑暗勢力籠罩一切，光明被遮蔽夷去，此刻惟有艱貞忍耐以避明夷大難。然而，同為面對明夷黑暗勢力之籠罩，有人選擇快速逃離明夷的直接迫害，但也有人仍然選擇留在明夷黑暗的最近處，而選擇在明夷的最近內處，雖然必須直接承受明夷之苦難、折磨，但是其內在貞正光明之志，卻不會因此而熄滅，未來待時機成熟而明夷黑暗離去時，他將會是帶領眾人最先走出明夷暗境，以迎接黎明曙光者，「內難而能正其志」之謂。昔者，箕子面對紂王明夷之難，就是用此方式為之，「箕子以之」。

象曰：明入地中，明夷。君子以蒞眾，用晦而明。

明入地中，明夷。地火明夷，明夷卦上離明下坤地，故有「明入地中」之成象。離日雖擁有光明四照之質，但亦會有光明入于地中的一面，知適時隱藏自身明亮不使之外露。因此，君子蒞立於眾人之間，懂得效法離日能應時而晦藏其光明之德，君子不會刻意彰顯己能，也不會企急求表現，知斂藏其鋒芒不使外顯，「君子以蒞眾，用晦而明」。

初九：明夷于飛，垂其翼，君子于行，三日不食，有攸往，主人有言。

明夷于飛，垂其翼：一旦走進入明夷暗境，所將面對的是一條極為崎嶇漫長的道路，即使用飛的都難以飛越渡過，何況初九這時必須得「垂其翼」──不得張開翅膀快速飛行，也就是只能以步行的方式慢慢穿越它。

君子于行，三日不食，有攸往，主人有言：初九一旦踏上這條充滿荊棘的明夷道路──「君子于行」，未來所將面對到的是「三日不食」、「有攸往」，以及「主人有言」等一連串艱難困境。「三日不食」，初九必須一直馬不停蹄的趕路，途中將無法得到任何休息，而且是連續三日都不能獲得飲食，身心可說疲憊、困乏到了極點。

「有攸往」，拖著滿是疲憊的身軀不停趕路，然而身處在這黑暗勢力籠罩的明夷暗境當中，心中雖渴望能盡快走出黑暗，但是對於應往那個方向？下一步又該如何走？卻是茫然不知！

「主人有言」，最後雖好不容易走過一段艱辛的明夷道路，來到一個新地方，以為可以暫時鬆口氣、好好休息，但沒想到此地的「主人」，卻是以一種不友善的態度對待初九的到來，對初九是百般刁難，並不願意讓他在此多所停留。

象曰：君子于行，義不食也。

君子于行，義不食也：義，意義也，意思也。君子必須盡速趕路前行，否則就可能會立刻被明夷黑暗勢力所追上且吞噬，「君子于行」；正因為半刻都不敢懈怠停留，所以，想稍做休息吃點東西都不可得，「義不食也」！

六二：明夷，夷于左股，用拯馬壯，吉。

明夷，夷于左股：明夷暗境這條道路其艱辛難走，就像是被夷傷了左股，雖然已經舉步維艱，但是這時不僅無法稍事休息，反而還更得加快腳步趕路，身心的煎熬和痛楚，豈言語所能形容。

用拯馬壯：拯，援引意。馬壯，象徵剛健以動之意。「用拯馬壯」，雖然被夷傷了左股，但卻不能因此而放緩腳步，仍得緊咬牙根強忍著身上的痛楚，並且用那堅韌不拔的毅力，剛健不停息繼續奮力快走向前，即用著如壯馬般的堅強意志力，牽引著自己趕快出離明夷暗境。

吉：六二若想要出離明夷暗境，惟一的方法就是不停息的、一直朝著正確方向走去，那管身心此時已是多麼的疲憊，因為惟有繼續趕路前進，才能更往光明接近一步，此處「吉」之所象徵。

象曰：六二之吉，順以則也。

六二之吉，順以則也：順，順承義。以，不已，不止息之意。則，指晝夜運行之天則。天道晝夜之運行，一明一暗往來循環不已，當離日從光明走入到黑暗，這時離日在黑暗的背後，仍然剛健不止息的往前奔行，最後才能走出那明夷黑暗。因此，處明夷暗境的六二，當法天則這種剛健以動之德，用一種堅毅不屈、奮進向前的精神，堅信只要能更往進一步，就更一步接近光明，「六二之吉，順以則也」之意。

九三：明夷于南狩，得其大首，不可疾貞。

明夷于南狩：南，南方，象徵離日光明之位。狩，狩獵。古代獵人為獵取更多的獵物，所採用的圍獵方法，是先將三個方向圍住，然後在三圍之外的惟一出口處再張網一面，這時被獵人驅趕圍獵的動物，必須知往這三圍外的一方缺口處逃跑，而這一個可以逃離圍獵的出口，就形同是已經三方明夷黑暗，最後剩下的惟一南方光明方向，「明夷于南狩」之所象徵。

得其大首：大，大而周遍意。首，先導意。大首，指不但在思慮方面能做到周遍而縝密，在行動方面也同時做到迅速領先。「得其大首」，指那些被圍獵的動物，惟有懂得最先往三圍之外的惟一正確生路逃跑，才有機會逃脫圍獵，不被捕捉。

不可疾貞：疾，疾疵之意。貞，貞幹準備之意。由於狩獵時在三圍外的惟一出口處，還會再另設陷阱一道—張網一面，因此，這些被追補的動物，除了一開始就要懂得迅速往正確方向逃跑之外，同時還要能在緊要關頭，趁機從獵網旁邊的小空隙逃跑，以避免最後仍掉入對方所預先布下的陷阱，而這種無時不刻都得保持警戒，並且能臨機應變，絕不讓自己有任何一絲一毫的差錯之態度，就是爻辭「不可疾貞」所象徵之意。

象曰：南狩之志，乃大得也。

南狩之志，乃大得也：大得，指行動無任何的缺漏，最後方能有得之意。雖然心中急欲快速逃離明夷暗境，但事實上，若想真正躲掉明夷黑暗勢力的獵捕，卻發現可堪利用的機會又是如此的渺小、難得，過程中，除了要明快判斷出那邊才是正確方向；行動時，也得迅速敏捷絕不能有任何的猶豫，而且還要在最後緊要關頭處，做到臨機應變，機警的避開對方預先所設下的陷阱，這樣才能越過層層猶如千鈞一髮般的險難，「南狩之志，乃大得也」之意。

六四：入于左腹，獲明夷之心，于出門庭。

入于左腹：左，訓為偏、副之意。腹，因為腹部是位在身體最內、最深之處，所以在此是用以象徵內而深層之意。「入于左腹」，形容六四之躲避明夷，是猶如做到將自己隱藏進到最偏側、最深層的地方，不使己身有任何一點形跡顯露在外。

獲明夷之心：心，人心思之動無一刻止息，但從外徵上卻完全看不到心思的活動，而同時心也能一直保持著昭然明白，雖然外面是一片黑暗，卻完全遮蔽不了它。「獲明夷之心」，指六四選擇藏身於黑暗的最深處，從表象上幾乎完全看不到其形其動，然而那明夷黑暗勢力所遮蔽不到的內心深處，卻是常保昭然明白，並且等待光明復始的心燈絕不會熄滅。

于出門庭：六四因為能夠真正做到「內文明而外柔順」，終於順利走出明夷黑暗的門庭，重新見到光明的到來。

象曰：入于左腹，獲心意也。

入于左腹，獲心意也：處在明夷黑暗勢力籠罩的濁世當中，艱貞的忍受苦難，並且把自己身形深深隱藏，所謂的做到「入于左腹」。因為這是一種很高的境界，所以，就猶如是一位能獲悉明夷之最深刻心意者，「獲心意也」之謂。

六五：箕子之明夷，利貞。

箕子之明夷：處中正之位的六五，具備中正光明之德，當他人面對明夷暗境時，能夠選擇遠走高飛，以逃離明夷黑暗勢力之迫害，或是一起融入黑暗，使自己藏身在最側暗之處以避禍害，然而六五卻是光明不可息，不能隨眾人一樣消極作為，畢竟他是未來惟一能夠帶領眾人順利走出明夷暗境的光明希望。

因此，爻辭「箕子之明夷」之象，這句話原意是在講商朝時，當箕子面對殷紂王這位明夷暗主，雖亦須佯狂、披髮以避明夷禍害，但箕子卻是選擇直接留在明夷的最近處，並非遠遯以避禍害，而箕子這樣的作為，其實就像是代表中正光明的希望，未來將有責引領眾人走出明夷暗境。

利貞：指具備中正光明之德的六五，眾人將在他的貞正引領下，順利走出明夷暗境，重新迎向光明。

象曰：箕子之貞，明不可息也。

箕子之貞，明不可息也：面對著明夷暗境，他人可以選擇隱遯、逃避，或一起與黑暗相融入以避禍害，但六五卻是必須勇敢的留在明夷暗主的最近處，直接面對黑暗勢力並與之周旋到底，待未來時機成熟了，自己就會是那個把明夷黑暗照亮的先遣者，「箕子之貞，明不可息也」之意。

上六：不明晦，初登于天，後入于地。

不明晦：指離日雖擁有著光明照耀四方之能力，但是當那明夷黑夜降臨時，也得順應時勢沈入到地中，不使光明顯現，把原本的光明照耀轉為晦暗。

初登于天：指離日上升于天，光明照耀四方之意。

後入于地：指當明夷黑夜降臨時，離日也得隱入地中，藏住光明不使外露。

象曰：初登于天，照四國也。後入于地，失則也。

初登于天，照四國也：離日高登天空之上，光明照耀四國遠方，「初登于天，照四國也」之意。

後入于地，失則也：天地之律則，有白晝之光明照耀，亦會有明夷黑暗籠罩一切的時候，因此即使光明如離日，在遇明夷黑夜降臨，亦得將光明隱藏不使外露，何況是其他根本明不足以與離日匹敵者？是故，身處明夷黑暗勢力籠罩的時代，若還不知法天則作為「晦其明」以避禍害，勢將被明夷黑暗所吞噬而滅入地中，「後入于地，失則也」之意。

第三十七卦　家人

䷤

離下巽上　風火家人

家人：利女貞。

彖曰：家人，女正位乎內，男正位乎外，男女正，天地之大義也。家人有嚴君焉，父母之謂也。父父，子子，兄兄，弟弟，夫夫，婦婦，而家道正，正家而天下定矣。

象曰：風自火出，家人。君子以言有物而行有恆。

初九：閑有家，悔亡。

象曰：閑有家，志未變也。

六二：无攸遂，在中饋，貞吉。

象曰：六二之吉，順以巽也。

九三：家人嗃嗃，悔厲吉；婦子嘻嘻，終吝。

象曰：家人嗃嗃，未失也。婦子嘻嘻，失家節也。

六四：富家，大吉。

象曰：富家大吉，順在位也。

九五：王假有家，勿恤吉。

象曰：王假有家，交相愛也。

上九：有孚，威如，終吉。

象曰：威如之吉，反身之謂也。

家人：利女貞。

利女貞：女，在此乃象徵各類陰柔萬物。「利女貞」，指天道剛健中正運行在上，在下各類萬物皆貞隨之，這時天地之道就像是一家之父母，而各類萬物則像是家中之眾子女，天地與萬物就猶如是一家人般，將會循著共同規律之道而行。

彖曰：家人，女正位乎內，男正位乎外，男女正，天地之大義也。家人有嚴君焉，父母之謂也。父父，子子，兄兄，弟弟，夫夫，婦婦，而家道正，正家而天下定矣。

家人，女正位乎內，男正位乎外，男女正，天地之大義也：一家之組成有夫婦、父母與兄弟姊妹等眾成員，當家中所有成員皆能扮演好一己之角色，其中尤其是父母親能盡責，則家道可正矣，「家人，女正位乎內，男正位乎外」之謂；乾天在上，坤地在下，天地之道就像是一家之父母，順隨天地之道而行的各類萬物則像是家中眾子女，當天地與萬物像一家人般上下一起偕行律動，是即為「男女正，天地之大義也」！

家人有嚴君焉，父母之謂也：天地之道就猶如一家之父母，而天地規律有節正其道運行在上，則像是家中之中正嚴君，家中有中正嚴君，子女皆得好教養，家道將遂得其正而興旺矣！《中庸》云：「君子之道，辟如行遠必自邇，辟如登高必自卑。詩曰：『妻子好合，如鼓瑟琴。兄弟既翕，和樂且耽。宜爾室家，樂爾妻孥。』子曰：『父母其順矣乎。』」此處的「父母其順矣乎」，是指父母做到如中正嚴君，因為有中正嚴君正其責在先，才會接之子弟之相親愛，以及一家之和樂興旺。

父父，子子，兄兄，弟弟，夫夫，婦婦，而家道正，正家而天下定矣：彖辭這裡出現的父、子、兄、弟、夫、婦，前第一個字是「名詞」，而後第二個字是「動詞」，全句意指當家中所眾成員皆能扮演好一己角色，盡到該盡之責，則家道可正矣！同理，因為天下國家是由無數的家庭所組成，所以，當天下所有眾家庭皆能做到正其家道，則天下定矣！

象曰：風自火出，家人。君子以言有物而行有恆。

風自火出，家人。風火家人，家人卦上巽風下離火，故有「風自火出」之成象。「風自火出」，火堆燃燒時，火是集結於一處不移，然而白煙與氣流則是會向四方流動飄散。君子觀風自火出之象有感，飄散四逸的白煙是由火而出，而火則是一直集聚於一處燃燒，並不會像煙一般流動飄散，於是君子體會到應「言有物而行有恆」。君子口出之言，一定有自己的中心思想，不會泛泛空言，行事則是有恆心，不會朝秦暮楚，如煙之飄忽不定。

初九：閑有家，悔亡。

閑有家：閑，門中有木，乃以木拒門，所以防自內逸出及自外闌入者，有遮止意，在此象徵家規、規範。「閑有家」，指一個由眾成員所組成的家或團體，必須事先訂定出共同遵循的家規或紀律規範，而團隊眾成員有了共同行為規範可依循，未來這個團體才能和諧而有秩序的運作著。

悔亡：原指行動能與時偕行，故其悔得以消亡，在此指對於家規，或團體共同行為準則的訂定，必須能隨著外在時空環境實際所需而調整之，絕不可墨守成規而僵化。

象曰：閑有家，志未變也。

閑有家，志未變也：國有國法，家有家規，規矩或律法一旦訂立，團體中所有成員將不分上下或身分，都必須遵守共同的規範行事，不容許有個人的破壞或例外，而這種團體中眾成員皆必須遵循同一行事規範，不應有個別之例外，就是「志未變也」之所象徵。

六二：无攸遂，在中饋，貞吉。

无攸遂：指一個由父母、子女等眾成員組成的家，家道若要正而興旺，家中每位成員皆應做好本身該盡之責，願意為這個共同生活的大團體無私的奉獻、付出，並不會計較個人小我之私利。

在中饋：饋，進食於人之意，含有奉獻、付出之象。「在中饋」，指家中的每一位成員皆能為這個家貢獻己力，不會只有特定的成員在付出，有些人卻是一直盡享福。

貞吉：指生活在一起的家庭眾成員，皆能做好個人所該盡之職責，並以成就這個共同生活團體之利益為優先，讓家道能夠興旺得利。

象曰：六二之吉，順以巽也。

六二之吉，順以巽也：順，順承義，在此指以家道為主之意。巽，巽入義，指為這個家奉獻個人之力之意。家道要興旺，這個共同生活的大團體若要進步獲益，前提就是眾成員皆願意無私的為這個家庭，或團體奉獻付出，捨個人之小我以成就大我，「順以巽也」之意。

九三：家人嗃嗃，悔厲吉；婦子嘻嘻，終吝。

家人嗃嗃：嗃嗃，嚴格管教時的斥喝聲。「家人嗃嗃」，這是形容家中嚴君之嚴格管教狀。

悔厲吉：「悔」，象徵家中若有不守家規之子弟，家中嚴君能及時施予矯正，以免未來積習難改而變成頑劣子弟，彼時再也無法管教則悔之莫及矣。「厲」，原是指失衡則將致厲之意，在此象徵做為一家之主於處事上，一定能秉持公平、公正，不會有特別之寵愛，或是分配不公之情形，以免讓家中其他成員心感不平，甚至造成整個家庭關係變得不和諧。「吉」，比附中正是能得吉之理，在此象徵家中除了要有嚴君嚴厲管教之一面，同時也需要有慈母的關愛，也就是對於犯錯的子弟，當然要給予嚴厲管教，而對於那些謹守家規的成員，則是會受到愛護和鼓勵，如此一嚴一慈相得平衡，家庭才能和諧安樂。

婦子嘻嘻，終吝：嘻嘻，嬉鬧聲。家中如果沒有嚴君來執行家規，放任家族中婦女和小孩無理取鬧，只要一任性哭鬧就給予糖吃，寵溺驕縱的下場，最後整個家道就會因失節而變成混亂，終至分崩離析，「婦子嘻嘻，終吝」之謂。

象曰：家人嗃嗃，未失也。婦子嘻嘻，失家節也。

家人嗃嗃，未失也：家中有嚴君執行家規，在嚴格管教下，家裡雖然會較少輕鬆嘻笑聲，或許這是一種失；但卻可因此使家中子弟變得有教養，家道也能井然有序的運作著，則這將會是一種得，最後在這一得與一失兩相增損後，「嗃嗃」之得，畢竟還是會比「嘻嘻」之失要來得多，是稱「未失也」之意。

婦子嘻嘻，失家節也：一個任由婦子無理取鬧的家族，在失了家節的情況下，家道必將走向衰敗。同理，在一個團體乃至社會中，若是放任一些刁民、惡棍胡作非為，無法及時有效的予以節止，將來這些刁民、惡棍勢必還將變本加厲，肆無忌憚，最後就是整個大團體都會受到這少數惡劣份子的牽累、影響而不得安寧，同時整個團體的力量也將會日趨低下。

六四：富家，大吉。

富家：富，作滿解，齊備豐滿之意。「富家」，指社會上所有眾家庭皆能做到正其家道之意。

大吉：大，周遍無所不及。吉，象徵正其家道。「大吉」，指若每一個家皆能正其家道，當然整個社會也就會因此而得正矣！

象曰：富家大吉，順在位也。

富家大吉，順在位也：由於社會是由無數個的家庭單位所組成，所以，只要每個家庭皆能做到正位在道，則整個社會全體也就會因此而得正，「順在位也」之意。

九五：王假有家，勿恤吉。

王假有家：王，尊或廣大之意。假，借解，因借來之物雖暫為我持用，仍非真為我有，所以「假」在此可取其「由此交於彼」這樣的象徵含意。王假，指先定出一個中心基準點，接著再從這一個基準點出發，而在經過一連串猶如衍繹循環之過程後，這一個中心基準點的位置，或大小雖未移易，但基準點原本所賦予的價值性或影響力，則是會像良性循環般，已隨著一次次的衍繹而逐漸被累積疊加。

「王假有家」，指處中正之位的九五，仁愛全天下人民如家人，而天下人民也將會敬愛九五如其父母家人般，於是一國之內原為無數分別的家，將會因上下的相親相愛而逐漸的凝聚，最後形同一個「大家」。

勿恤吉：勿恤，原是指公平對待，並沒有任何人需要恤而有憂之意，在此指九五能仁愛每一位人民，所有人民皆能得到九五的慈愛和照顧，就像是不必恤而有憂一般。吉，原指比附中正而有吉，在此指人民將敬愛九五如父母家人一樣。「勿恤吉」，指上位者能愛民如子，而天下人民也視上如父母家人，上下相親相愛猶如一家人。

象曰：王假有家，交相愛也。

王假有家，交相愛也：上位者仁愛人民如子女，不會有遠近親疏之分，而天下人民亦敬愛九五如父母家人，上下相親相愛如同一家人，「交相愛也」之意。

上九：有孚，威如，終吉。

有孚：內外誠孚相應和之象，這裡是指內能誠身修己，外則亦可獲得他人的誠孚應和之意。

威如：威，畏懾之象，亦即能使人發生悚懼而又敬重之感之意。「威如」，指莊敬自持、誠正在內，自然能威儀形於外，人望之則將心生敬重。

終吉：指莊敬自持、誠正在內，做到一切向內求，則未來隨著時間的逐漸拉長，這種因內在誠正所發揮出來的影響力，自會越得往外擴大。

象曰：威如之吉，反身之謂也。

威如之吉，反身之謂也：一個社會或國家乃由無數個別的「家」所形成，而一個家則又是由眾家庭成員所組成。因此，若欲使國家、社會能正道安定，揆其根本，其實就是每位個人皆能做到誠正其身在先，因為若所有個人都能做到身修與正其責，自然的，也就能齊其家道，並進而及至整個社會國家之得正。《大學》有云：「古之欲明明德於天下者，先治其國；欲治其國者，先齊其家；欲齊其家者，先修其身；欲修其身者，先正其心；欲正其心者，先誠其意。」亦云：「自天子以至於庶人，壹是皆以修身為本。」國家之治，天下之平，須以正家為先，家之齊，則又以個人一己之誠正身修為根本。《大學》此處所云的「自天子以至於庶人，壹是皆以修身為本」，其實就等於是在講「威如之吉，反身之謂也」！

第三十八卦　睽

䷥

兌下離上　火澤睽

睽：小事吉。

彖曰：睽，火動而上，澤動而下，二女同居，其志不同行。說而麗乎明，柔進而上行，得中而應乎剛，是以小事吉。天地睽而其事同也，男女睽而其志通也，萬物睽而其事類也。睽之時用大矣哉！

象曰：上火下澤，睽。君子以同而異。

初九：悔亡，喪馬勿逐，自復，見惡人，无咎。

象曰：見惡人，以辟咎也。

九二：遇主于巷，无咎。
象曰：遇主于巷，未失道也。
六三：見輿曳，其牛掣，其人天且劓，无初有終。
象曰：見輿曳，位不當也。无初有終，遇剛也。
九四：睽孤，遇元夫，交孚，厲无咎。
象曰：交孚无咎，志行也。
六五：悔亡，厥宗噬膚，往何咎。
象曰：厥宗噬膚，往有慶也。
上九：睽孤，見豕負塗，載鬼一車，先張之弧，後說之弧，匪寇婚媾，往遇雨則吉。
象曰：遇雨之吉，群疑亡也。

睽：小事吉。

小事吉：小，在此象徵天地間各類萬物。事，規律、律則，象徵四時規律之道。吉，指貞隨規律天道而行，將可獲得天德施益而有吉。「小事吉」，指四時春夏秋冬氣象變化不同，其道規律有節運行在上，而生長於天地間的各類萬物，雖然族殊類異，則是能循著這條共同規律之道而行，並在天德之施益下，一起成長繁榮於天地之間。

象曰：睽，火動而上，澤動而下，二女同居，其志不同行。說而麗乎明，柔進而上行，得中而應乎剛，是以小事吉。天地睽而其事同也，男女睽而其志通也，萬物睽而其事類也。睽之時用大矣哉！

睽，火動而上，澤動而下，二女同居，其志不同行：火澤睽，睽卦上離火下澤兌，故有「火動而上、澤動而下」之象。而象辭「火動而上」與「澤動而下」之取象，這是形容天地間各類萬物形殊類異，有天上飛的，也有地下爬的，雖然同生長於天地之間，但天生質性卻是睽異不相同，所謂「二女同居，其志不同行」也！

說而麗乎明：睽卦上離明下澤兌，故有「悅而麗乎明」之象。說，兌悅交通之象。麗乎明，附麗於一條中正光明之道而行。「說而麗乎明」，指四時春夏秋冬就像是一條中正光明大道，在下萬物雖族類相睽異，卻猶如願意與這一條共同規律之道兌悅交流般，一起附麗遵循此中正之道而行。

柔進而上行：指天地間萬物雖然族類睽異，卻能依循四時共同規律之道而行，隨著季節的日新推進，一起成長繁榮於天地之間。

得中而應乎剛：指天地間萬物雖然族殊類異，卻能在中正天道之引領下，一起應和順隨四時剛健動進之道而行。

是以小事吉：卦辭「小事吉」之象，指出即使天地萬物是如此族殊類異，卻仍然找得到一條可共同依循的行進之道，一起和諧生長繁榮於天地之間。

天地睽而其事同也：天在上，地在下，雖然天地上下睽異而不同，彼此仍能循著一條共同規律之道以運行。

男女睽而其志通也：男與女雖然陰陽睽異，卻能彼此咸感相結合，共同生活在一起。

萬物睽而其事類也：天地萬物雖然族類睽異，卻能循著四時規律之道，一起生長於天地之間。

睽之時用大矣哉：人際之間相處，難免因個別質性之差異，或觀念立場的不同而產生睽疑，這時睽疑的雙方，絕不可互避不見面或不願溝通，放任那睽疑的裂痕越漸擴大，而是應趁著睽疑尚不深刻之際，就盡快一起努力化解之間的睽疑，這樣雙方就越有機會，也越容易取得合睽之效，是即為彖辭「睽之時用大矣哉」所要表達之意。

象曰：上火下澤，睽。君子以同而異。

上火下澤，睽。火澤睽，睽卦上離火下澤兌，故有「上火下澤」之成象。「火」之質性動而向上，「澤水」則是向下流行，二物一上行、一下走，其道睽而不相同。君子觀火與澤質性相睽異而各行其道之象有感，天地萬物族殊類異生就不同，這本就是很自然的事，因此君子與同儕一起交遊學習，各有所懷之志，其志既已不同，行當然也就各由其徑，所謂道不同則不相為謀，「君子以同而異」也！

初九：悔亡，喪馬勿逐，自復，見惡人，无咎。

悔亡：指初九猶如睽疑之初始，這時因合睽尚易，所以雙方若真有心於合睽，就不該再拘泥於一些外在形式，只要有利於合睽，皆可順應當下形勢，彼此做出妥協或權變。

喪馬勿逐，自復：指馬已經脫跑了，在不知失走方向的情況下，即使想追也不知從何找起，所以這時最好的處理方式，就是選擇留在原地等待，希望馬能自動回來。而爻辭「喪馬勿逐，自復」之取象，其實是在講對於過去所發生的事，皆已成既定事實，因此，睽疑的雙方也就不必再計較過去誰是誰非，目前最重要的就是應先擱置爭議，重回到有建設性的起始點，再從這共識處慢慢展開溝通或合作，一起消弭之間的睽疑障礙。

見惡人：當雙方有了睽疑，彼此間常會互生嫌惡，所以，也就不太樂意與對方相碰面，然而雙方越是互避不見面，其間的睽疑就只會更加惡化而已。是故，這時雙方若有心於合睽，不想再讓這種睽疑狀態繼續下去，就得先去除這種排斥心態，仍然往與對方保持接觸和見面，「見惡人」之謂。

无咎：指雙方若願意調整一下心態，往與他保持相見面，未來則可藉由這溝通互動，慢慢消弭各自心中之成見而順利走向合睽。

象曰：見惡人，以辟咎也。

見惡人，以辟咎也：辟，作避解。心中若存有睽疑，則出現在眼前的對方，怎樣看都會像是一個「惡人」般，然而對方真的如所想像般那樣醜惡嗎？事實上，自己若願意往與對方保持「相遇見」，就可經由之間的互動，逐漸改變原有之成見，「見惡人，以辟咎也」之謂。

九二：遇主于巷，无咎。

遇主于巷：遇，遇合意。主，主要、正式。巷，象徵旁側非正式之小管道。睽疑的雙方將欲合睽，初始時，雖難以在主要爭執點取得共識，但這時一定仍有機會，可以從旁側找出一些其他不具爭議處，而未來彼此則可先從這共識處展開互動，再漸次擴及到更大範圍的合睽，「遇主于巷」之謂。

无咎：指先就沒有爭議的部分保持交流，雖然這並無法對整個合睽產生關鍵性影響，但雙方願意務實的先從一些無爭議處合作起，未來才能有機會繼續擴及到更核心部分的合睽。

象曰：遇主于巷，未失道也。

遇主于巷，未失道也：互睽的雙方雖各有不願妥協的爭執點，但也願意先就無歧見的部分進行溝通、接觸，這種雙方各有堅持、亦有所妥協，願意務實的為未來合睽留有轉圜餘地，就是稱「未失道也」之意。

六三：見輿曳，其牛掣，其人天且劓，无初有終。

見輿曳，其牛掣：曳，拉引。掣，牽曳。車輿被坎陷給牽掣住無法繼續向前，這時即使藉牛隻的力量也拖曳不動它。爻辭「見輿曳，其牛掣」之取象，這是形容睽疑雙方各自倔強的堅持己見，彼此互不信任，誰也不願意主動往與對方溝通接觸，而任由那睽疑的裂痕越擴大，終至難以化解。

其人天且劓：天，在此象徵首受去髮之髡刑。劓，鼻被截之刑。髡劓是古之刑罰，古代凡受刑之人將烙留印記而其形醜惡，他人遠見則皆急欲避走之。爻辭「其人天且劓」之取象，這是形容睽疑雙方其成見之深，每遠遠瞥見對方身影，內心就會立刻生起一種莫名的厭惡感並急欲走避，總是盡其可能避免彼此狹路相逢。

无初有終：不管是個人或族群之間，雙方若欲合睽，首先，就是得放下過去的恩恩怨怨，不必再計較過去誰是誰非，「无初」之謂；雙方應該積極向前看，一起為合睽而努力，盡快把過去因睽疑所造成的裂痕修補起來，「有終」之謂。

象曰：見輿曳，位不當也。无初有終，遇剛也。

見輿曳，位不當也：雙方若不盡快尋求解決之道，以打開當前睽疑僵局，則僵持越久，未來雙方所將損失的代價也就會越高，終至兩敗俱傷收場，此處「位不當也」所象徵。

无初有終，遇剛也：「遇剛」，遇合剛健，指雙方一起致力於合睽，能以積極的態度往前看，願意攜手合作，以克服前面之睽疑障礙。

九四：睽孤，遇元夫，交孚，厲无咎。

睽孤：九四爻辭的「睽孤」之象，是指合睽不能僅靠單方力量，得雙方共同努力才能達成合睽的目標。

遇元夫：元，生生創造之象徵。夫，象徵具備實際行動力，敢於突破現狀開創新格局。雙方於合睽過程，初期先就不具爭議的部分接觸合作，但待經一段時日後，終究還是得要去面對那些不易妥協的核心難題，這時就要看雙方如何發揮其智慧與行動力。因為，一方面除了須設法創造雙方能繼續合作的有利新契機外，同時還要敢於去突破既有框架，不會被一些窠臼，或舊包袱給束縛住而不敢跨越，「遇元夫」之意。

交孚：指睽疑雙方互信基礎會是薄弱的，因此，未來在合睽的過程中，一定要展現出彼此之誠意，能夠以實質作為與對方相交通。

厲无咎：厲，失衡則有厲。「厲无咎」，指雙方在合睽的過程中，不容易一開始就能做到公平往來，難免會出現一方吃虧而另一方較佔便宜的失衡狀況，這時應懂得互退一步，也許這一次多讓了點，待下次合作再多補償些回來即可，彼此間毋須太斤斤計較。

象曰：交孚无咎，志行也。

交孚无咎，志行也：既然雙方皆有意願致力於合睽，未來對於已經達成共識的合作事項，就應信守承諾去履行實踐，不可表面上口說合作，檯面下卻又彼此爾虞我詐，「志行也」之謂。

六五：悔亡，厥宗噬膚，往何咎。

悔亡：指具備中正之德的六五，其出處進退能夠與時偕行，就像是每一步的踏出，皆不會與時勢相睽違。

厥宗噬膚：厥，其、彼之不定代名詞，在此泛指不同族群或類眾。宗，初始源頭。噬膚，皮膚僅薄薄的一層，故「噬膚」者，言其穿透之易。「厥宗噬膚」，這是在講天下雖有不同族群之分別，然而具備中正之德的六五，則是有能力促進族群融合，讓族群與族群間的距離，幾乎就像僅有一膚之隔般，很容易就被打破而不再有任何的睽疑隔閡。

往何咎：指人民在六五中正帶領下，能與時勢潮流偕行共進，不會與之相睽違。

象曰：厥宗噬膚，往有慶也。

厥宗噬膚，往有慶也：中正六五就猶如離日般公平無私以待天下人民，而人民則是不分地域或族群皆樂意往貞隨之，並在其中正帶領下，和衷共濟團結在一起，彼此間不再有任何的睽疑隔閡，此處「往有慶也」之所象徵。

上九：睽孤，見豕負塗，載鬼一車，先張之弧，後說之弧，匪寇婚媾，往遇雨則吉。

睽孤：上九爻辭的「睽孤」是指睽疑的發生，往往是起因於自己心中的疑神疑鬼，因為心中若常懷著睽疑猜忌，無法用信任的心來看待他人，則呈現在自己眼中的一切，就盡是一些極端扭曲的形象，長此以往，將演變成自己把自己孤立起來。

見豕負塗，載鬼一車，先張之弧：內心若常懷著敵意與睽疑，則眼裡所看到的別人，就會像是見到一條滿身骯髒的泥巴豬般，鄙視和排斥則盡充滿整個心底，「見豕負塗」之象；更甚者，這時即使別人只是不經意的簡單一個動作，都會將它解讀成背後一定隱藏著一長串的陰謀，「載鬼一車」之象；當睽疑到了極點，就會神經繃緊，敵意滿懷，稍有一點風吹草動，就急欲張滿弓弧射之，「先張之弧」之象也！

後說之弧，匪寇婚媾：說，同脫。其實萬法唯心造，若欲化解這種因睽疑而產生的種種不安，解決之道並非在對方，而是仍得回歸到自己，須從一己內心上求。首先，就是得放下心中的睽疑猜忌，同時也要脫下手中那張滿懷著敵意的弓弧，敞開心胸向外接納他人，「後說之弧」之象；不要排拒或害怕與對方接觸交流，因為若真能敞開心胸對外，則四海之內皆我兄弟也，「匪寇婚媾」之象。

往遇雨則吉：雨，陰陽二氣和合交通則雨下。天地間各類萬物雖是如此的相殊睽異，卻還能一起依循著這條四時之道而行，何況只是一時立場或見解不同所造成的暫時隔閡而已。因此，只要心中真有誠意與對方合睽，願意試著去找尋任何可能的和解之道，共同努力克服其間的隔閡阻礙，最後雙方一定有辦法順利化解睽疑，這時就會像陰陽不同二氣相遇和合而雨下般，「往遇雨則吉」之意。

象曰：遇雨之吉，群疑亡也。

遇雨之吉，群疑亡也：不管是個人或族群間的相處，之所以會產生睽疑，往往是成因於對他方的猜疑、不信任，因此，未來若願意卸下那充滿敵意的防備心，能時時以善意的動機來看待對方，在經一段時間的真誠接觸交流後，一定可以逐漸消去彼此心中那道虛而不實的睽疑障礙，「遇雨之吉，群疑亡也」！

第三十九卦　蹇

☵☶

艮下坎上　水山蹇

蹇：利西南，不利東北，利見大人，貞吉。

彖曰：蹇，難也，險在前也。見險而能止，知矣哉！蹇利西南，往得中也。不利東北，其道窮也。利見大人，往有功也。當位貞吉，以正邦也。蹇之時用大矣哉！

象曰：山上有水，蹇。君子以反身修德。

初六：往蹇，來譽。

象曰：往蹇來譽，宜待也。

六二：王臣蹇蹇，匪躬之故。

象曰：王臣蹇蹇，終无尤也。

九三：往蹇，來反。

象曰：往蹇來反，內喜之也。

六四：往蹇，來連。

象曰：往蹇來連，當位實也。

九五：大蹇朋來。

象曰：大蹇朋來，以中節也。

上六：往蹇，來碩，吉，利見大人。

象曰：往蹇來碩，志在內也。利見大人，以從貴也。

蹇：利西南，不利東北，利見大人，貞吉。

利西南，不利東北：「西南」與「東北」是兩相反方向，而蹇卦辭之所以取象「西南」與「東北」，這是在講若「西南」是代表順隨中正天道之引領而動，則「東北」方向就是指行而背離中正天道之意。因此，所謂「利西南」者，指萬物若懂得依隨季節遞進之序，就能順利克服蹇難而長大茁壯；「不利東北」者，指萬物之生長若乖離四時規律之序，在錯走了正確道路的情況下，將會蹇而有難。

利見大人：原指乾天龍德剛健中正，萬物普受其德澤，並皆應和貞隨其道而行，在此乃象徵天道內巽中正而外應剛健，每一步之動進皆能正而有功，而在下萬物則是因得到中正天道之引領，故能一季季更加成長茁壯無有蹇難。

貞吉：指萬物之生長貞隨四時季節而動，必先扎深這一季之根基，然後才有下一季的順遂成長。

象曰：蹇，難也，險在前也。見險而能止，知矣哉！蹇利西南，往得中也。不利東北，其道窮也。利見大人，往有功也。當位貞吉，以正邦也。蹇之時用大矣哉！

蹇，難也，險在前也：難，指已經發生或此刻正在發展進行中的險難。險，指一種潛在的可能或是未來即將發生的險難。「蹇，難也，險在前也」，所謂蹇之「險難」，並非單只一層而已，而是同時遠近多重險難糾葛在一起，不但是內已遇險，且外亦有險阻，是一個險難之後，又必須繼續面對多重險難，所以是「難」之後，又會遇到「險在前也」！

見險而能止，知矣哉：水山蹇，蹇卦上坎險下艮止，故卦象含有「見險而能止」之德。蹇之險難是內險而外也險，是前後同時橫亙著多重險難，因此當遇內外多重蹇難時，懂得規畫出正確濟蹇順序，且必先將內在重要蹇難「止盡」解決了，才繼續以濟外在其他之蹇，做到既有條理又有效率，將內外蹇難一一解決，表現出濟蹇之最高智慧，「見險而能止，知矣哉」之謂。

蹇利西南，往得中也：雖然前行遇蹇難，但因有一中正濟蹇之道可貞隨，故可一步步往進有功，終順利克服蹇難，「往得中也」之謂。

不利東北，其道窮也：前行遇有蹇難，卻不懂如何是正確濟蹇之道，而在更往錯誤方向行的情況下，將越見其道蹇而難行，「其道窮也」之謂。

利見大人，往有功也：「大人」之德，內巽中正而外應剛健，因此「大人」之濟蹇，懂得規畫出正確濟蹇之道，並且每一次出手濟蹇，蹇難必更減去一層，其德就像天道之動進一般，永遠懂得選擇最簡捷、正確之道而行，「往有功也」之謂。

當位貞吉，以正邦也：懂得從最關鍵之蹇難下手，先把內在最根本的問題解決了，接下來才有能力繼續以濟外部其他之蹇，這就像「攘外必先安內」的道理一樣。而當面對內憂與外患同時交迫的情況下，一定得先正定邦內，然後才會行有餘力以濟外遠之蹇，「當位貞吉，以正邦也」之謂。

蹇之時用大矣哉：當面對內外同時橫亙著多重蹇難，懂得從中挑選出最能達到治本之蹇為優先解決對象，並且敢於盡最大努力將之克服，做到每一出手濟蹇，就立刻對全局產生關鍵性影響，是為彖辭「蹇之時用大矣哉」所要表達之意。

象曰：山上有水，蹇。君子以反身修德。

山上有水，蹇。水山蹇，蹇卦上坎水下山艮，故有「山上有水」之成象。「山上有水」，水之性往低處流行，因此若欲引水至山頂上，這是反其道而行，故其行有蹇。君子之有行也，遇到蹇而難行處，這時應知先從己身反省起，檢視所作為是否已違反行事該有之經常，抑或己德仍有偏而不足處。

《孟子‧離婁篇》有云：「愛人不親，反其仁；治人不治，反其智；禮人不答，反其敬。行有不得者，皆反求諸己；其身正，而天下歸之。」所謂「行有不得者，皆反求諸己」，實即「君子以反身修德」之義也！

初六：往蹇，來譽。

往蹇：指濟蹇須有章法，倘若濟蹇錯用方法，或亂了正確濟蹇之序，不但無法有效解決蹇難，反而會越往進越見其蹇。

來譽：來，由外向內。譽，善實在內，於是有譽加名美之推展向外。「來譽」，指初六之濟蹇，懂得先把近內處的根本蹇難解決掉，待內部穩固而行有餘力了，才繼續推而向外以濟其他蹇難。

象曰：往蹇來譽，宜待也。

往蹇來譽，宜待也：面對著內外多重蹇難，此刻若不先解決近內處問題，將很難再有餘力以濟外遠之蹇，所以是「宜待也」——待近內處問題被解決了，後始續進之意。

六二：王臣蹇蹇，匪躬之故。

王臣蹇蹇：王，與「臣」相對，在此做為「主」之象徵。臣，象徵從屬。王臣，主從相關連之意。「王臣蹇蹇」，指對於蹇難的形成，往往是內憂外患同時糾葛在一起，不會僅單純表面這一層而已，是在一個主要蹇難的背後，還牽連著許多次屬蹇難，而且彼此間還會環環相扣。

匪躬之故：躬，彎曲的身形，象徵一己獨立之身形之意。故，問題的成因。由於蹇難的形成，往往是多重險難同時糾葛，因此濟蹇時不可只見樹不見林，而是必須懂得先釐清各蹇難間複雜的主從關係，然後溯其源頭，找出最關鍵處，拔其根本病灶，這樣才能真正立收宏效。否則，濟蹇不得其法，一開始就錯走方向，從那非緊要處下手，到頭來卻發現費了很大一番氣力，結果只是刮除表面病徵而已，對於全局蹇難完全無法產生根本性影響，「匪躬之故」之意。

象曰：王臣蹇蹇，終无尤也。

王臣蹇蹇，終无尤也：尤，尤失。懂得找出蹇難的源頭並且對症下藥，因此每剝去一層蹇難，就能對整體濟蹇產生長遠成效，「終无尤也」之意。

九三：往蹇，來反。

往蹇，來反：「反」者，反其向、反其序之意。前有諸多蹇難，這時正確的濟蹇之道，應該是想辦法先對內把那些最迫切、關鍵的蹇難解決，行有餘力再以濟外遠之蹇。然而，九三卻是反其道而行，本末倒置全在一些無關緊要的問題上施力，違反濟蹇正確之順序，所謂的因為「來反」，故將「往蹇」也！

象曰：往蹇來反，內喜之也。

往蹇來反，內喜之也：喜，外得應和之象。欲以濟外部之蹇，必須先讓內在蹇難獲得解決，在無後顧之憂了，才繼續以濟外遠之蹇難，「內喜之也」之意。

六四：往蹇，來連。

往蹇，來連：連，連接、關連之意。濟蹇時不可頭痛醫頭、腳痛醫腳，毫無次序章法，而是要有通盤的濟蹇計畫，因此每當解決一個主要蹇難之後，應能繼續以這個已解的蹇難為主軸，再進而擴及到其他相關連蹇難的解決。即先做到從點的濟蹇成功，再到線的突圍，最後再進展到全面的成功出蹇，使濟蹇的成效能連續不斷累積，「往蹇，來連」之意。

象曰：往蹇來連，當位實也。

往蹇來連，當位實也：在有了第一個濟蹇成功做為後盾，同時也因為內部力量更為扎實穩固了，接下來當然就更有餘力去解決其他相關的蹇難，況且這種設法把所有相關連之蹇難一併做解決之策略，也較能收到事半功倍之效，「當位實也」之謂。

九五：大蹇朋來。

大蹇朋來：朋，象徵上下、內外相朋合，彼此團結一致之意。「大蹇朋來」，指當國家同時遭逢內憂外患之巨大蹇難時，身為中正大人的九五，能夠以其中正之德號召人民，而人民則是在九五的帶領下，將不分上下、內外共同朋合在一起，齊心合力以濟內外之蹇。

象曰：大蹇朋來，以中節也。

大蹇朋來，以中節也：節，節度、調節之意。在面對內外重重蹇難時，身為中正領導者的九五，懂得規畫出正確濟蹇次序，並有效整合內外資源，以及各方力量，將上下團結在一起，最後順利安靖內憂、平定外患，「大蹇朋來，以中節也」之意。

上六：往蹇，來碩，吉，利見大人。

往蹇，來碩：碩，實質宏大、堅固的核心之意。「往蹇，來碩」，指面對著一重又一重無止盡的蹇難，未來若欲以濟這些重重蹇難，其根本就是得先厚實內在實力，因為惟有先具備穩固厚實的核心基礎，接下來才能擁有源源不絕的力量，去克服外遠之蹇。

吉：指濟蹇時必須要有正確策略，因為惟有用對方法與走對方向，才能每一步濟蹇皆進而有功。

利見大人：「大人」之濟蹇，具備長遠眼光，不但有宏觀之規畫，而且懂得先從最關鍵處下手，因此每當解去一層蹇難，不但能立刻對全局產生深遠影響，同時也更累積一層濟蹇之實力，真正做到以最少代價與最快速度以濟蹇難。

象曰：往蹇來碩，志在內也。利見大人，以從貴也。

往蹇來碩，志在內也：「志在內」之象是指一切先向內求，做到強化內在實力，因為惟有先鞏固核心根本，接著才能以濟外遠之蹇難。

利見大人，以從貴也：貴，價值高或多，即指最能符合長遠效益者為「貴」。「大人」者，永遠具備著長遠眼光，不會只圖一時的苟安，因此選擇所濟之「蹇」，一定是最具戰略意義，同時也最收宏效的那一個「蹇」開始，懂得先把關鍵之蹇解決，再循序以濟其他蹇難，「以從貴也」之謂。

第四十卦　解

䷧

坎下震上　雷水解

解：利西南，无所往，其來復吉，有攸往，夙吉。

彖曰：解，險以動；動而免乎險，解。解利西南，往得眾也。其來復吉，乃得中也。有攸往夙吉，往有功也。天地解而雷雨作，雷雨作而百果草木皆甲坼。解之時大矣哉！

象曰：雷雨作，解。君子以赦過宥罪。

初六：无咎。

象曰：剛柔之際，義无咎也。

九二：田獲三狐，得黃矢，貞吉。

象曰：九二貞吉，得中道也。

六三：負且乘，致寇至，貞吝。

象曰：負且乘，亦可醜也。自我致戎，又誰咎也？

九四：解而拇，朋至斯孚。

象曰：解而拇，未當位也。

六五：君子維有解，吉，有孚于小人。

象曰：君子有解，小人退也。

上六：公用射隼于高墉之上，獲之，无不利。

象曰：公用射隼，以解悖也。

解：利西南，无所往，其來復吉，有攸往，夙吉。

利西南，无所往：解卦辭「利西南」與蹇卦的「利西南」意思相同，皆是指萬物若能貞循中正天道而行，將在四時規律之序的引領下，一步步順利解決所遭遇到的各種險難。而解卦辭的「无所往」與蹇卦辭「不利東北」之象，其實兩者所指的也是同一意思，皆是在講萬物若不懂得順承中正天道而動，在乖離四時規律之序的情況下，將會因失卻正確行進方向而受阻於途，故將「無法知其所往」也！

其來復吉：其，彼、他之意。來，指由遠而趨近。復，經修正而得以回復到正道之意。吉，循正而行則可有吉。「其來復吉」，指天道晝夜、寒暑之運行，在經一番猶如上下往來震動調節之後，將會循著一條中正常道往前順行不已。

有攸往，夙吉：有攸往，欲有攸往，須先辨明方向，否則將不知其所之。夙，乃甫旦即起而敬勉奉事之意，含有早、操作之勤這樣的意思。「有攸往，夙吉」，指春夏秋冬四時變化更迭之道，乃年復一年終始循環不已，其德就像是若能預先建立出四時季節之循環模式，未來則只需循此既定模式而動，就能年復一年順利往進不已。

彖曰：解，險以動；動而免乎險，解。解利西南，往得眾也。其來復吉，乃得中也。有攸往夙吉，往有功也。天地解而雷雨作，雷雨作而百果草木皆甲坼。解之時大矣哉！

解，險以動；動而免乎險，解：解，從角從刀牛，以刀判牛角也。因牛角堅硬而彎曲，欲以刀剖判之，須先循其紋理，然後才能剖開分解。雷水解，解卦上震動下坎險，故有「險以動」之象與「動而免乎險」之德。天道晝夜、寒暑之運行，猶如行於坎險般變動不定，然而天道之動進，則又像是知辨其正確方向般，能解開其間層層阻礙而往前順行不已，「解，險以動」之意。

觀天道之運行，就像是懂得找出一條正確道路，以及如何避開其間之層層阻礙，因此解決問題時，若能法天道「險以動」之德以應事，能先辨明問題的正確行動方向，再朝著正確解題方向一步步前進，做到每踏出一步就會有一步之得，而險阻也將更減少一分，「動而免乎險，解」之謂。

解利西南，往得眾也：天道之運行中正不偏、規律有節，在下萬物若懂得貞隨四時規律之序而行，就會像是行進間雖進入到複雜的歧道，卻因得到中正之指引，故能順利避開其間層層險阻，「往得眾也」之意。

其來復吉，乃得中也：天道之動進運行，在經晝夜、寒暑之上下震盪調節後，將會循著一條中正常道往前順行不已，「乃得中也」之謂。另外，天道運行在經晝夜、寒暑之往來震盪調節後，而能循著一條規律常道以進，其德則猶如那「解決問題」之義，這是因為當面對著一項棘手而複雜的問題時，在不知什麼是正確答案的情況下，初始時可選定一個約略的解題方向—「其」，接著再經一番往來修正—「來復」，終於找出一條正確可行之道—「吉」！

有攸往夙吉，往有功也：天道之運行，春夏秋冬季節之序，就像是一條已預先擬定的正確道路，而未來只要依循著這條既定常道而動，就能一步步往進有功，「往有功也」之謂。

天地解而雷雨作，雷雨作而百果草木皆甲坼：坼，裂開之意。天地陰陽二氣雖有一時之蘊釀積聚，並不會永遠鬱結不解，密積之雲終究會雷雨作而下，地面上的百果草木，也將在雷雨之施益下而甲坼，並呈現出一片生氣蓬勃之繁榮氣象。因此，觀天地解雷雨作而百果草木皆甲坼之象有感，當時時保持著活潑開朗的心情，不會讓心事鬱結不解，並且能以一種樂觀進取的態度，去面對、解決所遇到的問題。

解之時大矣哉：趁著尚未正式進入到實際執行階段之前，就已預先模擬或評估出事情之可能發展趨勢，以及各種潛藏缺失，並及早擬妥一切相因應之解決對策，就像是能解決問題於事前般，這才是「解」之最上義，是為彖辭「解之時大矣哉」所要表達之意。

象曰：雷雨作，解。君子以赦過宥罪。

雷雨作，解。雷水解，解卦上雷震下坎水，故有「雷雨作」之成象。天空上之雲積不管有多麼的深厚，終究會有雷雨作而下的時候，絕不會一直鬱結不解。君子行走於世，有時難免會與他人生起摩擦或不愉快，但既已事過境遷，凡事也就不必太計較，有道是「得饒人處且饒人，冤家宜解不宜結」，而對於他人的無心之過，更是要有大度量赦免過錯、寬宥罪罰，「君子以赦過宥罪」！

初六：无咎。

无咎：初六解卦初始之位，猶如著手解決問題之初始，而面對錯綜複雜之狀況，很難短時間內就快速找到正確答案，總須經過一番試探，才能逐漸理出頭緒，而這種一開始先經由假設與驗證，從容許嘗試錯誤到發現錯誤，幾經往來比較和修正，終於找出正確解答的一連串過程，就是爻辭「无咎」所象徵之意。

象曰：剛柔之際，義无咎也。

剛柔之際，義无咎也：際，二者之交會處。欲一步就上下不偏不倚的進到那一條正確際線，將會是一件很困難的事，總是得先經過一番或上或下的調節修正，最後才能遂得目的，「剛柔之際」之意；先從漫無頭緒當中理出一條約略方向，再經一番來回修正，終於獲得正確解答，此處「義无咎也」之意。

九二：田獲三狐，得黃矢，貞吉。

田獲三狐：田，田獵，亦有範圍之意。三，有多之意。狐，狐性狡猾而難捉摸。「田獲三狐」，原是指若想在田獵中一舉就同時把三隻狡猾的狐狸獵獲，將會是一件非常困難的事，在此是用以象徵眼前所待解決的，是件棘手而複雜的問題。

得黃矢，貞吉：黃，地之色，象徵中道平衡、客觀不偏頗之意。矢，箭矢，取其勁直、直進之象。「得黃矢」，指以一種中道平衡、順勢應理的節奏，朝著目標往前直進不已之意。「貞吉」，指穩健踏穩當下每一步之意。而爻辭「得黃矢，貞吉」之象，這是以釋若想要把田中三隻狡猾狐狸全部獵獲，一開始，不應急著想同時去追捕三隻狐狸，而是只要先鎖定其中一隻做為追捕的目標即可，等到第一隻狐狸順利捕捉到手，再進而繼續去獵捕第二隻、第三隻。

象曰：九二貞吉，得中道也。

九二貞吉，得中道也：所謂的「得中道」，原是指以一種不失正與反、剛與柔之中道行事方式，漸次朝著所設定的目標前進，在此以釋解決問題時，懂得先理出問題之可行與不可行、已知或不可知兩部分，接著選擇從那已知與可行的部分下手，等到有了初步結果後，再漸次往那未知和難行處推進。

六三：負且乘，致寇至，貞吝。

負且乘：負，背袱著東西，象徵低位之人。乘，乘車之意，象徵高位者。「負且乘」，指下等小人卻竊據本該屬於君子才能擁有的高位，這是形容找了個不合適的人來任事之意。

致寇至：指小人浮誇而招搖，能力不足而不堪所任，不但沒有幫忙解決原本的問題，反而還招惹出更多的麻煩，所以若把重要任務交付給小人，無異是引賊入室。

貞吝：指原本已經是件複雜而難解的問題了，現在又找個不適任的人、更用錯誤的方法去處理它，結果當然是治絲益棼，路越走越窄。

象曰：負且乘，亦可醜也。自我致戎，又誰咎也？

負且乘，亦可醜也：表面上似乎問題已找人來幫忙解決，但實際上，所用卻是一個不適任的小人，這讓原本只需單純解決事的問題而已，現在反而更多了一層人的問題要處理，是稱「亦可醜也」之意。

自我致戎，又誰咎也：解鈴還需繫鈴人，如果找到對的人當然可以用來幫忙解決問題，但若是用了不適任的小人，反而還會因此招惹出更多的麻煩，而這種因識人不明，導致讓待解決的問題更趨複雜，這難道不是自招其咎嗎？豈能怪誰去？又誰咎也？

九四：解而拇，朋至斯孚。

解而拇：拇，手、腳最重要的第一個指頭。「解而拇」，指已解開問題的一個重要頭緒，或是指已順利取得一個行動開端，而未來則會繼續以此「拇」為出發點，以解其他未解之部分。

朋至斯孚：朋，朋合、朋比意。至，接近之意。斯，從其從斤，其有彼意，斤是分開意，故斯含有與彼相析離之意，即有「此」、「近有所指」之意。孚，孚信相應和之象。「朋至斯孚」，指既然現在已經「解而拇」—已理出問題的初始頭緒，接下來就繼續朝那些本質上與這個「拇」朋合類似，或相關連的的部分解去，讓原本只是點的突破，逐漸擴大成線與面的大範圍成功。

象曰：解而拇，未當位也。

解而拇，未當位也：解決問題時，初始頭緒的掌握至為重要，因為下手處就立刻抓得住核心重點，即使所面對是一項艱難複雜的問題，相信也會很快地迎刃而解；相反的，起始處若抓不住重點頭緒，而盡在一些無關緊要的細微末節上打轉，未來勢將走上很長一段冤枉路，甚至到最後都未能以濟險阻，「解而拇，未當位也」之意。

六五：君子維有解，吉，有孚于小人。

君子維有解：維，維繫住之意。君子行中正之德，雖然能力上可以做到緊緊牽制住小人，使小人無所遯逃，但是在另一方面，君子則亦願意隨時留予小人改過自新的退路，「君子維有解」之意。

吉：知比附中正而行是能吉而有得之理，在此以象小人只要真有一分改過自新之意願，君子就會多留予一分自新的機會。

有孚于小人：指小人只要有心改過自新，君子隨時都願意給予機會，並且誠孚信任之。

象曰：君子有解，小人退也。

君子有解，小人退也：君子時時懷著寬宥之心，願意留予小人改正其過、遷善自新的退路，「君子有解，小人退也」之意。

上六：公用射隼于高墉之上，獲之，无不利。

公用射隼于高墉之上：指一位技藝高超的獵人，引滿弓箭站在高墉之上蓄勢待發，一旦發現鷹隼出現於射程內，立刻箭不虛發將鷹隼射獲。

獲之，无不利：指獵人不斷精練其技於平時，當內在準備功夫做得越好，他日一旦發現伸展其技的機會來了，就越能動而有獲，順利取得成功。

象曰：公用射隼，以解悖也。

公用射隼，以解悖也：以，不已。悖，亂也。「以解悖」，指不斷的模擬如何解決各種可能發生之悖亂之意。其實，上六爻象所表達，是在講何謂解決悖亂之最上義，它指出所謂解決問題的最高之法，並不是等到問題發生才急著去找尋解決工具，而是早於初始時，就已針對所有未來可能發生的狀況，備妥相因應的解決措施，亦即猶如能解決問題於事前般。

第四十一卦　損

䷨

兌下艮上　山澤損

損：有孚，元吉，无咎，可貞，利有攸往。曷之用？二簋可用享。

彖曰：損，損下益上，其道上行。損而有孚、元吉、无咎、可貞，利有攸往。曷之用，二簋可用享，二簋應有時，損剛益柔有時，損益盈虛，與時偕行。

象曰：山下有澤，損。君子以懲忿窒欲。

初九：已事遄往，无咎，酌損之。

象曰：已事遄往，尚合志也。

九二：利貞，征凶，弗損益之。

象曰：九二利貞，中以為志也。

六三：三人行，則損一人；一人行，則得其友。

象曰：一人行，三則疑也。

六四：損其疾，使遄有喜，无咎。

象曰：損其疾，亦可喜也。

六五：或益之，十朋之龜弗克違，元吉。

象曰：六五元吉，自上祐也。

上九：弗損益之，无咎，貞吉，利有攸往，得臣无家。

象曰：弗損益之，大得志也。

損：有孚，元吉，无咎，可貞，利有攸往。曷之用？二簋可用享。

有孚：指晝夜、寒暑之更迭變化，舊的一日、舊的季節損去了，將會立刻繼之以新，就像是往來孚信相應和一般。

元吉：指天道之運行，雖然晝夜與寒暑將會損而逝去，但新的一日、新的季節則是會繼之再來，就像是元德初機能夠源源不絕的創生一般。

无咎：指晝夜、寒暑之變化推移，就像是會適時的損去其過而有餘，因此其道能常保動進平衡。

可貞：指晝夜有長與短，寒暑有高低冷暖，而晝夜、寒暑之變化推移，則是會順隨著時節的不同，做出恰如其分的裁損。

利有攸往：指天道運行就在這晝夜、寒暑之損舊迎新、一往一來的更迭當中，順利往前亨通流行不已。

曷之用？二簋可用享：曷，作何解，發問之語辭。簋，祭禮之器。雖然只有二簋如此少量的祭禮，但因誠孚充滿且能應時之所需，故亦足為祭禮之用。而卦辭「二簋可用享」之取象，其實這是在形容天道之運行，雖然只是晝夜交替、寒暑往來之更迭變化而已，就像僅有如此簡單「二簋祭禮」，但就在這寒來暑往、日月推移的損益變化之中，天道運行卻能恆動不已，而在下萬物也將得利於天德日照雲雨之施益，生生不息繁榮於天地之間。

彖曰：損，損下益上，其道上行。損而有孚、元吉、无咎、可貞，利有攸往。曷之用，二簋可用享，二簋應有時，損剛益柔有時，損益盈虛，與時偕行。

損，損下益上，其道上行：所謂「損」之義，是一種適時把那些次下、老舊的部分損去，以讓善上之質得以獲得新生繼起之機會，就像天道之更迭循環般，舊的一日將會損去，讓新一日得以繼之再起，而就在這日新又新的更迭變化當中，天道將因此進步上行不已，「損下益上，其道上行」。

損而有孚、元吉、无咎、可貞，利有攸往：天道晝夜、寒暑之運行，其間因蘊含著「有孚」、「元吉」、「无咎」、「可貞」等「損道」之德，故能順行往進而「利有攸往」。

曷之用，二簋可用享，二簋應有時，損剛益柔有時，損益盈虛，與時偕行：天道之運行，不過是晝與夜、寒與暑如此「剛柔」二道往來推移而已，然而雖僅此剛柔二道，卻因能偕四時季節之不同而行損益盈虛，讓舊一季適時的損去，而新的季節有機會新生繼起，也因此天道得以周而復始、恆久運行，往前進步不已。

象曰：山下有澤，損。君子以懲忿窒欲。

山下有澤，損。山澤損，損卦上山艮下澤兌，故有「山下有澤」之成象。山上之水並不佇留，將會流往山下匯聚成澤。君子觀山上之水將流往山下，並匯聚成澤之象有感，忿怒之氣不使留駐在身，就像那山上之水能向下流出，亦懂得適時的節制欲望，不會讓欲望隨著外在的引誘而放流不止，就像匯集於一處的山下之澤並不橫流，「君子以懲忿窒欲」！

初九：已事遄往，无咎，酌損之。

已事遄往：已，止或成熟意。遄，往來頻繁狀。「已事遄往」，指當事物發展至成熟而有餘裕，可酌量裁損之。

无咎：指適時的截損之，使其常保在穩定平衡的最佳狀態。

酌損之：指已至成熟且是過而有餘裕的前提下，才斟酌截損之，而不是用一種寅吃卯糧，或竭澤而漁的方式，漫無節制的損耗浪費。

象曰：已事遄往，尚合志也。

已事遄往，尚合志也：尚，加、重之意。損其有餘的部分，或是去其已過之雜蕪，因而使之更能契合外在環境，即經截損之後，將更能保持其穩定態或進步向前，「尚合志也」之謂。

九二：利貞，征凶，弗損益之。

利貞：指先有貞固根基在內，方有餘裕施以損道於外。

征凶：指若是持續不斷的行征伐損耗，卻又不得增益，不久後，勢將損及其根基矣！

弗損益之：指雖行裁損，卻能弗損於其根本，這是因為做到了對於任何的損去，則能及時且對等的補益進來，故得以常保內外損益平衡。

象曰：九二利貞，中以為志也。

九二利貞，中以為志也：居處二位的九二，貞固根基而有餘裕，後乃施行其裁損，故能不失之過或不及，猶如常保中道平衡以為其志，「中以為志也」之謂。

六三：三人行，則損一人；一人行，則得其友。

三人行，則損一人；一人行，則得其友：三人行，若損去一人，將剩下二人；一人行，若再多得一友人的加入，這時的總人數也是等於兩個。爻辭「三人行，則損一人；一人行，則得其友」之取象，所要表達的意思其實很簡單，就是在強調能隨時保持著穩定平衡。這是因為若取「二」數做為中道平衡之象徵，則當「三人行」時，因已

「有餘一人」，故可「則損一人」；若是「一人行」，將會「不足一人」，所以這時就必須「得其友」，另再補足一人才可使整體保持在平衡態。

象曰：一人行，三則疑也。

一人行，三則疑也：小象這裡是再從另一立場做進一步說明，指出即使原本擁有眾多數量—「三」之眾，但是若一直被持續減損「出走」—「一人行」，卻又無法得到新增補益，長此以往，即使數量再多，也終會有損耗殆盡的一天，「三則疑也」之謂！

六四：損其疾，使遄有喜，无咎。

損其疾：疾，疾弱、腐舊之意。六四爻辭「損其疾」之象，在此更指出另一種「損」之積極義，即能適時將那些屬於疾弱、腐舊的部分加以淘汰、損去，以讓更新、更強的後繼者有機會或空間遞補上來。

使遄有喜：使遄，藉由外力的施加，使之快速更迭、交替之意。喜，外得應和之象。「使遄有喜」，指六四藉由外在力量的施加，把疾弱、腐舊快速的淘汰，並立刻代之以更新、更強的。

无咎：指汰弱換強，損去舊而佈以新，猶如加速新陳代謝一般，讓全體能夠一直維持在最佳狀態。

象曰：損其疾，亦可喜也。

損其疾，亦可喜也：亦，對稱意。損去疾、弱，代之以新、強，有一出亦應和以一入，如此可讓內外、新舊兩方各得其宜，故稱之「亦可喜也」！

六五：或益之，十朋之龜弗克違，元吉。

或益之，十朋之龜弗克違：或益之，指獲得來自四面八方各種不同的利益之意。朋龜，古代貨幣種類之一。十朋之龜，形容其價值之大與昂貴。爻辭「或益之，十朋之龜弗克違」之取象，這是在講處中正之位的六五乃猶如最高權力者，而身為最高位者，將可支配著眾多權力與無數的資源，然而六五在擁有這麼多權力與資源後，當懂得善加利用之，並藉此為人民創造出更多、更大的福祉，這樣才能真正克承其有，不會徒然浪費手上所擁有的這些權力與資源。

元吉：指六五在取得來自於人民所給予的權利與資源後，則是能更進一步創造，並再利益回饋於人民，使人民更得受惠。

象曰：六五元吉，自上祐也。

六五元吉，自上祐也：祐，助也。六五善加利用來自於人民所賦予的權利與資源，這就像是損人民之有餘，再加以創造並且利益回饋於人民，如此一來一回而使之一級級更往上疊加進步，「六五元吉，自上祐也」之意。

上九：弗損益之，无咎，貞吉，利有攸往，得臣无家。

弗損益之：上九的「弗損益之」之象，是在講雖然物體將會敗壞損去，但舊的損去之後，更強、更優的則是會適時的代之而起，而就在這一損又一益的交替循環當中，不但弗損其原本，反而還會更得增益進步。

无咎：指舊的損去了，取而代之的將會是更優、更新。

貞吉：指弱的、舊的適時損去，讓強的、優的有新生繼起之機會，且後繼者之質將更得強化，未來也會更能適應新環境。

利有攸往：指舊一代損去了，新的一代則是更強、更優，如此一代比一代更加往前進步。

得臣无家：臣，次、從屬之象。家，在此象徵局限於一小隅範圍之意。舊枝幹雖被損去，但卻有更多的旁枝增生出來，於是更強的一代、更新的氣象將更得擴展繁榮，其格局已不再受限於一小隅之地而已，「得臣无家」之所象徵。

象曰：弗損益之，大得志也。

弗損益之，大得志也：損道之為義，指出一切有為法，皆無法跳脫「成住壞空」之律則，時間一到，自然就會損敗退去，無法永遠駐留不壞。然而，舊的雖逝去，新的卻有機會代之繼起，且新生一代將會更強健、進步，因為這種更得進步的新舊交替，就像是內外皆遂得其所之、內外皆遂得其志，故稱之「大得志也」！

第四十二卦　益

䷩ 震下巽上　風雷益

益：利有攸往，利涉大川。

彖曰：益，損上益下，民說无疆，自上下下，其道大光。利有攸往，中正有慶。利涉大川，木道乃行。益動而巽，日進无疆。天施地生，其益无方。凡益之道，與時偕行。

象曰：風雷，益。君子以見善則遷，有過則改。

初九：利用為大作，元吉，无咎。

象曰：元吉无咎，下不厚事也。

六二：或益之，十朋之龜弗克違，永貞吉，王用享于帝，吉。

象曰：或益之，自外來也。

六三：益之用凶事，无咎，有孚，中行，告公，用圭。

象曰：益用凶事，固有之也。

六四：中行，告公從，利用為依遷國。

象曰：告公從，以益志也。

九五：有孚惠心，勿問，元吉，有孚惠我德。

象曰：有孚惠心，勿問之矣。惠我德，大得志也。

上九：莫益之，或擊之，立心勿恆，凶。

象曰：莫益之，偏辭也。或擊之，自外來也。

益：利有攸往，利涉大川。

利有攸往：指舊季節逐漸遯退損去，新季節立刻繼之再起，其間並伴隨著日照雲雨之天德施益，天道運行就在這季節損益交替，以及天德施益之變化下，順利往前動進不已。

利涉大川：指天德日照雲雨不斷的施益及下，各類萬物只要貞隨著四時規律之序而行，就會一季季茁壯長大。

象曰：益，損上益下，民說无疆，自上下下，其道大光。利有攸往，中正有慶。利涉大川，木道乃行。益動而巽，日進无疆。天施地生，其益无方。凡益之道，與時偕行。

益，損上益下，民說无疆，自上下下，其道大光：最上利益之道，莫大於天德之利益萬物，天道公平無私，其日照雲雨施益之德至大周遍一切處，利益頤養萬物無有窮盡，「其道大光」；在上位者能法天道損上益下之德，時時以益民為先，能頤養萬民無有窮盡，而萬民受上之利益則無不感其德，「民悅無疆」。

利有攸往，中正有慶：「中正」者，指四時之運行，新舊季節將會往來交替、損益循環，故其道得以規律有節、中正不偏，往前順行不已；「有慶」者，指四時季節不斷的更迭遞進，將同時伴隨著日照雲雨之天德施益，而在下各類萬物則普受天德之潤澤。

利涉大川，木道乃行：雖前有險川之阻隔，但若能藉助舟楫之利，就可順利涉過險川，「木道乃行」之意。而彖辭「木道乃行」之取象，其實這是在講天德日照雲雨施益在上，在下萬物若懂得巽入中正天道而行，並善加利用天德施益，就猶如能獲得舟楫之濟一般，順利涉過生長過程所遇到的一切險川。

益動而巽，日進无疆：風雷益，益卦上巽入下震動，故卦象含「動而巽」之德。天道之運行，每剛健往前動進一步，就更有一步日照雲雨施益之功，並利益巽入在下各類萬物。而觀天道剛健動進向前，其德利益巽入萬物有感，能法天德益道作為，每日進德修業，如此持之以恆、行之不輟，「益動而巽，日進无疆」。

天施地生，其益无方：天道有日照雲雨施益之德，地道有利益生長萬物之功，天地之道無我私以利益萬物，其德廣大而無方。

凡益之道，與時偕行：天道將隨著四時寒暑之不同，規律有節、益而不過行其日照雲雨之施益，在下各類萬物知偕時節變化之宜而行，將可順利獲取天德之利益而成長繁榮。

象曰：風雷，益。君子以見善則遷，有過則改。

風雷，益。風雷益，益卦上風巽下雷動，風有巽入之德，雷有動行之象，而風吹流行，將會隨著環境勢位的不同而往最適宜的地方流動。君子觀風吹流行將順隨形勢之當而動之象有感，懂得見善則遷、有過則改，猶如動而知往有益處行也！

初九：利用為大作，元吉，无咎。

利用為大作：指受益者在得到外來益助之後，經自己之進一步創造與發揮，再以另一種不同形式施益出去，於是利益得以不斷的傳遞，而未來整個大全體，也將會因利益的循環傳遞而獲得進步繁榮。

元吉：指經由利益互助，於是利益將因不斷的循環傳遞而越得創造和增生。

无咎：己有不足，有機會得到外來的利益資助，而當自己有了能力，也會將利益傳遞出去，這種彼我一起利益共生、互補互助的關係，最後使得眾人皆能共享最大利益，就是此處「无咎」所象徵之意。

象曰：元吉无咎，下不厚事也。

元吉无咎，下不厚事也：僅一個體的力量是單薄有限的，而惟有眾個體彼此間利益互助，才能「增厚其事」—讓全體同享最大利益，「下不厚事也」之謂。

六二：或益之，十朋之龜弗克違，永貞吉，王用享于帝，吉。

或益之，十朋之龜弗克違：益六二與損卦六五爻辭皆有「或益之，十朋之龜弗克違」之象，而益六二這裡是在講一個人從出生受父母養育開始，長大後進入社會更受到師長，以及無數眾人有形、無形的愛護和幫助，如此來自各方不同的益助猶如昊天之大，即使用盡朋龜來計算，也無法計量出它的多與盛，因此，六二在受了這麼多的利益之後，未來當一己擁有能力時，也應努力回饋於他，這樣才不會辜負過去所受的無數利益與恩惠。

永貞吉：指一個眾人社會，必須先建立出一個彼此願意相互利益之基礎，人人樂意利他付出，然後一起生活在這個大社會中的眾成員們，才能源源不絕的得益而有吉，同時整個社會也才會恆常而穩定的運作著。

王用享于帝：「王、帝」，此處的王與帝之象，是取其帝比王更上一位階。享，享獻之意。「王用享于帝」，指我們所受自外來的利益是如此的多，當他日自己也擁有能力，也應貢獻、回饋給社會其他更多的人們。

吉：這是六二爻辭所出現的第二個吉象，兩個吉象一前一後相呼應，這裡除表達互益則彼我皆可得吉之意外；另一層象徵含意是—取其猶如利益將會不斷的循環傳遞。

象曰：或益之，自外來也。

或益之，自外來也：這個眾人一起共同生活的社會，其實就像是個相互幫助、利益共生的大團體，而我們之所以能平安喜樂的生活在其中，是因為存在著無數來自外面已知或未知的人，一直持續的利益著我們，「或益之，自外來也」之意。

六三：益之用凶事，无咎，有孚，中行，告公，用圭。

益之用凶事：指益之失衡或不當，以致於無法建立起實質之利益、或利益循環傳遞之關係，則這樣的益不但得不到預期之效益，反而還可能會由益轉變成害事。

无咎：指施益時能做到依據受益對象的不同，或是當時環境的實際需求，來調節其施益的方式與多寡。

有孚：指益之為道，是建立在一種彼此互益的基礎上，即今日有人來利我，他日亦會有我益他之時。

中行：原是指一出一入往來相得平衡，故能順行不已之意，在此以釋益之為道，是建立在一種能彼此互益、往來相得平衡的基礎上，不可以永遠只有此之付出而無彼之來益，必得互有往來利益，方能行之久遠。

告公：指益道作為，並非出於一種利益相交換之動機，不是為了因未來將可能有求於彼，所以現在要先去益他，它是基於一種無私利他，就像天德之公平無私以利益萬物一般，即猶如無有不可「告公」。

用圭：圭，信物也。古天子以瑞玉為圭，分賜諸侯，其大小依所封土地之廣狹而使公侯伯子男所執者各不相同，亦為諸侯憑此以守其土之信物。若欲令益道作為發揮出大效益，最好的方法就是讓利益之道能制度化、恆常化的運作，即若每個人皆能本著「互信互助」的利他態度，讓利益因共享與傳遞而得以持續擴散開來，就像「圭」之傳遞一般，「用圭」之意。

象曰：益用凶事，固有之也。

益用凶事，固有之也：如何才是真正做到益之得當而「固有之」？能依時位或對象實際需求的不同而調整其所施益之多寡，益之而不過，這是一種「固有之」！有施予之付出，亦會有收受之入，而不會永遠僅有單向的施行，讓出與入能對等平衡，這是一種「固有之」！人人皆能本著以利他為動機，願意無所為而為的持續付出，這是一種「固有之」！讓施益作為能夠恆常的循環傳遞下去，使利益所發揮出的效益，能因循環傳遞而不斷的擴大，這也是一種「固有之」！

六四：中行，告公從，利用為依遷國。

中行：指時時皆以益他為先，雖然這會像是一種「往而向外」，但出入、往來平衡乃天地之理，因此今日先利益他人，他日自然的也會獲得他人之來益。

告公從：從，隨也。「告公從」，指能時時以益他為先，未來也一定可以獲得眾人的認同與回饋。

利用為依遷國：遷，本義作「登」解，有升高之意。古代遷國是件重大之事，必須先得到人民真心誠意的支持依隨，然後遷國更革這樣的大事才能獲得成功。因此，爻辭「利用為依遷國」之取象，這是在講本著無我私之心以利益眾人，他日眾人亦將樂意來利益回饋之，所以可說是越益人則己越有，而這也像是一己將會獲得各方的支持，並使己所擁有的力量越得累積和擴大般。《老子》有云：「聖人不積，既以為人己愈有，既以與人己愈多。天之道，利而不害；聖人之道，為而不爭。」《老子》此篇之義，亦可做為九四爻象的另一註解。

象曰：告公從，以益志也。

告公從，以益志也：今日先做到無私以益他，他日願意來益己者亦眾，而行事若能多得他人之來益助，其實也就等於是能與眾人志通相應一般，「以益志也」之謂。

九五：有孚惠心，勿問，元吉，有孚惠我德。

有孚惠心：有孚，上下孚信相應和。惠，施恩及人之意。「有孚惠心」，指九五誠孚利益惠施人民，對於人民心中之所需求，能盡力的利益而不求任何回報。

勿問：問，究詢以通其情實之意。「勿問」，指九五誠孚利益惠施人民，並不問求人民該如何的回報。

元吉：指九五以其中正之德引領利益人民，而人民在得到上之惠施之後，更將懂得如何利用厚生，以創造出更多更大的利益。

有孚惠我德：我，若人民所代表的是「彼」之受益者，則九五相對的就是代表上位施益者的「我」。有孚，五位爻辭出現兩個「有孚」之象，這是用以象徵上下能彼此誠孚互益，並將形成一種利益循環之效。「有孚惠我德」，指人民在受惠於上之利益後，將會誠心感激在上者惠施之德，未來也會利益回饋於上。

象曰：有孚惠心，勿問之矣。惠我德，大得志也。

有孚惠心，勿問之矣：之，離此而往，有一個目的地之意。上位者之利益人民，這是無所為而為，並不會要求或期待人民的任何回報，所以是「勿問之矣」！

惠我德，大得志也：當人民皆受益於九五的「我德之惠」之後，未來也會利益反饋於上，其實也就等於在上者開始獲益之時，於是上下將一起進入同蒙利益的良性循環當中，這就像是上下皆遂得其志一般，故謂之「大得志也」！

上九：莫益之，或擊之，立心勿恆，凶。

莫益之：指每個人都只為一己之私，任誰也不願主動去利益他人，如此一來，在人與人之間皆「莫益之」的情況下，最後就變成再也沒有人可以得益了。

或擊之：社會上若每個人皆自私自利，從此以後，就再也不會有人能自外得益，更甚者，還會反過來有人強奪你原本所擁有的權益，「或擊之」之謂。

立心勿恆：若社會上每個人的心中就僅存自我，即只會自私自利的側重於我私一邊，這時社會在缺少施益這一方力量之情況下，整個社會就會像是偏而失衡般，將無法繼續再恆常的運作下去，「立心勿恆」所象徵之意。

凶：若每個人心中所想就只有一己小我，並不見他人之存在，則整個社會就會陷入到你爭我奪的惡性循環當中，屆時不但再也沒有人能夠得益，而且還會反過來遭受外來之攻擊損害，是故有凶。

象曰：莫益之，偏辭也。或擊之，自外來也。

莫益之，偏辭也：「偏辭」者，即指無法維持往來平衡而偏側於一邊之辭意。

或擊之，自外來也：若每個人只會自私自利，心中只想著如何保有一己既得之利益，更甚者，還企圖佔取別人所擁有，最後整個社會就會落入到你爭我奪的惡性循環當中，屆時原本是自己現在所擁有的，下一刻就可能會被外人所奪，「或擊之，自外來也」之謂。

第四十三卦 夬

䷪

乾下兌上 澤天夬

夬：揚于王庭，孚號，有厲，告自邑，不利即戎，利有攸往。

彖曰：夬，決也，剛決柔也。健而說，決而和，揚于王庭，柔乘五剛也。孚號有厲，其危乃光也。告自邑，不利即戎，所尚乃窮也。利有攸往，剛長乃終也。

象曰：澤上于天，夬。君子以施祿及下，居德則忌。

初九：壯于前趾，往不勝為吝。

象曰：不勝而往，咎也。

九二：惕號，莫夜有戎，勿恤。

象曰：有戎勿恤，得中道也。

九三：壯于頄，有凶，君子夬夬，獨行遇雨，若濡有慍，无咎。

象曰：君子夬夬，終无咎也。

九四：臀无膚，其行次且，牽羊悔亡，聞言不信。

象曰：其行次且，位不當也。聞言不信，聰不明也。

九五：莧陸夬夬，中行，无咎。

象曰：中行无咎，中未光也。

上六：无號，終有凶。

象曰：无號之凶，終不可長也。

夬：揚于王庭，孚號，有厲，告自邑，不利即戎，利有攸往。

揚于王庭：揚，本義作「舉」解，乃托物使高，顯明之意。王，尊、大之意。庭，室之中。「揚于王庭」，高舉之使顯明易見於廣平的庭堂前，在此指天道就像是一條高廣在上、昭明可見的大道，各類萬物因為有這條昭明大道的引領，其動進成長將有所依循。而卦辭「揚于王庭」之象於人事之義，是在講一個眾人團體，對於未來行動共識的訂定，應經由協商討論而後得之，成員們先把個人立場或想法表達出來，開誠布公交換彼此意見，以凝聚出一條能為眾人所接受的行動共識，其過程就像是「揚于王庭」一般。

孚號：孚，孚信之意。號，呼叫發聲為號，含有相互溝通之象。「孚號」，指天道規律有節、誠孚有信之德，就像是「孚號」以引領萬物般，萬物皆應和之而行。而卦辭「孚號」之象於人事之義，是在講對於團體共同意見的溝通整合，眾成員當能本著誠孚的態度參與討論，因為惟有真誠的對話，最後所達成的共識，未來才能真正被眾人所認同和實行。

有厲：指萬物在其生長過程中，若失卻天道中正之引領，其進將會失衡有厲。而卦辭「有厲」之象於人事之義，是在講對於一個眾人團體，若不能有效整合以形成一致行動共識，即使團體擁有眾多力量，也會因缺乏共同行動方向而失衡致厲。

告自邑：告，口之所之為告。「告自邑」，指晝夜與四時之運行，猶如以一種由近而遠、先自內再向外的方式，一步步循序漸進。而卦辭「告自邑」之象於人事之義，是在講一個眾人團體將有行動於外，一定得先做好內部溝通、整合的工作，待眾成員凝聚出一致行動共識了，然後集體力量才能真正被發揮，以及應付外面的挑戰。

不利即戎：指天道之運行，一晝一夜、一寒一暑，猶如一剛接以一柔的方式行進向前，而非恃剛以躁動。而卦辭「不利即戎」之象於人事之義，是在講團體之力量雖眾，但在眾成員尚未排除內部歧見、凝聚出一致共識之前，就不應貿然對外採取行動，否則眾人將會因步伐的參差不齊而先自亂陣腳。

利有攸往：天道之運行，剛健動進因結合中正之德的引領，故其勢莫之能禦，「利有攸往」之謂。同理，一個眾人團體將欲有行，內部必先能整合而團結一致，然後團隊才能發揮出強大力量，順利決去前方一切阻礙。

彖曰：夬，決也，剛決柔也。健而說，決而和，揚于王庭，柔乘五剛也。孚號有厲，其危乃光也。告自邑，不利即戎，所尚乃窮也。利有攸往，剛長乃終也。

夬，決也，剛決柔也：決者，除去壅塞，導水使行之意。「夬」，就是指決之意，而最大的「決」，莫過於剛健天道之動進，其勢壯大莫之能禦，故能順利決去前方之一切阻礙，「夬，決也，剛決柔也」之謂。

健而說：澤天夬，夬卦上兌悅下乾健，故卦象含有「健而悅」之德。說，兌悅溝通之象。「健而悅」，指眾人團體之行動，必須先做好內部之溝通整合，並形成一致行動共識，然後才能發揮剛健決而進之功。

決而和：決，決去之意。和，彼此心聲相應和，亦有兌悅溝通之意。「決而和」，指一個眾人團體將欲有行，必先做好內部溝通、整合之工作，待凝聚出一致行動共識了，未來才能剛健往進，順利決去前方之阻礙。

揚于王庭：指眾人集聚在一起，開誠布公交換彼此意見，以凝聚出一致行動共識。

柔乘五剛：五，「五」因位居一三五七九這五個陽數之中，故取其「居眾陽數之中」之德，以象徵中道平衡，或眾陽之共同均值之意。雖然「柔乘五剛」就彖辭表面意思觀之，像是在形容夬卦六爻的陰陽結構分配，是一陰爻乘據在五眾陽爻上方一般，使得這時受陰柔勢力所掩蓋的眾陽爻，必須思索如何一起合作對付，以決去陰方勢力。事實上，彖辭「柔乘五剛」之象所要表達的，在此除了以象天道晝夜、寒暑之運行中正誠孚、規律有節，在下陰柔萬物則猶如共同乘此中正之道而行般；另一層象徵含意則是在講，團隊眾成員因各有不同意見和想法，所以，團體行動之前，必須先整合出折衷共識，未來才能順利發揮出集體力量。

孚號有厲，其危乃光也：危，危厲之意。光，效益或力量顯現之象徵。雖然外有危厲挑戰，但眾成員們若能誠孚溝通、捐棄己私，並遵循最後所達成的行動共識，就可因團結一致而順利決去外面之危厲障礙，「孚號有厲，其危乃光也」之謂。

告自邑，不利即戎，所尚乃窮也：團隊眾成員若越早整合出共識而團結一致，就越有一分力量之生成，所將被對付決去的對象也就會更見其窮，「所尚乃窮也」之謂。

利有攸往，剛長乃終也：陽剛勢力雖眾，仍得及早整合成一致行動共識，才能有效累積和發揮其集體力量，「剛長乃終也」之謂。

象曰：澤上于天，夬。君子以施祿及下，居德則忌。

澤上于天，夬。澤天夬，夬卦上澤兌下乾天，故有「澤上于天」之成象。「澤上于天」，澤中之水蒸發上升至天上，積雲成雨然後飄落到四方。君子觀澤水上蒸于天，然後決然雨下潤澤四方之象有感，體會到應施祿及下，不可功德自攬，否則居德則忌。

初九：壯于前趾，往不勝為咎。

壯于前趾，往不勝為咎：腳行走時，雖然需要腳趾的配合才能動進自如，但是若整條腿只靠腳趾的力量，而不是各部位一起協調運動，這時即便有著強壯腳趾，也是難以獨力撐起全身重量行走向前。因此，爻辭「壯于前趾，往不勝為咎」之取象，是在講即使擁有眾多強壯的個體，若不能將其做有效整合，僅憑單打獨鬥，所能發揮的力量，一定是吝少而有限。

象曰：不勝而往，咎也。

不勝而往，咎也：咎，從人從各，各作「別」解，人與人各是其是、各行其私，便彼此相違相負，而在缺乏一種共同認識與一致行動的情況下，自然就會產生種種過失。雖然為數眾多，且諸個體也很強壯，但眾個體若不能團結一致、和衷共濟，僅憑恃個別之壯，所發揮出的力量終究有限，同時也容易暴露諸多咎失，「不勝而往，咎也」之意。

九二：惕號，莫夜有戎，勿恤。

惕號：惕，從心從易，易有變化一義，喜散漫為人性之常，因此，「惕」含有由散漫變化為肅敬之意。號，互通聲息，彼此相互溝通之意。「惕號」，指眾人先將一己立場或意見充分表達出來，再透過溝通與辯論，把這些分散的個別意見整合成一致共識。

莫夜有戎：莫夜，指天道之動，晝夜往來平衡，因此若是有白晝，自然的，也一定就會有黑夜。有戎，與卦辭「不利即戎」之象相反，意指若主張「不利即戎」者是代表一種左派保守意見，則「有戎」者，相對的，就是主戰右派勢力之代表。「莫夜有戎」，指在整合眾人意見的討論過程中，雖然是同樣的一件事，卻往往出現正反兩方不同看法，有些人支持，另有些人則表示反對，然而這本來就是種很自然的現象，毋須感到訝異，就像是有白天的存在，當然也就會有黑夜之另一面。

勿恤：原是指公平對待，沒有任何人需要恤而有憂之意，在此指溝通整合眾人意見的過程，主其事者當能秉公來看待每一種聲音，不可只聽取特定意見，或僅喜聽那些與己看法相同者，也因此這對於眾成員們而言，則可感受到個人之意見有被充分尊重。

象曰：有戎勿恤，得中道也。

有戎勿恤，得中道也：在溝通整合眾人意見的過程中，是不管正反面意見都可以被提出來討論，接著再就正反觀點、利弊得失做充分辯證，「得中道也」之謂。

九三：壯于頄，有凶，君子夬夬，獨行遇雨，若濡有慍，无咎。

壯于頄：頄，內鼻旁間，近生門牙之骨也。當人在生氣時，嘴角會呈現下垂，這是頄部位之肌肉受到牽動的緣故。因此，爻辭「壯于頄」之取象，這是形容一個人怒氣滿面之狀。

有凶：指一個眾人團隊若要形成強大力量以有效抗外，內部必先團結一致，不應還未對外展開行動，眾人就已怒目相向、撕破臉吵成一團，彼此間完全無法溝通合作，當然有凶。

君子夬夬：夬夬，夬之又夬，形容逐一將障礙化解決去之意。欲使一個眾人團隊達成一致行動共識並非易事，這是因為每個人心中難免各有一套利我之盤算，所以若想成功整合眾不同意見，是需要時間與耐心的。然而，君子則是能做到不厭其煩、反覆溝通，透過不斷協商而逐一化解各方疑慮，終於成功凝聚內部形成共識，「君子夬夬」之謂。

獨行遇雨，若濡有慍：雨，陰陽和合則有雨。濡，漬，浸淫。君子如何做到成功整合眾人凝聚內部共識？爻辭「獨行遇雨」、「若濡有慍」等所象徵之行動要旨即是。「獨行」，指在溝通整合的過程中，不可漫無目的的討論，而是要懂得先把握團體主流意見之單向堅持；「遇雨」，指對於那些與主流意見相左的個別想法，當能盡力去找出其他可與之共容，或妥協的平衡點，而不會專斷獨行的把其他聲音完全排除在外。

「若濡」，原是指像是身體被水給浸淫般感覺不舒服，在此引申形容君子在尋求如何化解反對者意見的協商過程中，對於某些人所提出的諸般不合意要求，當懂得濡忍；「有慍」，指在整合意見的過程中，若是因立場的不同而引起激烈爭論，並進而心生慍怒，這時則不必害怕或迴避不同路線的辯論，畢竟現在若不能及早整合出共識，等到將來團體展開行動了，才有人表示反對並從旁阻撓，屆時所付出的代價，一定會比現在因爭辯的代價還要高。

无咎：指不厭其煩持續溝通，一直留有妥協的彈性空間，遇有阻撓滯礙處則敢於提出論辯，並適時做出修正，終於順利消弭內部歧見矛盾。

象曰：君子夬夬，終无咎也。

君子夬夬，終无咎也：就在這有堅持亦有妥協，有容忍、同時也不會畏懼於爭辯的過程中，逐漸的縮小各方歧見，終於順利整合出一個可被眾人接受的結論，「終无咎也」。

九四：臀无膚，其行次且，牽羊悔亡，聞言不信。

臀无膚：臀若無膚，就無法安穩的坐下，這是形容眾人無法耐心坐下來好好溝通、討論之意。

其行次且：次，不前或不精。且，兼舉意，在此含有意見無法統一、步伐不能一致之意。「其行次且」，指眾人若無法坐下來及早整合出一致共識，待集體行動時，就會造成步伐參差不齊，走走停停自亂陣腳。

牽羊悔亡：羊，音同陽，在此除可指眾陽剛之外，同時也取其公羊習性有不顧一切衝撞向前之意。悔亡，指知順隨時勢之宜而迅速調整步伐。「牽羊悔亡」，指已被成功整合的眾陽剛勢力，雖然有著行動一致、團結力量大之優點，但是集體之行動也會有欠缺靈活變通的劣勢，因此整合的眾陽剛，除了要信守共同之承諾外，同時也要懂得順隨形勢變化，迅速調整其步伐，絕不可集體僵化，完全不顧一切的衝撞向前。

聞言不信：信，言行如一方稱有信。「聞言不信」，指經過一番溝通協商，好不容易大夥已經達成一致決議，可是等到實際展開行動時，眾人卻又各懷私心而反悔，不願意切實去履踐先前的決議，這就像是眾人雖前已有定言，但後面卻失信於原先的承諾。

象曰：其行次且，位不當也。聞言不信，聰不明也。

其行次且，位不當也：眾人此刻若不能耐心坐下來，及早整合成一致共識，待到了集體行動時，就會發生自亂陣腳的狀況，而原本所該發揮的力量，也會被嚴重削弱，「位不當也」之意。

聞言不信，聰不明也：雖然已經達成共識且做出決議，但是末了卻又不願意切實去履踐，這就像雖有共同決議之宣告，眾人卻是充耳不聞般而各行其是，「聰不明也」之謂。

九五：莧陸夬夬，中行，无咎。

莧陸夬夬：莧，馬齒莧，此草質性脆弱，易折斷。陸，廣平之地。莧陸，形容當腳踩踏在莧陸上時，根本不會遇到任何阻力。「莧陸夬夬」，指具備陽剛中正之德的九五，若欲夬去弱陰，將是一件至易之事，然而九五並不會恃壯以凌弱，而是會採取「夬夬」漸進之作為，以一進一緩之方式逐步往前推進，終於讓弱陰心服口服於九五。

中行：指九五之決去小人弱陰乃恩威並用，有一陽剛之緊，亦同時配合一柔順之緩，如此中行而進。

无咎：指九五雖然有能力快速決去弱陰，但並不會恃強而進，而是在任何時候，皆願意留予弱陰主動妥協順服的機會。

象曰：中行无咎，中未光也。

中行无咎，中未光也：中，中道平衡之意。光，效率之顯現。九五剛柔並用、中道而為，並不會急於一時之功，是以德服人而非以力服人，「中未光也」之謂。

上六：无號，終有凶。

无號：互不溝通之意，在此指眾人各自為政，立場南轅北轍，根本無法形成共識，團結合作。

終有凶：團體雖擁有眾人之優勢，但若不能團結合作，成員們各自高亢自傲，總是單打獨鬥，任誰也不聽誰，如此一來，即使所對付只是個柔弱的對手，也會因彼此力量的分散而讓對方有了一一擊破的機會，「終有凶」之謂。

象曰：无號之凶，終不可長也。

无號之凶，終不可長也：團隊若不能及早整合團結一致，未來則隨著時間的越加延宕，整合難度就會越高，而原先所擁有的集體優勢也會越被削弱，「終不可長也」之意。

第四十四卦 姤

䷫

巽下乾上 天風姤

姤：女壯，勿用，取女。

彖曰：姤，遇也，柔遇剛也。勿用取女，不可與長也。天地相遇，品物咸章也。剛遇中正，天下大行也。姤之時義大矣哉！

象曰：天下有風，姤。后以施命誥四方。

初六：繫于金柅，貞吉，有攸往，見凶，羸豕孚蹢躅。

象曰：繫于金柅，柔道牽也。

九二：包有魚，无咎，不利賓。

象曰：包有魚，義不及賓也。

九三：臀無膚，其行次且，厲，无大咎。

象曰：其行次且，行未牽也。

九四：包无魚，起凶。

象曰：无魚之凶，遠民也。

九五：以杞包瓜，含章，有隕自天。

象曰：九五含章，中正也。有隕自天，志不舍命也。

上九：姤其角，吝，无咎。

象曰：姤其角，上窮吝也。

姤：女壯，勿用，取女。

女壯：女，陰柔之象徵，可指各類陰柔萬物或是陰柔之道。壯，成長茁壯之意。「女壯」，指天地間各類陰柔萬物之成長，若知往「姤遇」中正天道，將可在四時規律之序的引領之下，一季季順利茁壯長大。

勿用：指萬物生長過程若不能往「姤遇」中正天道，在失了天道中正引領之情況下，將無法順利長大茁壯，亦即猶如無法成其利用一般。

取女：取，以手取耳之形，以會有捕取之意。「取女」，指各類陰柔萬物在其成長之初，就及時施予中正引領，才能朝正而當的方向發展。另外，卦辭「取女」之象，這對於「姤遇」之義，其實還有另一層象徵含意，是指當趁著陰柔之道發展之初，就及時施予中正引領，將它導往正向發展，絕不可任其紊亂無序而動，否則這原本少許的陰柔力量，將可能逐漸發展成一股傷害勢力，且隨著時間的推進，這股傷害力量將越發難以收拾、駕馭。

彖曰：姤，遇也，柔遇剛也。勿用取女，不可與長也。天地相遇，品物咸章也。剛遇中正，天下大行也。姤之時義大矣哉！

姤，遇也，柔遇剛也：「姤」是指遇合之意，而所謂姤卦之「遇合」，是指當陰柔之道「遇合剛健」，接下來陰柔之道就會盡一切力量克服環境障礙，使自己成長壯大，所以這時必須及早施予中正引領，將它導往正而當的方向發展。

勿用取女，不可與長也：陰柔之道未來無論如何，勢必會想盡辦法找出一條存活之路，因此，必須趁著發展之初就及時將它導之以正，絕不可任其紊亂無序滋長下去，否則將可能演變成一股傷害勢力而難以駕馭，所以是「不可與長也」！

天地相遇，品物咸章也：坤地姤遇乾天中正並恆順承之，故能成其博厚之德，以及承載頤養萬物無窮，而生長於天地間的各類萬物，則是因知咸感姤遇天地之道，故獲得繁榮發展。

剛遇中正，天下大行也：天道之運行，剛健姤遇中正，故其道能夠周而復始、恆久亨通流行。

姤之時義大矣哉：雖然姤遇之機會是可遇而不可求，但絕不可只消極等待姤遇機會的自動到來，而是應及時做好一切、凡能操之在我的部分，以為未來創造出最大姤遇機會；此外，一旦抓住姤遇機會了，隨後則更能好好把握這得之不易的機會，讓原本只是「點」的姤遇，更一步發展成「面」的整體效益，是為彖辭「姤之時義大矣哉」所要表達之意。

象曰：天下有風，姤。后以施命誥四方。

天下有風，姤。山風姤，姤卦上山艮下風巽，故有「天下有風」之成象。「天下有風」，由上往下吹的風一旦接觸地面，接著就會繼續向四方擴散。上位者觀下吹之風將往四方擴散之象有感，瞭解到每在一重大事件發生後，就應對後續所有可能的影響層面，好好的做到機會教育，或亡羊補牢的工作。即若此一事件之發生，所形成的影響是正面的，就應藉此機會加以宣傳，以讓更多人知道如何去傚仿與學習；反之，若事件背後所帶出的是一種不良示範，就會立刻加以明令禁制，以及嚴懲不法，以避免讓此一不良風氣有機會繼續向外感染、蔓延，「后以施命誥四方」之謂。

初六：繫于金柅，貞吉，有攸往，見凶，羸豕孚蹢躅。

繫于金柅：金，剛硬堅固之象徵。柅，從木從尼，尼有阻止意，柅是指木栓，可用以栓繫住動物。「繫于金柅」，指雖然初六此時僅一弱陰，但不可因初六不過是一弱陰而忽視其生存發展，而是應趁著還在弱陰之時，就將它安穩的牽繫於一固定處。否則，一旦弱陰無法在此處安穩生存下去，它就會想盡辦法逃離而四處亂竄，屆時原本只是少許的弱陰力量，將可能演變成一股難以逆料與抑制的破壞勢力。

貞吉：指讓弱陰能夠留在固定處安穩發展之意。

有攸往：指必須將弱陰導往正向發展之意。

見凶：指此時若不能引導弱陰循著正向道路穩定發展，未來弱陰為了求生存，一定會想盡辦法四處找尋出路，且過程中只要發現任何有利於其生存的東西，就會不計一切代價去攫取，而這種弱陰為求生命延續背後所產生的驅動力，將會激化成一股難以控制的破壞勢力，故「見凶」！

羸豕孚蹢躅：羸豕，飢餓的瘦豬。孚，在此象徵求生的信念。蹢躅，到處走動尋找。「羸豕孚蹢躅」，羸豕不但一開始就要綁牢，而且要好好給予照顧、餵養，不能讓牠因受不了飢餓而逃跑，因為一隻逃脫的飢餓瘦豬，牠為了求得繼續活命，一定會盡全力到處找尋食物，在不受約束、四處亂竄的情況下，不久後，牠就會變成一條野豬，而一旦變成野豬，屆時所造成的破壞和傷害，就會變得非常巨大。

象曰：繫于金柅，柔道牽也。

繫于金柅，柔道牽也：陰柔之道，無論如何，一定會想辦法讓自己繼續生存下去，既然這是一種無法阻擋的求生本能，所以最好的因應方式，就是讓它牽繫在一條正而當的道路安穩發展，而非任由它演變成一股漫無節制的破壞勢力，「繫于金柅，柔道牽也」之謂。

九二：包有魚，无咎，不利賓。

包有魚：指魚一離開水面，將會因無法呼吸而不斷蹦跳，所以，這時必須趕快用葉子把魚妥善包裹好，以避免魚因劇烈碰撞受傷而加速死亡。

无咎：指當盡可能包裹、保護好這不斷掙扎蹦跳的魚，只要發現還有什麼不足處，就要盡速將它彌補過來。

不利賓：賓，客也，有「主之側」之含意。所「包」的魚，若那一處有所疏漏，則傷害就可能會從這個疏漏處趁虛而入，「不利賓」之謂。

象曰：包有魚，義不及賓也。

包有魚，義不及賓也：小象「義不及賓」之意，是指用心且仔細的檢查這被包裹住的魚，是否還有其他不及之疏漏處。另外，九二爻辭「包有魚」之取象，其實就猶如是在講在上位者，當有責任保護、照顧好人民，因為人民若無法獲得基本溫飽，就會像那離了水、不斷掙扎的魚，而人民一旦為了生存而痛苦掙扎，並因此受到傷害，不久後，傷害也勢必會繼續進而延及在上者矣！

九三：臀無膚，其行次且，厲，无大咎。

臀无膚：臀若無膚就無法安穩的坐下，在此是指無法讓弱陰在一固定處安穩生存發展之意。

其行次且：指行進步伐紊亂無序，在此是形容若不能讓弱陰安穩止於一處，並將它導往正向發展，則這失離正道的陰柔勢力就會往四處竄行。

厲：指這紊亂失序往四處竄行的陰柔勢力，將會逐漸演變成一股難以節制的危害勢力。

无大咎：指必須將此時的陰柔之道及時導往正向發展，以避免弱陰蔓延坐大成一股傷害勢力。

象曰：其行次且，行未牽也。

其行次且，行未牽也：陰柔之道之所以紊亂失序往四處竄行，這是因為未能及時將它牽引導往正向發展之緣故，「行未牽也」之謂。

九四：包无魚，起凶。

包无魚，起凶：九四「包无魚」，完全漠視已奄奄一息卻又極力掙扎求生的魚，任由魚不斷蹦跳而再次遭受到更大痛苦與傷害，乃至死亡，九四如此而為焉能不「起凶」。

象曰：无魚之凶，遠民也。

无魚之凶，遠民也：在上位者若不能給予人民妥善照顧，而讓人民生活得像那離開水的魚，不斷痛苦掙扎並受到傷害，其實這就是一種莫視禍害勢力從小處開始蘊釀，又任其繼續蔓延與擴大的適切例子，是為小象取「遠民也」以釋「无魚之凶」之理。

《公羊傳．僖公十九年》：「梁亡。此未有伐者，其言梁亡何？自亡也。其自亡奈何？魚爛而亡也。」《春秋經》書「梁亡」，不書誰亡了梁國，這是因為是梁自取其亡也。而梁為何會自取其亡？乃因梁伯湎酒淫色，心昏耳目塞，又屢興土木之功，導致人民疲憊不堪，最後民更因以為敵寇將至而驚懼潰散，秦遂取梁。是故，梁何以會亡？出於梁伯的惡政也，是因為梁伯「遠民也」，所以魚爛而亡！

九五：以杞包瓜，含章，有隕自天。

以杞包瓜：杞，闊葉樹的一種。由於瓜果質地弱脆，所以，準備用來包裹瓜果的葉子若越大，保護住瓜果不受損傷的範圍也就越寬廣。因此，爻辭「以杞包瓜」之取象，這是在講九五當努力做到保護照顧人民，讓人民能夠安居樂業而不受傷害。

含章：含，含藏之意。章，完整而和諧或指章美之意。「含章」，指天下原含藏著豐富人才與品物，未來則因能姤遇中正九五，於是人才與品物將在九五的中正引領下，其章美之質因此獲得發揮與彰顯。

有隕自天：隕，物自高阜下墜之意。自天，除了有「從天落下」之意外，實亦含有「我自」與「上天」這二象之合。東西何時自天上隕落下來？又會掉在何方？雖然這將難以準確預測，也非人力所能主導控制，但在個人主觀之作為上，其實還是存在著主動積極的另一面，那就是應盡力去做到使承接面更加寬廣，令可作為有效時間更得延續，以讓成功獲得姤遇的或然率提升到最高，而不會只心存僥倖，等待上天不期然之恩賜，「有隕自天」之意。

象曰：九五含章，中正也。有隕自天，志不舍命也。

九五含章，中正也：陰柔萬物「姤遇」中正天道，天地間因而呈現出一片欣欣向榮之景象；天下萬民若能「姤遇」中正英明領導者，則人民與國家將會在中正九五的帶領下，逐漸走向富庶繁榮，「九五含章，中正也」之意。

有隕自天，志不舍命也：能積極努力去創造更多「姤遇」機會的發生，而且一旦獲得「姤遇」的機會，更能好好把握這天賜良機，把原本只是「點」的姤遇，進一步發展成「面」的整體效益，「志不舍命也」之謂。

上九：姤其角，吝，无咎。

姤其角：角，前寬尾銳之形。「姤其角」，指雖然好不容易得到一個好的姤遇機會，但隨後卻因時間、或主客觀條件等因素的配合不足，導致整個後續發展好像進入角尖般，越行越趨向狹窄，無法將這點的好姤遇進一步發展成具體成效。

吝：雖然是一陰柔美質，而此刻也獲得一個好姤遇機會，但隨後卻不能繼續發揚之，落得猶如曇花一現般，無法讓陰柔美質成其利用，故「吝」。

无咎：指好的姤遇只是一個開端，後續還得加上許多主客觀條件的輔助，例如個人持續的積極努力，才能使「點」的姤遇最後獲得開花結果。

象曰：姤其角，上窮吝也。

姤其角，上窮吝也：原有的外在客觀優勢已不復再，或因個人努力不夠，導致無法讓此刻姤遇到的良好機會，進一步發展成整體效益，「上窮吝也」之意。

第四十五卦　萃

䷬

坤下兌上　澤地萃

萃：亨，王假有廟，利見大人，亨利貞，用大牲吉，利有攸往。

象曰：萃，聚也。順以說，剛中而應，故聚也。王假有廟，致孝享也。利見大人亨，聚以正也。用大牲吉，利有攸往，順天命也。觀其所聚，而天地萬物之情可見矣。

象曰：澤上於地，萃。君子以除戎器，戒不虞。

初六：有孚不終，乃亂乃萃，若號，一握為笑，勿恤，往无咎。

象曰：乃亂乃萃，其志亂也。

六二：引吉，无咎，孚乃利用禴。

象曰：引吉无咎，中未變也。

六三：萃如，嗟如，无攸利，往无咎，小吝。

象曰：往无咎，上巽也。

九四：大吉，无咎。

象曰：大吉无咎，位不當也。

九五：萃有位，无咎，匪孚，元永貞，悔亡。

象曰：萃有位，志未光也。

上六：齎咨涕洟，无咎。

象曰：齎咨涕洟，未安上也。

萃：亨，王假有廟，利見大人，亨利貞，用大牲吉，利有攸往。

亨：指天德亨通流行於一切處，就猶如天道之神格充滿一般。

王假有廟：王，尊、大之意。假，借解，因借來之物雖暫為我持用，仍非真為我有。而「假」乃會「借」意，主要是取其由此交於彼這樣的象徵含意。王假，指先由此交於彼，再由彼交回於此，如此來回不已，並更從這一往一來的過程中獲得累加之功，終遂成其大。廟，象徵信仰祭祀之中心。「王假有廟」，指一座神格具足的廟，將會得到許多人們的朝拜、萃聚，而一旦來朝拜的信眾萃聚越多，這時則又可反過來推升，使這座廟的神格越顯赫，於是這種廟之神格的彰顯與信眾之來萃聚，其間將會形成一種猶如一往一來、相互疊加向上的關係。另外，卦辭「王假有廟」之取象，實即形容中正天道就像是一座神格充滿的大廟，在下各類萬物則莫不受此至大神道所感召，願意萃聚於中正天道之下，並且貞隨之而行。

利見大人：指一個懷著崇高理念，並且敢勇於去實踐的「大人」，將會獲得無數人的認同和追隨，而未來眾人將在「大人」的號召和帶領下，萃聚成一支具有向心力的團隊；同時成員們皆樂意貢獻己能，一起努力去完成一片偉大志業。另外，卦辭「利見大人」之取象，在此是形容天道中正誠孚之德，能咸感天下萬物，而各類萬物則皆萃聚應和其道而行，並在其中正引領下獲得成長繁榮。

亨利貞：卦辭「亨利貞」之象，實與前面卦辭的「亨，王假有廟，利見大人」之意同。「亨」者，指天道中正誠孚之德猶如神格充滿般；「利貞」者，指天道中正誠孚運行在上，在下萬物莫不應和貞隨其道而行，這就像是一座神格充滿的廟，信眾們皆咸感其神格，並樂意來萃聚朝拜。

用大牲吉：大牲，祭祀所用的豐盛牲禮。一座神格具足的廟，信眾們將會拿出最好、最豐盛的祭禮來奉祀，而天道中正孚信之德，其實也就像是一座神格具足的廟，可以得到萬物全心全意的貞隨，而萬物貞隨天道而行，亦猶如以其身奉獻于天道，「用大牲吉」之意。

利有攸往：指四時季節變化更迭在上，舊季節遯退逝去了，新季節會繼之再來，而萃聚於中正天道的各類萬物，則是會隨著四時遞進之序，一代代生生不已於天地間。另外，卦辭「利有攸往」之象於「萃聚」之義，就猶如是在講一個團體的萃聚，其實也會像那不斷物換星移的季節氣象般，今日有新的成員加入，明天亦會有舊成員選擇離去，然而這個萃聚團體，則是會隨著時勢潮流的進步而持續興榮發展。

彖曰：萃，聚也。順以說，剛中而應，故聚也。王假有廟，致孝享也。利見大人亨，聚以正也。用大牲吉，利有攸往，順天命也。觀其所聚，而天地萬物之情可見矣。

萃，聚也：萃，萃聚之意。而天下之萃聚，則莫大於天道中正誠孚之德，能萃聚天下萬物。

順以說，剛中而應，故聚也：澤地萃，萃卦上兌悅下坤順，故卦象含有「順以說」之德。順，順隨，能順隨時勢之宜之意。說，兌悅義，能獲得兌悅認同之意。「順以說」，指一個能萃聚眾人的信仰或理念，所揭櫫的內涵將會獲得多數人的兌悅認同，且能順應時勢進步之宜。而一個好的萃聚宗旨，不但能符合時勢潮流所需求，同時也會獲得眾多人們的兌悅認同，它就像那中正天道一樣，因為具備剛健中正、誠孚有信之德，故各類萬物皆兌悅應和其道並萃聚之，「順以說，剛中而應，故聚也」之意。

王假有廟，致孝享也：一座神格具足的廟，將會得到眾多信徒們的祀奉祭拜，而來與朝拜的信眾若越多，則此廟的神格將越得彰顯，「王假有廟，致孝享也」之意。

利見大人亨，聚以正也：大人之德就像天道般是以其中正誠孚之德服人，四方人物皆主動來歸附萃聚，並且樂意奉獻己能，未來眾人則是在大人的有為領導下，共同努力去完成一片偉大志業，「利見大人亨，聚以正也」之意。

用大牲吉，利有攸往，順天命也：「順天命」者，指天道是一條大亨以正、誠孚有信之大道，萬物皆認同貞隨之，而未來則隨著四時季節的日升月進，萃聚於中正天道的各類萬物，也將會一日日成長繁榮。

觀其所聚，而天地萬物之情可見矣：方以類聚，物以群分，天地間萬物依情性之相近而萃聚成同一族類，而天下最大的萃聚之道，則莫大於天地之道能萃聚萬物。觀天地之道就像是一條正大而規律恆久之神道，萬物皆咸感貞隨之，並且萃聚於其道而行，是即見得天地與萬物萃聚之情矣！

象曰：澤上於地，萃。君子以除戎器，戒不虞。

澤上於地，萃。澤地萃，萃卦上澤兌下坤地，故有「澤上於地」之成象。地面上一旦形成窪處，接著四方之水就會逐漸往這一低窪處集聚，並匯流成水澤。君子觀水往窪處流聚成水澤之象有感，低窪之地將會匯聚四方之水，這是一種形勢所趨、不得不然，就像是當人盛物聚之後，接著就會蘊釀一番事業作為，於是君子體會到「除戎器，戒不虞」之理─整治好戎器，預備乘勢而起，共舉大事。

初六：有孚不終，乃亂乃萃，若號，一握為笑，勿恤，往无咎。

有孚不終：指缺乏一個能夠長期凝聚眾人向心力，把眾人萃聚在一起的共通信仰或理念之意。

乃亂乃萃：指萃聚在一起的眾成員，其間若缺少一個可以維繫彼此向心力的共同信仰或理念，此時即使勉強將一群人聚集在一處，也會鬆散如同一盤散沙般，根本毫無凝聚力可言。

若號：若，可訓為順、然或如是之意。號，呼叫發聲為號。「若號」，指找出一個能凝聚眾人向心力的信仰或理念，未來這個信仰或理念就像是可以號召眾人般，將會獲得廣大應和共鳴。

一握為笑：握，攜手之象徵。「一握為笑」，指一個能夠真正獲得眾人認同的信仰或理念，將會成功地把眾人緊緊萃聚團結在一起，未來成員們將攜手合作，並樂意為這個信仰或理念全心付出。

勿恤：指萃聚在一起的眾成員，每個人心中只有這一個共同信仰或理念位列最上，而在這一個宗旨之下，成員們將不會有上下貴賤或親疏之分，彼此間一視同仁。

往无咎：指眾成員不會去計較個人小我的利害得失，願意無私的往為這共同信仰或理念犧牲奉獻，並把實現這個萃聚眾人的信仰、理念當做最高共同利益。

象曰：乃亂乃萃，其志亂也。

乃亂乃萃，其志亂也：集聚在一起的眾成員，若每個人心中就只容存一己之利益，而缺乏一個共通之志，此時即使勉強聚合於一處，也會像同床異夢般各行其是，「其志亂也」之謂。

六二：引吉，无咎，孚乃利用禴。

引吉：引，拉弓弦向後以備發射之象，引申為延伸之意。「引吉」，指一個用以萃聚眾人的信仰或理念，它的思想內涵若越博大，越能獲得眾多人的認同，則這樣的信仰與理念，就是具備了「引吉」之條件。

无咎：六二的「无咎」之象是用以象徵這一個能萃聚眾人的信仰或理念，將能符合不同時空環境的實際需求，亦即其思想內涵之時義性，就像是能自動順隨以契合時勢潮流之所需般。

孚乃利用禴：禴，薄祭也。禴祭雖然只有少量祭品和簡單祭祀儀式，但是若能秉持至誠之心以祭，仍然能夠感通神明。同理，一個好的信仰、理念，或是一種主義思想，它不必是費而高貴，卻能因為其好的內涵而獲得無數人認同，並進而萃聚各方人物，願意一起為這個崇高宗旨奉獻付出，這就像雖是薄祭，仍能以至誠之心感通神明一般，「孚乃利用禴」之謂。

象曰：引吉无咎，中未變也。

引吉无咎，中未變也：一個好的信仰或理念，不但能獲得眾多人的認同，而且也不會因時空環境之不同而削減其價值，就像是能得時位之中，毋須再調節改變一般，「中未變也」之意。

六三：萃如，嗟如，无攸利，往无咎，小吝。

萃如，嗟如：嗟，作哀聲嘆息狀。「萃如，嗟如」，指雖然表面上眾人像是已萃聚在一起，但實際上，這個萃聚團體的內在，卻是缺少一個能維繫彼此向心力的共同理念，每個人心中則是各有盤算，總是斤斤計較著小我之得失，當自我之利益稍受損害時，就立刻會發出不平之聲。

无攸利：指一個團體雖看似擁有眾人之群體力量，但是其內在若缺少一個能凝聚眾人向心力的共同理念，未來這個團體勢必會逐漸走向分崩離析，而原本所期待的集體力量，也會越變得削弱。

往无咎：指萃聚團體中的眾成員，皆願意無私的為這個大團體犧牲奉獻，並不會計較一己小我之利害得失，每個人心中皆以成就這個萃聚團體的信仰或理念為最大願望。

小吝：指團體中的眾成員，若只會盤算著個人小我之利益，而不願意為這個大團體奉獻付出，雖然小我看似可以得小利於一時，但長此以往，整個大我團體的發展將越行越狹窄，屆時小我亦無可避免的會同受損害。

象曰：往无咎，上巽也。

往无咎，上巽也：眾成員不會計較個人小我的利害得失，願意全心全力為這個萃聚大團體奉獻付出，「上巽也」之意。

九四：大吉，无咎。

大吉：指萃聚的眾成員們皆能認同團體所揭櫫之理念，願意盡一己之最大努力，為這個大團體無私的奉獻，使這個萃聚的團體獲得成就。

无咎：四位的「无咎」是指一個成功的萃聚團體，往往能萃聚各方不同人物，成員們彼此相輔相成，一起努力去完成共同的目標。

象曰：大吉无咎，位不當也。

大吉无咎，位不當也：一個崇高志業或理念的實現，必得萃聚眾人才一起群策群力方可竟其功；反之，若僅靠少數人力量，終究難以成事，此處「位不當也」所象徵之意。

九五：萃有位，无咎，匪孚，元永貞，悔亡。

萃有位：指九五是一個有理念、有做為的中正領導者，懂得如何萃聚天下人才，一起奮鬥去完成遠大事業。

无咎：五位的「无咎」是指九五之德能夠萃聚天下人才，而來自各不同領域的人才，將在九五的號召下萃聚一起。

匪孚：原是指缺乏共通的中心理念或信仰之意，在此指九五能夠以其中正之德萃聚天下人才，讓原本居處於四方的眾人才，有了共同奮鬥目標，願意來與九五萃聚，並且誠孚合作，攜手為一遠大事業而努力。

元永貞：指天下眾人才皆樂意來比附萃聚九五，而未來這個萃聚團體則會在九五的中正帶領下，一日日更加興盛壯大。

悔亡：指九五所揭櫫之思想理念，能夠契合時代潮流，並將獲得無數人的認同追隨，進而萃聚更多的人才加入。

象曰：萃有位，志未光也。

萃有位，志未光也：「志未光」者，指其志若未得中正之引領，則「未光」。四方眾人才雖懷有利用於世之志，卻不得施展之機會，然而九五則是以其中正之位萃聚天下人才，未來眾人才將在九五的中正帶領下，開創出偉大事業，是即為「萃有位，志未光也」之意。

上六：齎咨涕洟，无咎。

齎咨涕洟：齎咨，嗟嘆之聲。涕，淚水。洟，鼻液。「齎咨涕洟」，意指來到萃聚時位之極的上六，雖然過去一群志同道合的伙伴曾快樂的萃聚在一塊，然而天下無不散之筵席，終究還是會來到該分道揚鑣的時刻，而面對此情此景難免因感傷不捨而齎咨涕洟，一把鼻涕一把眼淚捨不得分開。

无咎：雖然昔日眾人因共同的理念而萃聚在一起，如今則隨著時空的移易或個人價值觀的改變，有人決定選擇離去，而這種因時空環境或個人因素的改變，使得萃聚的成員們或選擇離開、或繼續留下，就是上六爻辭「无咎」之所象徵。

象曰：齎咨涕洟，未安上也。

齎咨涕洟，未安上也：萃聚是因緣起，分離乃為緣盡，既然時空已轉變，是到該散離的時候了，此刻有人決定選擇離開，即使想挽留也難以留住，畢竟往來循環變化本就是天地自然之理，又何必有所罣疑而難釋懷，「未安上也」之謂。

第四十六卦　升

☷☴

巽下坤上　地風升

升：元亨，用見大人，勿恤，南征吉。

象曰：柔以時升，巽而順，剛中而應，是以大亨。用見大人，勿恤，有慶也。南征吉，志行也。

象曰：地中生木，升。君子以順德，積小以高大。

初六：允升，大吉。

象曰：允升大吉，上合志也。

九二：孚乃利用禴，无咎。

象曰：九二之孚，有喜也。

九三：升虛邑。

象曰：升虛邑，无所疑也。

六四：王用亨于岐山，吉无咎。

象曰：王用亨于岐山，順事也。

六五：貞吉，升階。

象曰：貞吉升階，大得志也。

上六：冥升，利于不息之貞。

象曰：冥升在上，消不富也。

升：元亨，用見大人，勿恤，南征吉。

元亨：指乾天元德亨通流行於一切處，而元德所流行，將有晝夜與寒暑之生成，以及各類萬物在元德利益下獲得成長上升。

用見大人：用，指能夠把含藏在內之優勢，進一步轉化成外顯之功，這與「利用」之象乃直取之即可動而有獲，二者是有別的。「用見大人」，象徵乾天之道就像是一位中正大人，在下萬物除了知應和順隨其道而行之外，還要懂得轉化天德施益以成自身之利用，如此將最得成長上升之功。

勿恤：指天德利益萬物乃公平普施無分別，而萬物越能順隨時節之宜而行，越懂得善加利用天德之施益者，就越得成長上升之功。

南征吉：南，南方也，象徵離日光明方向。「南征吉」，指萬物之生長，若懂得乘勢巽入，及時把握四時最有利之成長季節，就會像是知往光明方向征進般，將最得順進之功。

彖曰：柔以時升，巽而順，剛中而應，是以大亨。用見大人，勿恤，有慶也。南征吉，志行也。

柔以時升：所謂的「升」之義，就像那陰柔萬物之生長，若懂得把握住最有利之時節，借助日照雲雨充沛之利乘勢而作，將最得成長上升之功。

巽而順：地風升，升卦上坤順下風巽，故有「巽而順」之象。天道之運行，春夏秋冬季節變化不同，萬物若懂得及時巽入有利生長之最佳季節，乘時順勢而作，將最得成長上升之功。

剛中而應：天道剛健中正其德至大，萬物知應和順隨其道而行，將在天德之施益下獲得成長上升。

是以大亨：乾天元德至大，亨通流行於一切處，萬物貞隨四時季節以生長，因為做到了得時、順勢，故能在天德利益下獲得成長上升。

用見大人，勿恤，有慶也：「有慶」之象，是指天德利益萬物公平無分別，在下萬物應和中正天道而行，並懂得善加利用天德之施益，就能轉化為成長上升之功。

南征吉，志行也：既然此刻正是一片上升之大好趨勢，就當好好把握住機會乘勢而作，循著這一光明方向征進晉升，做到猶如明能知機，行又能至之一樣，「南行吉，志行也」之謂。

象曰：地中生木，升。君子以順德，積小以高大。

地中生木，升。地風升，升卦上坤地下巽木，故有「地中生木」之成象。「地中生木」，一棵生長於大地上的參天巨木，乃源自於一株小苗，在經過一番時間的日積月累，才能以成高大。君子觀樹木成長之象有感，一棵參天巨木的長成，並非旦夕可至，須經過長時間的累積，因此，君子之進德修業，能法樹木積小以成高大之德，每日充實自己不輟，使每一天皆能獲得成長提升，行之既久，遂成其德業，「君子以順德，積小以高大」。

初六：允升，大吉。

允升：允，允當、合適。「允升」，指外在形勢環境大好，具備上升之各種有利條件。

大吉：指初六懂得善用內外每一項有利條件趁勢而作，順隨著大環境一起上升。

象曰：允升大吉，上合志也。

允升大吉，上合志也：把握住此刻大環境各項良好優勢，借力使力趁勢以伸展其志，「上合志也」之謂。

九二：孚乃利用禴，无咎。

孚乃利用禴：指雖然禴祭只是簡單的祭祀儀式，但只要誠孚具足，仍可感通神明，在此引申形容此刻不必計較應採取何種操作模式，只要務實的先抓住主流上升趨勢，跟隨著此波潮流一起上升即是。

无咎：指先要抓對主流上升趨勢，至於細節部分的實際操作，則可視當下形勢變化再做微調和修正。

象曰：九二之孚，有喜也。

九二之孚，有喜也：喜，應和之象也。祭祀之能感通神明，是基於能懷著一顆虔敬誠孚之心，而非憑藉著祭品的豐盛，「九二之孚，有喜也」之意。

九三：升虛邑。

升虛邑：虛，中空無物。「升虛邑」，指九三之升，是既不審時又不循序，完全沒考慮到此時所能掌握的主客觀條件為何，不計代價的一直追求成長上升，結果表面上好像是升到高點，內在卻是脆弱不實，而在缺乏實質內涵支撐的情況下，最後所得到的，就只是一具虛有其表的空殼子而已。

象曰：升虛邑，无所疑也。

升虛邑，无所疑也：沒有顧忌、不計代價，只追求能夠快速成長，完全不去考慮若升之太急、太快，後果將會造成實質內涵根本無法有效支撐起全局，是稱「无所疑也」之意。

六四：王用亨于岐山，吉无咎。

王用亨于岐山：此句爻辭與隨卦上六「王用亨于西山」近似，若就典故解釋，均指周文王祖父西太王帶領人民避難至岐山之事，其間差異僅在「西」與「岐」字象的不同。而「西」者，乃取其象徵「時間之盡」；「岐」者，指「歧枝」之意。至於爻辭「王用亨于岐山」之象於「升」之義，是取西太王帶領人民由原居地遷徙避難至岐山這一段過程，以象徵先做到讓主流勢位得到上升，接著人民扶老攜幼，從四面八方往岐山聚合的這一階段，則代表當主流上升之勢獲得確立，然後旁系支流就可以藉主流勢位的拉拔而一同跟隨上升。另外，爻辭「王用亨于岐山」這一句話，即使不引典故而僅就文字象觀之，事實上，也不難理解整句爻辭所要表達的象徵意涵。

吉无咎：吉，比附中正而行將可吉而有得。无咎，調整修正之象也。「吉无咎」，象徵先確立主流勢位獲得上升，接著旁系支流再依附主流上升之勢一起提升。

象曰：王用亨于岐山，順事也。

王用亨于岐山，順事也：事，規律之象徵。「順事」，指先建構出一條規律順暢運作的主幹，接下來再順著這既有基礎而逐步擴大其規模，這就像是先做到讓主流上升勢位獲得確立，其他分歧支流再依序會集而至一般。

六五：貞吉，升階。

貞吉：指六五貞正在位，故其動進作為必獲上升之功。

升階：指具備上升之正的六五，有能力、同時也有責任帶領人民階級而上，一步步持續向上提升。

象曰：貞吉升階，大得志也。

貞吉升階，大得志也：具備中正之德的六五，將帶領人民一起上升，而人民能夠向上提升，事實上，亦可做為六五再上升之穩固基石，而這種六五與人民上下一起偕同俱升之象，就是稱「大得志也」之意。

上六：冥升，利于不息之貞。

冥升：冥，月過十六將由盈轉虧之象。「冥升」，指原本為趨勢成長上升的良好環境，現在已反轉下降，就像月已過了十六，將由原本的圓滿逐漸轉變成為虧缺而暗淡。

利于不息之貞：當大環境之有利形勢已反轉向下，這時上六除了要謹慎守成、設法度過這段不利時期之外；另一方面則不可因大環境的不佳而自我設限，以致讓自己停滯不前，而是要懂得及早布局，為下一次上升循環的再到來預做準備，「利于不息之貞」之謂。

象曰：冥升在上，消不富也。

冥升在上，消不富也：雖然此刻的大環境正是一片形勢大好，但天地之道乃盈虛循環，眼前的上升富盛之勢，將不可能永久保持不墜，因此，當懂得為下一波消滅不富時期的到來早做準備，「冥升在上，消不富也」之謂。

第四十七卦　困

䷮
坎下兌上　澤水困

困：亨，貞大人吉，无咎，有言不信。

彖曰：困，剛揜也。險以說，困而不失其所，亨，其唯君子乎。貞大人吉，以剛中也。有言不信，尚口乃窮也。

象曰：澤無水，困。君子以致命遂志。

初六：臀困于株木，入于幽谷，三歲不覿。

象曰：入于幽谷，幽不明也。

九二：困于酒食，朱紱方來，利用亨祀，征凶，无咎。

象曰：困于酒食，中有慶也。

六三：困于石，據于蒺藜，入于其宮，不見其妻，凶。

象曰：據于蒺藜，乘剛也。入于其宮，不見其妻，不祥也。

九四：來徐徐，困于金車，吝，有終。

象曰：來徐徐，志在下也。雖不當位，有與也。

九五：劓刖，困于赤紱，乃徐有說，利用祭祀。

象曰：劓刖，志未得也。乃徐有說，以中直也。利用祭祀，受福也。

上六：困于葛藟、于臲卼，曰動悔，有悔，征吉。

象曰：困于葛藟，未當也。動悔有悔，吉行也。

困：亨，貞大人吉，无咎，有言不信。

亨：天道晝夜、寒暑之運行，不管處任何時位，皆能常保亨通流行而不困窮。

貞大人吉：象徵天道運行其德剛健中正，每一步之動進皆正當而有功，故能順利突破險難而不受困窮。

无咎：指天道運行將會隨著四時季節之不同而調節變化，故能動進有常、順行不已而無困窮。

有言不信：「有言」之所以「不信」，這是因為「行」無法信實去履踐「言」之故。而卦辭「有言不信」之象，在此指受困時，若缺乏實際而有效的行動力，將難以順利走出困境。

彖曰：困，剛揜也。險以說，困而不失其所，亨，其唯君子乎。貞大人吉，以剛中也。有言不信，尚口乃窮也。

困，剛揜也：揜，掩也。「剛揜」，身陷嚴厲險峻的困境之中而難出，是為「剛」被掩而受困之意。而陽剛動進之所以會被「揜」，無法及時脫離困境，這是因為喪失中正方向，或是行動力不足之緣故。

險以說，困而不失其所，亨，其唯君子乎：澤水困，困卦上兌悅下坎險，故卦象含有「險以悅」之德。險，險困之意。說，象徵與外在環境保持兌悅平衡，亦即雖身陷險境，卻仍能隨遇而安之意。天道之動進運行，會隨著四時寒暑之不同而調節，故能亨通而不困入險中。君子觀天道之動進，不管處於任何時位皆常保亨通有感，當遭逢困境時，能本著隨遇而安的態度面對之，並以積極的態度尋求出困之道，不會坐困愁城而被那外境所禁錮住，「險以說，困而不失其所，亨，其唯君子乎」之謂也！

貞大人吉，以剛中也：以，不已。「以剛中」，剛健中正、運行不止息之意。彖辭取「以剛中」以釋「貞大人吉」，是指天道之動進運行，能夠循乎中正並且結合剛健不懈怠，故不為險困所阻撓。

有言不信，尚口乃窮也：欲走出困境，除了要有正確出困方法，同時還要結合實際而有效的行動力，倘若只會坐而言，卻不能起而行，當然最後就是落得坐困愁城了，所以是「尚口乃窮也」！

象曰：澤無水，困。君子以致命遂志。

澤無水，困。澤水困，困卦上澤兌下坎水，水在澤之下，澤水已見底，「澤無水」之象也。雖然君子遭遇到的是像那澤已無水般之困境，但是君子並不會對眼前的困境感到灰心喪志，亦不會被困境所障礙，仍然奮力克服困難，繼續朝著既定目標前進，終遂得其志，「君子以致命遂志」！

初六：臀困于株木，入于幽谷，三歲不覿。

臀困于株木：株木，木被伐後殘留下的樹樁。「臀困于株木」，臀困坐在株木上，指受困於一極狹窄處，難以再自由活動伸展。

入于幽谷：幽谷，深谷。「入于幽谷」，掉入到深谷之中，指困入之深，難以在短時間內走出困境。

三歲不覿：覿，同見。「三歲不覿」，有三年之久不得見，指困入到一處既狹且深的地方，短時間內難以出脫困境，因此這時要有心理準備，未來將有一段艱辛漫長的道路要走。

象曰：入于幽谷，幽不明也。

入于幽谷，幽不明也：掉入一處幽暗不明的深谷之中，未來所將面對是一條幽暗不明的出困道路，「幽不明也」之謂。

九二：困于酒食，朱紱方來，利用亨祀，征凶，无咎。

困于酒食：指一旦受困，若估計短期內將難以出脫困境，這時第一要務就是想辦法先取得飲水與食物的供給不缺，在讓體力得以維持之前提下，接下來才有機會去找尋出困的道路。

朱紱方來：朱紱，色彩鮮艷的紅色細繩。方來，行而正確有方之意。「朱紱方來」，指雖然出困之道就像那絲線般細而狹窄，但只要確定這條管道是對而可行，就得牢牢抓住、好好把握。

利用亨祀：指利用祭禮上享於鬼神以祈求鬼神祐助，含有心靈上能夠獲得寄託之意，在此引申指雖身陷困境，仍能時時保持樂觀，絕不輕言放棄而被眼前困境所打倒，內心中則一直存在著一個信念，相信自己未來一定有辦法成功走出困境。事實上，這一個提醒自己必定可以堅持下去的信念，往往正是讓自己能夠順利走出困境的最重要成功因素。

征凶：指受困之時，一定得盡量保持鎮靜，和注意體力的維持，對於那些無益於出困的任何征伐耗損之作為，皆得禁制。畢竟，若精神或體力不濟，就很難有機會走出困境。

无咎：指先獲得「酒食」而讓精神體力皆可維持，接下來再一步步試著向外找尋如何脫困之道。

象曰：困于酒食，中有慶也。

困于酒食，中有慶也：中，中而平衡之意，引申指能夠隨遇而安，快速適應當前環境之意。「中有慶」，指一旦陷入困境，這時除了要趕快調整心態以適應當前處境之外，還要努力去取得一切有助於讓精神、體力得以繼續維持的資源，並持續向外找尋各種可能脫困之道。

六三：困于石，據于蒺藜，入于其宮，不見其妻，凶。

困于石，據于蒺藜，入于其宮，不見其妻，凶：「困于石」，四面都被堅硬的石牆所包圍難以出去；「據于蒺藜」，陷在滿是刺針的蒺藜叢當中，這時坐、立都感困難；「入于其宮，不見其妻」，脫困時應盡快想辦法遠離困境，今六三反而逆其道而行，使自己越困越深、越困越孤單無助，最後竟連最親密、相扶持的妻子也無法出手幫助他；「凶」，出困不得其法，反而越往困境走，是故有凶。

象曰：據于蒺藜，乘剛也。入于其宮，不見其妻，不祥也。

據于蒺藜，乘剛也：「乘剛」原指騎乘剛健次序以進之意，這裡是以釋在出困方法、行進方向皆正確的前提下，一步步剛健以進，最後才能順利走出困境。然而，此刻的六三原本只是「困于石」，身雖被困，仍留有些許活動伸展之空間，隨後卻反而更把自己困到蒺藜叢中，之所以如此，這是因為六三錯走了出困之道，以致越走越深入困境。

入于其宮，不見其妻，不祥也：祥，同詳。六三不審時勢、不辨方向，本就已身陷在困境當中，卻又執意要往深一層險境走，結果把自己更困入到深淵之中，幾已無法找到如何出困之道，故稱之「不祥也」！

九四：來徐徐，困于金車，吝，有終。

來徐徐：指雖然前進的速度緩慢，但方向卻是正而明確，故終能走出困境。

困于金車：金車，剛硬而沈重的車子，言其不易疾駛也。「困于金車」，形容出困過程之緩慢，就像是被困住的沈重金車，必須費極大力氣才能拖得動它。

吝，有終：吝，吝少意。雖然看似勞多而少獲，但是只要方法和方向正確，即使只能一點一滴慢慢的累積，行之既久，終亦能出離困境，「吝，有終」之意。

象曰：來徐徐，志在下也。雖不當位，有與也。

來徐徐，志在下也：受困時，不必抱太大奢望，想在短時間內就能走出困境，但只要確定此刻所採用的方法正確，並且能保持穩健前進，即使過程是徐徐而緩慢，終究會有擺脫困境的時候，「志在下也」之謂。

雖不當位，有與也：雖然此刻的力量尚不足以出離困境，但只要方向與方法正確，那怕只能一寸寸緩步推進，終會有走出困境的時候，「雖不當位，有與也」之意。

九五：劓刖，困于赤紱，乃徐有說，利用祭祀。

劓刖：劓，指割鼻之刑。刖，指割去雙腳之酷刑。「劓刖」，象徵人民因受困苦，不得已挺而走險，以致犯罪受罰之意。

困于赤紱：九二爻辭有「朱紱」之象，而九五則稱「赤紱」，朱紱與赤紱皆是紅色繩子，而赤色比朱色稍淡，故所謂的「赤紱」就是指由朱紱褪色後的舊細繩，其質地將比朱紱更為細小脆弱。「困于赤紱」，象徵人民受困之嚴重已到命如懸絲，而人民此刻所能得到的外界援助，則又像那由赤紱所連繫般細小和脆弱。

乃徐有說：說，同脫。「乃徐有說」，指具備中正之德的九五，有責拯救每一位正遭受苦難的人民，幫助受困人民一步步脫離困境。

利用祭祀：九二爻辭有「利用亨祀」之象，九五則取象「利用祭祀」，雖然不管「利用亨祀」或「利用祭祀」，皆是指祭祀以上禱於鬼神和上天之意，但九五爻辭「利用祭祀」所要表達的是—受困人民心有期待而上禱於天，祈求能降福以拯救出離苦難，而當此之際，身為上位中正九五，則如上天般聽得到受困人民的禱告聲音，及時伸出援手，以拯救人民脫離苦難。

象曰：劓刖，志未得也。乃徐有說，以中直也。利用祭祀，受福也。

劓刖，志未得也：《論語‧堯曰篇》：「朕躬有罪，無以萬方；萬方有罪，罪在朕躬。……百姓有過，在于一人。」此刻仍有人民因身受困窮苦難，不得已犯罪而受到劓刖之刑，這表示身為在上者還有做不好的地方，沒有做到治理好四方，讓百姓安居樂業，所以百姓有過，實如同是九五自身之罪責，也因此，九五這時就當反身修德、虛心檢討，一切正己向內求，「劓刖，志未得也」之意。

乃徐有說，以中直也：中，中正之意。直，正也。而「直」之所以能「正」，乃因知貞隨中正，後遂得之。「以中直」，指九五以其中正之德拯救四方苦難人民，使所有人民皆能脫離困境之意。《論語‧堯曰篇》：「咨！爾舜！天之曆數在爾躬，允執其中，四海困窮，天祿永終。」舜，天命在爾身！汝要信實執持中正天道之理，要為四海之內人民解除困窮之苦，讓人民能永享安居樂業，就像那天道不辭劬勞照顧萬物般，則上天也將會持續降福給你，使天祿永享而不終絕。〈堯曰篇〉此段之所述，實亦可作為「乃徐有說，以中直也」之另一註解。

利用祭祀，受福也：福，神祇降吉祥以助人之意。當人民身受困窮苦難對著上天禱告，此時身為上位九五則是能聞聲救苦，立刻聽到正遭受苦難的人民聲音，及時拯助人民脫離困境之中，而這種九五大人君德如天德般降福于萬民，就是「利用祭祀，受福也」之意。

上六：困于葛藟、于臲卼，曰動悔，有悔，征吉。

困于葛藟、于臲卼：葛藟，蔓生的爬藤。臲卼，高而危的地方。「困于葛藟、于臲卼」，身體被層層刺藤所困繞住，而腳下所立又是在高而危的懸崖峭壁邊。爻辭如此取象，是在形容被困之嚴重與複雜，而未來若想脫困，不但所採用的脫困方法須正確，同時行動也得做到迅速敏捷，這樣才能順利掙脫藤蔓，且不會因誤踏腳步而墜入深谷之中。

曰動悔：曰，口說之象。「曰動悔」，指徒有「口說」，卻缺乏實際而有效的行動力，最後當然會落得一事無成。

有悔：指雖努力企圖擺脫困境，卻因所採用的脫困方法不得當，或行動力之不夠迅速敏捷，導致最後無法及時走出困境，亦即將因失時遲而有悔之意。

征吉：指必須想辦法在有效時限內及時脫離困境，即應趁著精神體力尚佳之際，積極尋求出困之道，否則一旦在困境中耽擱太久，形勢就會越趨不利。

象曰：困于葛藟，未當也。動悔有悔，吉行也。

困于葛藟，未當也：「未當」原是指太過或不及之意，在此以釋若掙脫的力道不足，將無法有效擺脫葛藟的纏繞；相反的，用力若太猛，則又可能因此失了重心，翻落到懸崖下。

動悔有悔，吉行也：所採用的方法若偏而不當，其動將致悔失；另一方面若行動力不足，不能做到敏捷迅速，則是會造成時遲而有悔。此二者，「動悔有悔」之謂。受困時，惟有找到正確出困方法，並且配合剛健敏捷的行動力，才有機會順利走出困境，倘若毫無實際作為，或是只想以拖待變，希望奇蹟出現，將永遠無法擺脫困境的纏繞，是乃稱「吉行也」之意思。

第四十八卦　井

䷯ 巽下坎上　水風井

井：改邑不改井，无喪无得，往來井井。汔至亦未繘井，羸其瓶，凶。

彖曰：巽乎水而上水，井，井養而不窮也。改邑不改井，乃以剛中也。汔至亦未繘井，未有功也。羸其瓶，是以凶也。

象曰：木上有水，井。君子以勞民勸相。

初六：井泥不食，舊井无禽。

象曰：井泥不食，下也。舊井無禽，時舍也。

九二：井谷射鮒，甕敝漏。

象曰：井谷射鮒，无與也。

九三：井渫不食，為我心惻，可用汲，王明，並受其福。

象曰：井渫不食，行惻也。求王明，受福也。

六四：井甃，无咎。

象曰：井甃无咎，修井也。

九五：井冽，寒泉食。

象曰：寒泉之食，中正也。

上六：井收勿幕，有孚，元吉。

象曰：元吉在上，大成也。

井：改邑不改井，无喪无得，往來井井。汔至亦未繘井，羸其瓶，凶。

改邑不改井，无喪无得，往來井井：井道之利用運作，雖然汲水的人們不斷來來去去，而井水則持續的上出，但井中之水並不見少，不汲水時，亦不會見其增多，井道也依然留在原地並不改移。

卦辭「改邑不改井，无喪无得，往來井井」之取象，其實是在形容井道往來井井之德，就像那晝夜與四時寒暑往來之道一般，雖然季節氣象不停的更迭變化，而日照雲雨施益之德也不曾一日間斷，但天道周而復始、誠孚有信之德卻恆不改常。

汔至亦未繘井：汔，水幾乎乾涸狀。汔至，將至而未至。亦，對等意。繘，音同「掘」，汲水用的井繩。「汔至亦未繘井」，井底下雖然含藏著豐沛泉水，但只要尚未挖通泉脈，或是井繩長度無法搆及井水，不管井道已挖了多深，或繩子已多麼接近水面，這與完全沒有去掘井或汲水，其間並無所差別。

羸其瓶：羸，缺損。「羸其瓶」，用來汲水的瓶甕破了，這時即使井中流著甘美冷泉，也只能望井興嘆。

凶：指雖然井下蘊藏著豐沛的泉脈，卻無法將它挖掘上出，或井中已流著甘美冷泉，卻是缺少一只可將之汲取上用的瓶甕，二者皆終不得其功。

另外，卦辭「汔至亦未繘井，羸其瓶，凶」之取象，其實這是在講雖然天德施益至大而充沛，但萬物若不能順承四時規律之序而行，不知積極主動去汲取天德利益，則這與天德之不存，幾無所差別。

彖曰：巽乎水而上水，井，井養而不窮也。改邑不改井，乃以剛中也。汔至亦未繘井，未有功也。羸其瓶，是以凶也。

巽乎水而上水，井，井養而不窮也：水風井，井卦上坎水下風巽，水在風巽之上，故有「巽乎水而上水」之象。「巽乎水而上水」，指井道能巽入接通地下泉水，並汲取上出利用，在此亦以象四時季節往復循環之道，就像那井道往來井井之德般，而天德日照雲雨之無窮施益，則猶如接通的泉脈能夠井養利益萬物。

改邑不改井，乃以剛中也：「乃以剛中」，指雖然晝夜、寒暑之道就像坎水流行般不停更迭變化，但內在剛健中正、往來循環之德，卻是恆不改常。

汔至亦未繘井，未有功也：井底下雖蘊藏著豐沛泉脈，卻沒能成功將之挖掘上出，即使最後僅差一簣之功，這與井道完全未被開發，兩者間幾無差異，皆「未有功也」！

羸其瓶，是以凶也：汲水的瓶子羸損了，沒了可以將井中泉水汲出上用的工具，即使井中正湧冒著甘冽冷泉，也是徒然，「是以凶也」！

象曰：木上有水，井。君子以勞民勸相。

木上有水，井。水風井，井卦上坎水下巽木，猶如樹木巽入地下引水以上行利用，故有「木上有水」之成象。君子觀木上有水之象有感，「君子以勞民勸相」。相者，度才也。君子教導人民依據個人之質性，以習得一技之長，並且勤勞工作，使人民懂得如何自立更生。

初六：井泥不食，舊井无禽。

井泥不食，舊井无禽：井道不能發揮應有功能，原因有二：一是井中泥沙尚未掏盡，井水太過混濁不能被飲用，「井泥不食」之意；一是井已因老舊而被廢棄，此時不但人們不再利用它，就連鳥獸也不願意接近，「舊井无禽」之意。

象曰：井泥不食，下也。舊井無禽，時舍也。

井泥不食，下也：井水混濁雜著泥沙難被食用，這是因為井道淤塞未渫治，故出水低下，「下也」！另外，爻辭「井泥不食」所象徵，就像是在講一個人若學無專長，能力低下當然也就很難獲見用了。

舊井无禽，時舍也：舍，同捨。井道因年久失修而被廢棄，就像是在講一個人能力若無法隨著時代潮流的進步而提升，雖然過去時日所學知識技能曾被見用，之後卻因學習的停滯而不再有所長進，在慢慢與時勢脫節的情況下，就會變得如「舊井无禽」一般，將被淘汰盡棄，「時舍也」之謂。

九二：井谷射鮒，甕敝漏。

井谷射鮒：谷，象徵小水坑。鮒，小魚蝦。「井谷射鮒」，形容井中之水就只有這麼一小窪，少到僅能供小魚、小蝦棲止而已，根本沒有多少剩餘可供汲取利用。而爻辭「井谷射鮒」所象徵，就像是在講一個人的本事就只有那麼一丁點，所能從事的範圍有限，當然也就很難做出什麼大事業了。

甕敝漏：拿一個破漏的瓶甕來汲取井水，井水尚未汲取上來就已漏失大半，徒然浪費好多力氣。而爻辭「甕敝漏」所象徵，就像是在講一位徒具外表卻沒有真才實學的人，當別人任用他時，就會像是拿了個破漏瓦甕去汲取井水，最後所能汲取上來的，根本就只剩下不到半桶水。

象曰：井谷射鮒，无與也。

井谷射鮒，无與也：井底之水若不能源源不絕上出，在無法增益補充之情況下，眼前這一小窪沒幾下就掏光了，「无與也」之謂。

九三：井渫不食，為我心惻，可用汲，王明，並受其福。

井渫不食：渫，除去濁穢以求清潔之意。「井渫不食」，指井中淤泥已完全被渫清，水已潔淨可食了，可惜卻沒人知道來利用它。

為我心惻，可用汲：我，施身自謂之意。惻，有為人設身處地著想，亦即易地而處的意味。「為我心惻，可用汲」，指這麼一口好井，井水潔淨可食，如此美質卻沒有人知道來汲取利用，不禁為之感到惋惜。

王明：指明能辨材，懂得賞識九三，並且知如何用之的一位賢主。

並受其福：這是指九三擁有良好材質，又能得到賢主的賞識與利用，這不但是九三一己之福，同時也是懂得識才者之福。

象曰：井渫不食，行惻也。求王明，受福也。

井渫不食，行惻也：潔淨清澈的井水卻無人識得而食之，這就像雖身懷才能，卻不獲識用，這時不但會為己感到悲惻，旁人看了也會對其懷才不遇而同感惋惜，「行惻也」之意。

求王明，受福也：九三雖擁有良好美質，仍需識者之「明」的配合，這就像雖是千里良駒，仍須求得伯樂的慧眼賞識，將來才能馳騁於廣闊大地上，「求王明，受福也」之意。《論語‧子罕篇》子貢曰：「有美玉於斯，韞匵而藏諸？求善賈而沽諸？」子曰：「沽之哉！沽之哉！我待賈者也。」「我待賈者」，即是「求王明也」！

六四：井甃，无咎。

井甃：指修治井壁使之功能維持。

无咎：指井道將會因長久使用而損壞，所以必須經常修治，使井道功能保持暢通。

象曰：井甃无咎，修井也。

井甃无咎，修井也：即使是不改移的井道，仍得經常修治和清淤，才能常保暢通與利用。同理，一個人的本職學能雖一時堪敷使用，仍須不斷精練其藝，多充實自己，讓自己的能力與創意可以持續提升與上出，以避免在蹈常襲故的既定模式之下，慢慢產生瓶頸卻不自知。

九五：井洌，寒泉食。

井洌，寒泉食：洌，水潔白明澈。「井洌寒泉食」，象徵具備中正之德的九五，就像是一口豐沛上湧、清洌無比的寒泉，德澤井養天下萬民。

象曰：寒泉之食，中正也。

寒泉之食，中正也：一口清洌寒泉，能井養無數人們。同理，九五就像那中正天道能井養萬物一般，萬民不但受到九五這一口寒泉的井養，同時也在九五的中正帶領下，懂得如何去開發己身這一口好井，「寒泉之食，中正也」。

上六：井收勿幕，有孚，元吉。

井收勿幕：幕，覆食案曰「幕」。「井收勿幕」，指井道一旦被開通，雖然挖井的人已汲取到所需的水了，但井道功能並不會因這次的取水結束而隨之消失，下一位想取水飲用的人，只要重新垂下井繩，很容易就能汲取到潔淨的井水，而毋須再去挖掘另一口新井。

有孚：誠孚相應和之象，在此象徵指若順利建立起一條暢通井道，未來就可以持續的汲水和出水。

元吉：象徵井道一旦開發成功，未來就會有源源不絕的地下泉水可供取用，利益供給無數的人們。

象曰：元吉在上，大成也。

元吉在上，大成也：觀井道井養之德有感，井道一旦開發成功，未來井水就能源源不絕湧出，利益著無數人們，因此，當一個福國利民的事業或制度被創建成功，未來也會如那井道之德般，其福澤利益將可源遠流長，「元吉在上，大成也」！

第四十九卦　革

䷰

離下兌上　澤火革

革：己日乃孚，元亨利貞，悔亡。

彖曰：革，水火相息，二女同居，其志不相得，曰革。己日乃孚，革而信也。文明以說，大亨以正，革而當，其悔乃亡。天地革而四時成，湯武革命，順乎天而應乎人。革之時大矣哉！

象曰：澤中有火，革。君子以治曆明時。

初九：鞏用黃牛之革。

象曰：鞏用黃牛，不可以有為也。

六二：己日乃革之，征吉，无咎。

象曰：己日革之，行有嘉也。

九三：征凶，貞厲，革言三就，有孚。

象曰：革言三就，又何之矣？

九四：悔亡，有孚，改命吉。

象曰：改命之吉，信志也。

九五：大人虎變，未占有孚。

象曰：大人虎變，其文炳也。

上六：君子豹變，小人革面，征凶，居貞吉。

象曰：君子豹變，其文蔚也。小人革面，順以從君也。

革：己日乃孚，元亨利貞，悔亡。

己日乃孚：己，本義作「別絲」解，即治絲使分別之而加以記識之意。己日，象徵若要區分辨別一年四季各不同季節之更革變化，則可根據太陽在天際推移的位置來判斷。例如，當太陽運行通過像是冬至、夏至、春分與秋分等不同節氣轉折點，就代表著將要往另一個新季節更革變去。

「己日乃孚」，指晝夜與四時寒暑之更革變化，是如此規律有節、信而有徵，每當日月星辰再出現於天空中特定位置，就代表季節氣象又已信實不忒的往另一新季節更革轉移。

元亨利貞：指乾天元德至大而周遍，亨通流行於天地之間，而元德所流行，於是有晝夜與四時寒暑規律更革之道的生成。而正因為晝夜、寒暑之變化更革，是如此規律有節、信而有徵，故萬物皆應和貞隨其道而行。

悔亡：指乾天之道之能亨通流行，其日照雲雨施益之德無窮，這是因為晝夜、寒暑之道將會偕時節之不同而行變化更革。

彖曰：革，水火相息，二女同居，其志不相得，曰革。已日乃孚，革而信也。文明以說，大亨以正，革而當，其悔乃亡。天地革而四時成，湯武革命，順乎天而應乎人。革之時大矣哉！

革，水火相息，二女同居，其志不相得，曰革：水盛則火滅，火烈則水蒸，這種水火相息之象，就像那晝與夜、寒與暑雖同存於天地之間，卻是晝往則夜來、寒來則暑往，猶如其志永遠不相得，「革，水火相息，二女同居，其志不相得」之謂。

另外，彖辭後面所接的「曰革」之象，其語法設計與同人卦的「曰同人」以及大有卦的「曰大有」相同，皆是在表達「一體兩面」之象徵意義。也就是說，「曰革」者，指晝與夜、寒與暑實為一體兩面之二象，就像有無或高下是相生相成一樣，只不過晝夜、寒暑之推移，是每當彼方來至，另此就得隨之產生變化更革。

已日乃孚，革而信也：天地日月之運行規律有常、信而有徵，因此只要觀察天象日月星辰之變化推移，就能以明四時更革循環之道，「革而信也」之謂。

文明以說，大亨以正，革而當，其悔乃亡：澤火革，革卦上澤兌下離火，故有「文明以說」之象。「文明」，四時季節之文明氣象也；「以說」，春夏秋冬各季節兌悅更迭之意。因為四時之道正無差妄行其變化更革，故有春夏秋冬季節文明氣象之生成，以及天德日照雲雨之無窮施益，「文明以說，大亨以正，革而當，其悔乃亡」之謂。

天地革而四時成，湯武革命，順乎天而應乎人：「天地革而四時成」，天地之道規律有節行其變化更革，於是有四時季節文明氣象之生成，以及各類萬物之成長繁榮。「湯武革命」，商湯滅夏桀，周武王滅殷紂，古稱之為「湯武革命」。而湯武革命之能成功，順利完成改朝換代，這是因為商湯和武王做到了「順天而應人」。「順乎天」，夏桀與殷紂王所作為已違逆天道，既然是逆天理而行，則必將被改革，因此，湯武之革命是一種順應天理、合乎時勢所需的作為；「應乎人」，人心已思變，時勢潮流不斷向前推進，對於改革之事，舉事者能應和民心所訴求，故可獲得人們的孚信支持。

革之時大矣哉：既然朝著改革的道路走去，已是不可逆轉的趨勢，因此這時越能順應時勢，及早展開改革，則改革之事就越得順利成功，是為「革之時大矣哉」所要表達之意。

象曰：澤中有火，革。君子以治曆明時。

澤中有火，革。澤火革，革卦上澤兌下離火，故有「澤中有火」之成象。「澤中有火」，水盛則火滅，此處燃燒之火，待澤水流至，就會被澤水所滅革。君子觀燃燒之火被澤水所滅革之象有感，懂得利用「治曆明時」之理，以面對改革浪潮的到來。曆，曆象，乃推算日月星辰諸天象於歲時中所經歷程之法則。古時農業為國家大本，那一時節該從事那些耕種至為重要，一切農耕種植將會依循日月星辰的更革位移而作，至於曆法所記載，其實就是日月星辰更革轉換之時間表。

因此，若在一年之始就先將曆法治好，接下來再依照曆法所載之節氣變化，從事各項農耕畜牧，這就是所謂的「治曆明時」。至於君子又該如何做到「以治曆明時」？當時代潮流不斷往前推進，此時不管是社會結構或政治、經濟等方面，皆將隨著時勢潮流的進步而產生重大變革，而君子則是有能力預見改革浪潮的到來，早一步備妥相因應改革計畫，待時機一成熟，立刻取得改革的順利成功。

初九：鞏用黃牛之革。

鞏用黃牛之革：鞏，指施韋革以束物。黃，地之色，中道順理之象徵。牛，順服之象徵。「鞏用黃牛之革」，指處革卦初始之位的初九，面對外在客觀環境的尚未成熟，形勢還不適合於推動改革，這時就像是被黃牛之革所束縛住般，即使有心於作為，也是不可得，故只能先以柔下順勢的態度，耐心等待改革時機的到來。

象曰：鞏用黃牛，不可以有為也。

鞏用黃牛，不可以有為也：初九雖有心於改革，卻受限於形勢環境的仍不允許，這時就像是被堅韌牢固的黃牛皮革所緊縛住般，「不可以有為也」之謂。

六二：己日乃革之，征吉，无咎。

己日乃革之：己日，原是指季節變化交替之轉折日，在此象徵改革之時機已臻成熟。「己日乃革之」，指當有利於更革的各客觀形勢皆已成熟，這時就應大胆往改革的道路前進。

征吉：指抓住改革之有利契機順勢而作，可征進而有吉也。

无咎：指既然走向改革已是不可避免的趨勢，這時懂得順應形勢以推動改革，將最收改革之效。

象曰：己日革之，行有嘉也。

己日革之，行有嘉也：有嘉，獲取嘉善之效益之意。有利於改革的客觀形勢越具足，趁此時勢以推動改革，就越得事半功倍之成效，「行有嘉也」之謂。

九三：征凶，貞厲，革言三就，有孚。

征凶：指利於改革的客觀條件尚未成熟，還不是推動改革的恰當時機，這時就不應急著行動，倘若不審時勢而強為之行，將可能因此付出過多的代價。

貞厲：指在進行改革的過程中，遲遲見不到預期成效，反而越改革越見紊亂失序，這時當懂得順應形勢調整改革步伐，且檢討所採取的策略是否存在著差錯，否則，繼續不計代價的硬幹下去，形勢就只會更見危厲。

革言三就，有孚：言，言語溝通之象。就，完成、成熟。「革言三就」，指首先觀察改革所需的各項客觀條件是否已臻成熟；其次持續評估改革過程中所收到的實際成效，是否如預期般一直保持著穩定進步；最後是不斷與一起參與改革的眾人誠孚溝通，讓大家願意相信改革必會成功，並因此獲得眾人上下孚信一致支持改革。換言之，如爻辭「征凶」、「貞厲」、「有孚」所象徵這三大要件，皆已成熟到位，就是所謂的做到「革言三就」。

另外，爻辭之取象這裡有一處須注意到，那就是把「有孚」置於「革言三就」之後，如此安排，其理是在強調推動改革若要真正獲得眾人誠孚支持和參與，前面就必須做到讓「征凶」與「貞厲」所象徵的這兩大要素先就定位，然後才能使眾人產生改革必會成功的堅定信心，並進而全心全意支持改革。

象曰：革言三就，又何之矣？

革言三就，又何之矣：既然改革所需的各項要件皆已成熟，這時就應該勇往向前，大胆走改革的路，還在猶豫什麼？又何之矣？還會有其他的方向嗎？

九四：悔亡，有孚，改命吉。

悔亡：指在推動改革的過程中，難免會遭遇到各種不同阻礙，這時一定要懂得順勢而為的道理，何時該果敢前進？什麼情況下又當知待時而動？皆能迅速且明智的做出判斷。

有孚：指推動改革時須懂得循序漸進之理，也就是要有完整的改革計畫，且分階段來推動其改革，應等上一階段的改革見到具體成效，在獲得眾人的孚信支持了，才繼續更往深一層的改革推進。

改命吉：指推動改革之事，既做到順隨時勢──「悔亡」，同時又得到眾人的孚信應和──「有孚」，當然可以獲得成功，「改命吉」也！。

象曰：改命之吉，信志也。

改命之吉，信志也：「信志」，因有孚信之基礎在先，故得志應隨之於後，在此以釋有上一步的改革成功做為基礎，這除了將更易取得眾人對於改革的信任支持外，更有助於下一階段改革的繼續推動。

九五：大人虎變，未占有孚。

大人虎變：虎變，這是取虎皮紋理相間層次分明，猶如四時季節之變化分明，以引申形容剛猛與變化更革顯明之意。「大人虎變」，大人者，其德剛健中正，順天而應人，故大人可以行「虎變」之改革，並取得光明成功。

未占有孚：占，從卜從口，視兆以判吉凶之事曰「占」。未占，不必藉由事物外徵動向變化之觀察，就能正確判斷其所之之意。「未占有孚」，指九五中正大人，有能力帶領眾人走向正確改革道路，而人民也將毫不懷疑孚信於九五，並全心全意貞隨九五的改革腳步，於是上下齊心共同努力，終於取得改革的成功。

象曰：大人虎變，其文炳也。

大人虎變，其文炳也：炳，明也，光明如火也。文炳，紋采斑斕分明。九五中正大人所帶領的改革，其進迅速確實，其功光耀顯明，「大人虎變，其文炳也」！

上六：君子豹變，小人革面，征凶，居貞吉。

君子豹變：豹變，這是取象豹皮紋理由片片斑點以為基，再逐漸形成紋采華美之整體全豹之意。「君子豹變」，形容君子的改革態度是積極進取的，但在改革的手段上則是能穩健不躁進，懂得先從取得局部的改革成功做起，再一步步漸進而上，終於完成全體變革的勝利。

小人革面：小人，在此指一般百姓。由於一般老百姓總是安於守成，對於動盪變革常懷抗拒之心，因此若欲對人民推行改革，很難立刻就能獲得他們的認同與配合。小老百姓對於改革之事，一開始往往只會在表面上虛應故事一下，所以這就像是所革的，就只有表面這一層而已，「小人革面」之謂。

征凶：指「小人」總是想保持現狀已擁有，深怕新的改革將會損及己身既存的這一點利益，因此，當改革者在推動改革時，若急於求功而採取了過於劇烈的手段，很容易就會遭遇到小老百姓們的抗拒不配合，並因而付出過高的改革代價。

居貞吉：指推動改革若想得到「小人」的支持配合，就不可操切躁進，當懂得因勢利導、循序漸進之理，先做到取得局部的改革成功，以建立穩定基礎，待得到百姓們的信任和支持，再繼續推動更深一層的改革，即能夠利用時間的逐步累積，以換取改革的最後成功。

象曰：君子豹變，其文蔚也。小人革面，順以從君也。

君子豹變，其文蔚也：蔚，草木盛茂貌。文蔚，紋采華美的樣子。對於改革之事，不必急於短時間內就想見到全體改革成功，應有長時間努力之耐心一步步循序漸進，而持續累積無數個小成效，終於換得改革的大成功，其過程就猶如積片片之斑紋，以成華蔚之文采，「君子豹變，其文蔚也」。

小人革面，順以從君也：君，為主或帶領之意。「小人」對於變動改革之事，所抱持的態度總是保守而抗拒，因此在推動改革時懂得先從一特定範圍做起，待切實收到這一部分改革之功後，讓人民願意相信從事改革是真的對他們有利，接下來再以這一個成功基礎做為新的出發點，然後慢慢擴及到全面性的改革，「順以從君也」之謂。另外，由於改革之事可說是一件持久耗時的大工程，若欲取得順利成功，必須在一個穩定基礎下遂行其改革，倘若急於求功而採取劇烈手段，以致造成受改革對象被過度的翻騰、攪動，這時不但無法收到預期改革成效，甚至還可能導致反效果。《老子》有云：「治大國若烹小鮮。」小魚小蝦易焦易碎，經不起大火的翻滾和攪動，須用小火且小心翼翼的烹煮之。事實上，改革之事的推動，亦應作如是觀！

第五十卦 鼎

䷱ 巽下離上 火風鼎

鼎：元吉亨。

彖曰：鼎，象也，以木巽火，亨飪也。聖人亨以享上帝，而大亨以養聖賢。巽而耳目聰明，柔進而上行，得中而應乎剛，是以元亨。

象曰：木上有火，鼎。君子以正位凝命。

初六：鼎顛趾，利出否，得妾以其子，无咎。

象曰：鼎顛趾，未悖也。利出否，以從貴也。

九二：鼎有實，我仇有疾，不我能即，吉。

象曰：鼎有實，慎所之也。我仇有疾，終无尤也。

九三：鼎耳革，其行塞，雉膏不食，方雨虧悔，終吉。

象曰：鼎耳革，失其義也。

九四：鼎折足，覆公餗，其形渥，凶。

象曰：覆公餗，信如何也。

六五：鼎黃耳金鉉，利貞。

象曰：鼎黃耳，中以為實也。

上九：鼎玉鉉，大吉，无不利。

象曰：玉鉉在上，剛柔節也。

鼎：元吉亨。

鼎卦辭「元吉亨」之取象，這是在講假設天地間像是一口大鼎，各類萬物是鼎中之食材，這時乾天元德就會像那木火烹煮之功，可用以滋長成熟萬物，而四時亨通流行之德，則像是一支大調羹般能夠均勻攪動著食材，至於置於元、亨之間的「吉」象，是代表那些置身於天地間這口大鼎之內的各類萬物，若能貞隨天道中正規律之序而動，就會在元、亨二德的「高明烹調」之下，獲得成熟、繁榮。

象曰：鼎，象也，以木巽火，亨飪也。聖人亨以享上帝，而大亨以養聖賢。巽而耳目聰明，柔進而上行，得中而應乎剛，是以元亨。

鼎，象也，以木巽火，亨飪也：亨，同烹。鼎卦上離火下巽木，故有「以木巽火」之象。雖然鼎卦就是取象如鼎之功能，可以容納烹煮各類食材，但實際上鼎卦所象徵，主要是在講天地間就像是一口大鼎，萬物則如同鼎中食材，而未來萬物將在天德日照雲雨的「烹飪」下，逐漸長大成熟，「鼎，象也，以木巽火，亨飪也」之謂。

聖人亨以享上帝，而大亨以養聖賢：上帝，上天也。彖辭這兩句話意指上天之道能頤養萬物使之長大、成熟，而萬物的亨通成熟，將是以享上帝之最美盛祀；聖人之道乃和順上帝之道，上帝之道能成熟萬物，而聖賢之道則是能教化人民，使民智開啟成熟，當民智成熟了，這將會是回饋以聖賢的最美佳餚。

巽而耳目聰明：火風鼎，鼎卦上離火下風巽，離以象離火之目明，巽以象耳聰之能巽入，故卦象含有「巽而耳目聰明」之德。既能目明，又有耳聰之相輔，如此耳目聰明，故得「巽入」之功。而彖辭「巽而耳目聰明」，實亦可引申指鼎內已經納入鮮美食材，這時若外再配合高超廚藝的烹調，將可順利成熟一鼎美味佳餚。

柔進而上行：指猶如置於天地間這口大鼎之內的各類萬物，將在天德日照雲雨之滋益下，逐漸長大成熟。

得中而應乎剛：指內有中正之引導在先，而外又同時獲得健剛動進之德相應和，這就像是已有好的食材，又應和以對的烹飪，如此內外相得，當然可以致其功。

是以元亨：生長於天地間這一口大鼎之內的各類萬物，將在乾天「元」、「亨」二德的高明「烹飪」之下，一日日長大成熟。

象曰：木上有火，鼎。君子以正位凝命。

木上有火，鼎。火風鼎，鼎卦上離火下巽木，故有「木上有火」之成象。「木上有火」，木材若遇到火將會燃燒，並因此而發光、發熱。凝，作「定」解，乃水遇寒結冰而堅固不流之意。「君子以正位凝命」，君子找尋人生奮鬥之目標，而一旦確定人生努力的方向，接著就會全力以赴，往這既定目標前進，做到讓此生有真正建樹。

初六：鼎顛趾，利出否，得妾以其子，无咎。

鼎顛趾：把鼎整個顛倒過來，將裡面的餿食、殘渣傾倒乾淨，準備重新納入新鮮食材。

利出否：指烹煮前，先把鼎內已不堪食用的殘渣去除乾淨，避免與新鮮食材相混淆，才不會造成烹煮出來的食物走味。

得妾以其子：原是指古時候人們娶妻必以能生育得子為要，若元配無法生子，則將寄望於妾能幫助生子，以期順利傳宗接代，在此可引申指既然上一個舊制度已到了滯礙難行的地步，這時當然就必須想辦法推行新政策以取代舊制度。

无咎：指把鼎中已不堪食用的餿食、殘渣徹底清洗乾淨，再納入新鮮食材，才能確保新煮出來的食物都是鮮美的。

象曰：鼎顛趾，未悖也。利出否，以從貴也。

鼎顛趾，未悖也：悖，雜亂之意。鼎之所以要顛趾，是為了徹底把不堪食用的舊餿食清理乾淨，以避免與新鮮食材相混淆，所以是「未悖也」！

利出否，以從貴也：既然鼎內空間是固定而有限，當然就應該以容納最好的新鮮食材為優先，「以從貴也」之謂。

九二：鼎有實，我仇有疾，不我能即，吉。

鼎有實：指鼎內已被清洗乾淨，並且重新納入新鮮食材。

我仇有疾：我，施身自謂之意。仇，乃二人相對之象，即俗稱之「冤家對頭」，在此取其彼我相當之意。疾，疾失、缺陷。由於每一種食材都會有其先天特有之質性，譬如食材屬性若最適合清蒸，用油炸方式，相對就較難調理出它的美味。因此，一份好食材，必須同時配合一位手藝高超的廚師來料理，才能讓食材的特色真正獲得發揮，最後變成一道美味佳餚，「我仇有疾」之謂。

不我能即：即，象人就食之形，作「就食」解。「不我能即」，指置於鼎內的食材若不經烹煮，是無法自動變為成熟美食的，必須透過好廚師的調理，才能成為一鼎可供人們食用的佳餚。

吉：指一份鮮美食材，若再配合高超廚藝的烹調，就能順利變為一道美味佳餚。

象曰：鼎有實，慎所之也。我仇有疾，終无尤也。

鼎有實，慎所之也：鼎中已納入新鮮食材，接著就是等待一位好廚師來謹慎烹煮它，這就像已有一套好的計畫或政策，未來就是要找到一位能力好的執行者來實現它，「鼎有實，慎所之也」之謂。

我仇有疾，終无尤也：尤，缺陷、尤失也。在已擁有良好美材這樣的基礎上，若再多得一分高超廚藝的匹配，不但可以讓良材美質更得一分彰顯，同時也能因此彌補一分先天之缺陷。這就像一位聰明的政策執行者，在推動政策的過程中，總是懂得如何避開其間的層層阻礙，最後順利讓這好政策獲得實現，「終无尤也」之謂。

九三：鼎耳革，其行塞，雉膏不食，方雨虧悔，終吉。

鼎耳革，其行塞：革，指鼎因熱變形之意。「鼎耳革，其行塞」，指鼎耳因柴火燒得太旺而變形，使得移舉鼎器的鐵鉉無法插入鼎耳以移開鼎，並因而導致無法及時取出已經被煮熟的食物。

雉膏不食：指燒得太烈的柴火，把原本為鮮美的野雉肉燒得焦黑，無法食用。

方雨虧悔：方雨，及時取雨水入鼎之意。虧，本義作「氣損」解，在此指灑水降溫之意。悔，時遲則將致悔，在此引申其義為放緩施行速度之意。「方雨虧悔」，指為了避免鼎中已熟之食物因過熱而燒焦，這時除了可繼續添水入鼎外，也可利用雨水把因過熱變形的鼎耳澆冷，以利鐵鉉移開鼎。而爻辭「方雨虧悔」之取象，亦可引申指一項政策的推行若太過躁進，將容易遭遇到層層阻礙，這時當懂得放緩推行速度，以疏解來自各方的反彈力量，才能有利於政策的繼續推動。

終吉：一份好食材若要真正烹煮出其美味，往往須經過長時間的細火慢燉。同理，一項好的政策也總需長時間的推動，才能讓政策的效益逐漸浮現，所謂「事緩則圓」，操切反而會壞事，「終吉」之謂。

象曰：鼎耳革，失其義也。

鼎耳革，失其義也：柴火燒得太過猛烈，反而讓一鼎原本美味可期的佳餚由熟變焦，這就像是一項原本立意良善的好政策，卻因執行者操切急功之故，導致政策的初衷慢慢失了焦、變了調，而所預期的成效亦皆喪失殆盡，所以是「失其義也」！

九四：鼎折足，覆公餗，其形渥，凶。

鼎折足，覆公餗，其形渥，凶：餗，鼎中食物。渥，濡漬。不小心把支撐鼎三足其中的一足給折斷了，將鼎中原本要供給眾人食用的食物傾撒一地，同時自己也沾濡一身，樣子如此的狼狽難看，弄成這樣下場，當然是凶而有失，「鼎折足，覆公餗，其形渥，凶」！

象曰：覆公餗，信如何也。

覆公餗，信如何也：鼎中之食現在已全被潑撒一地，這時還會有誰願意相信，原本鼎內所容納是鮮美可口的食物呢？其實，九四爻象所表達，是指原本為一套相當好的政策，倘若未來成功了，將可利益無數人們，可惜卻在政策開始推行之初，因舉用一些能力不足的小人來執行它，結果把一套好計畫搞得一敗塗地，試想，未來還會有誰會再相信這的確是一項好政策？是一個真正有用的計畫？又有誰還願意再去支持這項政策的後續推動？故曰：「信如何也」？

六五：鼎黃耳金鉉，利貞。

鼎黃耳金鉉：金鉉，扛舉鼎的金屬器，同時也可以用來攪拌鼎中食物。「鼎黃耳金鉉」，剛健的金鉉插入鼎耳之中，順利將鼎舉起，這是形容六五就像是一位黃中通理的領導者，不但懂得虛中任賢、鼎納天下人才，同時又能耳聽採納各方之建言。

利貞：指黃中通理的中正六五，天下人才皆貞隨之並樂為其所用。

象曰：鼎黃耳，中以為實也。

鼎黃耳，中以為實也：天下人才猶如鼎中之佳餚美食，而中正六五則是具備著「黃耳」與「金鉉」之德，將以堅固而直正的金鉉插入鼎之黃耳當中，順利扛起鼎中美食以饗人民，「鼎黃耳，中以為實也」。

上九：鼎玉鉉，大吉，无不利。

鼎玉鉉：玉，取其質地剛柔適中之象徵。玉鉉，玉做之鉉，象徵能均勻攪拌鼎中食物。「鼎玉鉉」，指具備剛柔適中之德的玉鉉，均勻攪拌著大鼎鼒，使鼎中各類食材能均勻受熱而成熟。

大吉：周遍皆吉之意，以象在這個大鼎之中的食物皆能均勻成熟。

无不利：指隨著時間慢慢烹煮，以及經「玉鉉」的不斷均勻攪拌，鼎內食物將會漸趨成熟。

象曰：玉鉉在上，剛柔節也。

玉鉉在上，剛柔節也：烹煮鼎中食物，雖然必須要有柴火的燃燒才能成熟，但若只加熱柴火，卻缺少一支調羹的攪拌、調節，鼎內食物就可能出現過熟、變焦，或有些還生而未熟，「玉鉉在上，剛柔節也」之意。其實，鼎上九爻象所示，猶如在講對於一項真正好政策的施行，最後所產生出來的成效，其受益的對象應該是均勻普及的，並不會只集中於少數人。又，例如一個成熟而穩健的社會，政府的角色當扮演像那「鼎玉鉉」之功能一般，能有效的維持社會穩定運作，讓各行各業皆能均衡發展，人民則不會貧富不均。

第五十一卦　震

䷲ 震下震上

震：亨，震來虩虩，笑言啞啞，震驚百里，不喪匕鬯。

彖曰：震亨，震來虩虩，恐致福也。笑言啞啞，後有則也。震驚百里，驚遠而懼邇也。出可以守宗廟社稷，以為祭主也。

象曰：洊雷，震。君子以恐懼修省。

初九：震來虩虩，後笑言啞啞，吉。

象曰：震來虩虩，恐致福也。笑言啞啞，後有則也。

六二：震來厲，億喪貝，躋于九陵，勿逐，七日得。

象曰：震來厲，乘剛也。

六三：震蘇蘇，震行无眚。

象曰：震蘇蘇，位不當也。

九四：震遂泥。

象曰：震遂泥，未光也。

六五：震往來厲，億无喪，有事。

象曰：震往來厲，危行也。其事在中，大无喪也。

上六：震索索，視矍矍，征凶，震不于其躬，于其鄰，无咎，婚媾有言。

象曰：震索索，未得中也。雖凶无咎，畏鄰戒也。

震：亨，震來虩虩，笑言啞啞，震驚百里，不喪匕鬯。

亨：指晝夜、寒暑運行之道，雖然上下不定往來震盪，仍能循著既定常道，往前亨通流行不已。

震來虩虩：虩，從虎從隙，虎使人驚懼，隙有裂開意，物毀裂易使人不安，故虩本義作恐懼解。「震來虩虩」，指在毫無心理準備與防範的情況下，突然遇到劇烈震盪，因而被震得驚慌失措。

笑言啞啞：啞，從口從亞，亞者哈也，笑聲為哈，故啞者，笑聲也。「笑言啞啞」，指在經歷上次震盪危厲之後，已從中汲取到經驗和教訓，並學習到如何防範震盪危機，待再次遇到類似事件時，因已有了事前防備，故能處變不驚，保持談笑自若。

震驚百里，不喪匕鬯：「匕」是舀挹食物之器，「鬯」是祭祀用香酒，二者皆為祭祀時用具。「震驚百里，不喪匕鬯」，指祭祀時在一片靜肅狀態下，主祭者即使突遇響徹百里的震雷，也不會因此而驚落手上的匕鬯，依然鎮定若常行其典禮。

另外，卦辭「震驚百里，不喪匕鬯」之於天德取象，是指天道運行不管晝夜、寒暑如何上下震盪變化，其動進並不會偏離既定之常道，仍然周而復始、規律有常往前運行不已。

彖曰：震亨，震來虩虩，恐致福也。笑言啞啞，後有則也。震驚百里，驚遠而懼邇也。出可以守宗廟社稷，以為祭主也。

震亨，震來虩虩，恐致福也：福，祐也，備也。天道之運行，循著一條既定常道以動進，過程中雖然晝夜、寒暑將上下震盪變化，仍能保持亨通流行向前，「震亨」；雖突遇劇烈震盪變化，並不會被震懼得驚慌失措，仍能保持從容之態，這是因為時時心存戒懼預防，就像天道之動進，能恆守既定之常道般，「震來虩虩，恐致福也」。

笑言啞啞，後有則也：則，效法，準則。雖然這次因準備不足而被震懼得驚慌失措，卻能記取經驗教訓且深刻檢討，待再次碰上類似震盪危機時，因已有了心理準備，以及相對應防範措施，故仍然保持從容自若而笑言啞啞，「後有則也」之謂。

震驚百里，驚遠而懼邇也：不管下一刻的震盪將會多麼劇烈，其震波所及有多麼遙遠，因為早已從過去的震懼經驗中學習到如何知懼預防，而在有了充分防備之下，即使百里之驚震突至，仍然鎮靜如常，無絲毫之驚懼。

出可以守宗廟社稷，以為祭主也：即使處在如宗廟臨祀時之肅穆安靜狀態下，突遇遠傳百里之劇烈震雷，仍然保持鎮定而「不喪匕鬯」，能具備如此深厚涵養，當然可推知其心中無時不刻對於內外一切動盪變化，皆已完全掌握而無所喪。因此於宗廟內，他會是一位處變不驚的祭主，出了宗廟之外，同樣也會是一位臨震而無所畏懼的社稷守護者。

象曰：洊雷，震。君子以恐懼修省。

洊雷，震。洊，水流淹至之意。洊雷震，震卦上下卦皆雷震，有震雷相繼而至之成象。雷震之發生，會像那水波的推進一般，是一波接著一波相繼而至，不會只此一次震動而已。因此，君子觀洊雷震動總是餘震不斷之象有感，體會到有很多意外事件的發生，往往也會像那洊雷之動一般，在第一次震盪意外發生之後，未來類似事件仍可能會層出不窮，於是君子在經歷一次震盪危機之後，就應立刻從事件的處理經驗當中，學習到知驚懼和預防，待再次面對另一次更大的震盪時，已因有了防範而避免重蹈覆轍，「君子以恐懼修省」！

初九：震來虩虩，後笑言啞啞，吉。

震來虩虩，後笑言啞啞：指在初猝遇震盪危機而缺乏處理經驗之情況下，難免會被震懼得手足無措，然而在經歷一次的震盪事件後，就能快速從中汲取到經驗教訓，並且學習如何應付，待再次遇到類似事件時，因已有了預防和準備，故能臨震不懼而「後笑言啞啞」。

吉：指初九已有事前之相因應預防和準備，故可臨震而不驚懼。

象曰：震來虩虩，恐致福也。笑言啞啞，後有則也。

震來虩虩，恐致福也；笑言啞啞，後有則也：震卦初九爻辭、小象之辭，幾與卦彖辭同而重出，這樣的語法設計安排，除了隱寓震雷相繼重出之象徵含意外，同時也可表達若有前面卦、彖辭之學習經驗，後面初九爻辭之所象徵，類推其則，即可得其義矣！

六二：震來厲，億喪貝，躋于九陵，勿逐，七日得。

震來厲：指知思患預防，及早備妥防範措施，以因應震盪危厲之可能到來。

億喪貝：億，臆度、預測之意。貝，象徵財貨。「億喪貝」，損害評估之意，在此指預先估量一旦震盪災害發生時，所可能造成的損害範圍將會有多大，並據此以建構出相對應的防範機制。

躋于九陵：躋，登升。九陵，象徵高而遠的地方。「躋于九陵」，指先把一切可能的退路都規畫妥當，待震盪災害發生時，早已知該往那一條安全的道路避難去。

勿逐：指在震盪災害發生的當下，絕不可驚慌逃竄，須能保持鎮靜，然後從容往事前規畫好的避難路線離開。

七日得：「七」，就一三五七九這五個陽數的相對位置，七是位在中數五的下一位，因此「七」數之象，在此就取其「陽」與「過半」這兩義之合。「七日得」，指對於臆測未來可能發生之震盪危厲，所訂立出的防範計畫，一定要比災害之估量值還要多預留些空間，亦即防範措施所涵蓋的範圍，應比實際所需值還要來得更廣、更周延。

象曰：震來厲，乘剛也。

震來厲，乘剛也：「乘剛」是指騎乘剛健次序以進之意，在此以釋雖然猝遇震盪危厲，但因早已做好相對應防備措施，故能從容不迫、次序井然，往安全之道路避難去。

六三：震蘇蘇，震行无眚。

震蘇蘇：蘇，舒暢意，引申為散漫不嚴謹之狀。「震蘇蘇」，指六三缺乏危機意識，總是用一種漫不經心的態度，來看待事情的變化發展，因此在不知思患預防的情況下，一旦突然遇上震盪危厲，就會被震得手足無措。

震行无眚：指雖然震盪危厲突至，卻能履險如夷而無災眚，這是因為懂得隨時保持著危機意識，並預先備妥應變措施。

象曰：震蘇蘇，位不當也。

震蘇蘇，位不當也：平時不知保持戒慎恐懼，及時做好預防工作，而在準備不足的情況下，當然也就無法應付猝然而至的震盪危機了，「位不當也」之意。

九四：震遂泥。

震遂泥：遂，河道中較淺處可供通過之徑。「震遂泥」，指九四在看待事情的變化發展，面對著未來可能發生的震盪與無常，是以一種像是涉足渡河的心情般，隨時保持戒慎恐懼，並且小心翼翼踏出每一步，以避免突然陷入河中泥淖。

象曰：震遂泥，未光也。

震遂泥，未光也：「未光」，原是指不急於求功之意，在此以釋九四能夠隨時保持危機意識，並不會因急於求功而有冒進之舉。

六五：震往來厲，億无喪，有事。

震往來厲：指具備中正之德的六五，不但預先做好一切準備，以應付未來可能發生的震盪危厲，更能積極主動的「往」—直接到達震盪危厲的根源處，趕在危機蘊釀之始，就及時將它消弭於無形，而不是消極的等到危機發生了才去善後。

億无喪：形容六五思慮縝密，對於任何可能的震盪危厲，無不設想周全，且預先備妥防範措施，亦即其臆度將無所喪，因此，也就不會被突發而至的震盪危機所損喪。

有事：事，這一個「事」象徵規律或法度。「有事」，指六五雖身處震盪危厲之中，但因早已備妥一切防範措施，故能行事有度而化險為夷。

象曰：震往來厲，危行也。其事在中，大无喪也。

震往來厲，危行也：趁著震盪危厲之險尚未發生，就已備妥一切相對應的防範措施，甚至是行之在前，主動往把危機消弭於未然，「危行也」之意。

其事在中，大无喪也：大，周遍意。不管任何突發事件，一切皆已在六五的掌握之中，這是因為具備中正之德的六五，早已有了相因應防範措施，故能有效對付突發震盪且免去損失，「其事在中，大无喪也」之謂。

上六：震索索，視矍矍，征凶，震不于其躬，于其鄰，无咎，婚媾有言。

震索索，視矍矍：索，切撚茅蒲等而撚之使緊為索，在此形容瑟縮成如繩之撚緊狀。矍，鷹隼四顧驚視有欲逸走意。「震索索」，被震懼得瑟縮成一團。「視矍矍」，因受到震嚇驚駭而急欲往四處逃竄。

征凶：指因能力不足、經驗不夠，或是未能預先做好防備，以致於突然遇到劇烈震撼動盪，就被震得手足無措，並顯現出一副「震索索」、「視矍矍」之驚懼狀。

震不于其躬，于其鄰：躬，彎曲的身形，含有單一個體之意，在此引申為個別的震盪事件。鄰，鄰近或類似之意。對於這次突如其來的震撼動盪，由於事前缺少心理準備，和未能及時做好預防工作，以致被震懼得慌張失措。然而，有道是「前事不忘，後事之師」，上六不應把這次所發生的震厲視為單一、偶發事件，而是必須鮮明記取驚懼失措的經驗教訓，並且仔細檢討過程中所犯之缺失，以做為下次類似事件再發生時的學習範例，「震不于其躬，于其鄰」之意。

无咎：指雖然這一次因經驗不足、準備不周而被震得驚慌失措，但只要願意記取教訓虛心檢討，並且找出無法應付之原因所在，及時改正缺失和彌補不足處，未來就會更具備應變能力了。

婚媾有言：婚媾，相交結合之意。有言，彼此溝通、對談然後形成共識之意。「婚媾有言」，原是在講男女間的婚媾相交，是先從不相識到相識，再到婚媾，其過程是經過一次次不斷溝通磨合，終於完成婚媾結合，在此則引申人們並非一開始就立刻具備足夠處理震盪危機的能力，往往須經過無數次大風大浪的歷練，再從這些經驗當中學習到知懼預防，並且累積成足夠的應變能力，終至即使面對突如其來的雷霆震盪，亦能無絲毫懼色。

象曰：震索索，未得中也。雖凶无咎，畏鄰戒也。

震索索，未得中也：事前未能做好準備，以致被突如其來的震盪危厲驚嚇得手足無措，不知下一步該那條正確道路走，「未得中也」之謂。

雖凶无咎，畏鄰戒也：這次雖因經驗與準備的不足，以致被震懼得凶而有失，但未來只要能深刻記取這次教訓，知從震懼經驗中學習到成長，待再次遇到類似事件時，已因有了警戒和防備而得臨震無懼，「雖凶无咎，畏鄰戒也」之意。

第五十二卦 艮

䷳ 艮下艮上

艮其背，不獲其身，行其庭，不見其人，无咎。

彖曰：艮，止也。時止則止，時行則行，動靜不失其時，其道光明。艮其止，止其所也。上下敵應，不相與也。是以不獲其身，行其庭不見其人，无咎也。

象曰：兼山，艮。君子以思不出其位。

初六：艮其趾，无咎，利永貞。

象曰：艮其趾，未失正也。

六二：艮其腓，不拯其隨，其心不快。

象曰：不拯其隨，未退聽也。

九三：艮其限，列其夤，厲薰心。

象曰：艮其限，危薰心也。

六四：艮其身，无咎。

象曰：艮其身，止諸躬也。

六五：艮其輔，言有序，悔亡。

象曰：艮其輔，以中正也。

上九：敦艮，吉。

象曰：敦艮之吉，以厚終也。

艮：艮其背，不獲其身，行其庭不見其人，无咎。

艮其背：背，背脊部位，亦含有相背、相反而各自獨立之意。「艮其背」，指人之身體分別由頭手足眼耳鼻等不同部位所組成，而各部位不管是就其功能或位置而觀，皆具獨立性，彼此間並無法相互替代，這就像那並立的兩山，是各自艮止於固定位置上一般。

另外，卦辭「艮其背」之於天德取象，是指一年之周期循環，將由無數個晝夜與四個不同寒暑季節所組成，而這些前後相續貫串的晝夜與寒暑，就猶如是一座座各自艮止其位的山，此外晝與夜、寒與暑之互不相見，也像是彼此相背而獨立般。

不獲其身：指人身體分別有頭手足眼耳鼻等各不同部位，雖然各部位皆僅佔身體之一小部分，但是只要其中任一部位或缺，這時就不再是一個功能完整，且協調的身體了，猶如將「不獲其身」也！

行其庭不見其人：庭，堂前空地。同屬於身體一部分的頭手足眼耳鼻等部位，只需各盡其職的艮止在一己位置上，好好發揮其功能，例如耳只要司聽，眼只管其視覺，彼此間不必試想去取代其他部位，此即為卦辭「行其庭不見其人」所要表達之意。

无咎：指人體是由頭手足和眼耳鼻等無數部位所組成，而每個部位皆有其獨立且不可取代的功能，雖然各個部位是各自獨立，但彼此間卻必須相輔合作、互補不足，因為惟有結合這些頭手足，與身體軀幹等所有部位之功能，然後才能形成一個具備思考能力，和自由行動的人。

象曰：艮，止也。時止則止，時行則行，動靜不失其時，其道光明。艮其止，止其所也。上下敵應，不相與也。是以不獲其身，行其庭不見其人，无咎也。

艮，止也。時止則止，時行則行，動靜不失其時，其道光明：艮卦有止義，而這種艮止之象非僅止於「止而不動」，真正的艮止義是指能隨時位之所宜，然後做到時當止，則「止於止」；時當行，則「止於行」。例如，天道四時之運行是「艮止」在中正規律之道上，同時也「艮止」於剛健運行此一德上面，因此，雖然其道是不止息的動進向前，各季節卻又能適時的變化更迭，所謂「時行則行，時止則止，動靜不失其時，其道光明」也！

艮其止，止其所也：所，猶「位」也。何謂「艮其止」？「艮其止」並非艮止在固定位置不動，而是指艮止在所當止的位置上，同時又能恰當的發揮該立之位所應盡之職責，而這也是所謂的「止其所也」之意思。例如，人之身體有頭手足眼耳鼻等不同部位，而各部位只要「盡其在我」的發揮其視、聽、言、動等功能，這樣就是做到了「艮其止」而「止其所也」！

上下敵應，不相與也：敵應，互不相容之意。艮卦上艮下艮，就像是兩山各立於己位，彼此間功能獨立而互不相容，「上下敵應，不相與也」之謂。

是以不獲其身，行其庭不見其人，无咎：人體是由頭手足以及眼耳鼻等無數個部位所組成，而這些不管是哪個部位，若就微觀的立場以觀，每個部位皆有其獨立性和特質，然而若再從宏觀的立場觀之，其實各部位彼此間無不是環環相扣而相依存，因此，在這種既是獨立卻又相依存的關係結構下，一旦有任何部位背離了所應盡之責，整個身體大系統就會瞬間失去和諧平衡，「是以不獲其身，行其庭不見其人，无咎」之意。

象曰：兼山，艮。君子以思不出其位。

兼山，艮。艮卦上下皆為山艮，像是兩山並立各止於其位，故有「兼山艮」之成象。君子觀兩山並立各止其位，彼此間互不逾越之象有感，君子處不同位置上，所思所為皆不會超出該位置所應有之分際，君子只是盡力做好每一時位所應盡之責，「君子以思不出其位」。

初六：艮其趾，无咎，利永貞。

艮其趾：「趾」是居人體最下的一個小部位，雖然趾低下而細小，卻是人體不可或缺的一部分，因為身體若缺少趾之功能，將難以再敏捷跑跳。「艮其趾」，指雖然身體各單元部位所負責的功能少而有限，但若要身體保持靈活運動，則須每個部位皆切實艮止在一己之位，並且精準發揮所應盡功能始可致之，就像腳趾雖細小，卻是身體不可或缺。

无咎：指個別單元部位所能發揮的功能雖有限，但是若連結這些無數的獨立部位，並且部位彼此間能相輔合作，就可形成一個完整且靈活運作的全體。

利永貞：指若每一個單元部位皆能做到艮止其所，在一己位置上精準無差忒的發揮其應盡之功能，則整個全體自然就會協調靈活運作。

象曰：艮其趾，未失正也。

艮其趾，未失正也：各單元部位皆能盡其責的發揮該己之功能，則整個全體自然的就能和諧運作而得正矣，「未失正也」之謂。

六二：艮其腓，不拯其隨，其心不快。

艮其腓：腓，小腿肌。腿足行走時，腓肌負責牽引帶動膝踝兩關節，因此，腓肌若能彈性靈活的動止、曲伸，則上膝、下踝就可一起協調運動，這時就是所謂做到了「艮其腓」。

不拯其隨，其心不快：拯，拉也，援引意。小腿肌一旦被拉傷，艮止僵硬而無法彈性曲伸的腓肌，將無法再靈活拉引膝踝兩關節一起協調運動，而當此時候即使心欲快行，腿足卻是無法順從相隨，「不拯其隨，其心不快」之意。

象曰：不拯其隨，未退聽也。

不拯其隨，未退聽也：聽，任耳接受聲音，然後心有感知。一塊曲伸正常的腓肌，將會串引起上下膝踝兩關節使之協調運動，而不會有膝踝無法同步相隨之情形，這時就是所謂做到了「未退聽也」。

九三：艮其限，列其夤，厲薰心。

艮其限：限，有阻隔意，在此是指交連身體上下的腰間被扭傷而不暢通之意。由於人不管是行走或坐臥，都會牽動腰胯這一個部位，因此一旦扭傷腰際，這時整個身體就會變得像是艮止僵硬般，無論是或坐或立，都會感覺非常不舒服。

列其夤，厲薰心：列，同裂。夤，背脊肉。人若扭傷了腰際，每當他要伸腰或轉身，整個腰背就會像是被撕裂開般痛徹心扉，「列其夤，厲薰心」之意。

象曰：艮其限，危薰心也。

艮其限，危薰心也：腰若扭傷了，這時身體在上下無法一起協調運動的情況下，將無法隨心所欲的靈活運動，「艮其限，危薰心也」之謂。

六四：艮其身，无咎。

艮其身：指全身不管是頭手足或眼耳鼻等各部位，皆能做到艮止其所，發揮該部位所應盡之功能，則整個身體自然就會協調而靈活運作著。

无咎：指身體所有部位都能做到艮止其所，同時部位之間也能彼此相輔合作，自然的就會貫串起整個身體的協調運動。

象曰：艮其身，止諸躬也。

艮其身，止諸躬也：躬，彎曲的身形，含有單一個體之意，在此指身體各個獨立部位。「止諸躬」，指身體的每一個部位皆能做到艮止其所，發揮所應盡之功能之意。

六五：艮其輔，言有序，悔亡。

艮其輔：輔，嘴旁肌肉之稱，語言的發出，將透過此處肌肉的牽引。人將欲表達心中思想時，頭腦會指揮牽動口旁的肌肉以發聲，當口中所發出的言語是如此清晰流暢，並不會有口齒不清、辭不達意的情形，這時就是做到了「艮其輔」。

言有序：指當「輔」恰如其分聽從頭腦的指揮，能及時且清楚的表達心中思想，這時其所發出的言語是如此清晰有序。

悔亡：指做為思想中心的頭腦，能夠思慮敏捷、有條不紊的指揮著「輔」運作，同時「輔」也能快速而清楚的表達心中之想法，並不會發生內外不協調的狀況。

象曰：艮其輔，以中正也。

艮其輔，以中正也：猶如是思想中心的六五，能夠有條不紊指揮著身體各部位，而各部位也皆能精準無誤的聽隨六五之指揮，於是上下全體將協調一致發揮出強大力量，「艮其輔，以中正也」之謂。

上九：敦艮，吉。

敦艮：敦，敦厚篤實之意。雖然艮卦艮止之義所強調的是動靜隨時，懂得視時勢之宜而或出或處，不會固執而不知變通，然而若是擇善，則可固執的艮止之，「敦艮」之意。

吉：擇善而固執之之有得，就猶如知比附中正之有吉也！

象曰：敦艮之吉，以厚終也。

敦艮之吉，以厚終也：以，不已。擇此善道而固執之，行之弗篤弗輟，及其既久，雖愚必明，雖柔必強，是可稱「以厚終也」！

第五十三卦 漸

䷴

艮下巽上 風山漸

漸：女歸吉，利貞。

彖曰：漸，之進也，女歸吉也。進得位，往有功也。進以正，可以正邦也。其位，剛得中也。止而巽，動不窮也。

象曰：山上有木，漸。君子以居賢德善俗。

初六：鴻漸于干，小子厲，有言，无咎。

象曰：小子之厲，義无咎也。

六二：鴻漸于磐，飲食衎衎，吉。

象曰：飲食衎衎，不素飽也。

九三：鴻漸于陸，夫征不復，婦孕不育，凶，利御寇。

象曰：夫征不復，離群醜也。婦孕不育，失其道也。利用御寇，順相保也。

六四：鴻漸于木，或得其桷，无咎。

象曰：或得其桷，順以巽也。

九五：鴻漸于陵，婦三歲不孕，終莫之勝，吉。

象曰：終莫之勝吉，得所願也。

上九：鴻漸于陸，其羽可用為儀，吉。

象曰：其羽可用為儀吉，不可亂也。

漸：女歸吉，利貞。

女歸吉：女歸，女子出嫁之意。古代女子出嫁將循著一連串既定禮節程序，從納采、問名、納吉、納徵、請期、到親迎，是在上一個禮節結束之後，才會續進到下一階段，待六段程序皆走完了，才真正完成整個嫁娶，而這種女子出嫁時一步步循序漸進的禮節過程，就是卦辭「女歸吉」所象徵之意。另外，卦辭「女歸吉」之於天德取象，是指四時春夏秋冬變化推移之道，其遞進過程，就猶如女子出嫁時的禮節程序般，是一步步規律有節、循序漸進。

利貞：原指天道因為具備剛健中正之德在先，故有萬物之貞隨於後，在此是指先有貞固穩定的這一步，接著才能穩健的漸進到下一步。

象曰：漸，之進也，女歸吉也。進得位，往有功也。進以正，可以正邦也。其位，剛得中也。止而巽，動不窮也。

漸，之進也，女歸吉也：之，離此而往。「之進」，指先立穩這一步，接著才漸進至下一步，就像草木之滋長般，是一吋吋益大而向上，並不會驟然而至。漸卦象之漸進義，就猶如女子出嫁時的禮節程序般，是先有此一步禮節程序的完成，才會繼續漸進到下一步驟，同時也像那春夏秋冬四時季節的更迭一般，是一季接著一季循序漸進，「漸，之進也，女歸吉也」之意。

進得位，往有功也：中正而行是稱「進得位」，而行則能循乎中正，當然每剛健往進一步，就更有一步漸進之功，「往有功也」之謂！

進以正，可以正邦也：觀天道誠孚有信、規律有節正其位在上，而能以正天下萬物有感，身為在上領導者若能法此天德作為，能夠做到誠意、正心、修身、齊其家而正其位在上，在下萬民上觀將隨之以正，至此，則治國平天下之功可得矣，「進以正，可以正邦也」之謂。

其位，剛得中也：其，彼、他之意。所將漸進到的那一個位置，是稱「其位」。欲動進至下一個位置，必已先立穩當下這一步，也就是因為已能得其中正在先，故可剛健動進向外而有功，「其位，剛得中也」之謂。

止而巽，動不窮也：風山漸，漸卦上風巽下艮止，故卦象含有「止而巽」之德。將欲漸進至下一位，必先止而立穩當下，亦即先做好巽入深扎根之工作，而在有了上一步的根基做為後盾，可動進向前而不窮矣，「止而巽，動不窮也」之謂。

象曰：山上有木，漸。君子以居賢德善俗。

山上有木，漸。風山漸，漸卦上巽木下山艮，故有「山上有木」之成象。「山上有木」，山上之木漸次而上層次分明，而樹木所站立的位置若越高，則自身的相對勢位也就會越高。君子觀山上之木漸次向上之象有感，君子懂得選擇賢德善俗之地而居，不會居處惡俗之地而受其影響，並致使自己日漸下流，所謂「君子里仁為美，擇不處仁，焉得智」，「君子以居賢德善俗」也！

初六：鴻漸于干，小子厲，有言，无咎。

鴻漸于干：鴻，鴻雁。漸卦六爻爻辭皆取鴻象，這是因為鴻雁之習性群行有序，並且會隨著季節變化而越冬遷移，此皆含次序漸進之德。干，同竿，干亦作幹，旁出為枝之意。「鴻漸于干」，指由於漸進之義，首先得站穩第一步，而在有了穩當的第一步後，才會繼續往下一步遞進，然而第一步的踏出往往是困難的，所以，這時就像是鴻雁棲止於弱枝之上，隨時有站立不穩而失衡之厲。

小子厲：小子，小孩子之意。「小子厲」，指小孩子因為骨骼未健而力弱，走路時常會站立不穩而容易失衡跌倒。

有言：原是指雙方透過多次的辯論、溝通，幾經磨合終於達成一致共識之意，在此指初六試著踏出穩固的第一步，在經多方的探索與比較後，終於從中找到一塊可供其立足之地。

无咎：指經過不斷嘗試與探索比較，再漸次從中挑選出一塊最佳位置。

象曰：小子之厲，義无咎也。

小子之厲，義无咎也：確認已立穩當下腳步了，才會繼續漸進到下一步，「義无咎也」之意。

六二：鴻漸于磐，飲食衎衎，吉。

鴻漸于磐：磐，穩固的大石頭。「鴻漸于磐」，指六二此時已漸進到一個穩固的位置，就像是站立在地面的一顆穩固磐石之上。

飲食衎衎：衎，和樂的樣子。「飲食衎衎」，指六二此時因飲食的獲取充足，而顯示出一副快樂安逸的樣子。

吉：指先佔得一塊穩固的磐石，接著又在飲食方面獲得充足頤養，猶如以一種穩健扎實的腳步循序漸進。

象曰：飲食衎衎，不素飽也。

飲食衎衎，不素飽也：所謂漸進之義，是指在踏穩了第一步之後，只要一有機會就會繼續再往下一步前進，其間並不會因一時的已得安穩而懈怠停滯。因此，六二雖然現已站立到一塊穩固的磐石上，並且可以「飲食衎衎」，但是不應就此滿足現狀而不圖上進，故戒之「不素飽也」！

九三：鴻漸于陸，夫征不復，婦孕不育，凶，利御寇。

鴻漸于陸：陸，廣平之地。當行走在廣闊平坦的道路上，將可暢行無阻。「鴻漸于陸」，指九三前進的道路太順遂了，心中只想著能夠繼續快速向前，卻沒有做好扎根守成的工作，所以表面上看似取得了連續進步，但是在缺乏守成經營做為後盾的情況下，最後反而可能落得虛功一場。

夫征不復，婦孕不育：漸卦辭稱「女歸出嫁」，來到九三爻辭則是出現夫婦與孕育之象，卦爻辭這種先婚嫁而後懷孕生子之取象，其實亦隱喻了一種循序漸進之義。「夫征不復」，夫一直征伐往外，卻沒有復返向內，這是形容只會征進向前，卻不知回返築基；「婦孕不育」，婦雖受孕，最後卻不能成功生育，這是形容雖有始立之因，卻不得終結之果。

凶：只求進步向前，卻無扎根守成之工作，最後將落得猶如花開而不結果，徒勞而無功，當然有凶。

利御寇：若要抵禦寇匪，必須內外同心協力，才能順利取得成功。同理，夫婦同心合力，一內一外相輔相成，就像在成功擴張向外的同時，亦兼顧到內在之守成經營，這樣才是正確的漸進之道。

象曰：夫征不復，離群醜也。婦孕不育，失其道也。利用御寇，順相保也。

夫征不復，離群醜也：醜，狹陋不寬廣之意。九三心中只想著一直征伐向前，卻忽略了守成經營，表面看似進步了，實際上，卻猶如仍停留在原處，並未真正取得實質進步之成效，故取時遲而落後於群且無擴展性的「離群醜」之象以形容之。

婦孕不育，失其道也：九三不懂得守成經營，表面上，看似得到快速進展，實質上，卻像是孕而不育，並非確實的漸進到下一步，這是失去了漸進之道，故稱「失其道也」！

利用御寇，順相保也：對內的守成經營雖然像是停滯不前，並不容易看到立即的成效，然而它卻是做為鞏固下一步以繼續擴張向外的根本，而這就像是抵禦寇匪時，必須內外一起合力，才能順利取得成功一般，「利用御寇，順相保也」之意。

六四：鴻漸于木，或得其桷，无咎。

鴻漸于木：木，樹木之意。「鴻漸于木」，四位爻辭取樹木之象，這若相較於二位的磐石，是指鴻雁此時又已漸進棲止到更高的位置了。

或得其桷：桷，角木，指更易於棲止的木條。「或得其桷」，指鴻雁已有機會棲止到位置較高的樹木上，然而鴻雁這時若發現身旁還有其他更為寬敞穩固的桷木，就應該捨木以就桷，立刻移進到更高、更穩的彼處。

无咎：指既然前面又有更好的位置，這時當然應該捨下以就上，所謂「百尺竿頭更進一步」，好還要求更好。

象曰：或得其桷，順以巽也。

或得其桷，順以巽也：順，順承義，乃以就彼正之意。巽，巽入義。既然發現還有其他更好的地方，當然就應順勢巽入進到更高更穩的位置，「順以巽也」之意。

九五：鴻漸于陵，婦三歲不孕，終莫之勝，吉。

鴻漸于陵：陵，隆高之土阜。居中正之位的九五已漸進至最高勢位，猶如正立於隆高的山陵之上，「鴻漸于陵」之意。然而，身為上位領導者的九五，則是因何作為而能在符合循序漸進之義的前提下，終至登及最高勢位，獲得最後成功？其實漸卦五位所示之爻象，即同於《大學》之道所述之義，是先由誠意、正心、修身、齊家以為基，即從自身最切近處做起，終獲得治國、平天下之功這樣的一種漸進過程。

婦三歲不孕：指雖然已過三年漫長時間，卻仍舊見不到任何孕育之徵。

終莫之勝：指身為上位領導者的九五，言行將為天下百姓所觀，因此九五若能做到誠身正己在上，天下百姓上觀而後從之，則天下將隨之以正矣！《孟子》有云：「君仁莫不仁，君義莫不義，君正莫不正。一正君而國定矣！」《大學》亦云：「一家仁，一國興仁；一家讓，一國興讓；一人貪戾，一國作亂；其機如此。」《孟子》與《大學》此處揭櫫之旨，指出了身為在上九五，做到誠身、正己、齊家以為先，雖然在這幾個階段，其初始看似緩慢且難見外顯之功，就像是「婦三歲不孕」一般，但是當九五正位在上而百姓上觀後從之，可立收正邦天下之功矣！因為，再也沒有其他可以比這更好、更快速的方法了，故稱「終莫之勝」！

吉：指九五從誠意、正心、修身到齊其家，再到治國而平天下，這是一條依止中正漸進而上的過程，而若沒有前面的誠正修身以為基，也就不會有後面的國治而天下平之實。

象曰：終莫之勝吉，得所願也。

終莫之勝吉，得所願也：願，心中所期待。九五從誠身、正己、齊其家做起，雖然初始看去，每一步皆只向內求，但是最終卻能漸進向外，達至所企望的正邦天下之最高目標。故曰：「終莫之勝吉，得所願也」！

上九：鴻漸于陸，其羽可用為儀，吉。

鴻漸于陸：陸，廣平之地。廣平之地乃四通八達。天空四通八達並無固定之路，卻也無處不是路，因此當雁群飛翔於天空，將可以上下四方任遨遊，「鴻漸于陸」之象也。

其羽可用為儀：羽，展翅飛翔之象。雁群飛翔，在為首鴻雁的帶領下，一隻隻跟隨著前進，井然有序、層次分明，絕不亂群，「其羽可用為儀」之意。

吉：指各守本分、次序以行，群體井然有序一起和諧共進。

象曰：其羽可用為儀吉，不可亂也。

其羽可用為儀吉，不可亂也：觀雁群井然有序飛行於天空之象有感，其實一個社會不管是士農工商、各行各業，若能任其自由的發揮、無限的發展，同時社會中每一份子也都各有所屬揮灑之舞台，如此一來，自然的就會建立出一個和諧有序的社會。天空那會有固定之路，事實上，任何一個方向都會是一條開展的大道，而當社會中所有份子皆能各安其位、知其所職，則整個社會就會開闊無所設限的發展，並且呈現出一片和諧次序之氣象，「其羽可用為儀吉，不可亂也」之謂。

第五十四卦　歸妹

䷵

兌下震上　雷澤歸妹

歸妹：征凶，无攸利。

彖曰：歸妹，天地之大義也。天地不交，而萬物不興，歸妹人之終始也。說以動，所歸妹也。征凶，位不當也。无攸利，柔乘剛也。

象曰：澤上有雷，歸妹。君子以永終知敝。

初九：歸妹以娣，跛能履，征吉。

象曰：歸妹以娣，以恆也。跛能履吉，相承也。

九二：眇能視，利幽人之貞。

象曰：利幽人之貞，未變常也。

六三：歸妹以須，反歸以娣。

象曰：歸妹以須，未當也。

九四：歸妹愆期，遲歸有時。

象曰：愆期之志，有待而行也。

六五：帝乙歸妹，其君之袂，不如其娣之袂良，月幾望，吉。

象曰：帝乙歸妹，不如其娣之袂良也。其位在中，以貴行也。

上六：女承筐无實，士刲羊无血，无攸利。

象曰：上六无實，承虛筐也。

歸妹：征凶，无攸利。

征凶，无攸利：「歸妹」卦名是指女子出嫁之意。而卦辭「征凶」與「无攸利」之取象，其中的「征凶」原指在時機還未成熟，客觀形勢還不適合於作為，若就急於征伐前進，將致凶，在此是指女子若還未長大成熟，就還不適合於出嫁；「无攸利」，原指隨著時間越拖延，則原本的有利形勢將越被削弱，在此指女子若是太晚出嫁，則隨著年齡的漸長，女子所擁有的優勢條件也就會越遞減。另外，卦辭「征凶，无攸利」之於天德取象，是在講四時之道規律有常、中正無差忒，各類萬物之生長必須及時順隨季節更迭之序而動，不可失之太過或不及，才能獲取天德利益而順利成長繁榮。

象曰：歸妹，天地之大義也。天地不交，而萬物不興，歸妹人之終始也。說以動，所歸妹也。征凶，位不當也。无攸利，柔乘剛也。

歸妹，天地之大義也：所謂「天地之大義」，是指天地晝夜、寒暑之變化更迭如此規律有節，並不會失之太過或不及，而生長於天地間的各類萬物，則是須順隨春夏秋冬季節變化之時序而動，才能一代代順利生育、繁衍不已。

天地不交，而萬物不興，歸妹人之終始也：天地之道若不再規律有節而是紊亂了時序，萬物在失去四時之序的引領之情況下，將難以再繁衍興榮於天地間，「天地不交，而萬物不興」。同理，男大當婚，女大當嫁，男女長大成熟到了適婚年齡，就應相互結合以生育繁衍，讓生命可以代代相續，是為歸妹卦象所蘊含「人之終始」之義也！

說以動，所歸妹也：所，含有「限定範圍」這樣的時間義。雷澤歸妹，歸妹卦上震動下兌悅，故卦象含有「悅以動」之德。說，兌悅平衡之象。動，動行之象。「說以動」，指保持著一種兌悅平衡的「以動」方式前進，也就是並不會失之太過或不及，就像那四時季節之律動般，絕不會紊亂了時序。「所歸妹」，指女子能把握最佳適婚年齡及時出嫁，並不會失之太早或過遲。

征凶，位不當也：「位不當」之象含有「本」若未能正位在先，則「末」就難以動而有功之意，在此以釋女子在尚未長大成熟前，這時不管是在心理或生理上，皆未到達可以結婚生子的條件。

无攸利，柔乘剛也：「乘剛」之象，原是指騎乘剛健、次序漸進之意，而這裡的「柔乘剛」，則是指陰柔之道若「騎乘剛健」次序而進，其力量將會逐漸長大茁壯，而當陰柔力量大到與陽剛勢力相得平衡時，將是最佳，但此刻若陰柔勢力仍不知節止的持續滋長，一旦陰凌越過了陽，且又不可逆，則整個形勢當然也就會漸趨向於不利了。因此，彖辭取「柔乘剛」以釋「无攸利」，是指女子當能把握住在身心皆佳之時期及時嫁出，否則一旦讓時間蹉跎太過，女子原本所擁有的大好優勢，將會隨著年齡的漸增長而變得「无攸利」。

象曰：澤上有雷，歸妹。君子以永終知敝。

澤上有雷，歸妹。雷澤歸妹，歸妹卦上雷震下澤兌，故有「澤上有雷」之成象。「澤上有雷」，澤面泛起陣陣漣漪，看似連綿不絕，但終有歸止之時。君子觀澤上雷動之象有感，雖然呈現在眼前的景緻是如此繁華炫麗，但繁華終究會有落盡歸止時，因此，君子體會到應及時珍惜與善用青春美好時光，不令寶貴光陰蹉跎浪費，否則待到體敝力衰而白了少年頭，才後悔懊惱於青春易逝，悔之不及矣！「君子以永終知敝」。

初九：歸妹以娣，跛能履，征吉。

歸妹以娣：娣，年幼女子。「歸妹以娣」，指初九是位年幼的娣，由於年紀尚小，還未到達適婚年齡，未來必須再等上一段時日，待身心成熟後，方可出嫁。

跛能履：指雖然跛足不能快行，但至少慢慢履進向前是不會有問題的。而爻辭「跛能履」之取象，其實這是在講初九這位年紀尚輕的「娣」，未來終究是會隨著時間而逐漸長大成熟，因此眼前的條件或許還不夠好，卻能在時間上佔有優勢。

征吉：歸妹卦辭有「征凶」之象，初九爻辭則曰「征吉」，雖然兩處講的都是指年輕女子之出嫁，但初九的「征吉」所要闡述是指只要願意耐心等待，就時間義而言，這對初九將會是有利的，因此初九應懂得善用這段有利時期，好好的為未來預做準備。

象曰：歸妹以娣，以恆也。跛能履吉，相承也。

歸妹以娣，以恆也：雖然此刻是一位年紀尚輕的「娣」，還未到達成熟適婚年齡，但只要娣願意耐心等待而任時間自進，自然的就會越趨於成熟有利，「以恆也」之謂。

跛能履吉，相承也：雖然跛足不利於快行，但若是方向正確，未來只要保持一步步相續不已，則隨著時間的遞進，自然的就會越往目的地接近，「跛能履吉，相承也」之意。

九二：眇能視，利幽人之貞。

眇能視：指眼睛瞎了一隻，雖仍擁有部分視力，但已不能看清、看遠。

利幽人之貞：幽人，指與世無爭、幽靜處後以應事之人。「利幽人之貞」，原指貞守現有，不必奢求太過之意，這裡是以象女子在選擇歸宿時，應知務實的珍惜當前所擁有，因為對於未來是否還有其他更好機會出現，總是難以預料，它就像是眇雖能視，但並無法看清楚遠方一樣，所以，女子若估量眼前的對象已足以匹配相當，就應好好貞守把握，畢竟天下那裡找得到完美無缺的對象，求全太過，反而落得機會越來越小。

象曰：利幽人之貞，未變常也。

利幽人之貞，未變常也：務實的珍惜現狀所擁有，並不會豔羨他人而把希望寄託在一個虛而不實的對象，畢竟十鳥在林還不如一鳥在手，因此若現前的對象已能匹配相當，就不要再三心兩意，一直舉棋不定，懂得及時把握現有，這就是所謂的「未變常也」之意。

六三：歸妹以須，反歸以娣。

歸妹以須：須，鬚也。古時男子多蓄鬚以增飾面貌，隨著年齡的漸長，所蓄鬚也就會越多，而恰到好處的蓄鬚，將可達到增華美飾的效果，但男子之蓄鬚若過多或太少，以致無法與實際年齡相襯，這時也就會失去賁飾的效果。因此，爻辭「歸妹以須」之取象，是在講女子該如何把握住最合適的時機出嫁，將會像那蓄鬚以賁飾般，女子在尚未長大至適婚年齡前，這時只能耐心的等待長大成熟，就像男子須耐心等待鬚長一樣；相對的，女子若是遲遲未能嫁出，而讓青春蹉跎過度，則原本所擁有的優勢條件也將隨之遞減。

反歸以娣：年紀還小的「娣」，因為尚未長大成熟，所以此時還不能出嫁，然而女子若因過度等待以致蹉跎了青春，最後也會變得同那未熟齡的娣無法嫁出一樣，所以是「反歸以娣」也！

象曰：歸妹以須，未當也。

歸妹以須，未當也：不管是過之或不及，兩者皆是「未當也」！

九四：歸妹愆期，遲歸有時。

歸妹愆期：愆，作「過」解，乃有差失之意。「歸妹愆期」，欲歸嫁的女子為了能找到一位好歸宿，想再多花一些時間仔細的尋找和挑選，以致造成「歸妹愆期」。

遲歸有時：女子多花一些時間，期待能順利挑選到更好的歸宿，乃人之常情本無可厚非，然而歸妹雖愆期，卻必須得記住「遲歸有時」。畢竟，女子青春有限，歸嫁的年齡絕不可被拖延太過，否則若是一再的蹉跎等待，則未來心目中所追求的那位理想對象，反而會越變得遙不可及了。

象曰：愆期之志，有待而行也。

愆期之志，有待而行也：為了心中那位理想的歸宿而做適度的等待，這原是無可厚非，然而在何種情況下才是真正值得去等待呢？當目標明確，且亦已得到確切而實在的承諾，則這樣的「愆期之志」才是可被允許。畢竟若是真的只需再多給一點時間，就可獲得心中所理想，這當然值得等待，因為這是「有待而行也」！反之，若所面對的，是一個虛而不實的等待，是要拿著寶貴青春去換取一個不切實際的憧憬，這就會是一種不智的行為了！

六五：帝乙歸妹，其君之袂，不如其娣之袂良，月幾望，吉。

帝乙歸妹，其君之袂，不如其娣之袂良：帝乙，帝王之意。袂，衣袖。「帝乙歸妹，其君之袂，不如其娣之袂良」，皇室在嫁女兒，身分高貴的出閣公主，這時身上所穿戴的衣飾，卻比不上那些尚未出嫁的幼妹們穿著華麗。六五爻辭如此之取象，是在講身為上位者六五，本身已擁有諸多權力和各項優勢條件，就像皇室的女兒擁有尊貴身分一般，然而條件高貴的六五，雖然很容易就能取得任何心中所想要的東西，但此時反而更應謙卑自抑、崇尚儉樸才是，不可自恃尊貴、高傲在上而遠離基層人民，這樣才能真正獲得在下臣民的衷心悅服，而能得臣民之心，其實這也就等於是上位者六五的「最好歸宿」。

月幾望：指月將圓而未圓。而月在將圓而未圓的這一時刻，方是最好，畢竟若眼前所得到已是一個圓滿的望月，那麼未來就只會見它逐漸虧缺、暗淡而已。

吉：指中正六五具備著敏銳眼光，以及迅速的行動力，行事時，懂得把握在最佳時機出手，故能獲取最高利益。

象曰：帝乙歸妹，不如其娣之袂良也。其位在中，以貴行也。

帝乙歸妹，不如其娣之袂良也：身為嫡長女先天上已佔諸多優勢及寵愛，因此，表現在外的，更要懂得以身作則與謙讓自抑之理，故「不如其娣之袂良也」！同理，身為上位者所擁有的權勢利益已多，因此更應懂得分享之理，不可再貪圖享樂，而且也不應還想在各方面都要高人一等。

其位在中，以貴行也：對於下一步之動進，能夠抓住最佳行事之機，不會失之太早或過遲，是謂「其位在中」。而一位欲歸嫁的女子，能把握住在身心皆佳的適當年齡及時出嫁，這就是做到「以貴行也」！

上六：女承筐无實，士刲羊无血，无攸利。

女承筐无實，士刲羊无血：刲，切割。「女承筐無實」，指上六猶如是位已拖過適婚年齡的女子，原本所擁有的優勢至此已盡失，所以，這時就像是個裡面已空無一物的「虛筐」般。「士刲羊無血」，男子刲羊無血，宰殺的羊卻無血，這是形容最後所得到的，就只剩下一個外殼而已，真正的實質內涵則早已喪失。

由於古代男人娶妻以傳宗接代，若所娶之婦已過了適合生育的年齡，這時就會如同爻辭「女承筐无實，士刲羊無血」所形容之意般，一旦失了時限，則實質有用的部分也會隨之流逝掉。

无攸利：指女子出嫁的年齡若越往後拖延，則原本有利的客觀優勢就會越削弱。

象曰：上六无實，承虛筐也。

上六无實，承虛筐也：一個籮筐之所以有價值，其實是來自於筐中所承之實，因此，若籮筐裡已空無一物，當然所剩下的，就是一只沒有價值的空筐而已，「上六无實，承虛筐也」之謂。

第五十五卦　豐

䷶

離下震上　雷火豐

豐：亨，王假之，勿憂，宜日中。

彖曰：豐，大也。明以動，故豐。王假之，尚大也。勿憂宜日中，宜照天下也。日中則昃，月盈則食，天地盈虛，與時消息，而況於人乎？況於鬼神乎？

象曰：雷電皆至，豐。君子以折獄致刑。

初九：遇其配主，雖旬无咎，往有尚。

象曰：雖旬无咎，過旬災也。

六二：豐其蔀，日中見斗，往得疑疾，有孚發若，吉。

象曰：有孚發若，信以發志也。

九三：豐其沛，日中見沫，折其右肱，无咎。

象曰：豐其沛，不可大事也。折其右肱，終不可用也。

九四：豐其蔀，日中見斗，遇其夷主，吉。

象曰：豐其蔀，位不當也。日中見斗，幽不明也。遇其夷主吉，行也。

六五：來章，有慶譽，吉。

象曰：六五之吉，有慶也。

上六：豐其屋，蔀其家，窺其戶，闃其無人，三歲不覿，凶。

象曰：豐其屋，天際翔也。窺其戶，闃其無人，自藏也。

豐：亨，王假之，勿憂，宜日中。

亨：指天道剛健中正，其德豐大、亨通流行於一切處。

王假之：王，尊、廣大之意。假，取其暫時由此而交於彼這樣的象徵意思。之，離此而往。豐卦象有豐大義，然而如何是致「豐大」之因？乃明、動二德往來相資相成，然後始成豐大之格局。又，明與動二德如何往來相資以致豐大？其過程乃先利用明以引領動，接著剛健之動因得中正之明來輔，將可往進有功，而在動進有功之後，未來剛健動進又可反過來回饋以發揚明，於是就在這明以領動、動回饋以發揚明，明、動不斷往來相資相成之下，遂成豐大之格局，卦辭「王假之」之所象徵也。

勿憂：憂，困境在前是生有憂。「勿憂」，指行動之前先仔細考慮清楚，就像動進若得中正之明的引領，將可知其所之，並且不被險阻所困，故「勿憂」。

宜日中：宜，得其所在之意。「宜日中」，指太陽動行至天中之際，光明照耀一切處，是最得豐大光明。而當太陽不偏不倚動行至「宜日中」，此際就猶如動、明二德相宜契合，遂成其豐大之格局。

彖曰：豐，大也。明以動，故豐。王假之，尚大也。勿憂宜日中，宜照天下也。日中則昃，月盈則食，天地盈虛，與時消息，而況於人乎？況於鬼神乎？

豐，大也：豐，豐大之意。而所謂豐卦「豐滿盛大」之象，乃指天道剛健中正，其德至大周遍流行於天地一切處。

明以動，故豐：雷火豐，豐卦上雷動下離明，卦象含有「明以動」之德。以動，剛健動行不已。「明以動」，指明德具足在先，又接之以剛健動行，而就在這中正明德引領剛健動進，剛健動行又同時回饋以發揚明德，明、動往來相資相成遂成豐大之格局。

王假之，尚大也：尚，分此以加彼，增、加之意。中正之明引領剛健之動，是謂明能增益動；剛健之動反饋實踐以發揚中正明德，則猶如動可增益明。於是，明與動彼此相資相成、往來益加，遂成豐大，「王假之，尚大也」之謂。

勿憂宜日中，宜照天下也：日正當中，太陽不偏不倚動至天之正中，光明廣照天下，此刻最得光明豐大，「宜照天下也」！

日中則昃，月盈則食，天地盈虛，與時消息，而況於人乎，況於鬼神乎：昃，午後日偏西之稱。日中則昃，月盈則食，即使光明如日月，亦僅能得豐大於一時，而盈虛消長、盛極則轉衰，乃天地自然之常理也！因此，人們雖偶得一時之豐大，不可就此感到自大和自藏，或以為天地之大就僅此目下之所及，而是當懂得體察時變，做到與時勢潮流偕行俱進。

象曰：雷電皆至，豐。君子以折獄致刑。

雷電皆至，豐。雷火豐，豐卦上雷震下離火，故有「雷電皆至」之成象。雷震之動，同時配合閃電光明，不但光明照耀天際，並且聲震百里，其勢是如此豐大壯盛。君子觀雷電皆至，其勢壯盛豐大之象有感，體會到「以折獄致刑」之理。「折獄致刑」，既然獄已辨、刑已審，就該立刻迅決以致其刑，不可再猶疑延宕，以免證據因時日漸久而生變化，並進而影響到原先的折獄判決。

另外，「折獄致刑」若之於行事之義，是指既然對形勢之發展已做了仔細評估，且最後也做出判斷，接下來就應毅然決然立刻採取行動，因為惟有果決而迅捷的行動配合，才能真正確保當初審辨的明正，畢竟若是行動有所遲疑延宕，一旦時空環境又生變化，則原先所做的判斷，也會連帶受到影響而造成偏差。

初九：遇其配主，雖旬无咎，往有尚。

遇其配主：遇，遇合。配，比合、對應。主，物之本或主導意。「遇其配主」，指雖然明動相資相成是致豐大之因，但若就明、動二德的相對關係而言，彼此間還是有著「主」、「配」之分別，亦即「明」是為主在前，接著「動」再與之相遇配合。

雖旬无咎：旬，從日從勻，自甲至癸為「一旬」，而一旬有十日或滿之意，在此指明德之周全。「雖旬无咎」，指在明、動二德相資配合的關係上，一開始必須先求明德周全，而在明德中正已被確立的前提下，初期動德雖尚無法做到百分百與明德相契合，未來則是可以逐漸調節之，直至與明德彼此緊密相資配合。

往有尚：指雖有剛健之德，仍須獲得中正之德的來輔，才能更增益一分動進之功。

象曰：雖旬无咎，過旬災也。

雖旬无咎，過旬災也：中正明德先被確立，這時即使動德仍有不足而無法盡其完全之功，但至少還能收部分之效，「雖旬无咎」之謂；若明德不足而中正已失之情況下，越動進則越偏過，將招災眚也，「過旬災也」之謂。

六二：豐其蔀，日中見斗，往得疑疾，有孚發若，吉。

豐其蔀：蔀，遮蔽光線之物。「豐其蔀」，指明與動若能相資相成，將可致豐大之功，然而若是光明被遮，行動在無法獲得充足光明引領之情況下，所豐就會像是被遮去部分一般。

日中見斗：指日偏蝕之意。至於為何稱「見斗」為日之偏蝕？這是因為日偏食時，太陽被黑影遮去部分，剩下的發光處，就像是一內凹之斗形量器。另外，「日中見斗」之象雖是指日偏食時，太陽無法全明之意，但六二時位所講的「日偏食」，是從初虧開始一直到全蝕前的這一時段，而在此期間，太陽光將會隨著時間的推移而漸趨暗淡。

往得疑疾：疑，不能互信則生有疑，在此指明與動無法相輔契合。疾，疾失。「往得疑疾」，指往進作為，若無法獲得足夠中正之明的相輔配合，越動進則越見其疾失。

有孚發若：有孚，指明、動相資相應之意。發，作「射發」解，開弓射矢之象。若，如是、這樣、近有所指。發若，指開弓強引，除了持弓平正，還必須掌握當眼與手相得的這一瞬間，快速將箭發射出去，倘若稍再遲疑，這時心、手就會產生「疑疾」而導致無法中的。「有孚發若」，指明與動彼此平衡協調，將會像那引弓射物，眼之所注視，則手能中的之。

吉：指行動若能獲得中正光明之相資，將可致其功。

象曰：有孚發若，信以發志也。

有孚發若，信以發志也：心到手到這一瞬間，猶如得機得勢，明與動相應相成，「信以發志也」之謂！

九三：豐其沛，日中見沫，折其右肱，无咎。

豐其沛：沛，水邊豐盛的水草，充盛貌。「豐其沛」，河邊之水草雖然豐沛茂密，但由於是被河流分隔成兩岸，所以，其豐就像是只豐盛一邊而已。而六三爻辭這種「側偏豐沛」之取象，是指若只側重於明或動一邊發展的情況下，終究是無法成事的。

日中見沬：沬，乃以水洗面之象。由於用水洗面時眼睛必須暫閉，所以，這時候人將會有瞬間黑暗的感覺。「日中見沬」，指當日全蝕的這一刻，整個天地間將會瞬時黑暗，而這種瞬間黑暗之情境，則是會像那眼睛暫閉、一時無法視物的感覺般。另外，爻辭「日中見沬」之取象，在此是形容「明已喪」之意。

折其右肱：因為右肱就像是人行動力之主，所以右肱若被折斷，就猶如「動已喪」。

无咎：指明、動相互之間必須得到另一方的相資配合，才能使本身既有的優勢增益發揚。

象曰：豐其沛，不可大事也。折其右肱，終不可用也。

豐其沛，不可大事也：剛健不足或是中正有偏，在明、動無法相資相成之情形下，將無法成就豐大之功，故「不可大事也」！

折其右肱，終不可用也：明或動若少了另一方的相輔發揚，則僅憑單邊之力，是難以取功的，這就像雖有前瞻之明，卻缺乏象徵行動力的右肱之實踐，還是會落得「終不可用也」！

九四：豐其蔀，日中見斗，遇其夷主，吉。

豐其蔀，日中見斗：六二與九四爻辭有「豐其蔀，日中見斗」之取象，皆指日偏蝕光明有缺，導致所豐被蔀之意，其間差異處，就在於六二之「明不足」是起因於自身的暗淡不明，而九四的「明不足」乃因動無法有效發揚明之故。又，二處爻辭同樣是取象「日中見斗」，但九四所指的日之偏食，是從「全蝕」之後再到蝕盡光明重現的這段期間，而在此期間，遮蔽太陽的陰影若能快速動行，太陽就會越快重顯光明。

遇其夷主：夷，毀傷意。「遇其夷主」，指雖已有明德在前為「主」，但是若來與之相輔配合的動並不足以發揚明，則原本的「明」將會因動德的不足而像是受到夷傷般。

吉：指中正明德已備之前提下，這時若再令動德更獲一分之增益，將可更發揚一分豐大之功。

象曰：豐其蔀，位不當也。日中見斗，幽不明也。遇其夷主吉，行也。

豐其蔀，位不當也：明與動若不能相資發揚，則就只能「豐其蔀」而已，此處「位不當也」所象徵之意。

日中見斗，幽不明也：日若偏蝕，光明將被遮，是以「幽不明也」。

遇其夷主吉，行也：所謂「行」之象，就是指中正光明已得，尚待剛健之動的來輔。

六五：來章，有慶譽，吉。

來章：章，章明、章美之意。「來章」，指具備如離日中正光明之德的六五，天下人民樂受其中正引領並且勤奮努力，社會將因此呈現出一片繁榮富庶之景象。

有慶譽：「有慶」，在此以象六五將如離日般光明照耀著人民，而人民則是在六五的中正帶領下積極奮發振作；「譽」，原是指推善名美稱予人之意，在此是取其「譽加而上」之象，以引申指社會先從富庶繁榮，再進而上至富而好禮。

另外，爻辭「有慶譽」之取象，實義同於《論語・子路篇》「子適衛，冉有僕。子曰：『庶矣哉！』冉有曰：『既庶矣，又何加焉？』曰：『富之。』曰：『既富矣，又何加焉？』曰：『教之。』」一個社會先做到從人口的增加，再進步到富裕，富裕之後又持續對人民施予教化，如此一層層增益向上，遂成富庶豐大之氣象。

吉：指社會和人民在六五中正光明之帶領下，逐漸走向富庶繁榮。

象曰：六五之吉，有慶也。

六五之吉，有慶也：六五以其中正章明之德引領人民，在下人民則是努力奮發，於是在上明、下動之相資合作下，社會將呈現出一片豐饒富庶之景象，而社會人民能夠得到豐庶，其實這就是六五之吉，同時也是等於「有慶」之象也。

《詩小雅・甫田之什》云：「裳裳者華，芸其黃矣。我觀之子，維其有章矣！維其有章矣，是以有慶矣！」鮮艷的黃色花朵紛芸的盛開，我觀見到的這位賢能君子，是如此的「維其有章」，動容周旋中禮也。既然賢能君子是如此的「有章」，而眾人民在他中正光明之帶領下，必然的也會德澤日見而「有慶」。《詩經・小雅》〈裳裳者華〉此章之義，實亦可做為六五爻象的另一註解。

上六：豐其屋，蔀其家，窺其戶，闃其無人，三歲不覿，凶。

豐其屋，蔀其家：指一個人若一直把自己藏閉在家，就無法看見外面的變化，而在長期被這間小屋給遮蔽卻又自以為豐大的情況下，眼光就會變得侷促短淺，同時也將無法理解外面的世界會是多麼的遼闊豐大。

窺其戶，闃其無人，三歲不覿，凶：闃，門內靜寂之意。覿，兩相互見之意。上六將自己閉鎖在屋子之內，躲在一小隅之地而自以為豐大，如此自蔽自藏，不但不知外面世界的光明遼闊，他人也無法窺知其內，而在長久不與外界交通的結果，上六最後勢將逐漸走向萎縮退敗，「窺其戶，闃其無人，三歲不覿，凶」之意。

象曰：豐其屋，天際翔也。窺其戶，闃其無人，自藏也。

豐其屋，天際翔也：所豐僅及一屋之隅，卻是自以為豐大，完全無知於外面天地是多麼的高遠無邊際。小象這裡所表達是在講上六猶如是坐井觀天、夜郎自大，以為自己眼前這一小隅屋舍，就是整個世界的呈現。

窺其戶，闃其無人，自藏也：上六自蔽自藏卻自以為豐大之象，於個人，就如同閉門造車；於一國，就猶如閉關鎖國，而當自我隔絕與外交流，外界當然也就不得窺知其內了，所以是「自藏也」！

第五十六卦　旅

䷷

艮下離上　火山旅

旅：小亨，旅貞吉。

象曰：旅小亨，柔得中乎外而順乎剛，止而麗乎明，是以小亨旅貞吉也。旅之時義大矣哉！

象曰：山上有火，旅。君子以明慎用刑而不留獄。

初六：旅瑣瑣，斯其所取災。

象曰：旅瑣瑣，志窮災也。

六二：旅即次，懷其資，得童僕貞。

象曰：得童僕貞，終无尤也。

九三：旅焚其次，喪其童僕，貞厲。

象曰：旅焚其次，亦以傷矣。以旅與下，其義喪也。

九四：旅于處，得其資斧，我心不快。

象曰：旅于處，未得位也。得其資斧，心未快也。

六五：射雉一矢亡，終以譽命。

象曰：終以譽命，上逮也。

上九：鳥焚其巢，旅人先笑後號咷，喪牛于易，凶。

象曰：以旅在上，其義焚也。喪牛于易，終莫之聞也。

旅：小亨，旅貞吉。

小亨：小，指逐漸消滅退去之意。「小亨」，指四時運行之道就像是一條連續不已的行旅，每當舊季節行旅結束，就會立刻往下一個新季節續進，於是四時之道就在這季節更迭遞進之行旅過程中，往前亨通流行不已。

旅貞吉：指四時春夏秋冬之於萬物就像是一條旅道，而行走在這條旅道上的萬物，則是必須先穩健的走完這一季節之行旅，才能再往下一新季節生長前進。

彖曰：旅小亨，柔得中乎外而順乎剛，止而麗乎明，是以小亨旅貞吉也。旅之時義大矣哉！

旅小亨：四時運行之道就像是一條連續不已的行旅，每當舊季節行旅結束，就會繼續往下一段新季節旅程遞進，如此一季接著一季往前亨通流行不已，「旅小亨」之意。

柔得中乎外而順乎剛：「柔得中乎外」，指陰柔萬物順隨四時遞進之道而行，就會像是行旅在外獲得中正之引領般，終能順利到達目的地；「順乎剛」，指萬物順隨季節寒暑變化而動，將會像是行旅在外而能保持著隨遇而安的態度，並且一步步剛健不停息行旅向進。

止而麗乎明：火山旅，旅卦上艮止下離明，故有「止而麗乎明」之象。止，止而穩健。明，中正光明。「止而麗乎明」，指四時春夏秋冬更迭運行在上，萬物知附麗四時中正光明之道而行，就會像是行旅時有正確行程規畫與明確目的地，然後一站接著一站穩健遞進向前。

是以小亨旅貞吉：四時春夏秋冬就像是一條旅道，天地間各類萬物則像是行走在這一條旅道上的旅客，行旅前，要有明確的行程規畫，過程中，則是要順隨各種不同環境，接著就是一步步不止息的穩健向進，「是以小亨旅貞吉」。

旅之時義大矣哉：面對即將展開的漫長行旅，既然目標已定，就當毅然決然的及早踏上旅程，心中毋須再耽心害怕旅道中種種辛苦或荊棘，能夠把握時間積極趕路，行旅途中不要多所耽擱或是留戀，讓自己早一日完成旅程順利到達目的地，是為「旅之時義大矣哉」所要表達之意。

象曰：山上有火，旅。君子以明慎用刑而不留獄。

山上有火，旅。火山旅，旅卦上山艮下離火，故有「山上有火」之成象。「山上有火」，火在山頂之上，光明更能遠照於四方。君子觀火在山頂明照四方之象有感，體會到若是站得越高、行得越遠，所思所見也就會越高廣清明。因此，君子在判斷事情時，懂得站在客觀超然的立場仔細明察事證，不會只以個人一己之好惡，或是在事證仍不明前就妄下斷言，以避免走岔方向而做出誤判，並因而導致無法獲得最終的事實真相，甚至造成冤屈遺憾，「君子明慎用刑而不留獄」之謂。

初六：旅瑣瑣，斯其所取災。

旅瑣瑣，斯其所取災：瑣瑣，瑣碎細小意。行旅之始的初六，既然目標已定，這時只要輕車簡從即可瀟灑上路，若還貪求旅途中凡事都要像在家時般舒適，而將各項贅物一起攜行，相信不出幾步就已先絆倒自己，如何還能行遠？「旅瑣瑣，斯其所取災」之意。

象曰：旅瑣瑣，志窮災也。

旅瑣瑣，志窮災也：所謂的「志窮災」，是指在「志」方面已偏差先出問題之意。因此，既然所「志」之方向已偏，接下來當然不管如何的「行」，最後都不可能到得了目的地。而這也像是既想要功成名就，又要能夠舒適享受不吃苦，好的全部都想拿，吃虧的卻沒有一樣願意承擔，這樣的人生行旅，何之矣？

六二：旅即次，懷其資，得童僕貞。

旅即次：即，就近意，引申作就地取材。次，不前也，逗留不進之意。旅人一旦踏上漫長旅程，非旦夕到達得了目的地，其間必須一站站循序漸進，因此每走完一段路程，就得先找一處可安頓休息的地方，待精神體力獲得補充了，才有辦法往下一站續進，「旅即次」之意。

懷其資，得童僕貞：資，資糧也。童僕，指行旅時負責照料的僕人。若想順利完成一條漫長旅程，行旅前除了自身要帶上一定份量的資糧外，期間也需要有他人的從旁協助，否則僅憑一己是很難獨力完成整個行旅的。因此，爻辭「懷其資」，指行旅時應有行前的規畫，同時也要帶上一些行旅所需的資糧；「得童僕貞」，原指旅人在行旅過程中有僕人從旁照料，在此引申指行旅在外，須多得他人的從旁協助，例如舉凡從簡單的問路指引，再到生活食宿等種種，若沒有他人的協助而僅憑單打獨鬥，勢將感到處處難行。

象曰：得童僕貞，終无尤也。

得童僕貞，終无尤也：行旅在外人生地不熟，一定得多靠外來的幫助，因此越能做到就地取材，越得他人的從旁協助，這對於行旅就越能減少一分之不便，「終无尤也」之意。

九三：旅焚其次，喪其童僕，貞厲。

旅焚其次：焚，含有失去不可復再之意。「旅焚其次」，指旅人長途奔波跋涉，若遲遲無法獲得休息和資糧的補充，這時除了感到疲憊、困頓漸增之外，所攜帶的資糧也會一天天減少，終至耗盡。

喪其童僕：指於行旅過程中無法得到他人的從旁協助。

貞厲：指旅人在得不到足夠休息和資糧補充，且又無法獲得他人從旁協助的情況下，處境必漸現危厲。

象曰：旅焚其次，亦以傷矣。以旅與下，其義喪也。

旅焚其次，亦以傷矣：旅人不斷的行旅跋涉，除了身心越見疲憊外，所攜帶的資糧也是日漸減少，「亦以傷矣」之謂。

以旅與下，其義喪也：與，補給之意。不斷的行旅奔波，若不能及時補充資糧，行囊就會逐漸消減、耗盡，「以旅與下，其義喪也」！

九四：旅于處，得其資斧，我心不快。

旅于處：處，本義作「止」解，乃及此居止之意。「旅于處」，指行旅時，因外在環境因素而受阻於一處，難以再往下一站續進。

得其資斧：斧，用以劈斬荊棘，象徵開路的工具。「得其資斧」，指九四身懷資斧，不但有充足的資糧，同時也有可用以開路的利斧。

我心不快：九四雖然身懷資斧，備齊了繼續行旅趕路的能力，但是卻受阻於旅途中的一個小站上，內心雖急著趕路前進，卻被眼前環境所限制住無法續行，這時就像有志不能得伸一般，所以是「我心不快」！

象曰：旅于處，未得位也。得其資斧，心未快也。

旅于處，未得位也：雖然身懷資斧，卻因受阻於環境而無法前進，這就像一個人雖有能力，可惜卻來到一個難以發揮所長的位置，「未得位也」之謂。

得其資斧，心未快也：旅於外而能得其資斧，理當已無所欠缺，但為何還會「我心不快」？這是因為雖然於主觀條件上，已具備可以繼續行旅向前的能力，可是卻受阻於環境因素，這時候就像是受困於淺灘上，無法海闊天空任遨遊一般，而既然其志不得伸展，心中當然也就難以快樂暢意了，「心未快也」！

六五：射雉一矢亡，終以譽命。

射雉一矢亡，終以譽命：「射雉一矢亡」，六五援引強弓而射，一箭中的，箭不虛發，氣象是如此磅礴壯闊！爻辭「射雉一矢亡」之取象，這是在講中正六五一開始就立下明確目標，而目標既定，接著就精準無誤朝著目的地前進，令此一生就做到立德、立功和立言，讓三不朽德澤於後世。因為，這才是六五真正中正之旅，故接之曰：「終以譽命」！

象曰：終以譽命，上逮也。

終以譽命，上逮也：逮，及也。這一個廣闊天地像是人此身所寄之逆旅，而猶如過客的人一生，所歷光陰則像那白駒過隙般短暫，所以人不應虛擲此生，否則就會像是一支無目標的箭矢，只見它短暫劃過虛空，又寂然的落下，什麼也不留便消失得無影無蹤。因此，當好好的把握此生，盡早立定志向，並且精準無誤的朝著人生既定目標行旅前進，期待這一生中就能成就立德、立功、立言三不朽，這才是人生寄旅之最上意義，「終以譽命，上逮也」！

上九：鳥焚其巢，旅人先笑後號咷，喪牛于易，凶。

鳥焚其巢：飛離巢穴的小鳥，回返時卻發現巢已被焚毀，再也無法復歸了。爻辭「鳥焚其巢」之取象，這是形容光陰一去將無法再復返。

旅人先笑後號咷：緣聚歡樂則有笑，待緣滅繁華落盡離別時，則後號咷。爻辭「旅人先笑後號咷」之取象，這是在講時間將片刻不停歇的往前推進，而眼前所見一切則不斷的在變化，雖然此刻是多麼的快樂暢意，以為可以鐘鼓饌玉長為樂，可是待到了曲盡幕謝、繁華落盡時，方驚覺一切皆如夢幻泡影，才傷感於光陰之易逝，悔之晚矣！

喪牛于易：牛，質性柔順之象徵。易，變化之意。「喪牛于易」，這是取「牛柔順之質性」與「變化更易」兩種象徵，以引中形容雖然時間是最為柔順且親近之物，猶如一直跟隨在你我身側，但此物雖近而柔順，卻也最易變化流逝。

凶：時間像行旅般不斷的流逝，是取象「凶而有失」之理。

象曰：以旅在上，其義焚也。喪牛于易，終莫之聞也。

以旅在上，其義焚也：時間就像是一條往前行旅不已的長河，長河流水一去將不再復返，「以旅在上，其義焚也」。

喪牛于易，終莫之聞也：那管是多大霸業、如何的風流人物，皆只像那時間長流中所激起的瞬間浪花，轉眼間盡消失得無影亦無踪，「終莫之聞也」！

第五十七卦　巽

☴☴

巽下巽上

巽：小亨，利有攸往，利見大人。

彖曰：重巽以申命，剛巽乎中正而志行，柔皆順乎剛，是以小亨，利有攸往，利見大人。

象曰：隨風，巽。君子以申命行事。

初六：進退，利武人之貞。

象曰：進退，志疑也。利武人之貞，志治也。

九二：巽在床下，用史巫紛若，吉无咎。

象曰：紛若之吉，得中也。

九三：頻巽，吝。

象曰：頻巽之吝，志窮也。

六四：悔亡，田獲三品。

象曰：田獲三品，有功也。

九五：貞吉，悔亡，无不利，无初有終，先庚三日，後庚三日，吉。

象曰：九五之吉，位正中也。

上九：巽在床下，喪其資斧，貞凶。

象曰：巽在床下，上窮也。喪其資斧，正乎凶也。

巽：小亨，利有攸往，利見大人。

小亨：指天道四時之運行，是既巽入中正，又巽入剛健，故能像行旅般一季接著一季亨通流行向前。

利有攸往：指天道四時之運行，內巽中正，而外巽剛健，故能循著既定之常道往前動進不已。

利見大人：「大人」者，順天而應人，其德乃內能巽入中正，故外得眾人之應和巽入。「利見大人」，在此是象徵天道因巽入中正誠孚，故能規律有節運行在上，而在下萬物則皆應和巽入其道而行。

象曰：重巽以申命，剛巽乎中正而志行，柔皆順乎剛，是以小亨，利有攸往，利見大人。

重巽以申命：申，延伸之意。命，指既定的安排或律則。巽卦內外皆巽，故曰「重巽」。「重巽以申命」，除了指天道之運行，是巽入中正，再巽入剛健，故能循著既定常道一季季切實履進向前；另一象徵含意則是指行事時，能夠預先做好問題的巽入分析，待擬妥執行計畫，接著則巽入貫徹實踐。

剛巽乎中正而志行：「剛巽乎中正」，指剛健巽入中正，故能動進有功而利有攸往；「志行」，心中所志，行能實踐之，猶如中正計畫獲得剛健之實踐般。

柔皆順乎剛：指中正天道剛健運行在上，各類萬物皆應和巽入其道而行，而萬物順隨四時規律之道以履進，將可一季季成長繁榮。

是以小亨，利有攸往，利見大人：巽卦辭之象是在表達天德「重巽」之義，除了指出天道運行是既巽入中正，又巽入剛健，故能亨通流行不已；此外則是在講天道中正誠孚之德，萬物皆巽入貞隨其道而行。

象曰：隨風，巽。君子以申命行事。

隨風，巽。巽卦上下皆風巽，故有風吹流行、前後相續相隨之成象。風吹流行一陣接著一陣相續相隨而至，並隨著地形的不同而順勢流行，所到之處則是無有不周、無所不入。君子觀吹風順勢流行且無所不入之德有感，君子在推行一項新政策時，懂得做好事前的政策宣導，讓人民能夠瞭解政策之優點所在，以期獲得人民充分支持，接下來則是會貫徹執行所頒布之政策，做到讓政策施行的成果落實到每一處，「君子以申命行事」。

初六：進退，利武人之貞。

進退：指行事前對各種可能之情勢發展，以及利弊得失，皆做了周詳的巽入分析，以擬定出未來之行動方向。

利武人之貞：武人，表能奉行貫徹上級所下達之命令。「利武人之貞」，指既然已對事情各種可能利弊得失皆做了巽入分析，接下來就應毅然貫徹實踐，毋須再有任何猶豫。

象曰：進退，志疑也。利武人之貞，志治也。

進退，志疑也：志之所以有疑，乃因不知下一步該往那個方向走，因此，這時就得先把各種利弊得失考慮清楚，以擬定出未來或進、或退之行動方針。

利武人之貞，志治也：「志治」，志決也。既然方向已決定，就應像武人之果決幹事，毅然決然勇往前進。

九二：巽在床下，用史巫紛若，吉无咎。

巽在床下：由於一室之中就屬床底下最位內側深暗，所以爻辭「巽在床下」之取象，這是形容所做巽入探索功夫之徹底，即使是位於最內側、幽暗處，也都能夠巽入到達。

用史巫紛若：史，是記述過去的事蹟與活動，象徵「用以鑑往」。巫，能測知未來之事，象徵「用以知來」。紛，紛亂。若，近有所指，如是、大約之意。「用史巫紛若」，指做好鑑往與察來的功夫，能將事情的本末常變、複雜或難易等各種狀況，都加以分析得透徹，以勾勒出事情可能發展之大概輪廓，並據此以做為未來之行事方針。

吉无咎：指九二做好事前巽入分析之工作，並擬訂出一份行事策略，待進入實際執行階段，除按照原先所擬計畫來執行外，又懂得順隨當下形勢之宜做調整修正。

象曰：紛若之吉，得中也。

紛若之吉，得中也：從錯綜複雜的脈絡當中，理出一條最為實際可行的途徑，接下來就循著這條中正道路履進向前，「得中也」之謂。

九三：頻巽，吝。

頻巽：頻，同瀕，從「頁」謂頭示人，從「涉」謂徒行渡水，人臨渡水處思渡而又畏水之深。「頻巽」，指雖然已對事情發展之各種可能利弊得失，皆做了深入分析和評估，但最後卻猶豫不決，遲遲不敢下決定。

吝：已知利與弊之所在，卻遲遲不敢決定下一步之出處，徒然讓行事之時機一點一滴從旁流逝，致吝之因也！《論語・公冶長篇》提到季文子凡行事皆經過三思，孔子聞之曰：「再，斯可矣！」為何「再，斯可矣」？否則，將喪失行事之機矣！

象曰：頻巽之吝，志窮也。

頻巽吝，志窮也：遲遲不敢做出決定，以致喪失行事之機，這猶如是既不能「巽入中正」，隨後又因失時遲而無法「巽入剛健」，是為「志窮也」之意。

六四：悔亡，田獲三品。

悔亡：指雖然事前已將各種利害得失，與進退變化做了仔細的推算與模擬，但實際臨事時還是須懂得因地制宜、隨機應變，做到如巽風之順勢流行般。

田獲三品：田，範圍意。品，有多數不相等次種類之意。行事前能預先做好評估與規畫，而實際臨事時亦懂得隨機應變，故能從眾多選項當中，找出最具效益的行事捷徑，「田獲三品」之謂。

象曰：田獲三品，有功也。

田獲三品，有功也：行於中正捷徑而獲取最高效益，是稱「有功也」！

九五：貞吉，悔亡，无不利，无初有終，先庚三日，後庚三日，吉。

貞吉悔亡：指九五慎謀能斷，不但做到審慎謀慮與縝密策畫，又能順應形勢變化而當機立斷。

无不利：指九五行事有計畫又不失行權，其德如巽風流行，所到處周遍無所不及、無所不入，故每一步皆能動進有得。

无初有終：指不會固執於初始所擬之計畫或想法，而是能視實際形勢變化以動，做到如巽風之順勢行權。

先庚三日，後庚三日：庚，更也，變化之意。具備中正之明的九五，能夠正確無誤的巽入分析問題，就像是預先充分掌握事情變化更革之因，「先庚三日」之謂；九五做到如巽風之行權，能順隨形勢之變化而動，就像是已掌握事情未來變化發展之結果，「後庚三日」之謂。

吉：指九五內能巽入中正，故外得人民的巽入貞隨。

象曰：九五之吉，位正中也。

九五之吉，位正中也：所謂「位正中」，是指九五內巽中正猶如大人之正位在上，故外得人民之巽入比附貞隨。

上九：巽在床下，喪其資斧，貞凶。

巽在床下：指上六已對問題做了徹底巽入分析，並擬妥相對應之行事計畫。

喪其資斧：資斧，在此象徵執行能力。「喪其資斧」，指上九巽入問題，並且也擬妥行動計畫，可說是已經做好了一切事前準備，但是隨後卻發現實際形勢變化並未如預期般發展，所以，這時的上九就像是「喪其資斧」般，根本難以施展其作為。

貞凶：指可行事之機若已喪失，這時若再強為之貞幹，必致凶.

象曰：巽在床下，上窮也。喪其資斧，正乎凶也。

巽在床下，上窮也：「上窮」者，指可行事之時機已逝去，外在客觀形勢已不再適合於作為，這時即使有再好的行事計畫，也是徒然！

喪其資斧，正乎凶也：當形勢已不再適合於貞幹作為，這時不管多麼的巽入問題，執行計畫又是如何的正確可行，終究還是無法見到所想要的成果，「正乎凶也」之謂。

第五十八卦 兌

䷹ 兌下兌上

兌：亨，利貞。

彖曰：兌，說也。剛中而柔外，說以利貞，是以順乎天而應乎人。說以先民，民忘其勞；說以犯難，民忘其死。說之大，民勸矣哉！

象曰：麗澤，兌。君子以朋友講習。

初九：和兌，吉。

象曰：和兌之吉，行未疑也。

九二：孚兌，吉，悔亡。

象曰：孚兌之吉，信志也。

六三：來兌，凶。

象曰：來兌之凶，位不當也。

九四：商兌未寧，介疾有喜。

象曰：九四之喜，有慶也。

九五：孚于剝，有厲。

象曰：孚于剝，位正當也。

上六：引兌。

象曰：上六引兌，未光也。

兌：亨，利貞。

亨：指天道運行之所以亨通流行不已，這是因為晝與夜、寒與暑之往來更迭，就像是兩澤間之兌流般，經常保持著兌悅平衡之德。

利貞：指中正天道規律運行在上，在下各類萬物皆貞隨之而行，就像是萬物兌悅應和中正天道而行般。

彖曰：兌，說也。剛中而柔外，說以利貞，是以順乎天而應乎人。說以先民，民忘其勞；說以犯難，民忘其死。說之大，民勸矣哉！

兌，說也：兌，言說兌悅之意，亦即言者允當，聽者服於心，而兩有悅意。兌卦上澤下澤，猶如兩澤相鄰交通，而這種兩澤兌悅交流之象，除了可象徵人與人彼此間的溝通對話之外，亦以象晝夜、寒暑的兌悅往來，以及萬物之兌悅應和中正天道而行。

剛中而柔外：「剛中」，指天道運行亨通流行不已，乃因剛健與中正二德相濟，彼此保持兌悅平衡之故；「柔外」，指中正天道外得萬物的兌悅貞隨之意。

說以利貞：說，兌悅應和。「說以利貞」與「剛中而柔外」其實同意，皆是指中正天道剛健運行在上，在下萬物皆兌悅貞隨之而行之意。

是以順乎天而應乎人：觀天道中正誠孚在上，在下萬物皆兌悅貞隨之有感，上位者若能法天道誠正之德而為，自然的就會得到人民之兌悅應和，「是以順乎天而應乎人」之謂。

說以先民，民忘其勞；說以犯難，民忘其死。說之大，民勸矣哉：上位者誠孚有信，並且隨時與在下民意保持暢通交流，上者瞭解掌握民意之好惡，人民亦能充分明白上之政策，而一旦上下之間能保持兌悅孚信的關係，則上者因欲增進人民福祉而希望人民為國出力時，人民一定會全力支持，「說以先民，民忘其勞」；當國家遇到外來侵犯而需要人民出力打仗時，人民也一定會做為國家的堅強後盾，「說以犯難，民忘其死」。因此，若懂得誠孚溝通之道，上下能保持兌悅交流，則這種誠孚兌悅之德所發揮出來的力量，將會是多麼的巨大啊！「說之大，民勸矣哉」！

象曰：麗澤，兌。君子以朋友講習。

麗澤，兌。兌卦上下皆澤兌，故有近鄰兩澤附麗兌流之成象。君子觀兩澤附麗兌流而常保盈虛平衡之象有感，君子與朋友往來學習，友有賢能處，則能傚仿之，己學有所得，亦樂與朋友交流分享，朋友間經常彼此規過勸善、切磋學習，「君子以朋友講習」。

初九：和兌，吉。

和兌：和，本義作「相應」解，乃彼此心聲相應之意。「和兌」，指雙方就像兌流的兩澤，彼此能順暢溝通交流。

吉：指當雙方能夠順暢溝通交流，這時也就很容易瞭解到對方心中想法，並凝聚一致行動共識。

象曰：和兌之吉，行未疑也。

和兌之吉，行未疑也：既然雙方可以順暢溝通交流，當然也就不會再因猜忌懷疑而造成隔閡，同時也容易凝聚成一致行動共識，「行未疑也」之謂。

九二：孚兌，吉，悔亡。

孚兌：指不管是人際間，或上與下之溝通交流，都必須建立在互信的基礎上，因為雙方的溝通交流若無法誠孚在內，即使再多的對話，最後也難以取得實質之成效。

吉：指當雙方的溝通交流，是建立在誠孚互信的基礎上，則彼此所達成的共識，未來才能真正被見諸於實行。

悔亡：指雙方的溝通交流，若能本著誠孚互信，則這時不管是就何種溝通模式，即便只是簡單的一句口頭承諾，都可以收到預期之實質成效。

象曰：孚兌之吉，信志也。

孚兌之吉，信志也：雙方的溝通交流能本孚信，所形成的共識，未來才能見諸實現，所謂因有孚信在先，方得志應於後，「信志也」之謂。

六三：來兌，凶。

來兌，凶：指有效的溝通交流，是建立在互信與對等之基礎上，而不會只單向的有來而無往，倘若只見單方高傲自大而聽不見彼方之言，則這種有來而無往的單向溝通方式，勢必無法收到實質之成效，故凶。

象曰：來兌之凶，位不當也。

來兌之凶，位不當也：勢位一高一低的兩澤，永遠只會看到從此一方流往彼方，根本無法做到往來兌悅交流，而這也像是若上位者一直聽不進在下之意見，或是對話雙方只會單向的要求對方必須接受我方想法，則這樣的溝通，最後一定是落得徒勞無功，此處「位不當也」所象徵之意。

九四：商兌未寧，介疾有喜。

商兌未寧：商，本義作「從外知內」解，在此指藉由溝通進而瞭解到彼方內心想法之意。寧，安解，所願則引而進之以遂初意，願得遂則安。由於人們多先從一己立場以觀事情，因此雖然是同樣的一件事，卻常會因各自觀點的不同而生出許多爭執，而這時若想要化解彼此歧見，雙方就得先擱置所持己見，並試著藉由溝通對話以瞭解對方心中想法，再逐漸彌合歧見，更進而形成共識，「商兌未寧」之意。

介疾有喜：介疾，猶如把疾置之於此，不去移動它，擱置爭議之意。喜，應和意。「介疾有喜」，指當雙方溝通遇有歧見時，能夠理性的多站在對方立場來看待事情，並且可暫時擱置爭議處，而先就有共識部分進行對話。

象曰：九四之喜，有慶也。

九四之喜，有慶也：先就有共識部分進行溝通對話，再逐漸推展至其他更廣泛的互動交流，最後更形成深層的瞭解，亦即從點到線，再漸次擴及到全面的認同，這就是「九四之喜，有慶也」之意。

九五：孚于剝，有厲。

孚于剝：天地本一至誠不必言語，自然的有季節春夏秋冬之規律變化，以及各類萬物順隨四時更迭之序而一季季成長繁榮，這就是一種「孚于剝」之象。因此，處中正之位的九五觀天道「孚于剝」之德有感，上位者將以其中正誠孚之德感通人民，而非言語之說能勸民。

有厲：有，多而有之意。「有厲」，指為政在上之領導者當戒在多言，話說得很多卻不見誠孚在中，這樣不但無法用言語以勸民，人民反而會越見疏遠。《中庸》有云：「詩云：『予懷明德，不大聲以色。』子曰：『聲色之於以化民，末也。』」人民乃因上位者誠孚之德而化之，而若用疾言厲色以威嚇民，那將是末等的事。

象曰：孚于剝，位正當也。

孚于剝，位正當也：九五中正在位誠孚充滿，故九五之欲有為也，毋須有言語之兌說，而人民自然的會兌悅順隨之，是為此處「位正當也」所象徵之意。《老子》云：「太上，不知有之；其次，親而譽之；其次，畏之；其次，侮之。信不足焉，有不信焉。悠兮，其貴言。功成，事遂，百姓皆謂：『我自然。』」一位真正懂得治理國家的君主，人民反而若不知有其君存在。至於像那些能直接得到人民親近和譽加的、令人民畏懼他的，或是甚至反過來背離侮蔑他的其他類君主，則是再依次等而下之了。身為上位君主最重要的是能誠孚在中，上位者若是誠信不足，當然也就無法得到人民的信任。而境界最高的君主，則是能每日悠悠哉哉，這是因為他能謹慎其語而且絕少發言干預。等到社會安定，百姓生活幸福時，人們尚不知其功，認為：「自然之道本就是如此！」《老子》此章之義，實亦可做為九五爻象「孚于剝」之詮釋。

上六：引兌。

引兌：引，拉引、延伸之意，在此指兩澤必須要有一條導引的溝渠，彼此才能行兌流交通。「引兌」，指雙方缺乏及時而有效的溝通管道，等到發生緊急事件而須雙方一起溝通解決，這時才被動的去建構，已失迅速反應之時效矣！

象曰：上六引兌，未光也。

上六引兌，未光也：平時不能及早建立順暢的溝通管道，等到雙方遇到問題而急需對話，這時才被動的去建構，那就太緩不濟急了，故取效率不彰的「未光也」之象以釋之。

第五十九卦　渙

☴☵

坎下巽上　風水渙

渙：亨，王假有廟，利涉大川，利貞。

彖曰：渙亨，剛來而不窮，柔得位乎外而上同。王假有廟，王乃在中也。利涉大川，乘木有功也。

象曰：風行水上，渙。先王以享于帝立廟。

初六：用拯馬壯，吉。

象曰：初六之吉，順也。

九二：渙奔其机，悔亡。

象曰：渙奔其机，得願也。

六三：渙其躬，无悔。

象曰：渙其躬，志在外也。

六四：渙其群，元吉，渙有丘，匪夷所思。

象曰：渙其群元吉，光大也。

九五：渙汗其大號，渙王居，无咎。

象曰：王居无咎，正位也。

上九：渙其血，去逖出，无咎。

象曰：渙其血，遠害也。

渙：亨，王假有廟，利涉大川，利貞。

亨：指天道之運行，渙廣流行、源遠流長無有止盡處。

王假有廟：指一座神格充滿的廟，將會得到各方人們的信仰朝拜，而當來朝拜的信眾集聚越多，相對的，也會反過來回饋越推升這座廟之神格，於是藉由這種神格與信眾彼此相輔相成、往來相互疊加向上之功，不但將使得這座廟的神格渙廣流傳，同時也會越加萃聚四方之信眾。

另外，卦辭「王假有廟」之於天德取象，指中正天道就像是一座神格具足的大廟，因為具備貞正誠孚之厚實根基在內，故外有四時季節之渙廣流行，以及德澤萬物無有窮盡之功。

利涉大川：指萬物之生長，知順隨四時季節變化之序而動，越努力去克服環境中所遭遇到的各種險難，則族群就越能綿延不絕繁榮發展。

利貞：指天道剛健中正、信而有徵，其德至廣大，而天下各類萬物皆貞隨之，就像是因有一貞固扎實之基礎在先，接之有渙廣流長之功隨之於後。

彖曰：渙亨，剛來而不窮，柔得位乎外而上同。王假有廟，王乃在中也。利涉大川，乘木有功也。

渙亨，剛來而不窮，柔得位乎外而上同：渙亨，指天道剛健中正，具備亨通渙廣流行之德。「剛來而不窮」，指四時季節剛健運行往進不已，舊一季逝去了，新的一季將繼之而來，新舊往來更迭，一季傳遞一季渙廣流行無有窮盡。「柔得位乎外而上同」，指四時季節規律運行在上，在下陰柔萬物順隨其道而行，未來也會同那渙廣流行的四時之道般，將一代傳一代生長繁衍不已。

王假有廟，王乃在中也：王，尊、大之象徵。在中，中正在道之意。觀天道因具備中正誠孚之德，而有四時季節之渙廣流行，以及德澤萬物無有窮盡，然後乃知天德之至大、至中正也，「王乃在中也」之謂。

利涉大川，乘木有功也：渙卦上巽木下坎水，猶如巽木漂浮流行於水面之上，故有「乘木有功」之象。天地間各類萬物若知順隨四時寒暑之道而行，也就是越能巽入適應各不同季節變化之考驗，就可獲取天德利益而成長茁壯，就像是涉川時能得舟木之助而順利渡過險川一般，「乘木有功也」之謂。

象曰：風行水上，渙。先王以享于帝立廟。

風行水上，渙。風水渙，渙卦上風巽下坎水，故有「風行水上」之成象。「風行水上」，風吹水面泛起漣漪陣陣，水紋一波接著一波綿延不絕，向外渙廣遠傳。「先王以享于帝立廟」，先王承繼帝祖遺澤基業，未來則是更將光耀祖德，讓祖德風範能代代相承，恆久傳繼永不絕。

初六：用拯馬壯，吉。

用拯馬壯：拯，援引意。馬壯，馬是剛健之象徵，「壯」則是指基礎深厚之意。「用拯馬壯」，指先天所具備之內在生命力若越強健旺盛，也就是根基越深厚穩固，則所擁有向外繁衍擴張的力量或機會也就會越強大。

吉：指越能適應外在環境，越懂得積極去擷取環境資源以厚實本身力量者，就越具備渙廣擴張之能力。

象曰：初六之吉，順也。

初六之吉，順也：能順應各種不同環境，並懂得從中汲取所需之養分，進而轉化成推動自己渙廣擴張的助力，是稱「順也」之意。

九二：渙奔其机，悔亡。

渙奔其机：奔，疾行狀。机，榿木。榿木是一種易於生長與移植的植物。「渙奔其机」，指若要做到讓族群能順利繁衍、擴張，應學習如榿木之德，不但要具備堅韌的生命力，且要很容易的就能適應各種不同環境。

悔亡：指能適應各種不同環境之意。

象曰：渙奔其机，得願也。

渙奔其机，得願也：願，乃有所望得之意。而人之所望得，每在高出已上者，期一蹺而與之平。不管眼前所面對是何種環境，皆願盡力去適應它，就像是能調適內心期望使與之相齊，亦即做到隨遇而安之意，「得願也」之謂。

六三：渙其躬，无悔。

渙其躬：躬，一己獨立之身形之謂。「渙其躬」，指先做到厚實根本，而未來則是會乘時應勢再把握機會，繼續將這一小個體渙廣繁榮，推展向外，不會僅此滿足，把自己侷促在眼前這一小隅之地。

无悔：指先厚實基礎經營好內在，接下來才能擁有繼續繁衍、擴展向外之實力。

象曰：渙其躬，志在外也。

渙其躬，志在外也：先經營好內在，把基礎厚實了，待可作為之機會來臨時，就能乘勢而為，渙廣繁榮成大格局，「志在外也」之意。

六四：渙其群，元吉，渙有丘，匪夷所思。

渙其群：指不會懷著狹隘族群觀念，而是能與其他眾族群相融合，彼此渙廣融合成為一大群。

元吉：指先做到厚實內在生命力，讓族群具備源源不絕、繁衍增長之能力，於外則樂意促進族群間的相融合而使得族群更獲壯大。

渙有丘：丘，從土從北，象二人各在土之一側，為土所隔，此土即為丘，本義作「土之高」解。「渙有丘」，指各族群彼此自我設限，不願敞開心胸，打破心中那道族群藩籬而與其他族群相互融合。

匪夷所思：夷，滅除之意。思，想法、觀念。族群間之所以如遇有山丘之阻隔，以致無法進一步融合成更大族群，這是因為各族群之所思、所見皆僅及小我之利，甚至是自以為優越而不願意往與其他族群相交通，這種狹隘的族群思想，就是爻辭「匪夷所思」之所形容。

象曰：渙其群元吉，光大也。

渙其群元吉，光大也：除了使內在擁有生生創造之實力外，同時又能敞開胸襟與外相融合，做到讓族群內外皆得渙廣繁榮，「光大也」之意。

九五：渙汗其大號，渙王居，无咎。

渙汗其大號：汗，當人體受熱或操勞時就會流汗以調節體溫，而汗之渙出將會依身體各部位所需，或活動程度的不同來調節之。號，含有號召、整合之意。「渙汗其大號」，由於汗的渙散流行，將會依身體各部位所需而調節，以讓體溫能維持在平衡狀態，這裡是取此象徵以引申指中正九五其德澤不但能像「渙汗」般普施於天下人民，亦有能力號召天下各不同地域之族群，彼此融合成一和諧大族群。

渙王居：居，穩固的扎深於一處之意。「渙王居」，指具備貞固深厚之德的中正九五，將德澤渙廣天下萬民。无咎：指天下各地域之風土民情雖不同，然而九五則是能以其中正無私之德整合之，使天下人民不再有地域或族群認同之差異，願意融合成一和諧共處的大族群。

象曰：王居无咎，正位也。

王居无咎，正位也：天道中正在上德澤廣被一切萬物，萬物皆貞隨之而行，因此，九五能法天德作為做到正位在上，未來天下人民受其德澤，並在其中正帶領下，將不再有地域或族群之分別，願意相融合成一和諧大族群，「王居无咎，正位也」之意。

上九：渙其血，去逖出，无咎。

渙其血：指當族群一直持續繁衍擴張，這時族群生存所需的土地與資源，就必須被大量增加，然而未來若是無法提供足夠的土地資源，卻又繼續任由族群數量毫無節制的增衍，則整個生存環境的平衡就會受到威脅，甚至產生嚴重傷害。

去逖出：「去」，出戶離去之意，在此象徵原本為數不多的個體，現在已順利獲得繁衍增生，就像是開始由內往外發展出去般。「逖」，作遠解，相去甚遙之意，象徵族群從原先只是由內往外發展，現在已進一步擴張散布至更遠的地方了。「出」，往門外之象，象徵族群雖已成功擴展至遠方，但現在其繼續增生的速度，卻仍未曾一刻稍減，所謂的還「更出其外」之意。

无咎：指當族群持續繁衍增生之後，連帶就會產生居住空間之需求，與環境資源的消耗，而一旦環境資源被損去，則是必須被及時補益回來，才能讓整體生存環境維持在平衡狀態。

象曰：渙其血，遠害也。

渙其血，遠害也：族群繁衍發展的同時，必須能與其生長環境維持著和諧共存的關係，倘若只是單向的讓族群數量不斷增生擴張，卻無法對等的在環境資源上及時補充，以取得損益平衡，則族群越是擴展廣遠，對於整體生存環境所將造成的傷害也就會越大，稱「遠害也」之意。

第六十卦　節

䷻ 兌下坎上　水澤節

節：亨，苦節不可貞。

象曰：節亨，剛柔分而剛得中。苦節不可貞，其道窮也。說以行險，當位以節，中正以通。天地節而四時成，節以制度，不傷財，不害民。

象曰：澤上有水，節。君子以制數度，議德行。

初九：不出戶庭，无咎。

象曰：不出戶庭，知通塞也。

九二：不出門庭，凶。

象曰：不出門庭，失時極也。

六三：不節若，則嗟若，无咎。

象曰：不節之嗟，又誰咎也。

六四：安節，亨。

象曰：安節之亨，承上道也。

九五：甘節，吉，往有尚。

象曰：甘節之吉，居位中也。

上六：苦節，貞凶，悔亡。

象曰：苦節貞凶，其道窮也。

節：亨，苦節不可貞。

亨：指天道四時之運行，將會隨著時節之不同而行變化調節，故其道能常保亨通流行。

苦節不可貞：苦，五味之一，多食之，令人變嘔。苦節，這是取象人對於苦味的覺受，若僅入少許，尚能受之，食之太過，則必變嘔而出。「苦節不可貞」，指若不懂得調節之義，無法順隨著時勢變化之宜而行出入調節，以致節之太過或是過度損耗而不知節，皆會像苦之多食一般，將令人不堪忍受。

彖曰：節亨，剛柔分而剛得中。苦節不可貞，其道窮也。說以行險，當位以節，中正以通。天地節而四時成，節以制度，不傷財，不害民。

節亨，剛柔分而剛得中：分，均等調節之意。「節亨，剛柔分而剛得中」，指天道晝夜與寒暑變化調節分明，故其動進能夠循著一條中正常道，剛健往前亨通流行不已。

苦節不可貞，其道窮也：不懂得何謂調節之義，不足時不知節流蓄積，滿溢時亦不能及時損去有餘，長此以往，其道將漸趨失衡而見窮，「其道窮也」之謂。

說以行險，當位以節，中正以通：水澤節，節卦上坎水下兌悅，故有「說以行險」之象。「說以行險」，指晝夜、寒暑之往來更迭，將隨著時節之不同而兌悅調節，故其動進不會盈而太過，或為坎險所陷。「說以行險，當位以節，中正以通」，指天道之運行，因為懂得「當位以節」，隨時節之不同而行兌悅調節，故其動進能中正不偏、規律有節，亨通流行不已。

天地節而四時成，節以制度，不傷財，不害民：天地二道往來相推，規律有節，故有四時春夏秋冬之生成，以及萬物之化育。因此，上位者觀天地節而四時成之象有感，懂得建立出良好治民之道，做到撙節用度而不傷財，以及使民合時有度而不害民。

象曰：澤上有水，節。君子以制數度，議德行。

澤上有水，節。水澤節，節卦上澤兌下坎水，故有「澤上有水」之成象。「澤上有水」，澤中之水，依隨著堤岸高度以調節，澤水未足則蓄積之，水蓄盈滿過了堤邊，自然的也會流溢調節。君子觀澤水流溢調節之象有感，「君子以制數度，議德行。」「制數度」，度量衡標準統一、不混亂，然後百工才能有度，商賈往來交易才會有所依循，而財貨也方可公平暢通交流；「議德行」，禮義有所制立，然後才知崇德而禮卑，人們禮義有所遵行而知尊卑上下，社會才能和諧而有秩序。

初九：不出戶庭，无咎。

不出戶庭：戶，半門曰「戶」，單扇門之意。所謂「調節」之義，是本著不足用補、有餘則用洩的原則，而處節卦初始時位的初九，猶如所蓄積仍有未足，故此時應以保守節約為旨要，懂得量入為出而多行蓄積，「不出戶庭」之謂。

无咎：指節約多蓄積，以增補其不足之意。

象曰：不出戶庭，知通塞也。

不出戶庭，知通塞也：雖然戶庭就像是一條準度或一道門檻，在蓄積尚未滿過這條調節臨界線之前，就應撙節用度而以多積累為要；相對的，保守節約也絕不可過度，畢竟該用時還是得用，這樣才是「知通塞也」！

九二：不出門庭，凶。

不出門庭，凶：門，從兩戶比對。初九爻辭有「戶庭」之象，九二則稱「門庭」，因半門曰戶，故二位「門庭」之象，相較於初九的「戶庭」，就猶如是在講這時已有了更多的蓄積。是故，九二若蓄積已足並且滿至該調節，就得及時將多餘部分洩出，否則若不知調節多餘，滿過卻不能出，將致凶，「不出門庭，凶」之謂。

象曰：不出門庭，失時極也。

不出門庭，失時極也：極，總量或上限之意。一旦所蓄積已滿過該調節之上限，這時若還「不出門庭」，不懂得及時將多餘部分洩出，將失去調節以致平衡之時義，「失時極也」之謂。

六三：不節若，則嗟若，无咎。

不節若，則嗟若：若，近有所指。嗟，作嘆解，乃人有所憂慮時而發出之歎聲。「不節若」，節約太過該用卻吝於用，或是不知節約使用而慣於鋪張浪費，此二者皆屬「不節」。「則嗟若」，不管是因過於苛刻吝用，導致現在之利用不足，或是因過度浪費，以致造成日後的利用欠缺，二者皆會招致「不節」之苦果，故有嗟若之發出。

无咎：指當用則用，該省則省，讓利用可以經常維持在一種穩定平衡態。

象曰：不節之嗟，又誰咎也。

不節之嗟，又誰咎也：當用而不用，只因吝惜於使用；理該適度的撙節利用，卻又鋪張浪費，這兩種「不節」之憂，其實皆肇因於主觀作為的不知變通，畢竟只要願意，就有能力去調節改變，故稱「又誰咎也」！

六四：安節，亨。

安節，亨：安，安適穩定之意。「安節，亨」，指能應時勢變化之宜而行調節，故不管進到任何時位，皆常保在一種穩定平衡之亨通態。換言之，六四之調節義，非指刻板的守住一條固定水準線，然後就一成不變的據此以行損益調節，而是能夠根據時勢變化之宜，或上、或下動態調節那一道做為調節之用的基準線。

象曰：安節之亨，承上道也。

安節之亨，承上道也：承，依據、根據之象。視當下環境所需之宜，再據此以訂出一條調節基準線，「承上道也」之意。

九五：甘節，吉，往有尚。

甘節：節卦辭有「苦節」之象，九五爻辭則是出現「甘節」，苦與甘皆屬酸苦甘辛鹹等五味之一，而由於「甘味」能調節酸苦辛鹹等偏味，所以「甘」又可稱五味之中。「甘節」，指處中正之位的九五，其德中正就像是甘能調節眾味般，因此，當九五面對不同質性的人才或物力，懂得用其所長、補其所短，使得人才和物力皆能充分獲得發揮與利用。

吉：指人才與物力將在九五之中正調節下，獲得發揮與暢通。

往有尚：指中正九五能引領人才和物力，使人才與物力在其中正調節下獲得充分利用，不會被棄置而不能出。

象曰：甘節之吉，居位中也。

甘節之吉，居位中也：九五居位中正，而四方人才與物力則是在九五之中正引領下獲得發揮，就像是因中正調節而獲致全體之和諧亨通般，「居位中也」之意。

上六：苦節，貞凶，悔亡。

苦節：上六爻辭之所以取難以調節忍受的「苦節」之象，是指來到上六之時位，猶如整個形勢發展已變得極為嚴峻，難再藉由一些手段或作為，以調節、突破客觀環境之限制。

貞凶：指未來整個局勢發展就只會更形惡化，這時即使盡全力想去調節、挽救它，最多也只能勉強做到短暫的穩定，不久後，形勢仍然會繼續向下沈淪而越見其凶。

悔亡：指雖然外在之困難環境已無法再經由有形力量來調節改變它，但這時卻仍然可以轉而向內求，藉著自我心態上的調節，以適應日趨嚴峻之困境，這是因為人之心，其實恆存著無限寬廣的迴旋空間。孔子在陳絕糧，從者病，莫能興。子路慍見曰「君子亦有窮乎？」子曰：「君子固窮，小人窮斯濫矣。」面對苦節之困窮環境，雖莫能興，但君子卻仍然可以選擇固窮，不似小人之窮斯濫，這是因為君子做到一切向內求，能夠用隨遇而安的態度來調節自己，以順應外在無法改變與選擇的困窮環境。

象曰：苦節貞凶，其道窮也。

苦節貞凶，其道窮也：形勢之發展將會越見蹇難，而未來也難有辦法再藉由一些外在手段調節改變它，「其道窮也」之謂。

第六十一卦 中孚

䷼

兌下巽上 風澤中孚

中孚：豚魚吉，利涉大川，利貞。

彖曰：中孚，柔在內而剛得中，說而巽，孚乃化邦也。豚魚吉，信及豚魚也。利涉大川，乘木舟虛也。中孚以利貞，乃應乎天也。

象曰：澤上有風，中孚。君子以議獄緩死。

初九：虞吉，有它不燕。

象曰：初九虞吉，志未變也。

九二：鳴鶴在陰，其子和之。我有好爵，吾與爾靡之。

象曰：其子和之，中心願也。

六三：得敵，或鼓或罷，或泣或歌。

象曰：或鼓或罷，位不當也。

六四：月幾望，馬匹亡，无咎。

象曰：馬匹亡，絕類上也。

九五：有孚攣如，无咎。

象曰：有孚攣如，位正當也。

上九：翰音登于天，貞凶。

象曰：翰音登于天，何可長也？

中孚：豚魚吉，利涉大川，利貞。

豚魚吉：豚是豬，魚音同愚，豚與魚皆以象不敏之物。「豚魚吉」，指天道中正規律、誠孚有信，即使不敏如豚魚，亦能咸感其中正誠孚之德，樂意貞隨其道而行。

利涉大川：指天道以其中正誠孚之德引領萬物，各類萬物若亦能誠孚應和貞隨四時規律之道而行，將可順利克服各種險難而獲得成長繁榮。

利貞：指天道中正誠孚運行在上，在下各類萬物皆應和貞隨之。

彖曰：中孚，柔在內而剛得中，說而巽，孚乃化邦也。豚魚吉，信及豚魚也。利涉大川，乘木舟虛也。中孚以利貞，乃應乎天也。

柔在內而剛得中：指天道因為具備中正誠孚之德在內，故能恆久剛健運行，並且外得各類萬物的應和貞隨。

說而巽：風澤中孚，中孚卦上風巽下兌悅，故有「說而巽」之象。說，兌悅應和。巽，巽入義。「說而巽」，指天道中正誠孚之德能巽入萬物，故萬物皆兌悅貞隨其道而行。

孚乃化邦：觀天道只是中正誠孚在上，萬物皆樂意應和貞隨之，並在其中正引領下獲得成長繁榮，因此上位者懂得法天德作為，做到誠身正己在內，人民將感其誠孚並仿傚之，「孚乃化邦」之謂。

豚魚吉，信及豚魚也：即使不敏如豚魚，亦能咸感其誠孚信實，「信及豚魚也」！

利涉大川，乘木舟虛也：中孚卦上巽下澤，巽有巽入及巽木之象，澤以象水澤，故中孚卦亦含有「乘木舟虛」之象。「乘木舟虛」，天道以其中正誠孚之德引領著萬物，就像是一艘乘載萬物行於大川之上的巨大舟船，天道其內在誠孚之德若越具足，與之應和巽入的萬物則就越眾，而這也像是一艘船，若內部空間越寬廣，所能乘載就會越多，同時也越利行於大川之上。

中孚以利貞，乃應乎天也：天道中正誠孚運行在上，在下萬物皆應和貞隨其道而行，就像是天道能「大有」天下萬物般，「乃應乎天也」之謂。

象曰：澤上有風，中孚。君子以議獄緩死。

澤上有風，中孚。風澤中孚，中孚卦上風巽下澤兌，故有「澤上有風」之成象。「澤上有風」，微風輕輕吹拂著平靜水面，微風雖不可見，但是水面仍能咸感於風吹拂動。君子觀輕風能拂動澤面之象有感，君子本著良知，時時懷著誠孚之心以任事，他人或許未親見其作為，但亦能實感其誠。例如，君子對於死獄者，必誠心盡力去找尋一切可以求其生之各種可能，而君子這種懷著誠孚盡力之心，實即是一種陰德的表現，陰德雖不可見，但他人卻仍能咸感其實，「君子以議獄緩死」之謂也！

初九：虞吉，有它不燕。

虞吉：虞，在此指考慮或辨視清楚之意。「虞吉」，指自我審視所行是否已合於道，也就是反身而誠之意。

有它不燕：它，像蛇在草中。因古人居時畏蛇，平時相問是否「無它」，表示安好之意。而平時卜問之辭，亦以「無它」代表無事之意。有它，象徵潛在或未知的危險之意。燕，燕子。燕子是候鳥，將會隨著季節變化而遷移。不燕，象徵不會因外在環境的改變而移易其既定之志。「有它不燕」，指既然已先做到了「虞吉」—辨清所行已能信於道，因此，即使未來遭遇困難或危險，也不會動搖其既定之信念。

象曰：初九虞吉，志未變也。

初九虞吉，志未變也：既然是反身而誠，所行是信於道，就應貞孚至終，不會因外境的顛仆困頓而變移，所謂「造次必於是，顛沛必於是」，「志未變也」之謂。

九二：鳴鶴在陰，其子和之。我有好爵，吾與爾靡之。

鳴鶴在陰，其子和之：母鶴雖然隱於暗處未見其身形，但子鶴仍能相應和於母鶴的叫聲。九二爻辭「鳴鶴在陰，其子和之」之取象，是指心中若存有一分真誠，對外就會如有一分鳴聲，誠孚雖似不見其實有，但他人仍能感應其真實。

我有好爵，吾與爾靡之：爵，飲酒器皿。靡，分散意，象徵分享出去之意。「我有好爵，吾與爾靡之」，真誠以待人，就會像那主人之敬迎賓客，拿出最好的酒與客人分享，此時客人也會感受主人真誠的款待。

象曰：其子和之，中心願也。

其子和之，中心願也：母親之慈愛子女，這種誠孚之心最是精純實在，所散發出來的無形力量也最為宏大，不但可感通邇近，亦能及於遠方。因此，若能真摯誠孚存其內，做到像那母鶴呼喚子鶴時般慈愛真誠，則他人也必能感感其誠，並與之誠孚相應和，「其子和之，中心願也」。

六三：得敵，或鼓或罷，或泣或歌。

得敵：指若不能誠孚於內，不但周遭看不到真誠相待的朋友，反而還會到處圍繞著互不信任的敵人。

或鼓或罷，或泣或歌：鼓，鳴鼓以進之意。罷，停止、放棄。「或鼓或罷」，形容六三進止無定，行不可測。「或泣或歌」，形容六三喜怒哀樂無常，難見其情之和。六三「或鼓或罷」、「或泣或歌」，進止無常，言行反覆，完全見不到誠孚在中，當然身旁也就看不到願意來與之真誠相待的朋友了。

象曰：或鼓或罷，位不當也。

或鼓或罷，位不當也：六三不見誠孚在中，當然表現於外的其言其行，也就非衷心所由出了，此處「位不當也」所象徵之意。

六四：月幾望，馬匹亡，无咎。

月幾望：形容內在誠孚充實盈滿，如月之幾望。

馬匹亡：馬，健壯之象徵，能助遠行。亡，亡失、棄置之意。「馬匹亡」，這是在講若內在誠孚充滿，則其效至大，就像是不必憑藉健馬之助，僅以至誠，亦能涉險致遠，所謂的壯馬亦可捨棄之意也。

无咎：指秉持誠孚專一而行，雖然眼前所擁有的條件是如此困乏，但此至誠之志，卻可彌補先天上各種有形之欠缺，終能克服重重困難完成目標。

象曰：馬匹亡，絕類上也。

馬匹亡，絕類上也：雖曰「誠孚」乃似柔弱無物，然而精誠所至，金石為開，因此「至誠」之為用，其功至大、至上，就像是世上任何物類，無一足以與之倫比，故稱之「絕類上也」！

九五：有孚攣如，无咎。

有孚攣如：攣，牽繫不絕之意。「有孚攣如」，指九五做到誠身正己在上，人民皆感其誠孚並將仿而傚之，所謂「君仁莫不仁，君義莫不義」之意。

无咎：九五誠孚有信、正己在上，進而引領全國成為信義之邦，這就像一人之誠正在先，進而導正全邦國，是乃最大「善補過」之无咎之象也。

象曰：有孚攣如，位正當也。

有孚攣如，位正當也：一人之誠孚有信、正位在上，進而推及正邦天下，是為此處「位正當也」之所象徵。

上九：翰音登于天，貞凶。

翰音登于天：翰，長而勁直之羽毛。翰音，高飛四散之音。「翰音登于天」，上六雖高懷如登青天之壯志，然而所「孚」之根本，卻是違離人道切實之需，於現實中將難以見諸於履踐，這時就會變成像那「翰音登於天」般，高調的聲音直射到雲霄，狀似高遠，卻是空泛不切實際，完全無法獲得迴響。

貞凶：指上六所「孚」，是一個空泛而不切實際的「志」，完全見不到可履踐之下手處，因此，未來上六若還執著這一不切實際之「志」貞幹而進，就只會更見其凶而有失罷了。

象曰：翰音登于天，何可長也？

翰音登于天，何可長也：「何可長」原是指可堪用事的時間不多，有利形勢無法長久不變，故所作為須能在期限內及時完成既定目標，在此是指所追求之志，須見得到可履踐處，亦即所作為能隨時間之進而漸見其功之累積才是。畢竟，若所孚根本就是一個難以被實現的理想，其間不管如何的貞幹，卻遲遲見不到切實之功，就會落得流於一番空想而已！

第六十二卦　小過

䷽ 艮下震上　雷山小過

小過：亨，利貞，可小事，不可大事，飛鳥遺之音，不宜上宜下，大吉。

彖曰：小過，小者過而亨也。過以利貞，與時行也。柔得中，是以小事吉也。剛失位而不中，是以不可大事也。【有飛鳥之象焉，】飛鳥遺之音，不宜上宜下，大吉，上逆而下順也。

象曰：山上有雷，小過。君子以行過乎恭，喪過乎哀，用過乎儉。

初六：飛鳥以凶。

象曰：飛鳥以凶，不可如何也。

六二：過其祖，遇其妣，不及其君，遇其臣，无咎。

象曰：不及其君，臣不可過也。

九三：弗過防之，從或戕之，凶。

象曰：從或戕之，凶如何也。

九四：无咎，弗過遇之，往厲必戒，勿用，永貞。

象曰：弗過遇之，位不當也。往厲必戒，終不可長也。

六五：密雲不雨，自我西郊，公弋取彼在穴。

象曰：密雲不雨，已上也。

上六：弗遇過之，飛鳥離之，凶，是謂災眚。

象曰：弗遇過之，已亢也。

小過：亨，利貞，可小事，不可大事，飛鳥遺之音，不宜上宜下，大吉。

亨：天道四時之運行規律有節，中正無偏過，故能亨通流行不已。

利貞：指天道中正運行在上，各類萬物貞隨之而行，並在其引領下正無偏過獲得成長繁榮。

可小事，不可大事：事，象徵規律之道。中正天道規律運行在上，在下萬物須及時貞隨其道而動，不可失了時序，才能順利獲取天德之施益，「可小事」之意；萬物之生長若失了季節時序，違離越大，越動進則越凶，「不可大事」之意。另外，卦辭「可小事，不可大事」之象，實亦可指趁著偏過尚小，就及時濟之以正，不會放任那偏過越失離，否則難再挽回矣！

飛鳥遺之音，不宜上宜下：「飛鳥遺之音」，這是用以象徵幼鳥習飛時，由於體力有限以及經驗不足，必須要有母鳥的帶領和照顧，否則若擅自高飛過遠，一旦偏離母鳥的保護範圍，就容易遭遇外來攻擊，或力竭摔落。「不宜上宜下」，指小鳥習飛時必須聽從母鳥的引導，不可獨自離巢過高、過遠，才不會失離其道而無法返回。

大吉：指至大天道之臨保萬物，其德就像是母鳥之引領照顧幼鳥，而萬物則像那幼鳥之接受母鳥引領，必須緊緊跟隨四時中正規律之序而行，才能順利獲取天德之施益而成長繁榮。

象曰：小過，小者過而亨也。過以利貞，與時行也。柔得中，是以小事吉也。剛失位而不中，是以不可大事也。【有飛鳥之象焉，】飛鳥遺之音，不宜上宜下，大吉，上逆而下順也。

小過，小者過而亨也：天道中正誠孚、亨通流行在上，在下萬物雖生而柔小，或動有偏過，但是萬物只要懂得順隨天道而行，就可在其中正引領之下，以濟偏過之險而獲亨通繁榮，「小者過而亨也」之意。

過以利貞，與時行也：陰柔萬物之生長，前遇險難而有偏過，但若懂得貞隨四時之序而行，就可在天道之中正引領下，以濟偏過之險，「過以利貞，與時行也」之意。

柔得中，是以小事吉也：「柔得中」，指萬物之生長若能貞隨中正天道而行，就可得乎中正而無偏過；「小事吉」，指萬物雖生而柔小，若知及時比附四時規律之序而行，就可在天德之施益下獲得成長繁榮。

剛失位而不中，是以不可大事也：彖辭這裡所出現的「大事」之象，其中的「事」可釋為事情之意。剛進若不得中正之引領相輔，將會因動而失位中正而無功，「剛失位而不中」；剛進而一旦失位不正，就無法獲致其功，「是以不可大事也」！

【有飛鳥之象焉，】飛鳥遺之音，不宜上宜下，大吉，上逆而下順也：「上逆而下順」，所謂的「上逆」是指「違逆而過上」，而「下順」則是指「順隨而近之」之意。另外，彖辭「有飛鳥之象焉」這一句被括弧起來的文字，對於這一句話的出現，不管是從文字象的理解，或是就孔子於各彖傳中所設計的語法結構觀之，皆看不出其存在之理或必要，這當是昔傳經者加入本文所致，應刪去。

象曰：山上有雷，小過。君子以行過乎恭，喪過乎哀，用過乎儉。

山上有雷，小過。雷山小過，小過卦上雷震下山艮，故有「山上有雷」之成象。山，艮止之象。雷，震動之象。小過卦上震動下艮止之象，其實就像是一支基部已艮止穩定的震動長柱，雖然此時長柱尾端是劇烈的往來震動，但不久後，震動的長柱自能慢慢修正其過，終至回復到上下中定不偏的狀態。

因此，君子觀小過卦「山上有雷」之象有感，「君子以行過乎恭，喪過乎哀，用過乎儉。」或曰，過恭、過哀、過儉此皆過而不中節，然而為何君子可如此為之？《論語・八佾篇》子曰：「禮，與其奢也寧儉。喪，與其易也寧戚。」〈述而篇〉子曰：「奢則不遜，儉則固。與其不遜也，寧固。」奢與儉、易與戚，雖亦皆屬過而不中節，然而奢與易卻是已文飾太過、華而不實；儉與戚雖外不足，但內能存其質，故即使一時尚不能得中，而比之於奢與易則更接近於中節。畢竟，惟有知先把握如何是中正本質之所在，然後才能有所依從，以修正其偏過。

初六：飛鳥以凶。

飛鳥以凶：以，從倒已，已作「止」解，倒已就是「不止」，「不止」就是要「行」，「行」然後有「用」，故其本義作「用」解，即竭其所能致其功之意。「飛鳥以凶」，指幼鳥之習飛由於力弱，不可不自量力一開始就強行高飛，因為一旦飛離鳥巢太高、太遠，就可能力竭於半途而無法返回，故有凶。

象曰：飛鳥以凶，不可如何也。

飛鳥以凶，不可如何也：如，從也，從命隨行之意。何，人問是不是「允可」，未知其所之之意。「不可如何也」，原指不會放任其不知所之，在此指若放任情勢毫無節制的發展下去，不懂得趁著偏過尚小之際，就及時導之以正，最後就會演變成積重難返而無法收拾。

六二：過其祖，遇其妣，不及其君，遇其臣，无咎。

過其祖，遇其妣：妣，從女，從比，比有相齊等之意，母與父相齊等，故妣從比聲。由於祖父孫三代於排行順序上，父是序位其中，而妣為父之比，地位與父相齊，故六二爻辭「過其祖，遇其妣」之取象，是指當「祖」已是遠而太過無法與之相遇──「過其祖」，而居其中位的「父」亦不能得而遇之，這時則可退而求其次，至少要能把握住近於父的「妣」，與「母」相遇──「遇其妣」也！

不及其君，遇其臣：君，主之象徵。臣，從屬之象。「不及其君，遇其臣」，指若對於象徵合於中度的君並無法做到「及之」，這時則至少要把握住與象徵次要或從屬的臣「相遇」。

无咎：指行事時雖無法立刻做到中道合度，但至少要一次比一次好，更往中正目標接近才是。

象曰：不及其君，臣不可過也。

不及其君，臣不可過也：《論語・子路篇》子曰：「不得中行而與之，必也狂狷乎！狂者進取，狷者有所不為也。」「不得中行而與之」就猶如是「不及其君」，而「臣不可過」則是指「必也狂狷乎」。因為，雖一時尚無法完全做到得中而行，但至少要先能把握其次—「必也狂狷乎」，所謂的「臣不可過也」！

九三：弗過防之，從或戕之，凶。

弗過防之：這是指行事時雖難免有失偏過，但既已察覺偏而過之，就當及時設法防阻其過，不讓過錯有繼續擴大的機會。

從或戕之：指若不能拯治偏過於及時，任由錯誤持續擴大，則未來所形成的戕害就越難以逆料。

凶：指過而不知回返，則隨著時間越推進，其凶就會越大。

象曰：從或戕之，凶如何也。

從或戕之，凶如何也：已有偏過卻不知回返，乖離越大，其凶也就越甚，「凶如何也」！

九四：无咎，弗過遇之，往厲必戒，勿用，永貞。

无咎：九四之「无咎」，置位爻辭之先，這是強調以濟偏過當能及時，否則隨著時間越拉長，偏過只會更趨嚴重，彼時所將付出的補過代價也就會越高。

弗過遇之：遇之，遇其正，亦即回復至正確位置之意。「弗過遇之」，指趁著偏過仍在可被修正範圍內，就及時將之改過回復。

往厲必戒：只要偏過還沒完全導正，則隨著時間的越推進，險厲就更增添一分，而未來所將付出修正偏過的代價也會更高，故絕不可再拖延其過，「往厲必戒」之謂。

勿用，永貞：「勿用」，指須及早施予中正引導，否則將難以成其利用。「永貞」，指能恆常比附於正之意。「勿用永貞」，指須及早回復其正，方能動獲其功，否則起始處已偏，行之越久，所失也就會越增多。

象曰：弗過遇之，位不當也。往厲必戒，終不可長也。

弗過遇之，位不當也：起始之位若已失正，越動進則越失，故當及早回復其正，否則時間越拖延，未來以濟偏過之代價也就會越高，這就是所謂「位不當也」之意。

往厲必戒，終不可長也：「終不可長」是指時間若越延宕，形勢就會越趨不利，在此以釋「往厲必戒」之象。

六五：密雲不雨，自我西郊，公弋取彼在穴。

密雲不雨：指密雲集聚在天，卻不能順利凝結成雨落下，猶如雖擁有好的材質或潛能，卻不獲正確培養開發，以致無法成材用。

自我西郊：指雲雖蓄聚且最後也順利成雨落下，但卻未能適時飄落在實際需求的地方，這就像是雖然可作為之機會出現，卻沒能力及時往將之抓住。

公弋取彼在穴：原是指用箭射取躲藏在洞穴中的獸類之意，在此引申指天下雖有眾多人才，卻是懷才不遇，而蘊藏於各地的豐沛資源，也未能獲得開發利用，這時身處中正之位的六五，則是能培養和拔擢天下人才，以及開發各方資源以成利用。

象曰：密雲不雨，已上也。

密雲不雨，已上也：已，止也。剛健動進之勢須得中正之畜止，方能「引而向上」以成利用之功，是稱「已上也」之意。

上六：弗遇過之，飛鳥離之，凶，是謂災眚。

弗遇過之：指上六其偏離之過，已大到積重難返的地步，難有機會再回復到正常之道了。換言之，上六之所以弗能遇其正，乃因已「過之」之故！

飛鳥離之，凶，是謂災眚：飛鳥去而不知復返，離巢越遠，凶險越甚，其「凶」之謂！既知偏離正道越遠，凶險就會越增，卻又不自量力一意孤行，匪正而任性強進的結果，必自招其災，是謂「災眚」！

象曰：弗遇過之，已亢也。

弗遇過之，已亢也：亢，過而不回也。「已亢」，指已過卻不知止，仍再過之，亢而弗能回矣！

第六十三卦　既濟

䷾

離下坎上　水火既濟

既濟：亨，小利貞，初吉終亂。

彖曰：既濟亨，小者亨也。利貞，剛柔正而位當也。初吉，柔得中也。終止則亂，其道窮也。

象曰：水在火上，既濟。君子以思患而預防之。

初九：曳其輪，濡其尾，无咎。

象曰：曳其輪，義无咎也。

六二：婦喪其茀，勿逐，七日得。

象曰：七日得，以中道也。

九三：高宗伐鬼方，三年克之，小人勿用。
象曰：三年克之，憊也。
六四：繻有衣袽，終日戒。
象曰：終日戒，有所疑也。
九五：東鄰殺牛，不如西鄰之禴祭，實受其福。
象曰：東鄰殺牛，不如西鄰之時也。實受其福，吉大來也。
上六：濡其首，厲。
象曰：濡其首厲，何可久也？

既濟：亨，小利貞，初吉終亂。
亨：指四時春夏秋冬不斷更迭動進向前，舊季節終會遯退逝去，而新的季節也將適時繼之而來，於是四時之道就在這季節新舊交替當中，亨通流行向前。
小利貞：指天道四時之運行，新舊季節不斷更迭動進向前，在下陰柔萬物必須及時汲取當下季節之天德施益，才能以利面對新不同季節之到來。

初吉終亂：天道四時更迭運行在上，萬物必須順隨季節變化之序而行，才能獲取到各不同季節之天德施益，「初吉」之謂；萬物之生長若無法適時隨著季節之轉換而行，則季節越動進向前，萬物其生長之道將漸見困窮，「終亂」之謂。

彖曰：既濟亨，小者亨也。利貞，剛柔正而位當也。初吉，柔得中也。終止則亂，其道窮也。

既濟亨，小者亨也：「既」有至、完盡意，「濟」是指渡河，而「既濟」則含有已渡河完成，刻下暫得無險之意。彖辭這裡的「小」與小過卦辭「可小事」的小同象，是指能及時順隨天道中正之序而動，並不會有所偏過。處既濟之時，刻下順事而亨通，因此當知趁此順事亨通之際，善用這有利形勢及時作為，將能以利下一階段之續進，「既濟亨，小者亨也」之謂。

利貞，剛柔正而位當也：剛柔，晝夜、寒暑之象。「剛柔正而位當」，指晝夜與四時寒暑正無差忒運行在上，在下萬物若亦能動無偏差，契合天道規律之序而行，將可順利獲取天德日照雲雨之施益。

初吉，柔得中也：陰柔萬物動無差忒貞隨天道中正規律之序而行，將可在天德施益之下獲得成長繁榮，「柔得中也」之意。

終止則亂，其道窮也：四時春夏秋冬季節氣象不同，萬物之生長若不能及時以濟當下季節，一旦新的季節來臨，就會像是沒能做好準備而無法應付新環境之考驗，故其道將漸見困窮，「終止則亂，其道窮也」之意。

象曰：水在火上，既濟。君子以思患而預防之。

水在火上，既濟。水火既濟，既濟卦上坎水下離火，故有「水在火上」之成象。「水在火上」，雖然水能滅火，於生尅質性上，水比火佔有先天優勢，然而此時若將水置放在火之上，再讓火持續燃燒，則水被蒸發殆盡，只是遲早的事而已。因此，君子觀水在火之上，不久後，水反被火所蒸發之象有感，君子不會因一時佔有優勢而失去應有戒備之心，君子無不時時預思既有優勢，將可能因下一刻形勢的變化而被逆轉，故懂得預思有患而預防之。

初九：曳其輪，濡其尾，无咎。

曳其輪：曳，牽曳之不使前進。「曳其輪」，指初九可以暫時安守於現狀，不必急著續進向前。

濡其尾：原指狐狸若於起始渡河時就把尾巴嚴重濡濕，則濡溼的尾巴將會拖緩後面游速，在此是引申指初九雖可因現狀的穩定而不必急著前進，但絕不可因此安於現狀，以致停滯不前，否則就會像那濡濕尾巴、無法快游的狐狸一樣，將影響到隨後渡河的安危。

无咎：指當善用既濟初始這段穩定時期，以為下一步的續進做準備，絕不可把此刻的有利形勢任意糟蹋。

象曰：曳其輪，義无咎也。

曳其輪，義无咎也：趁此當下穩定之有利形勢及時作為與準備，將能以助下一步的續進，是為此處「義无咎」所象徵之意。

六二：婦喪其茀，勿逐，七日得。

婦喪其茀：茀，掩車門之簾幕。古代婦女乘車外出，須有車茀掩蔽以避免拋頭露面。「婦喪其茀」，指丟失車茀，婦女乘車無以掩蔽，這時應避免再外出，以免因拋頭露面而遭受譏評。

勿逐：指雖然現在車茀遺失了，但婦人只要暫時避免出門，仍可不受影響，畢竟未來只要及時把車茀找回，也就不會有問題。

七日得：由於「七」位處一三五七九這五個陽數的最後第二數，而這時若假設這五個陽數是分別代表五種不同發展階段，其中「一」為發展之初，「五」表發展之盛，而最後的「九」是指已走至衰末，則在這樣的前提假設下，凡位列「七」之前、包括七數本身的各個階段，皆可視為優勢或穩定之時期，而一旦過了七數之位，就表示將由穩定轉入到衰頹了。

「七日得」，指婦人只要暫時避免出門就不會有所影響，但婦人也不能一直久處家中不外出，畢竟若不能盡快找到車茀，未來則隨著時間一天天逝去，婦人不方便的處境也就會與日俱增。

象曰：七日得，以中道也。

七日得，以中道也：「以中道」是指有陰有陽、有剛有柔，陰陽、剛柔之道乃往來交替循環，在此以釋婦人現在可以不出門而無憂，但這一時的優勢並不可能長久不變，因此，當能及時把握這段優勢期間預做準備，以因應下一階段形勢的反轉變弱。

九三：高宗伐鬼方，三年克之，小人勿用。

高宗伐鬼方，三年克之：高宗是商代中興明主武丁，鬼方是當時北方蠻夷，高宗征伐鬼方，預計用三年時間把她征克，但由於鬼方地處遠方邊陲，征伐不易，一旦開啟戰事，勢將勞民又傷財。因此，必須在限定期限內就能將鬼方完全征克，否則時間越延宕，危厲也就會與日俱增，「高宗伐鬼方，三年克之」之謂。

小人勿用：指好不容易征克鬼方，但接下來若沒有做好安撫的工作，則原本暫得穩定的局勢，又會因鬼方的復叛而再度陷入紊亂，過去三年所耗費之氣力，至此也將前功盡棄。

象曰：三年克之，憊也。

三年克之，憊也：征伐鬼方是一件非常耗損民力與財力之事，即使很快在三年之內就完成征克，都已讓人感到疲憊不堪了，更何況還使戰事無休止的拖延，或讓鬼方一再復叛作亂，「三年克之，憊也」之謂。

六四：繻有衣袽，終日戒。

繻有衣袽：繻，華麗美服。袽，破舊的衣服。「繻有衣袽」，指乘船時，除了帶著可以穿的好衣服之外，還須另外準備些破舊衣服，以防船隻萬一漏水可以用來塞漏。

終日戒：船隻不一定會遇上漏水，而即使真的漏水，也可用那華麗的美服來止漏，但畢竟若知思患預防，能於事前就多準備一份袽衣，至少會比臨時得拿華服來止漏更減少一分損害，「終日戒」之謂。

象曰：終日戒，有所疑也。

終日戒，有所疑也：雖然六四此時看似離危機尚遠，但若不知趁此無事之際早為下一步預做準備，待真遭遇危機才臨事慌張，就可能須為此付出慘痛代價，「終日戒，有所疑也」之意。

九五：東鄰殺牛，不如西鄰之禴祭，實受其福。

東鄰殺牛，不如西鄰之禴祭：殺牛，言其富庶與慶功之樂之象。禴祭，人民窮苦，僅能準備簡薄祭禮上禱於天，祈求上天能多賜福一些予人民之象。「東鄰」、「西鄰」，象徵對比兩異地。「東鄰殺牛，不如西鄰之禴祭」，指雖然現已讓多數人民生活豐足安康，卻仍有一些人民生活在困窮之中，而這時的九五則是責無旁貸，必須想辦法幫助所有人民出離苦難，讓所有人民皆能得濟。

實受其福：實，本義作「富」，乃豐足饒實之意。讓所有人民皆能同享豐足安樂之福，不會還有少部分人無法及之，這就是所謂的做到讓人民皆「實受其福」也！

象曰：東鄰殺牛，不如西鄰之時也。實受其福，吉大來也。

東鄰殺牛，不如西鄰之時也：什麼才是五位在上者之「既濟」？惟有全天下百姓皆能安居樂業，每一位人民皆得富足安康，至此才是九五「既濟」之時。因此，九五上位者不應自滿於此時已做到讓多數人民得享富足康樂，而是未曾一刻遺忘仍有人民生活於苦難之中，還必須繼續努力去拯濟這些人民出離苦難，這也就是為何「東鄰殺牛」，卻「不如西鄰之時也」！

實受其福，吉大來也：大，周遍無所不及之意。當全天下人民皆得豐足饒實，此際就是「吉大來」之時也！

上六：濡其首，厲。

濡其首：指上六整個身體包括頭部，已全部沒入水中被浸濕。

厲：指上六之所以「濡其首」而有厲，這是因為不知及時善用既濟有利形勢積極作為，等到形勢急轉直下，危厲已籠罩整個周遭。

象曰：濡其首厲，何可久也？

濡其首厲，何可久也：原本只是暫時處於「既濟」狀態的上六，誤認為可以長此以往高枕無憂，殊不知既有優勢已完全流逝，危厲漸漸籠罩，上六再也無法改變一步步走向滅頂的事實，是以「何可久也」？

第六十四卦　未濟

䷿

坎下離上　火水未濟

未濟：亨，小狐汔濟，濡其尾，无攸利。

彖曰：未濟亨，柔得中也。小狐汔濟，未出中也。濡其尾，无攸利，不續終也。雖不當位，剛柔應也。

象曰：火在水上，未濟。君子以慎辨物居方。

初六：濡其尾，吝。

象曰：濡其尾，亦不知極也。

九二：曳其輪，貞吉。

象曰：九二貞吉，中以行正也。

六三：未濟，征凶，【不】利涉大川。

象曰：未濟征凶，位不當也。

九四：貞吉，悔亡，震用伐鬼方，三年有賞于大國。

象曰：貞吉悔亡，志行也。

六五：貞吉，无悔，君子之光，有孚，吉。

象曰：君子之光，其暉吉也。

上九：有孚于飲酒，无咎，濡其首，有孚失是。

象曰：飲酒濡首，亦不知節也。

未濟：亨，小狐汔濟，濡其尾，无攸利。

亨：指四時之更迭運行規律有節，其間不會有任何耽擱延宕，故其道能常保亨通流行。

小狐汔濟：汔，水接近乾涸狀，在此指快接近岸邊。「小狐汔濟」，指小狐渡河，不管其間已游過多少路程，縱使已快接近岸邊，只要尚未真正登上彼岸，就仍然處在「未濟」—尚未以濟險川，仍在坎險之中。

濡其尾：指小狐之渡河，逐漸濡濕了尾巴。

无攸利：指小狐尾巴濡濕若越嚴重，游速就會越拖緩，而一旦在河中耽擱太久，渡河風險也就會隨之增高。另外，卦辭「小狐汔濟，濡其尾，无攸利」之於天德取象，是指四時之道就猶如一條長河，而順隨季節之序而行的各類萬物，則像是正欲渡河而過的小狐，萬物必須及時跟上季節遞進之腳步，才能順利汲取天德之施益，倘若有所耽擱延宕，將不利其生長矣！

象曰：未濟亨，柔得中也。小狐汔濟，未出中也。濡其尾，无攸利，不續終也。雖不當位，剛柔應也。

未濟亨，柔得中也：四時這條長河之所以周而復始、亨通流行不已，是因為各季節之更迭動進，其間並不會有任何耽擱延宕，「未濟亨」之謂；四時之道規律有節運行在上，萬物順隨之而行並不會有任何時遲，才能以濟四時險川，順利成長繁榮，「柔得中也」之謂。

小狐汔濟，未出中也：小狐只要尚未完成渡河到達彼岸，不管已游過多少距離，都仍然還在半途之中，「未出中也」之謂。

濡其尾，无攸利，不續終也：前面行程若越被耽擱，就會造成後續進度的嚴重負擔，甚至更將導致無法及時到達終點，「不續終也」之謂。

雖不當位，剛柔應也：剛柔，乃「晝夜」之象徵也。「雖不當位」，指衡量刻下形勢，若就既有之能力，尚不足以完成當前任務之意，其義實亦以通「未濟」之象。「剛柔應」，指由於一日時間之長短乃固定不變，因此若是晝長，則將應之以夜短；晝短，則會相應以夜長。而取此晝夜之長與短，將會相應影響之義，是以釋小狐濟河時當能積極向前，中途不可多所延宕，否則前面行程越耽擱，後續渡河風險也就會越增高。

象曰：火在水上，未濟。君子以慎辨物居方。

火在水上，未濟。火水未濟，未濟卦上離火下坎水，故有「火在水上」之成象。「火在水上」，火的位置在水之上方，而水能滅火，此刻火若沒有順著炎上之性，反而是錯往底下走，就會被水所熄滅。君子觀未濟卦火在水上，火須順性上行方可避免被水所熄之象有感，君子之有行也，「以慎辨物居方」—知道自己此刻身處何處，也懂得下一步該往那個方向走，故不會岔走了路而徒然浪費氣力。

初六：濡其尾，吝。

濡其尾：指小狐氣力有限，若渡河一起始就濡濕整條尾巴，則濡濕的尾巴就會像是包袱般，將影響隨後游速。

吝：指游速已被拖緩的小狐，河中時間若耽擱得越久，順利渡過險河的機會也就越變得渺茫。

象曰：濡其尾，亦不知極也。

濡其尾，亦不知極也：亦，對稱意。極，總量或上限之意。在總數量不變之前提下，若前半段時間被虛擲得過多，就會拖累到尾末階段的工作執行，「濡其尾，亦不知極也」之意。

九二：曳其輪，貞吉。

曳其輪：牽制住輪子暫止其前進，引申指九二須先做好當下之工作，而在現階段任務還未完成之前，就不應急著往下一步走。

貞吉：指做好當下所該完成之事之意。

象曰：九二貞吉，中以行正也。

九二貞吉，中以行正也：中，時中之意。「中以行正」，簡單講就是指當每一工作細項皆能及時且正確被執行，則整個工作任務也就能的當無誤的如期完成。

六三：未濟，征凶，【不】利涉大川。

象曰：未濟征凶，位不當也。

未濟：指未能及時渡河而過之意。

征凶：指現階段工作還未切實完成，就已傖促的往下一步走，表面上像是掌握住了速度；事實上，卻是另一種形式的耽擱，因為這將會增加後續工作的負擔，未來反而更難在期限內完成任務。

【不】利涉大川：六三爻辭的「不利涉大川」，傳統經文皆書「利涉大川」，事實上，取象「不利涉大川」才是正確。其理為何？可與訟卦彖辭「不利涉大川，入于淵也」之意互參，便能有所領悟。訟彖辭「不利涉大川，入于淵也」，意指涉川前進若失去正確方向，將會力竭於半途而掉入深淵中不能出。因此，「不利涉大川」之於「未濟」之義，就猶如是在講以濟險川時，若無法把握住「正確」與「及時」這兩項原則，一旦游速太慢而在一處耽擱太久，最後就會落入于淵中。

未濟征凶，位不當也：如果沒有把現階段工作確實做好，就會變成只是把問題往後面丟，這不但會造成後續工作處理的困難，還可能因此付出更高的代價，「位不當也」之意。

九四：貞吉，悔亡，震用伐鬼方，三年有賞于大國。

貞吉：指由內而外、由近而遠，按部就班確實做好每一階段所該完成之工作。

悔亡：指行事懂得與時俱進，能順隨形勢變化並迅速做出反應，因此，也就不會有時遲之悔。

震用伐鬼方：震，知懼預防之象徵。震用，指把潛藏在內的所有小細節或危機都考慮周全，在此含有做到徹底掃蕩之意。「震用伐鬼方」，鬼方是遠在北方的蠻夷，因此，伐鬼方就猶如橫渡一條長河般艱險困難，在戰略未擬妥、兵糧尚未備齊前，就不該急於冒險前往征伐，而一旦要啟開戰事，就得先有把握做到速戰速決與徹底掃蕩。

三年有賞于大國：指征伐鬼方必須做到速戰速決，過程中絕不可有任何耽誤延宕，在「三年」限定之時間內，就能快速達成任務，徹底平定鬼方。

象曰：貞吉悔亡，志行也。

貞吉悔亡，志行也：震用伐鬼方，做到擘劃周全，算無遺策，一旦展開實際行動，亦能速戰速決，徹底掃蕩，及時完成既定之任務，猶如心有所志，行能至之，「志行也」之謂。

六五：貞吉，无悔，君子之光，有孚，吉。

貞吉，无悔：「貞吉」，象徵六五能正己在位。「无悔」，象徵六五做到反身修德、正己在位而無有偏失。而爻辭「貞吉无悔」之取象，是指身為上位者的六五，必須做到誠身修己，中正在位，否則其德就是仍有「未濟」。

君子之光：形容六五中正在位之德，就如同那離日般光明直進不延宕，並引領以濟天下眾民。

有孚：指天下眾民將應和於六五中正光明的帶領。

吉：指眾民在六五中正帶領下，一步步正進有吉，終以濟大川。

象曰：君子之光，其暉吉也。

君子之光，其暉吉也：暉，日光之稱。而日光之照射，一往直進不會有任何耽誤延宕。六五之德就猶如離日般光明，中正在上光芒直射四方，天下眾民莫不樂意比附之，「其暉吉也」之意。

上九：有孚于飲酒，无咎，濡其首，有孚失是。

有孚于飲酒：有孚，內外應和之象。飲酒，酒若是喝得越多，人的神智就越不清楚，動作和反應也會變得遲鈍緩慢。「有孚于飲酒」，這是取象人若喝多了酒，行動與反應將會變得遲緩，以引申形容若前階段的工作被耽擱得越多，就會越拖緩後續整個任務的完成。

无咎：指雖然前期階段有些耽擱延遲，但若能趁著在延宕尚未太過之前，就及時的把進度彌補回來，未來還是有完成任務之機會。

濡其首：全身上下包括頭部皆已沒入水中，這是形容前端若已耽誤太過，後續則再也無法挽回了。

有孚失是：有孚，這是上九爻辭所出現的第二個「有孚」之象，凡爻辭中同時出現前後兩個「有孚」，意在強調其對稱應和義，即前面所付出之多寡，則後面將會應和以對比之收獲之意。是，從日正，日光正照，的當無誤之意。「有孚失是」，指對於一項任務的執行，前期工作速度的快慢與否，將會間接影響到後續工作的進度，亦即倘若前面能的當無誤的執行，則後續的銜接也就會相對比較順利；反之，則否。

象曰：飲酒濡首，亦不知節也。

飲酒濡首，亦不知節也：亦，對稱意。倘若時間已被蹉跎而耽誤太過，即使後面想努力的去追趕，無奈再也難以調節平衡了，「亦不知節也」之謂。《論語・子罕篇》子曰：「後生可畏，焉知來者之不如今也？四十、五十而無聞焉，斯亦不足畏也已！」人之一生光陰有限，若不知趁著青春年少好好努力，及時進德修業，待至年老體衰時，行動與反應能力皆已遲緩，難再有所作為矣！

天地道（8）

易經解經

建議售價・780元

白象文化｜印書小舖

設計編印

網　址：www.ElephantWhite.com.tw
電　郵：press.store@msa.hinet.net

作　　者：李忠胤
特約編校：李玉明
專案主編：林榮威
編 輯 部：徐錦淳、黃麗穎、林榮威、吳適意、林孟侃、陳逸儒
設 計 部：張禮南、何佳諠、賴澧淳
經 銷 部：焦正偉、莊博亞、劉承薇
業 務 部：張輝潭、黃姿虹、莊淑靜
營運中心：李莉吟、曾千熏
發 行 人：張輝潭
出版發行：白象文化事業有限公司
　　　　　402台中市南區美村路二段392號
　　　　　出版、購書專線：（04）2265-2939
　　　　　傳真：（04）2265-1171
印　　刷：基盛印刷工場
版　　次：2013年（民102）十一月初版一刷

國家圖書館出版品預行編目資料

易經解經／李忠胤著. 一初版.一臺中市：白象文化，民102.11
面：　公分.——（天地道；8）
ISBN 978-986-5780-09-8（平裝）
1.易經 2.注釋
121.12　　　102015275